河北能源发展报告
（2020）

ANNUAL REPORT ON ENERGY DEVELOPMENT OF HEBEI

(2020)

主　编／冯喜春　康振海

副主编／郭占伍　石振江　唐丙元　魏孟举

社会科学文献出版社
SOCIAL SCIENCES ACADEMIC PRESS (CHINA)

图书在版编目（CIP）数据

河北能源发展报告.2020/冯喜春，康振海主编
.--北京：社会科学文献出版社，2020.12
ISBN 978-7-5201-7317-9

Ⅰ.①河… Ⅱ.①冯… ②康… Ⅲ.①能源发展-研
究报告-河北-2020 Ⅳ.①F426.2

中国版本图书馆 CIP 数据核字（2020）第 180554 号

河北能源发展报告（2020）

主　　编／冯喜春　康振海
副 主 编／郭占伍　石振江　唐丙元　魏孟举

出 版 人／王利民
责任编辑／高振华

出　　版／社会科学文献出版社·城市和绿色发展分社（010）59367143
　　　　　地址：北京市北三环中路甲 29 号院华龙大厦　邮编：100029
　　　　　网址：www.ssap.com.cn
发　　行／市场营销中心（010）59367081　59367083
印　　装／天津千鹤文化传播有限公司

规　　格／开　本：787mm×1092mm　1/16
　　　　　印　张：31.75　字　数：483 千字
版　　次／2020 年 12 月第 1 版　2020 年 12 月第 1 次印刷
书　　号／ISBN 978-7-5201-7317-9
定　　价／128.00 元

《河北能源发展报告（2020）》
编委会名单

主编简介

冯喜春　男，河北井陉人，高级工程师，国网河北省电力有限公司经济技术研究院院长。从事电网规划、输变电工程设计、能源经济等方面研究。先后负责"十五"到"十四五"的河北南网规划、雄安新区电力专项规划等研究工作，主持完成西柏坡 500 千伏、中钢 220 千伏等 60 余项输变电工程的可研和设计工作。在《中国电力教育》《当代电力文化》等期刊发表多篇学术论文，主创完成的"以需求和问题为导向的现代配电网规划闭环管理模式"等多项成果获得省部级及以上奖励。

康振海　男，河北南和人，河北省社会科学院院长。历任河北省委宣传部副部长，河北省作家协会党组书记、副主席，河北省社会科学院党组书记、院长，省社科联第一副主席等职。在《人民日报》、《光明日报》、《经济日报》、《河北日报》、《河北学刊》和河北人民出版社等重要报刊和出版社发表、出版论著多篇（部），主持并完成"《宣传干部行为规范》可行性研究和草案初拟研究"等多项国家级、省部级立项课题。

摘　要

能源是国民经济和社会发展的重要基础，是习近平总书记一直关心、关注的重要领域。面对能源供需格局新变化、国际能源发展新趋势和京津冀协同发展、雄安新区规划建设、筹办冬奥会以及大气污染防治等新任务，河北必须加快构建清洁低碳、安全高效的能源体系，为经济社会高质量发展提供有力支撑。

为全面、客观、系统地展示河北省能源发展总体情况，深入探究能源绿色低碳发展的路径模式，国网河北省电力有限公司经济技术研究院与河北省社会科学院联合撰写了《河北能源发展报告（2020）》。本书以"能源推动'十四五'高质量发展"为主题，从能源生产消费全局和能源产业全链条角度出发，系统分析了"十三五"以来河北能源相关行业发展态势，并对"十四五"河北能源发展形势进行了展望，提出了推动能源结构转型升级、绿色低碳发展的对策建议，对政府部门施政决策，对能源企业、研究机构和社会公众了解研判河北能源发展状况具有较高的参考价值。全书主体内容包括总报告、行业发展篇、区域发展篇和专题研究篇。

本书总报告阐明了"十三五"以来河北能源发展的阶段性进展、突出问题和面临的形势，提出了"十四五"时期河北能源发展的对策建议。总报告预测，"十四五"期间，河北省终端能源消费将稳步增长，到2025年能源消费总量将达到3.8亿吨标准煤，煤炭消费比重逐年降至66%左右，天然气、非化石能源占能源消费比重将分别提高到11%、13%，电能消费比重将提高到40%左右。总报告提出，"十四五"时期河北省要强化能源产业政策引导作用，完善能源交易机制，推进能源基础设施建设，推动可再生能源发展和传统能源的清洁化利用，不断提升河北能源绿色低碳发展水平。

行业发展篇依托河北省能源行业和研究机构的专家学者团队，重点对煤炭、石油、天然气、生物质、电力和可再生能源等行业的发展状况、存在问题进行了分析评估，并对各行业 2020 年的发展形势进行了展望，提出了能源各行业绿色低碳发展的目标任务与措施建议。

区域发展篇对全省 11 个设区市的区域经济发展状况、电力供需情况、电力需求影响因素进行了分析，对"十四五"时期各市的电力需求进行了预测，并提出了做好电力供应保障的相关政策建议。

专题研究篇分别分析了冀北农村地区清洁取暖及用能情况、河北省电力企业新型基础设施建设情况、氢能产业发展状况、垃圾焚烧发电市场情况、被动式超低能耗建筑发展状况、新能源发展和电网安全的经验借鉴、碳排放的影响因素、用能结构及能效、以电为枢纽的能源体系清洁化、电网企业数字化转型模式与路径、区块链关键技术在电网中的应用、能源互联网产业发展现状，各个专题研究均提出了切合实际的相关措施建议。

关键词：河北　能源转型　需求预测　"十四五"　绿色低碳发展

Abstract

Energy is an important foundation for national economic and social development, and an important area that General Secretary Xi Jinping has always cared about. In the face of new changes in energy supply and demand patterns, new trends ininternational energy development, coordinated development of Beijing-Tianjin-Hebei, planning and construction of the Xiongan New Area, preparations for the Winter Olympics, and air pollution prevention and other new tasks, Hebei must accelerate the construction of clean, low-carbon, safe and efficient energy The system provides strong support for high economic and social development.

In order to comprehensively, objectively and systematically display the overall situation of energy development in Hebei Province and in-depth exploration of the path model of energy green and low-carbon development, State Grid Hebei Electric Power Co., Ltd. Economic and Technical Research Institute and Hebei Academy of Social Sciences jointly wrote the *Annual Report on Energy Development of Hebei* (2020). With the theme of "Energy promotes high-quality development during the 14th Five-Year Plan", this book systematically analyzes the development trend of energy-related industries in Hebei since the "13th Five-Year Plan" from the perspective of the overall energy production and consumption and the entire chain of the energy industry. During the 14th Five-Year Plan, Hebei's energy development situation is forecasted, and countermeasures and suggestions for promoting the transformation and upgrading of the energy structure and green and low-carbon development are put forward. The main content of the book includes four parts: general report, industry development, regional development and special research.

The general report of this book clarifies the phased progress, outstanding problems and facing situations of Hebei's energy development since the "13th Five-Year Plan", and puts forward countermeasures and suggestions for Hebei's energy development during the "14th Five-Year Plan" period. The general report predicts that during the "14th Five-Year Plan" period, Hebei's terminal energy consumption will increase steadily. By 2025, the total energy consumption will reach 380 million tons of standard coal, and the proportion of coal consumption will drop to about 66% year by year. The proportion of Natural gas and non-fossil energyconsumption will increase to 11% and 13% respectively, and the proportion of electricity consumption will increase to about 40%. The general report proposes that during the "14th Five-Year Plan" period, Hebei Province should strengthen the guiding role of energy industry policies, improve energy trading mechanisms, increase energy infrastructure construction, promote the development of renewable energy and the clean use of traditional energy, and continuously improve Hebei's energy green Low-carbon development level.

The industry development chapter of this book, relying on a team of experts and scholars from the energy industry and research institutions in Hebei Province, focuses on the analysis and evaluation of the development status and existing problems of coal, oil, natural gas, biomass, power and renewable energy industries. The development situation of various industries in 2020 was prospected, and the goals, tasks and measures for the green and low-carbon development of energy industries were proposed.

The regional development chapter of this book analyzes the regional economic development status, power supply and demand situation, and power demand influencing factors of 11 districts and cities in the province, and predicts the power demand of each city during the "14th Five-Year Plan" period and puts forward relevant policy recommendations for power supply guarantee.

The special research chapter of this book analyzes the clean heating and energy consumption in rural areas of northern Hebei, the construction of new infrastructure in Hebei power enterprises, the development of the hydrogen energy industry, the waste incineration power generation market, the development of passive ultra-low energy buildings, New energy development and power grid security experience, carbon emission factors, energy structure and energy efficiency, clean energy system with electricity as the hub, digital transformation model and path of power grid enterprises, and application of key blockchain technologies in power grids, the status of the development of the energy internet industry, and various special studies have put forward relevant measures and suggestions that are practical.

Keywords: Hebei, Energy Transition, Demand Forecast, "14th Five-Year Plan", Green and Low-Carbon Development

目 录

Ⅳ　专题研究篇

CONTENTS

I   General Report

II   Industry Development Reports

Ⅲ Regional Development Reports

Ⅳ Special Studies

总 报 告

General Report

推动河北能源"十四五"高质量发展

——"十三五"河北能源发展及"十四五"展望

本书课题组 *

摘　要：　"十三五"以来，河北坚决贯彻习近平总书记对河北工作的重要指示，全面落实党中央、国务院各项重大决策部署，紧跟新时代步伐，践行新发展理念，勇立潮头、奋发作为，取得了令人瞩目的经济发展成就。在此期间，河北能源事业也取得长足进步，能源保障水平持续提升，能源消费结构不断优化，能源基础设施不断完善，能源利用效率不断提高，为经济社会发展提供了强力支撑和不竭动力。党的十九大提出坚持人与自然和谐共生的生态文明思想，为能源发展工作指明了前进方向。随着大气污染综合举措持续推进、绿色发展模式持续深入人心，新能源开发利用水平持续提升，河北将在

＊　课题组组长：冯喜春、康振海。总报告成员：郭占伍、石振江、唐丙元、魏孟举、田广、郭捷、杨洋、李顺昕、邵华、刘雪飞、岳云力、刘钊、胡梦锦、赵贤龙、王云佳。

绿色低碳发展的道路上阔步前进，奋力开创能源高质量发展新局面。

关键词： 河北　传统能源　"十三五"　新能源

一　"十三五"以来河北能源发展态势分析

（一）能源供应总体平稳

能源生产总量降幅趋于稳定。"十三五"以来，在河北省化解过剩产能、产能压减政策影响下，原煤生产量持续减少，带动能源生产总量小幅下滑，其他主要能源产出中，天然气生产持续减少，原油生产相对稳定，电力生产平稳增加，呈现"二减一平一增"的发展态势（见图1）。2019年，原煤生产5075.2万吨，较2018年减少8.6%；生产原油550万吨，较2018年减少5.2%；天然气生产5.8亿立方米，较2018年减少5.1%；发电量达到3117.7亿千瓦时。

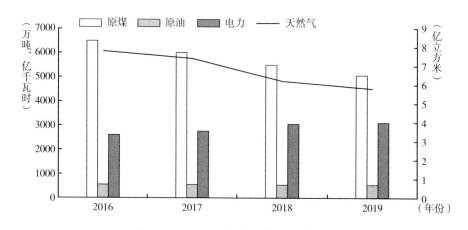

图1　2016～2019年主要能源生产情况

（二）新能源发展亮点纷呈

河北省积极推动风电、太阳能、生物质能等可再生能源的开发利用，加快推进可再生能源发展，可再生能源逐步成为河北能源供给的重要组成部分。截至 2019 年底，全省可再生能源发电装机总量达到 3385 万千瓦，全国排名第六；新增可再生能源装机 505 万千瓦，全国排名第二，仅次于内蒙古。风电累计装机 1639 万千瓦、光伏累计装机 1474 万千瓦，同比增长 19.70%、19.47%，装机容量均保持全国第三位。可再生能源累计装机约占全部发电装机的 40.7%，占全国可再生能源装机总量的 4.3%。2019 年，全省新能源发电量达 553 亿千瓦时，同比增长约 89 亿千瓦时，发电量占全社会用电量的14.4%，比 2016 年提高 5.0 个百分点。可再生能源发展为河北省环境改善和低碳转型提供了有力支持。

（三）能源基础设施建设加快推进

"十三五"以来，河北省加快能源基础设施建设，推动能源基础设施与周边地区互联互通。省外煤、气、电供应得到进一步拓展，与山西、内蒙古、陕西等资源大省（自治区、直辖市）和"三桶油"、国家电网等央企战略合作持续深化。出台《京津冀能源协同发展行动计划（2017～2020）》，蒙西 – 天津南、锡盟 – 山东 1000 千伏特高压工程投运，张北 – 雄安 1000 千伏特高压工程投运，陕京四线干线、鄂安沧管线、蒙西煤制天然气外输管道相继建成。城镇电网加快建设，提前一年完成新一轮农网改造升级，治理低电压台区，持续提高城乡供电质量，有力促进电力基础设施协同。冬季清洁取暖加快实施，截至 2019 年底，全省"煤改电"用户总量达 101.5 万户（其中河北南部约 76.6 万户、北部约 24.8 万户，不含地方政府改造），配套电网总投资 112.6 亿元，累计改造居民 100.7 万户、企事业单位 7635 家，清洁供暖面积达到 2.1 亿平方米。

（四）能源消费规模持续扩大，结构不断优化

"十三五"以来，全省将节约能源、削减煤炭、降低碳排放和结构调整、污染治理、普惠民生相结合，推进大气污染综合防治，实施能耗总量和强度双

重控制，2018 年能源消费总量 3.05 亿吨标准煤，比 2017 年增长 0.32%（见图 2）。

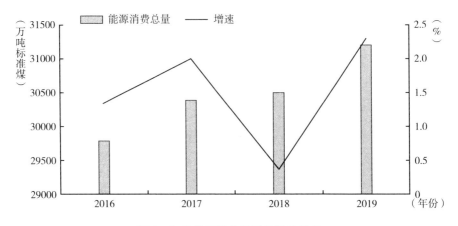

图 2　河北能源消费总量及增速情况

河北省能源消费呈现"少煤化"和"清洁化"趋势。煤炭在一次能源消费中的比重持续下降，2018 年较 2015 年下降 2.1 个百分点。非化石能源消费比重稳步提升，2018 年达到约 4.5%，比 2015 年提高 2.5 个百分点。天然气和电能消费比重持续升高，2018 年分别达到约 5.4% 和 36.6%①，比 2015 年提高 2.4 个、3.7 个百分点。自 2016 年来，在供给侧"去产能、调结构"政策影响下，河北省产业结构转型加快，进一步与电能替代、清洁能源消纳、"煤改电"等终端能源政策形成叠加，有效促进了电能消费，其中，第三产业（主要包括各类服务业、交通运输业）增幅最大，由 21.2% 增加到 27.4%，增幅达 6.2 个百分点。

（五）节能成效明显，能源利用效率显著提高

随着化解产能过剩、大气污染防治同步推进，环保督查力度加大，全省加快传统产业升级改造，培育新动能，各地加强重点行业能效管理，"十三五"以来，河北省能源利用水平显著提升。2018 年单位 GDP 能耗较 2015 年下降

---

① 按发电煤耗系数法折算，1 亿千瓦时电力折算约 3.04 万吨标准煤。

14.6%，2019 年单位 GDP 电耗较 2015 年下降 6.3%，分别比全国同期高 3.2 个、2.3 个百分点。

分行业看，一产单位 GDP 能耗相对稳定，2015～2018 年累计下降 1.46%；二产单位 GDP 能耗稳步下降，2018 年单位 GDP 能耗较 2015 年下降 6.96%，工业节能对全省节能的支撑作用进一步增强；三产单位 GDP 能耗下降明显，同期下降 28.59%。在电力消费方面，一产单位 GDP 电耗降幅较大，2015～2019 年累计下降 50.05%，二产单位 GDP 电耗稳步下降，同期下降 5.95%，三产单位 GDP 电耗持续增加，同期增加 23.06%。

（六）高质量开展雄安新区和冬奥会电网建设

在服务雄安建设方面，一是高起点、高标准、高质量完成雄安新区电网规划。高起点编制《河北雄安新区电力专项规划》、《雄安新区规划技术指南（电力分册）》、《雄安新区电力用户用电导则》（试行）等规划和技术标准，为雄安新区电网高质量建设提供遵循。二是前沿技术示范应用。建成国内首个电网数字化工程管理平台（EIM），城市智慧能源管控系统（CIEMS）投入运行，直流路灯等直流生态建设顺利推进。三是打造协同创新格局。打造电力企业、科研院校、驻雄国企、其他企业"四大资源环"，建成"两院两联盟一工场两实验室"和小微企业孵化创新平台。

在服务冬奥会场馆建设方面，一是优化张家口地区主网架升级。新建 110～500 千伏输变电工程 14 项，采用"双环网＋联络环网单元"的供电结构，确保各重要场馆和媒体中心可靠电源供应。二是严选高可靠、高品质的电网设备。运用"智慧工地"等先进技术手段，结合冬奥赛区环境特点，开展变电站外优化设计，实现电网与周边环境的统一协调。三是建设张北柔性直流电网。实现大规模风能、太阳能、抽水蓄能等多种能源的灵活转换和输送，提升了可再生能源集约化开发利用水平。

二　河北能源发展存在的问题

河北省能源自有资源严重不足，对外依存度高，行业政策约束性强，供应保障问题突出。2018 年以来，美国贸易保护主义不断抬头，对包括我国在内的多个国家挑起贸易摩擦，对全球经济增长造成威胁，也给我国经济发展带来挑战。2020 年以来，河北省服务业和外贸经济受新冠肺炎疫情影响，一定程度上也会影响能源消费增长趋势。

（一）煤炭对外依存度偏高，供应保证隐忧增大

煤炭自有资源不足、生产受限，外部输入规模不断扩大，安全稳定供应对外依存度持续上升。2017 年原煤生产总量 6010 万吨，煤炭消费量为 27417 万吨，煤炭外供 21407 万吨，比例达到 78%，煤炭自给率仅为 22%，2018 年煤炭自给率进一步下降到 21.93%。

（二）原油产量呈下降趋势，消费量呈上升趋势，供需缺口有增加趋势

近十年，河北省石油消费量增长较快，2017 年河北省石油消费量达到 1695 万吨，较 2007 年上升 561 万吨，上升 49.47%。但受华北和冀东等油田产量递减的影响，河北省原油产量呈下降趋势，2017 年省内原油生产 465 万吨，较 2007 年下降 120.91 万吨，下降 18.3%。供需缺口呈逐年扩大趋势。2014～2017 年原油生产和消费量如表 1 所示。

表 1　2014～2017 年原油生产及消费情况

单位：万吨

项目	2014 年	2015 年	2016 年	2017 年
生产量	592.33	580.1	546	465
消费量	1357	1667	1800	1695
缺口	764.67	1086.9	1254	1230

（三）天然气生产量呈逐年下降趋势，需求快速增长，天然气短缺问题凸显

随着我国经济增长放缓及替代能源的不断开发，油价、煤价下跌等因素削弱了天然气的竞争力和需求动力，2014 年省内天然气生产量达到最大值后逐年下降。在此背景下，2017 年夏天开始天然气消费量呈猛增的趋势，受储气

调峰设施不足、进入冬季部分地区峰谷差拉大等因素影响，天然气供应形势较为严峻。

（四）可再生能源消纳尚存在"硬件"和"软件"双重瓶颈

在河北省可再生能源快速发展的情况下，可再生能源消纳也将面临"硬软件"两方面挑战。在"硬件"方面，电网资源配置能力仍待加强。冀北地区外送通道在建容量与新能源大规模发展需求不匹配，造成有电送不出；冀南地区负荷峰谷特性、网内机组调峰能力与新能源出力特点不匹配，可调负荷及储能建设不足，新能源消纳与硬缺电问题并存。在"软件"方面，灵活调节机制有待完善。目前，河北省装机容量超过5000万千瓦的煤电依然是电源侧主要的灵活性资源，然而尚未全面放开的发电计划机制使得发电侧灵活调节能力明显不足，影响了可再生能源的消纳市场。此外，尽管目前河北省与北京、天津之间已经建成了较为可靠的500千伏骨干电网，与周边山西、河南、山东也建有多条输电通道，但受限于跨省新能源交易机制，电网互济能力未能充分发挥，影响了可再生能源的消纳空间。

三 "十四五"河北能源发展形势展望

"十三五"以来，全省能源发展始终立足于能源资源实际，坚持节约能源与环境保护，为经济社会发展和生态文明建设提供了重要保障。"十四五"是河北省推动经济转向高质量发展、跨越中等收入陷阱以及推进京津冀一体化战略实施的攻坚期，也将是能源新旧动能转换的关键期、能源绿色低碳的转型期，河北将坚定不移走绿色发展之路，全力促进能源高质量发展。

一是能源供需矛盾将持续延续。随着经济社会发展和人民用能水平提升，河北省用能需求仍将刚性增长，未来天然气和电力占比将不断提高；同时，受环绕京津冀区域资源开发政策和环境治理措施影响，能源生产将低速增长，能源双控政策将保持从紧态势，能源供需矛盾短时间难以消除。

二是能源结构将继续向绿色低碳转型。现代化经济体系建设和生态文明建设对河北省能源发展提出新的定位，决定河北省能源消费结构将持续向"低碳化""少煤化"深度演进，河北省能源结构优化将更加突出绿色低碳的特征。

三是技术模式将进一步取得突破。随着先进储能、制氢储氢、新能源并网、智能电网技术将得到突破和广泛应用，信息技术将与传统能源行业深度融合，能源行业数字化转型将继续提速，能源互联网将加快发展，"互联网＋智慧能源"体系将加快形成，进一步推动能源生产革命和消费革命。

四是能源体制机制改革将持续深化。在国家总体部署和推动下，河北省能源体制改革将在"十四五"进一步落地深化，制约能源行业发展的体制机制障碍将进一步消除，市场对能源资源配置能力将不断加强。

预测"十四五"期间，河北省终端能源消费将稳步增长，到2025年能源消费总量将达到3.8亿吨标准煤，煤炭消费比重逐年降至66%左右，天然气、非化石能源占能源消费比重将分别提高到11%、13%，电能消费比重将提高到40%①左右。

四 "十四五"河北省能源高质量发展建议

一是推动可再生能源发展。大力发展省内绿色低碳能源，加快推进可再生能源基地建设，加强生物质能和垃圾能源化利用，积极推进氢能利用，寻求省外清洁能源入冀。融合云大物移智链等前沿技术发展智慧能源，实现供需互动、多能互补、降本提效，为可再生能源创新发展奠定基础。创新发展雄安新区绿色智能新城，推进张家口可再生能源示范区建设，打造一批省级绿色能源示范市和清洁能源示范县。

二是推进传统能源的清洁化利用。加快传统能源技术进步，提高煤炭、石油、天然气等传统化石能源的清洁化利用水平，推动钢铁、焦炭、建材等行业转型升级，提高煤炭利用效率。大力推广加氢化、煤制油、煤气化等清洁化利用方式，优化煤炭消费结构，促进传统能源清洁、高效、循环发展。

三是推进能源基础设施建设。开展燃气调峰、抽水蓄能电站等灵活电源建设，完善电网、气网等能源输配网络设施，增强区域间资源配置能力。全面完成农村清洁取暖任务，继续加强城市清洁集中供热能力建设和农村电网改造，弥补城乡用能差距，保障民生共享普惠。

---

① 按发电煤耗法折算。

四是提升电力系统调节能力。首先，多手段转换新能源发电方式。在风能资源密集区试点开展风氢耦合发电，加强电热气冷氢等多种能源灵活转换与集成优化技术攻关，建设以电为中心的综合能源系统。其次，多方面提升电网灵活性。优化抽水蓄能、电化学储能等灵活调节电源规划配置，推动大容量、高安全和可靠性储能发展应用，探索配电网与电动汽车等设施的能量和信息双向友好互动，推动用户侧资源参与市场调节。最后，多举措提升电能消费水平。推进交通、建筑等领域电能替代，在电转氢的基础上拓展电转甲烷、电转液化甲醇、电转氨技术应用，打造完备的氢化工体系。

五是强化能源产业政策引导作用。出台可再生能源、智能电网、智能装备等重点产业专项规划，大力发展关键微电子材料、高性能储能材料、石墨烯等新材料产业。发展能源大数据、能源云计算、能源物联网等能源信息技术，积极开展智慧能源城镇、能源交易平台、能源网络金融建设，培育能源消费领域优势产业。

六是完善能源交易机制。首先，完善电力交易机制。实行差别化能源价格政策，引导激励分布式能源、柔性负荷、储能、虚拟电厂、新能源汽车等各类新兴主体参与电力市场交易。其次完善新能源交易机制。实施京津冀绿色电力市场化交易并推广至周边省市，积极推动区内外绿色电力企业与用户之间开展直接交易，形成保障性收购和市场化交易相结合的绿色电力交易体系。

参考文献

河北省统计局：《河北经济年鉴 2019》，2019。
《中国能源统计年鉴 2019》，中国统计出版社，2019。
河北省人民政府办公厅：《河北省"十三五"能源发展规划》，2017。
河北省发展和改革委员会：《河北省石化产业发展"十三五"规划》，2016。
河北省发展和改革委员会：《河北省天然气发展"十三五"规划》，2017。
河北省发展和改革委员会：《河北省可再生能源发展"十三五"规划》，2016。

行业发展篇

Industry Development Reports

2019~2020年河北省煤炭行业发展形势分析与展望

胡梦锦　李嘉恒*

摘　要：　2019年是中华人民共和国成立70周年，70年来河北省煤炭工业由弱到强，技术水平明显提高。2018年，河北全省有12家规模以上煤炭生产企业，全省原煤总产量达到5559.4万吨，同比1949年原煤产量增加近10.2倍。在2019年《关于下达2019年煤炭行业化解过剩产能煤矿退出计划的通知》（冀钢煤电化剩办〔2019〕6号）中得知，河北省在2019年计划关闭28处煤矿，每年退出产能1003万吨。2019年，全省煤炭消费总量维持稳定下降。随着煤炭削减政策的进一步推进，预计2020年，全省煤炭消费总量将持续下降7%左右。根据形势判断，2020年河北将加大

* 胡梦锦，国网河北省电力有限公司经济技术研究院工程师，工学硕士，研究方向为能源经济与能源供需；李嘉恒，国网河北省电力有限公司石家庄供电分公司工程师，工学硕士，研究方向为电力系统运行控制分析与综合能源数据分析。

对煤炭行业过剩产能的化解力度，对质量、环保、能耗、安全等煤炭产业标准严格执行，有保有压、关小促大，在持续化解河北过剩产能的同时，保证河北省煤炭行业的稳定运行。

关键词： 河北省　煤炭行业　去产能

一　河北省煤炭行业发展概况

（一）煤炭供需情况

河北省作为我国炼焦煤的主要产出地之一，煤炭资源相对较为丰富。全国共有 14 个大型煤炭基地，河北是其中之一。河北煤炭种类齐全，最主要以长烟煤——肥煤为主。不粘煤、褐煤、长烟煤主要分布在河北北部的张—承一带，整体煤气变质程度偏低，河北南部煤变质程度相对较高，比如气煤、无烟煤（见表1）。

表1　河北省煤炭分布情况

煤种	区域
低变质烟煤	张家口
中变质烟煤	唐山、石家庄、承德、邯郸、邢台
贫煤、无烟煤	邯郸、邢台、石家庄、唐山

资料来源：公开资料整理。

2018 年，河北全省有 12 家规模以上煤炭生产企业，当年原煤总产量达到 5559.4 万吨，全国排第十一名，占全国总产量的 2.1%，同比 1949 年原煤产量增加超过 10 倍。全省煤炭、火电去产能完成初级阶段目标，"十三五"期间煤炭累计压减 4810 万吨，火电减少 1340 万千瓦。

受河北省持续加大去产能力度等多方面因素的影响，尽管 2019 年从外省购入的煤炭量有减少趋势，但由于购入量减少趋势低于煤炭总量减少趋势，造成购入煤炭占比仍会有所增加。

（二）煤炭资源在能源结构中占比情况

大力发展清洁能源，降低煤炭等传统能源在能源结构中的占比，是解决能源转型等问题的关键。作为煤炭消耗大省，河北煤炭占比相当高，即使近几年在去产能等各种政策的引导下，煤炭在能源总量中的占比有下降趋势，但占比仍然处于高位，短期内河北省的经济发展、能源消耗仍以煤炭为主。

按照电热当量法，将各类能源通过折算系数转换为标准煤进行汇总，计算得到终端能源总消耗（万吨标准煤），同时折算煤炭消费（万吨标准煤），由此可得到煤炭占终端能源的消费比重。河北省"一煤独大"特征明显，煤炭占比高于全国23个百分点，电煤比重低于全国15个百分点，非化石能源比重低于全国9个百分点。中华人民共和国成立70年来，河北省能源消费结构不断完善优化，传统能源在能源消费中的比重不下降。在我国工业高速发展期，煤炭能源占比由85%提高到92.5%。2009年之后，煤炭能源占比开始缓慢下降。

二 河北省煤炭行业发展情况分析

（一）河北省煤炭供需现状分析

河北省2018年原煤总产量5559.4万吨，煤炭消费量2.69亿吨，整体呈现供不应求，消费量远大于生产量，缺口主要依靠进口和外省购入解决。2018年河北煤炭生产、消费均呈现下降趋势，煤炭生产比2017年降低8%，煤炭消费相比2017年降低2%，煤炭进口＋调入量保持在2.1亿吨左右。

1. 煤炭产量呈下降趋势，2018年河北省原煤累计产量5559.4万吨，同比增长-8%（见图1）

截至2016年底，河北省煤炭保有量近250亿吨，位居全国第九，焦炭保有量居全国第四位，原煤产量居全国第十一位。

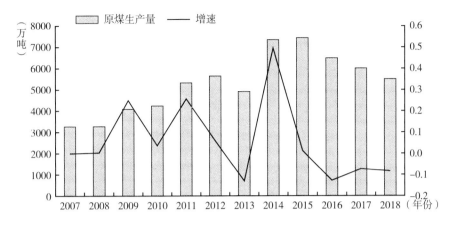

图1 2007～2018年河北省原煤生产量及增速情况

2.2018年煤炭消费量2.69亿吨，比2013年压减约4763万吨（见图2）

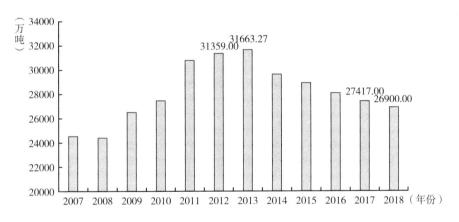

图2 2007～2018年河北省原煤消费量走势

3.省内煤炭整体供不应求，煤炭自给率不断下降

在全国煤炭50强中，河北开滦（集团）2018年营业收入居第四位，冀中能源集团居第十四位。煤炭产量分别居第十位和第十七位。河北省煤炭生产主要集中在唐山、邯郸、邢台三地，占全省产能九成以上（见图3）。

从主要耗能行业看，按照2018年产量估算，粗钢需要消耗10073万吨煤炭、平板玻璃需要消耗778万吨、水泥需要消耗1117万吨、火电需要消耗11933万吨，居民燃煤大约需要消耗2700万吨，而2018年5559.4万吨的煤炭

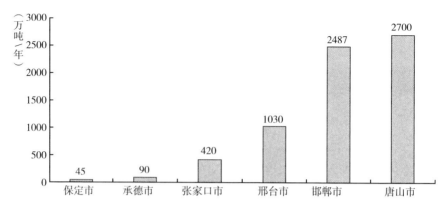

图3 河北省各地市煤炭产能

资料来源：公开资料整理。

产量，能保障的钢铁用煤占比低于40%，动力用煤缺口巨大。

煤炭对外依存度偏高。2018年煤炭产量5559.4万吨，煤炭消费量2.69亿吨，煤炭外供约2.1亿吨，占煤炭消费总量的78.07%（见图4）。

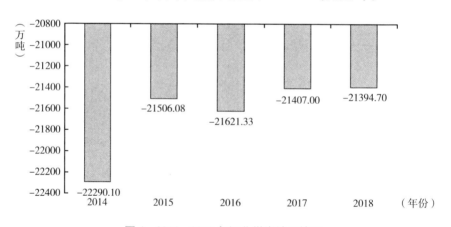

图4 2014～2018年河北煤炭缺口情况

4. 煤炭价格基本稳定，或有小幅下降

我国煤炭价格基本维持在578元/吨，稍有波动，价位相对较高。目前，煤炭市场的大体形势是供应基本稳定，消费增长弹性较大。但目前河北省主要港口和电厂具有较高的煤炭库存，全社会库存也较为充足，所以河北省煤炭整体价格呈现略微下降，但保持基本稳定。

（二）河北省煤炭去产能情况分析

《河北省打赢蓝天保卫战三年行动方案》中，河北将通过执行一系列的标准及相关法规，倒逼不达标产能退出市场。严格禁止新增焦化、钢铁、水泥、电解铝等产能，严格防止已经封停的设备死灰复燃。计划到2020年，河北全省钢铁产能控制在每年2亿吨以内，水泥控制在2亿吨、平板玻璃控制在2亿重量箱、煤炭控制在7000万吨、焦炭产能控制在8000万吨左右，同时置换和淘汰火电产能力争突破400万千瓦。

根据《关于下达2019年煤炭行业化解过剩产能煤矿退出计划的通知》（冀钢煤电化剩办〔2019〕6号），对于存在安全隐患、超过《煤矿安全规程》采深规定、每年产能小于30万吨及煤质较差等情况的煤矿做到有序退出市场，计划2019年全省关闭28处煤矿，达到每年有1003万吨产能退出。28处煤矿包括26处关闭煤矿及2处核减煤矿，关闭煤矿可退出产能793万吨，核减煤矿将退出产能210万吨。在2019年年中，省钢铁煤炭火电行业化解产能工作领导小组结合化解过剩产能任务目标及河北省具体实施情况，经过协商研究，对河北省退出煤矿名单进行了调整，计划退出产能总量由1003万吨调整为1006万吨，增加3万吨。关闭煤矿数量由26处调整为27处，增加1处。退出产能781万吨。核减煤矿3处，增加1处，退出产能增加为225万吨。

（三）提高能源回收利用率，加强清洁能源替代

1. 在能源回收利用率方面，2018年整体处于较高水平

全省规模以上工业相当于4225.1万吨标准煤的能源回收利用，回收利用率占比达到9.6%。其中，转炉煤气回收206.3亿立方米，高炉煤气回收利用2906.4亿立方米。

2. 在能源结构调整方面，2018年河北省大力推进冬季清洁取暖

全省清洁取暖改造户数达到181.2万户。8个传输通道城市和张家口市列入北方地区清洁取暖试点城市，累计完成"电代煤""气代煤"等清洁取暖改造535万户。清洁取暖重点举措包括"以电代煤""以电代油""宜电则电""以电定改"等。

三　河北省煤炭行业发展形势及展望

虽然近几年煤炭消费比重逐年下降，但在未来很长一段时间内，煤炭仍然会在河北省能源体系中占主体地位。河北省经过几年的能源结构调整优化，全省构建多元化的能源供应体系已经初有成效。石油供应能力稳步发展，天然气供应基础快速提升，核能供应保障大力增强，可再生能源供应体系得到高速建设，为未来能源多元化建设提供了有利条件，能源安全供应得到了保障。

（一）发展形势

1. 煤炭行业供需形势总体平稳

河北省是能源消耗大省，在煤炭占能源中的比例呈现下降的趋势下，其占比仍然很高。预计短期内河北省能源行业发展对煤炭的依赖程度不会明显下降，简而言之，目前河北省经济社会的发展离不开煤炭能源。从煤炭供给情况来看，2018年河北省原煤累计产量5559.4万吨，同比增长−8%。煤炭消费量2.69亿吨，呈逐年降低趋势，比2013年压减4763万吨。煤炭行业总体趋势平稳，波动不大。

2. 煤炭价格将呈现微波动下行态势

在国家政策的宏观调控下，结合目前的经济形势，2020年的煤炭价格不会有太大波动。就全国煤炭行业整体而言，供需状况仍将保持偏宽松局面，由此会导致煤炭交易价格在维稳态势下轻微下降。其表现为：中长协动力煤价格将回到绿色区间（500~535元/吨），月度长协价和现货价格中枢将回到黄色区间（570~600元/吨）；焦煤焦炭价格与上年持平或略有上升。

（二）发展展望

1. 煤炭生产消费清洁化约束压力增强，需加快煤炭消费的清洁替代

未来将呈现能源清洁化、低碳化、绿色化不断增强的不可逆转的趋势，作为能源消费大省，占比最高的煤炭行业肩负能源结构转型的重要使命，应该持续保持较高的关注度。为大力推动煤炭行业转型升级，应从生产与消费两端施策，将着力点放在供给侧结构性改革，在技术创新和管理创新两个方面持续发力。

河北省 2020 年煤炭行业生产总量将继续缓慢减少，但在能源总量中的占比依然很高。面对能源转型形势，河北省将继续加大电改力度，实施绿色经济调度，增强电网对可再生能源的消纳能力，提高清洁能源占比。河北省加强跨区输电的基础设施建设，鼓励清洁能源较少地区采取灵活的方式与西部张家口、承德清洁能源丰富的地区加强合作，提升风能、太阳能丰富地区外送清洁电力的规模和保障能力。同时，河北省将在天然气价格及储气调峰能力方面加强规划建设，确保全省"煤改气"推得开、用得起。

2. 煤炭消费总量变化主要看电力需求情况

河北省 2018 年共压减火电 54.95 万千瓦。分析目前煤炭消费构成，电力需求的煤炭消费占煤炭消费总量的 60% 左右，由此判断，2020 年的煤炭消费总量仍将以电力需求煤炭量为主。分析河北省其他能源发展形势，风能、太阳能等清洁能源发展迅速，天然气储气量也相对充足，其他能源的用能替代，可能会造成煤炭消费总量略有下降，但由于煤炭在经济性方面具有一定优势，所以需求量下降趋势将比预期缓慢。

四　河北省煤炭行业发展对策建议

近几年，河北省深入实施能源消费总量和强度"双控"政策，各个能源行业都在积极推进能源生产和消费的革命，能源绿色消费不断深入。清洁高效利用能源和稳步推进绿色消费是近几年河北省能源结构转型的重中之重，尤其是发电行业在煤电清洁与节能改造方面不断深入推进。针对河北省煤炭行业转型发展，主要建议如下。

一是重点区域煤炭消费总量需得到有效控制。通过不断加大散煤治理力度，在新建耗煤项目中实行煤炭减量替代等主要措施，在过去两年间河北省煤炭消费纵向比 2015 年下降 7 个百分点，若想达到 2020 年下降 10 个百分点的目标，力度和措施需持续加大。另外，发展绿色、清洁、低碳的能源将成为不可逆转的发展趋势，煤炭行业作为当前主要的传统能源肩负改革重任，关注度应加强，在生产与消费两端施策，从技术创新和管理创新方面发力，控制重点区域煤炭消费总量，推动煤炭升级。

二是加快推进清洁供暖。河北省可通过采取煤改电、煤改气、宜电则电，因地制宜、多措并举的方式加快推进清洁取暖工程，同时，大力发展清洁能源供暖方式，如风电、光伏发电、光热能、浅层地热能与地热能等，尽快完成河北省生活和冬季取暖散煤替代。在全省尤其是农村地区，加大劣质煤的管控力度，把控工业、民用燃煤质量，对销售和使用劣质煤的行为严厉打击，抽检覆盖率，实现全面覆盖河北省散煤煤质网点。制定措施及标准，加快燃煤锅炉综合整治，尽快淘汰不达标燃煤锅炉；对达标燃煤锅炉进行提标改造，争取达到更低排放标准，大力推广清洁高效的燃煤锅炉。

三是在交通、工业、建筑等其他领域推进电能替代。不断提高煤炭集中利用水平，不断推广煤炭清洁利用技术。在全省促进绿色建筑的研究发展，鼓励新建筑采用绿色建材，加大发展装配式建筑力度，扎实建设碳排放权益交易市场，统筹谋划全省低碳城市试点名单。河北省可以采取加大电改力度、实施绿色经济调度方案等措施，不断提高清洁能源占比，提高可再生能源的利用率。同时，河北省需加快跨区输电基础设施建设，鼓励河北省清洁能源较少地区采取灵活的方式与西部张家口、承德地区清洁能源丰富地区加强合作，提升风能、太阳能丰富地区外送清洁电力的规模和保障能力。

参考文献

河北省人民政府办公厅：《河北省"十三五"能源发展规划》，2017。

国家发展改革委：《关于进一步推进煤炭企业兼并重组转型升级的意见》（发改委运行〔2017〕2118 号），2017 年 12 月。

国家统计局：《中国能源统计年鉴 2017》，中国统计出版社，2017。

河北省人民政府：《河北省经济年鉴 2018》，中国统计出版社，2019。

河北省人民政府：《河北省 2019 年煤炭行业化解过剩产能关闭（退出产能）煤矿计划调整公告》。

河北省人民政府：《河北省钢铁行业去产能工作方案（2018～2020 年）》。

2019~2020年河北省石油行业发展形势分析与展望

赵贤龙　高威*

摘　要： 近十年，河北省油田年生产量稳定在500万~600万吨，但由于经济和投资快速增长、交通运输发展，近十年石油消费快速增长，河北坚持原油生产与外引并举，为全省石油炼制和化工行业发展提供了有利条件。2019年油价整体波动较剧烈，呈波浪形态势。本报告重点从石油供需、石化行业整体发展等角度，对河北省2019年石油行业发展进行分析，并且对2020年石油行业的发展形势进行展望，根据实际面临的形势，提出了河北省石油行业发展的对策建议。

关键词： 河北省　石油石化　绿色发展

一　河北省石油资源及行业发展总体特征

（一）河北省石油资源及行业发展基本情况

河北省原油近几年生产相对稳定，但加工量在逐步提升。从1963年黄骅的第一口油井，到后来的华北、冀东和大港三大油田，为河北省工业发展奠定了基础。从1978年到1986年，河北省原油产量都超过1000万吨，最高时产

＊　赵贤龙，国网河北省电力有限公司经济技术研究院高级工程师、注册咨询师，研究方向为能源供需和能源经济；高威，河北省石油和化学工业协会秘书长，研究方向为石油化工行业发展。

量达 1733 万吨（1979 年）。后来逐年减产，原油年产量维持在约 500 万吨。

1949 年前，河北省几乎没有石化工业，全省境内只有 3 家小企业。经过几十年的发展，在省政府政策的引导下，企业的数量逐渐从少到多，规模逐渐从小到大。

（二）河北省主要油田简介

河北省自然资源比较丰富，一次能源中的石油有相当的储量，并拥有华北、冀东和大港三大油田。

1. 华北油田

华北油田，主要业务是石油和天然气勘探与生产。资产价值：石油和天然气资产价值 201.29 亿元。石油和天然气业务区域：河北省中部地区、内蒙古中部、河北省南部三大区域以及山西沁水地区。油气生产能力：在河北中部和内蒙古石油和天然气生产基地共有 53 个油气田。

2. 冀东油田

冀东油田，主要业务是石油和天然气勘探与开发及销售业务。位于渤海湾北部沿海。油田勘探开发业务地域为唐山、秦皇岛和唐海等两市七县，总面积 6300 平方公里。陆续开发了高尚堡、柳赞和杨各庄等 7 个油田。

3. 大港油田

大港油田，主要业务是石油和天然气勘探与开发。油田范围：东至渤海，西临河北中部平原，东南与山东省接壤，北临天津和唐山两地交接处。勘探开发从 1964 年 1 月开始，业务还包括石油工程技术服务、石油生产服务，制造加工主要包括两个机厂，社会服务包括物业管理、教育、卫生等多种经营，业务实力较强。

二　2019 年河北省石油行业发展情况分析

（一）石油供需整体平稳

1. 石油产量呈下降趋势

近几年，受河北省华北和冀东等油田产量递减的影响，河北省原油产量呈下降趋势，2018 年河北省内原油共生产 537.21 万吨，与 2007 年比下降 122.8 万吨，近几年石油年产量较稳定（见图 1）。

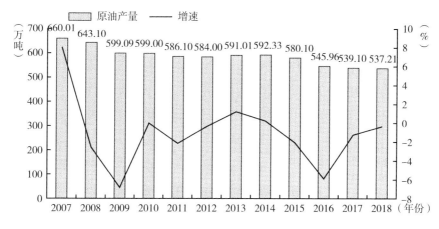

图 1　2007～2018 年河北省原油产量及增速

2. 河北省石油消费量呈逐年上升趋势，占能源消费总量的比重呈下降趋势

近几年，河北省石油年消费量增长趋势明显。2017 年，河北省石油消费总量达到 1695 万吨，与 2007 年比上升 561 万吨。增长的主要因素：一是社会经济和投资快速增长；二是交通运输发展进一步拉动石油消费。但随着经济增速放缓以及河北省能源结构调整，2017 年较 2016 年下降 105 万吨（见图 2）。

2017 年，河北省能源消费品种持续优化，河北省石油消费约 2421.75 万吨标准煤，约占能源消费总量的 7.97%，能源消费结构逐步得到优化，与 2016 年比较，石油所占比重下降 0.66 个百分点（见图 3）。

3. 成品油价整体波动较剧烈，呈波浪形态势

2019 年油价整体波动较剧烈，在欧佩克减产延续 2018 年的形势下，油价 2019 年上半年持续震荡上涨，但随着世界经济形势以及贸易环境的持续恶化，致使 6 月份油价开始逐步下滑。第四季度以来，伴随着国际油价震荡上升，国内成品油价格逐步提升，并达到全年新高。2019 年 3 月 31 日，由于增值税税率调整，成品油价格进行了一次下调。

从价格变化情况来看，2019 年河北省成品油价格呈现先升后降态势，

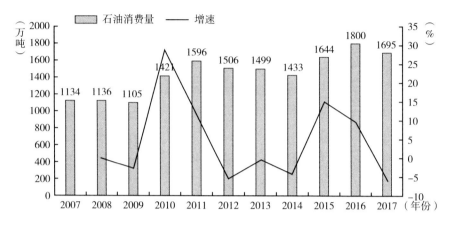

图2 2007～2017年河北省石油消费量及增速

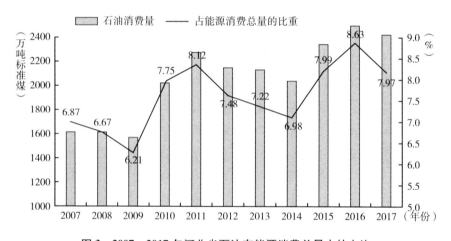

图3 2007～2017年河北省石油在能源消费总量中的占比

根据国内成品油定价机制"十个工作日一调"原则，2019年共有25轮的油价调整。到目前为止，2019年河北省进行的成品油价格调整情况为14次上涨、7次下跌和4次搁浅，89号汽油、0号柴油年末较年初分别上涨575元/吨（7.10%）、570元/吨（8.02%），整体价格变化较小。与2018年相比，油价以"五连跌"收官，2019年成品油价格行情有所回暖（见图4）。

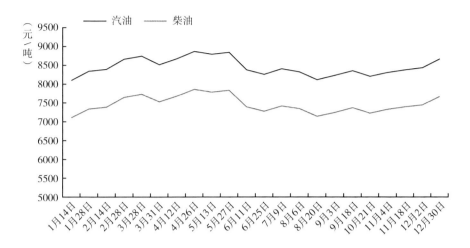

图4 河北省2019年度油价基准价格变化

（二）行业发展趋势向好

1. 石化行业结构性改革成果显著

自"十三五"以来，河北省石化行业重点打好行业结构调整、产品质量提升、绿色发展三大攻坚战，取得较好的成效。在石化行业传统产业提质、改造和创新方面，河北省也取得了不少成绩。

2019年，全省石油和化学工业顶着经济下行的巨大压力，在环境、安全等高压管控态势及市场大幅波动情况下，坚持新的发展理念，在产业转型中求突破，全力推动化工绿色发展，不断提升化工生产的安全管理，尽全力稳定生产。经过一年来的努力，石化行业产业结构得到进一步优化，企业创新能力得到不断增强，大多数企业通过调结构、创新驱动，走上可持续发展的道路。2019年，河北省石化行业入统企业1742家，与2018年比较减少234家。2019年全行业工业增加值和销售产值都实现了稳步增长，但由于市场价格长期处于低迷状态，利润出现大幅度下滑。

2. 河北省化工园区的安全管理不断提升

河北省现有四大石化产业基地、四大煤化工基地、五大盐化基地，以及散落的数十个化工园区。河北省对化工行业的安全生产非常重视，在2019年3

月，省安全生产委员会印发了《河北省化工行业安全生产整治攻坚行动方案》，依据该文件要求，河北省针对化工园区的安全开展了生产整治行动，对河北省内的所有化工企业、化工园区开展了全面排查。截至 2019 年 6 月，河北省 13560 家化工企业都建立了"一企一档"。其中，化工生产企业共 1515 家、经营企业 11090 家、危险货品运输企业 886 家、危险废物处置利用企业 69 家。河北省内 97 个化工园区全部建立了"一园一档"，保障了全省化工行业的安全生产，促进了经济的可持续发展。

3. 河北省石化行业新产品、新项目建设力度加大

2019 年，河北省石化行业进一步加大新产品、新项目建设和投产力度，先后有 10 多项新产品、新项目投产见效，增加了行业的动力。华北石化，继 800 万吨每年航空炼油投产后，又在建设聚丙烯、苯、二甲苯等 30 余种产品线。位于临港开发区的沧州大化 20 万吨聚碳酸酯项目启动，沧州大化集团将做大做强新领域的战略性新兴产业，逐步打造高端产业体系。沧州炼化采用先进的低温 SCR[①] 环保技术，使烟气中氮氧化物含量在 20mg/nm³ 以下。河北新启元，2019 年启动工艺优化及技改项目 17 项，还有煤油共炼项目，酸性水汽提、溶剂脱硫单元工艺优化项目，3.5 万吨每年高碳烯烃项目。河北诚信集团，在产品升级改造中投资 2 亿元。石家庄市炼化分公司进行了 6 项技改攻关项目。唐山三友集团技术中心特种树脂技术改造重点技改项目获得 2019 年河北省工业转型升级重点项目建设专项资金 424 万元。沧州旭阳化工总投资 6500 万元的 2000 吨每年聚酰胺单性体项目 10 月底一次开车成功，打破了国外技术垄断，实现国产化。

4. 技术研发、创新能力不断提高

2019 年，河北省石化行业认真地开展了创新驱动和现代化管理工作，取得了较好的社会效益和经济利益。沧州临港经济技术开发区经过综合比选，进入国家化工园区 300 强。河北省石家庄市循环化工园区是整个华北地区唯一获得"绿色化工园区"称号的化工园区。河北省彩客化学股份有限公司的 DSD 酸产品获得国家第四批制造业的单项冠军。河北诚信集团、河北鑫海化工集

---

① SCR 是一种选择性的催化还原法的简称，是指在特定催化剂的作用下，充分利用还原剂与烟气中含有的氮氧化物进行反应并逐步生成无毒、清洁的氮气和水。

团、中捷石化、冀衡集团、建新化工、石家庄油漆厂共6家企业获得"中国石油和化工民营企业百强企业"称号。河北省正元化工集团、东光化肥集团获得了"中国氮肥20强企业"称号。乐凯集团获得了"中国绿色增长型企业"称号。河北诚信集团有限公司、河北鑫海控股有限公司荣获"2019年中国民营企业500强"称号。河北诚信集团、保定乐凯新材料、河北亚诺生物科技、河北彩克化学、河北建新化工5家企业荣获"2019年中国精细化工百强企业"称号。另外有45家企业荣获省级奖项。

（三）行业发展的机遇与挑战

1. 国家加大油气体制改革力度

2019年，政府加大石油和天然气体制改革力度，并且取得重大进展。发布了《关于营造更好发展环境支持民营企业改革发展的意见》，标志着我国石油和天然气行业将全面对民营和外资企业开放。《外商投资准入特别管理措施（2019版）》发布，将取消石油和天然气勘探开发和城市燃气外资进入的限制条件。

2019年，国家改革石油和天然气管网运营机制取得了重大突破，并且正式成立了国家石油天然气管网有限公司，并实现管住中间管道、放开两头上下游领域，不断提升集约输送和公平服务的能力，推进石油和天然气行业的市场化运行。

2019年，国家不断出台的以上多项政策针对石油和天然气产业链每个环节精准施策，推动改革进一步向纵深发展。利好政策措施的发布将推动包括外资企业在内的更多市场主体进入石油和天然气产业，特别是上游的勘探开发和下游的终端销售领域。这样，将不断增强石油和天然气行业的竞争力，使我国企业不断提质增效，在竞争中不断做优做强，从而带动我国石油和天然气行业的进一步发展。

2. 环境与安全

"防止污染攻坚战"是我国确定的"三大攻坚战"之一，也是我国经济走向高质量发展面临的挑战之一。近几年，在石化行业发生了一些安全事故和环境事件，给人民的生命、财产造成了重大损失，也给社会造成了负面影响。因此，一定要把绿色发展摆在一个重要位置，不断在生产中完善安全管理制度，并且继续强化安全生产责任，提升绿色发展的水平，从而进一步促进全省石化行业的安全发展。

三 2020年河北省石油行业发展对策和建议

2020年是我国建成小康社会和"十三五"规划收官之年，也是河北省全面建设经济强省、美丽河北的关键一年。河北省石油化工行业要迈上新台阶，这既是决胜期，也是攻坚期。

（一）进一步优化石化产业结构

传统石油化工产业依然是河北省石化产业结构的主体，并且仍然发挥着重要作用。但近年来，传统石化产品过剩、高端产品供给不足等问题继续分化，导致市场竞争加剧。

传统石油化工产业是战略新兴产业的基础，要在传统产业的基础上进行创新和技术改造，从而进一步转化和升级为战略新兴产业，是当前产业结构调整中投入最少、见效更快的捷径。另外，要加大具有全球竞争力的一流企业和现代石油化工产业集群的培育力度，从而打造全产业链发展的石化产业集群。

2020年，将进入改革政策措施全面落地的实施期。在这个时期，行业改革和市场开放带来的各种风险和挑战将不断涌现出来。石油化工行业企业需根据外界环境的变化及行业改革趋势不断进行转变和调整，充分利用目前我国市场需求量大的优势，增强议价能力，促进降低进口资源价格，不断加强与国际石油企业的合作，进一步加强与石化产业下游企业的合作，不断探索非油气业务的发展，拓展综合能源服务领域。

（二）推动石化产业向数字化转型

当前，数字经济的发展已经成为经济持续发展的推动力，我国各行业都在大力发展数字经济。石油化工行业是资产密集型行业，具有生产管理复杂、运行维护烦琐、环境保护压力大的特征，更需要加快数字化转型的步伐，通过大数据、物联网技术的应用，提高设备管理、生产管理、供应链管理的数字化水平。全球数字化技术在油气方面的应用已经得到快速发展，并且大幅提高油气的勘探开发效率，进一步降低开发成本。

（三）围绕"两个核心"加快发展

河北省经济发展面临较大挑战，技术瓶颈、生产环境的制约都给我们生存带来较大压力和挑战，要充分利用京津冀和雄安新区大发展以及"一带一路"深入推进的难得机遇，大力拓展思路，加快促进科技创新、技术进步，实现高质量发展。在战略方面，要紧紧围绕国家机关、央企、大学、院所、大集团搬进园区的机会，进行全面对接和嫁接，快速推动产业合作，转移成果，引进人才等。化工行业企业要紧抓"一带一路"建设的机遇，不断谋划自己的出路，加强园区建设。通过这些举措，把河北变成国家、京津和雄安新区发展的腹地、基地。在战术方面要充分吸收外来技术，不断壮大自身实力，注重吸收、消化、引进和生产等一些与北京、天津高新技术和高端领域相配套的产品，实现同步发展。

参考文献

河北省人民政府办公厅：《河北省"十三五"能源发展规划》。

河北省发展和改革委员会：《河北省石化产业发展"十三五"规划》。

中国石油化工集团公司经济技术研究院：《中国石油产业发展报告（2019）》，社会科学文献出版社，2020。

河北省人民政府：《河北省经济年鉴（2018）》，中国统计出版社，2019。

2019~2020年河北省天然气行业
发展形势分析与展望

王云佳 庞 凝 张泽亚*

摘 要： 2019年，在能源供给侧改革和产业结构调整的大背景下，河
北省天然气消费保持高速增长态势，同时天然气消费占能源
消费比重逐渐增加。依托外气入冀和天然气基础设施建设，
河北省天然气供需总体保持平衡。随着各地市煤改气工程逐
步推进，可以预见的是在未来几年内，天然气需求会继续高
速提升，"气荒"现象可能继续延续。2020年是"十三五"
规划收官之年，也是"十四五"规划展望之年，为促进河北
省天然气行业可持续发展和优化，应继续调节天然气供需不
平衡问题，严格落实《河北省燃气管理条例》要求，推进油
气体制改革，强化储气建设保障措施，推动京津冀天然气产
业协同发展。

关键词： 河北省 天然气 供需情况 基础建设

一 河北省天然气行业总体特征

河北省自然资源丰富，系全国主要能源供应基地之一，也是全国近代能源

---

* 王云佳，国网河北省电力有限公司经济技术研究院初级工程师，工学硕士，研究方向为能源
经济分析；庞凝，国网河北省电力有限公司经济技术研究院工程师，工学硕士，研究方向为
电力系统工程；张泽亚，国网河北省电力有限公司经济技术研究院工程师，工学学士，研究
方向为能源经济。

工业发展较早的地区。然而，河北省天然气储量较少，年产量不到 10 亿立方米。"多煤少气"的现状对河北省天然气行业的发展产生一定的制约作用。

（一）河北省天然气供需情况

河北省"十三五"期间，陕西四线、中俄天然气东线、蒙西煤制气管线、鄂安沧管线、天津 LNG 外输管线等重要气源的开工建设，有效增加了对冀的天然气供应。中石化天津 LNG、中海油天津浮式 LNG，省外煤制天然气、煤层气项目的建设，也对河北省天然气资源缺口有所补充。

随着河北石油炼制业发展，河北省各地市政府为改善居民燃料结构，减轻环境污染，方便居民生活，相继成立液化石油气公司，开始向居民供应液化石油气。为应对环境变化，促进节能减排，河北省不断提高天然气在能源结构中的比重，2018 年河北省城市天然气供气总量达 51.12 亿立方米，增速达 5.4%，较上年增速有所放缓。

"十三五"期间，河北省处于重大战略机遇期。在实施大气污染防治行动计划中，大幅削减煤炭总量，天然气在实现清洁能源替代和保障能源供需平衡方面发挥着重要作用。2011～2018 年，河北省天然气消费在能源消费总量中的占比基本呈逐年增长状态，这也正体现出河北省响应国家蓝天保卫战"以气代煤"的成绩。

（二）逐渐加强天然气基础设施建设

河北省积极推进重点天然气基础设施项目建设，逐步构建"一张网、多气源、互联互通、功能互补"的天然气输送网络。

天然气固定资产投资情况。为鼓励燃煤替代、提高清洁能源消费占比，国家和河北省在加强环保监管的同时，出台了一系列优惠和补贴政策，极大地推动了"煤改气"实施。2017 年河北省燃气固定资产投资达 18.16 亿元，2018 年河北省燃气固定资产投资达 14.63 亿元。

天然气管网情况。河北省是天然气国家气源干线和省内支干线较为发达的省份。目前，河北省已经形成包括国家气源干线、省际供气支线、省内集输管线、省际联络线、城镇管网和调峰储气设施的天然气基础设施网络。截至 2018 年底，河北省天然气的供气管道长度达 27401.86 公里，比上年同期增长 16.4%。

天然气储气设施情况。截至 2018 年底，全省已建成储气设施 67 座，储气能力 15.37 万水立方（折 9222 万方）。另外，在省外临时购买储气能力 2 万水立方，形成 17.37 万水立方的总储气能力。按照 2018 年全省全年用气 125.7 亿方、日均用气量 3444 万方测算，可满足全省平均 3.0 天的用气需求。按地域分，主要分布在石家庄、保定、廊坊、唐山等地；按容量分，10000 水立方以上的有 7 座，1000～10000 水立方的有 12 座，500～1000 水立方的有 6 座，500 水立方以下的有 42 座。石家庄现有储气设施 10 座，储气能力 23485 水立方；保定 10 座，13818 水立方；廊坊 20 座，39574 水立方；唐山 5 座，15667 水立方；沧州 5 座，7460 水立方；邢台 5 座，16393 水立方；邯郸 4 座，1960 水立方。

（三）逐步整合全省燃气市场

气源拓展情况。河北省持续深化与三大油战略合作，确保主渠道供应稳定，鼓励签订有量有价有定价机制有浮动机制的中长期合同；加大省内资源勘探开发力度，稳定省内常规天然气产量；鼓励省内燃气企业在海外建立稳定的天然气供货渠道，与中海油等重点企业合作采取长协、现货等方式引入海外优质 LNG 资源，进一步提高全省气源保障能力。

设立河北燃气有限公司。河北燃气有限公司职责之一，就是整合河北省燃气市场，使其符合国家石油天然气体制改革要求，这是河北省天然气产供储销体系建设的重要环节，对构建多元化气源保障体系、规范燃气市场管理、统一规划建设运营省内天然气基础设施建设等都具有重要意义。

加强燃气市场的检测与管理。会同中石油、中石化开展一级用户的清理整合，促进资源的优化高效配置。成立河北省燃气调控中心，对全省资源进行统一调配，对燃气企业生产运营情况实时调控，推进全省天然气利用信息监测平台智能化建设和升级，逐步完善管网数据录入，提升应急调度管理的精细化和精准度，实现城镇燃气管网智能调配、预判风险、安全可控的目的。

二　2019年河北天然气行业发展面临的问题

河北省天然气产量逐年下降，需不断依靠外省天然气输入来维持供需平衡；河北省天然气行业面临着消费大幅增长、用气人口不断增加、储气能力建设受制约、价格管控不足等各种问题。

（一）天然气产量逐年下降，外省供应依存度高

河北省天然气自产潜力不大，对外依存度高，受国内外市场影响大。河北省天然气气源主要有三个：一是省内生产，二是外省调入，还有一小部分是"制气"。目前，河北省天然气产量较小，2016～2018年河北省天然气产量逐年下降，分别为7.8亿立方米、7.4亿立方米、6.2亿立方米。天然气供应中大部分主要依靠"三大油"从外省调入（见图1）。

图1 2011～2018年河北天然气产量和调入量

资料来源：《中国能源统计年鉴》。

（二）天然气消费增长迅速，用气人口不断增加

近两年，随着全省加快调整能源结构和大力推进清洁能源建设，天然气消费需求迅猛增长。2018年全年全省天然气消费125.7亿立方米，采暖季全省实际用气量89亿立方米。同时，随着河北省"煤改气"工作的深入推进，天然气消费在能源消费总量中占比不断上升（见图2）。

2018年，安排新增"气代煤"145.1万户，结转21.6万户，合计166.7万户。在"煤改气"政策的强力推动下，河北省居民采暖及工业燃料用气需求激增，消费规模跨越式增长。2018年，河北省城市天然气用气用户数量增至592.1万户，用气人口达1598.16万人（见图3）。

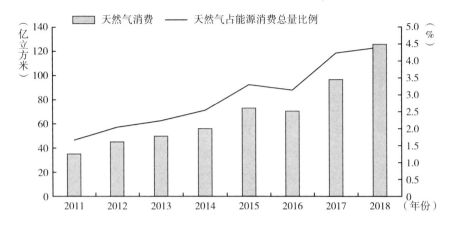

图2　2011～2018年河北天然气消费量及占比

资料来源：《中国能源统计年鉴》。

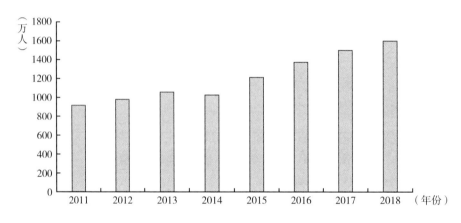

图3　2011～2018年河北天然气用气人口

资料来源：国家能源局官网。

（三）储气建设不足，制约因素较多

一是高峰月日调峰能力不足。受北方地区冬季取暖用气大幅攀升等因素影响，河北省冬夏季用气峰谷差较大，且采暖用气受地域、天气、习惯等影响，用气量波动幅度大，储气调峰设施建设不足与冬季调峰需求压力加大之间的矛盾日益突出。

二是储气设施建设制约因素较多。选址难、土地利用手续办理时间长、安评和环评要求严格是制约储气设施建设的主要问题。以 5000 ~ 10000 水立方储气设施为例，除规划、土地等前期手续外，地质勘探、工程设计、土建工程建设长达 12 ~ 16 个月，短期内无法建成投产发挥作用。

三是储气设施投资回收期较长。储气设施项目投资大，淡季闲置时间长，购储销价格倒挂，投资效益低，企业投资建设的积极性不高。

（四）逐步解决天然气价格管控问题

"十三五"以来，河北省天然气消费增长较快，随着城镇燃煤锅炉逐渐被燃气锅炉替代以及"气代煤"推进，河北省天然气需求分布逐渐转移到生活消费、工业和服务业领域（见图 4）。在宏观经济增长放缓的未来几年，上述用户对天然气价格也将更加敏感。

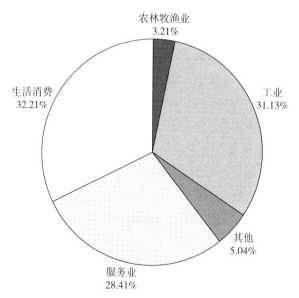

图 4　2017 年河北天然气用气情况分布

资料来源：《中国能源统计年鉴》。

天然气产业链相对较短，产生费用的环节主要为国内天然气勘探开采、国际天然气采购、国内运输储藏三大部分。其中国内上游政策壁垒正在逐渐打破，投资主题逐渐多元化，上游竞争加强将带来技术的进步及成本的控制；国际长贸合同将在"十四五"前后到期，将存在价格服役的可能性，国际进口资源议价问题有望得到控制；随着输配费用监审的完善，管输费的制定将更加合理，同时随着管网公司独立，互联互通加强，未来管道利用效率将得到提升，输配费用降低空间较大。因此，河北省仍需优先对天然气成本控制、运行优化、定价机制方面进行研究分析，以提高天然气经济性、降低气源成本及中间环节费用为天然气发展的最重要目标。

2018 年 4 月，河北省物价局出台《河北省管道燃气配气价格管理办法》，规范河北地区制定和调整管道燃气配气价格的行为。按照"管住中间、放开两头"的天然气改革目标，明确了要充分认识加强配气价格管理的重要性，尽快开展配气价格核定工作，加快建立天然气价格上下游联动机制，加强转供代输环节价格建管。

2019 年 4 月，河北省发改委文件《关于降低天然气基准门站价格和省内短途天然气管道运输价格的通知》提出：从 2019 年 4 月起，降低天然气基准门站价格和省内短途天然气管道运输价格。其中，石家庄、保定、邢台、邯郸地区，非居民基准门站价格普遍在 1.84 元/立方米，居民基准门站价格普遍为 1.81 元/立方米；衡水、秦皇岛、廊坊基准门站价格为 1.84 元/立方米；沧州非居民和居民基准门站价格一致，不过根据气源的不同，分为 1.84 元/立方米和 1.86 元/立方米两个价格；唐山非居民基准门站价格为 1.84 元/立方米，居民基准门站价格根据气源的不同，分为 1.84 元/立方米和 1.637 元/立方米；张家口非居民基准门站价格 1.77 元/立方米，居民基准门站价格 1.72 元/立方米。管道运输价格包含输气损耗等费用，主要降低省内短途天然气管道运输企业管道运输价格，并规定运输价格之外不得加收其他费用（见表 1）。

表 1　河北省内短途天然气管道运输价格

单位：元/立方米

经营企业	管道名称	管道运输价格
河北省天然气有限责任公司	京邯管线、高清线、冀中十县管线	0.221
河北新天绿色能源股份有限公司	涉县至沙河煤层气管线	0.096
保定市中茂能源有限公司	保霸管线	0.196
华港燃气集团河间管道集输有限公司	河石管线	0.164
中石化河北建投天然气有限公司	鄂安沧输气管道	0.178
河北中石油昆仑天然气有限公司	石家庄市三环官网一期工程等	0.198

三 2020年河北天然气行业发展展望

为深入推进能源生产和消费革命，加快优化调整能源结构，增强能源安全保障能力，提升能源发展质量效率，减少能源开发利用对生态环境的影响，河北省委、省政府制定了《河北省优化调整能源结构实施意见（2019~2025年)》。分别就天然气利用、管网建设、储气建设提出了发展方向。

（一）近期目标

到2025年，初步建成清洁低碳、安全高效的能源体系，基本实现能源消费绿色化、传统能源清洁化、低碳能源规模化、能源利用高效化。其中，在能源消费结构方面，清洁能源消费快速提升，天然气占能源消费总量比重为11%；在能源供给结构方面，能源生产保持稳定，天然气产量稳定在10亿立方米左右；在能源布局结构方面，重点输气管线、省内互联互通天然气管网和储气调峰设施基本建成。

（二）扩大天然气利用，因地制宜发展生物天然气

鼓励天然气消费，结合新型城镇化和乡村振兴战略实施，积极稳妥扩大天然气利用规模，优先保障民生用气，同步拓展公共服务、商业、交通用气，鼓励发展天然气分布式能源，有序发展天然气调峰电站。

因地制宜发展生物天然气，结合生物质资源特点、能源和有机肥市场等因素，在综合平衡农林生物质和生活垃圾焚烧发电等利用方式资源消耗前提下，因地制宜利用秸秆、禽畜粪便、有机废弃物等发展生物天然气，促进城镇用气多元化，改善村镇终端用能水平。

（三）加快天然气管网建设，推进工程投产

推进重点管线工程建设，推进中俄东线、蒙西煤制气管线、鄂安沧管线等重要气源管线工程，到2020年，省内主气源管线输送能力达1800亿立方米，保障省内落地能力300亿立方米以上；积极推进煤层气入冀管道，建设神木—安平煤层气管道等项目。加快曹妃甸LNG接收站建设，支持河北建投与中海

油在现有曹妃甸预留岸线位置合资建设 1000 万吨级 LNG 接收站，争取 2022 年建成投产，同时支持中石油唐山 LNG 接收站扩建，曹妃甸 LNG 接卸总能力达到 2000 万吨/年；加快曹妃甸 LNG 外输管线建设，力争 2020 年 10 月底前建成宝坻—永清段。推进省内集输管网建设，完善支干线管网和输配管网体系，重点推进涿州—永清、京石邯复线、秦皇岛—丰南沿海管线等天然气管道项目建设，打通曹妃甸 LNG 资源由海上向内陆输送的供气通道；加强省内管线与国家气源干线互联互通，保障天然气输送能力，在人口规模较小、管道接入经济性差等不适宜建设天然气管道的县区，因地制宜建设 LNG 点供设施，全面提升"县县通气"覆盖率。

（四）加强储气设施建设

2019 年底前新建成投运项目 25 个，新增储气能力 11.54 万水立方，累计达到 28.91 万水立方；2020 年底前新建成投运项目 3 个，新增储气能力 5.9 万水立方，累计达到 34.81 万水立方；2025 年底前再建成 20 座 20 万水立方 LNG 储罐，新增储气能力 400 万水立方，累计达到 434.81 万水立方。

积极发展天然气应急调峰设施，提升天然气应急调峰能力，扩建中石油唐山 LNG 现有接收站，新增 4 座 16 万水立方 LNG 储罐，争取 2020 年建成投入运营；曹妃甸新建 20 个 20 万水立方 LNG 储罐，力争 2021 年建成投入运营 4 个，2022 年再建成 8 个，到 2025 年全部建成投入运营。推进大型储气设施建设，积极谋划宁晋岩盐地下储气库建设，支持重点通道城市加快发展储气设施，增强全省天然气应急调峰及储备能力。

四 2020 年河北省天然气行业发展对策建议

（一）调节天然气供需不平衡

各地市不仅要落实全年天然气供应，而且要注重落实采暖季高峰月、高峰日天然气供气，确保全省用气需求。首先，河北省各地市要结合往年实际用气情况，科学预测分析 2020 年全年及采暖季用气需求、用气结构和高峰月（日）用气负荷。其次，抓紧组织本区域各燃气企业与上下游供气企业，特别是与中石油、中石化、中海油主供应渠道的对接协调，主动互通用气需求和供气能力，及早确定并签署天然气供气合同。同时，在确保不影响海洋生态环境的前提下，加快推动环渤海地区 LNG 接收站建设进程，增强河北地区 LNG 接收能力，提高天然气供应能力，降低供应价格。

（二）严格落实条例规范

2020 年 4 月起施行《河北省燃气管理条例》（以下简称《条例》），以安全管理为重点，着力解决重点难点问题，进一步加强燃气行业管理，保障燃气供应，促进城乡燃气统筹发展。针对河北省冬季天然气用气量较大、气源不足问题，《条例》专门设立"供气保障"一章，从完善应急储备、督促协调签订供气协议、落实企业储气责任、保障燃气用户正常用气等方面提出明确要求。针对河北省农村气代煤用户骤增现象，《条例》从燃气发展规划、农村燃气工程建设、乡镇政府管理职责和农村"两员"（驻村安全员及村燃气安全协管员）制度等多方面予以规范，将农村燃气管理具体事项一并纳入法治化轨道。

（三）推进油气体制改革

推进油气体制改革。按照《河北省贯彻落实国务院关于促进天然气协调稳定发展的若干意见重点工作及责任分工》，推进天然气在城镇燃气、工业燃料、交通燃料、燃气发电等领域高效利用。完善城镇燃气管网配气价格机制。加快储气调峰设施建设，鼓励各类资本和主体参与储备调峰设施建设运营。到 2020 年，初步建立规则明晰、水平合理、科学透明的石油天然气价格体系，建立形成公平、规范、高效的油气交易平台，着力打破行业垄断、理顺价格形成机制，发挥市场对资源配置的决定性作用，降低用气成本。到 2025 年，基本建成"主体多元、竞争有序、公平开放、监管有力"的市场体系，有效促进扩大天然气发展利用，保证油气行业清洁、高效、安全、可持续发展。

（四）强化储气建设保障措施

落实国家规定"地方政府具备日均 3 天储气能力和城镇燃气企业具备年用气量 5% 的储气能力"储气标准要求，加快完成储气调峰能力建设，切实提升高峰时段应急调峰保供能力。一是争取国家对河北省储气调峰设施项目建设给予政策倾斜和资金支持。将储气设施建设纳入全省天然气产供储销体系建设协调机制，省市有关部门结合自身职责，研究制定具体、可操作的政策措施，及时指导和解决突出问题。二是各职能部门要从规划选址、用地预审、社稳审批等方面全力支持项目建设单位开展工作，建立天然气相关项目并联审批机制。三是把储气设施项目建设环境纳入营商环境评价的重要内容，对审批手续烦琐、效率低下、恶意阻工等问题，除责令立即整改和严格问责外，要与天然气资源分配挂钩。

（五）推动京津冀天然气产业协同发展

促进京津冀区域性天然气产业合作，发挥各省、市产业优势，形成三位一体的天然气产业集群和链条。其中，河北省天然气产业目前与其他产业关联度仍旧较弱，亟须提高承接产业转移能力，以实现产业转型升级。

参考文献

河北省发展和改革委员会：《河北省天然气发展"十三五"规划》，2017 年 1 月。

河北省物价局：《河北省管道燃气配气价格管理办法》，2018 年 4 月。

河北省人民政府办公厅：《河北省优化调整能源结构实施意见（2019～2025 年)》，2019 年 4 月。

河北省发展和改革委员会：《关于降低天然气基准门站价格和省内短途天然气管道运输价格的通知》，2019 年 4 月。

河北省发展和改革委员会：《河北省储气建设方案》，2019 年 6 月。

《中国能源统计年鉴 2018》，中国统计出版社。

《河北经济年鉴 2018》，中国统计出版社。

2019~2020年河北省生物质行业发展形势分析与展望

刘 钊　胡梦锦　徐 楠　宋 妍*

摘　要： 河北省生物质资源能源化利用潜力巨大，以2019年生物质原料数据分析，生物质资源可利用量达到5735.9万吨标准煤，这给河北生物质产业发展提供了原料保障。"十三五"规划以来，中央各部委及河北省出台了多项政策推动生物质能源化发展，河北目前形成了发电、天然气、固体成型燃料、废沼肥综合利用等多种形式综合发展的局面，生物质能源化成为农村现代能源发展的重要部分，但河北生物质能产业总体处于起步阶段。本文结合目前制约河北生物质能源发展的问题，提出了对全省生物质能源化利用进行系统性规划、进一步完善政策保障机制、建立"1＋X"的原料收运储供应体系、因地制宜多元化发展生物质能源产业等保障河北生物质能高质量发展的对策建议。

关键词： 河北　生物质能源　政策保障

* 刘钊，国网河北省电力有限公司经济技术研究院高级经济师，管理学硕士，研究方向为能源经济与能源供需；胡梦锦，国网河北省电力有限公司经济技术研究院工程师，工学硕士，研究方向为能源经济与能源供需；徐楠，国网河北省电力有限公司经济技术研究院高级经济师，管理学硕士，研究方向为能源经济与技术经济；宋妍，国网河北省电力有限公司经济技术研究院工程师，工学硕士，研究方向为能源经济与技术经济。

一 河北省生物质资源整体情况

（一）河北生物质资源储量大

生物质是指利用大气、水、土地等通过光合作用而产生的各种有机体，即一切有生命的可以生长的有机物质通称为生物质。它包括植物、动物和微生物。广义上，生物质包括所有的植物、微生物以及以植物、微生物为食物的动物及其生产的废弃物；狭义上，生物质主要是指农林业生产过程中除粮食、果实以外的秸秆、树木等木质纤维素（简称木质素），农产品加工业下脚料，农林废弃物及畜牧业生产过程中的禽畜粪便和废弃物等。生物质具有可再生、低污染、分布广泛等特点，是农村能源生产清洁化的重要途径。

1. 农作物产量保持稳定

近年来，河北省稳政策、稳面积、稳产量，深入实施优质粮食工程，大力推广优质专用和节水品种、绿色高产高效集成技术。以粮食生产功能区和重要农产品生产保护区为重点，根据《河北省现代农业发展"十三五"规划》，粮食播种面积不少于9300万亩，粮食综合生产能力不少于670亿斤，秸秆综合利用率达到96%。2020年2月，河北省委省政府出台的《关于抓好"三农"领域重点工作确保如期实现全面小康的实施意见》提出，"2020年粮食总产量保持在700亿斤以上。以粮食生产功能区和重要农产品生产保护区为重点加快推进高标准农田建设，新建286万亩，达到4982万亩"。稳定的粮食产量、粮食生产核心功能区优质专用和节水品种、绿色高产高效集成技术的推广为农业剩余物收集、处理，建立现代化利用体系提供基础保障（见表1）。

2. 国土绿化加速推进

近年来，河北省坚持绿色惠民、林果富民政策，国土绿化大规模开展，森林资源管护全面加强，为建设美丽河北提供了有力支撑。根据《河北省林业发展"十三五"规划》，"十三五"期间，河北省将完成造林绿化2100万亩，其中人工造林1400万亩，飞播造林和封山育林700万亩。完成森林抚育1500万亩，低质低效林改造250万亩，稀疏林补植补造100万亩。预计"十三五"末，河北省有林地面积将达到9850万亩，森林覆盖率将达到35%，森林蓄积量将达到1.71亿立方米，林业产业总产值将达到2000亿元，果品产量将达到2200万吨（见表2）。

表1 河北省农作物播种面积及产量汇总

单位：千公顷，万吨

序号	名称	2016年		2017年		2018年	
		播种面积	产量	播种面积	产量	播种面积	产量
一	粮食作物						
1	谷类	6686.7	3682.1	6721.0	3759.0	6519.7	3605.4
2	豆类	89.1	19.8	90.1	20.8	116	28.1
3	薯类	211.8	117.6	211.6	133.9	226.2	147.9
二	油料作物	383.1	126.2	394.6	129.4	367.9	121.4
三	棉花	230.9	23.9	220.6	24.	210.0	23.9
四	麻类	0	0	0	0	0	0
五	糖类	12.1	60.4	12.2	62.5	18.1	94.1
六	烟叶	1.4	0.2	1.3	0.2	1.4	0.3
七	蔬菜类	751.6	5038.9	748.6	5058.5	787.6	5154.5
八	瓜果	70.3		70.7		73.9	
九	青饲料	98.1		115.0		71.0	

表2 河北省造林面积和果园产量

单位：千公顷，万吨

项目　年份	人工造林	飞播造林	新封山育林	退化林修复	人工更新	森林抚育	年末实有封山育林	零星植树	育苗	果园	果园产量
2016	345.6	33.3	135.1	65.7	3.6	408.4	937.2	10429.6	85.5	553	1333
2017	371.8	20.2	84.8	1.7	2.8	403.7	865.0	9729	92.4	560	1365
2018	359	14.9	223.8	0.2	2.9	449.1	1019.2	9378.9	95.4	529.7	1347

3. 畜牧业成长为支柱产业

畜牧业是河北省农业和农村经济的重要组成部分，是引领河北省农业实现现代化和可持续发展的基础性和战略性产业。河北省畜牧养殖行业近些年发生翻天覆地的变化，畜牧业总产值2018年达到1809.2亿元，居全国第四位，畜牧业占农林牧渔业总产值比重达到32.3%，已经成为第一产业的支柱产业，畜牧业的快速发展对河北省农业农村经济以及农民生活水平提升都做出了重大贡献（见表3）。

表3 河北省畜牧业分项产值

单位：亿元

项目 年份	畜牧产值	牲畜饲养	猪的饲养	家禽饲养	狩猎和捕猎动物	其他畜牧业
2016	1939.2	589.4	686.6	461.3	0	201.9
2017	1735.8	549.9	637.4	395.8	0	152.7
2018	1809.2	605.4	654.7	400.3	0	148.9

4.垃圾分类逐步规范

河北省出台的《河北省城乡生活垃圾处理设施建设三年行动计划（2018～2020年)》（以下简称《计划》）提出，到2020年，基本实现生活垃圾处理设施全覆盖，平原地区基本实现生活垃圾应烧尽烧，山区基本实现生活垃圾无害化处理。石家庄市建成区实现原生垃圾零填埋，生活垃圾无害化处理率达到100%，其他设区市和县城生活垃圾无害化处理率达到98%以上，农村（建制镇和村庄）生活垃圾无害化处理率达到90%以上。

2018年，河北省确定的38个示范县（市、区），实施农村生活垃圾就地分类和资源化利用。《计划》提出，要加快完善设区市和县城收转运体系，扩大生活垃圾收集覆盖范围和提高运输装备水平。垃圾收集点，按照使用人口、垃圾产生量、收集频率等指标，在街道、公园、广场等公共场所，合理设置满足需要的生活垃圾收集容器，全面整治淘汰脏、破、敞口、易散落等不达标收集容器。在农村，河北省从源头将生活垃圾按照可堆肥垃圾、不可堆肥垃圾、可回收垃圾、有毒有害垃圾分类，积极探索推行处理源头减量化、收集分类化、处理资源化方式。

（二）河北生物质资源能源化利用潜力大

结合河北省各种生物质能源种类和资源量，不难发现，河北省生物质资源能源化利用潜力巨大。无论是从优化用能结构的角度，还是从延长农业产业链、发展循环经济、为农民增收的角度，都应将生物质能源化利用作为农村现代能源发展的重要部分，实现一举多得。

1. 农作物秸秆资源

农作物秸秆是指在农业生产过程中，收获了稻谷、小麦、玉米等农作物籽粒或最具经济价值的皮棉、薯类块茎等部分以后，残留不能食用的茎、叶等剩余物，与农作物经济产量、农业生产条件和自然条件等因素密切相关。秸秆资源是河北省农业生物质资源的主要组成部分，根据《农业农村部办公厅关于做好农作物秸秆资源台账建设工作的通知》（农办科〔2019〕3号），可收集资源量为理论资源量与收集系数的乘积，其中理论资源量为农作物产量与该农作物草谷比的乘积。谷草比专指禾谷类作物的谷粒与其蒿秆重量（干物质量）的比值；收集系数为某一区域某种农作物秸秆可收集资源量与理论资源量的比值。

计算公示如下：

$$Q_i = P_i \times R_i \times T_i$$

其中 Q_i 为各种农作物秸秆的理论可获得量；i 为各种农作物秸秆编号，$i = 1, 2, 3, \cdots, n$；P_i 为第 i 种农作物的年产量；R_i 为第 i 种农作物秸秆的草谷比；T_i 为第 i 种农作物秸秆的收集系数。

谷草比计算公式为：

$$R_i = \frac{m_{i,S}(1 - A_{i,S}\%)/(1 - 15\%)}{m_{i,G}(1 - A_{i,G}\%)/(1 - 12.5\%)}$$

以现有秸秆资源量和粮食生产分布为基础，对河北省农作物产量数据进行测算，全省农作物秸秆资源可收集量约为5044万吨（见表4）。

表4 河北秸秆资源量测算

单位：万吨

序号	名称	作物产量（2018年）	谷草比	收集系数	可收集资源量
一	粮食作物	5283.6	—	—	5044.16
1	谷类	5107.6	—	—	4734.60
（1）	玉米	3604.4	1.73	0.9	3022.45
（2）	水稻	52.5	0.93	0.83	40.52
（3）	小麦	1450.7	1.34	0.83	1613.47
（4）	其他	80.49	0.85	0.85	58.16
2	豆类	28.1	1.57	0.56	24.71
3	薯类	147.9	1	0.73	107.97

序号	名称	作物产量 （2018 年）	谷草比	收集系数	可收集资源量
二	油料作物	121.38	1.22	0.64	94.77
三	棉花	23.93	3.99	0.86	82.11

2. 林业剩余物资源

林业剩余物是含硫量小的优质生物质资源，林业剩余物即在林业育苗、采伐造材、加工和利用过程中产生废弃物潜在量的总和。

根据最近一次全国森林资源统计测算，锯材加工剩余物率为 35%；根据《河北统计年鉴（2019）》《中国林业统计年鉴（2019）》确定河北中、幼林面积，计算出幼龄林抚育占中幼林抚育面积比，按幼龄林抚育均为剩余物，中龄林抚育剩余物率按采伐、造材剩余物率计算，公式如下：

$$S = \left[\sum_{i=1}^{n} \sum_{j=1}^{m} \left(F_{ij} y_{ij} Q_{ij} + T_{ij} X_{ij} Y_{ij} \right) \right] + \frac{1}{3} W$$

其中，S 表示统计地区范围内的新材料资源量；

i 表示范围内的区域数，1，2，3，…；

j 表示 i 省份内林地种类数，1，2，3，…，m；

F_{ij} 表示 i 省份内，不同种林地各占不同的面积，万公顷；

y_{ij} 表示某一种林地产柴率（每公顷一年产量），kg/hm^2；

Q_{ij} 表示该种林地取柴系数；

T_{ij} 表示在 i 区域内 m 种四旁树产柴率，$kg/株$；

X_{ij} 表示第 i 区第 j 种四旁树林株数，万株；

Y_{ij} 表示第 i 区第 j 种四旁树取柴系数；

1/3 从原木到加工成才剩余物比例；

W 表示低于范围内年原木产量。

表5　产柴率和取柴系数选取

林种	薪炭林	用材林	防护林	疏林	灌木林	四旁树
产柴率	3750	600	375	750	1200	2kg/株
取柴系数	1.0	0.2	0.2	0.3	0.3	1.0

以林业条件和废弃物统计为基础，平原地区可收集系数按0.7考虑，山地地区按0.5考虑，测算得出河北省林业剩余物资源量为1276万吨。

3. 畜禽粪便资源

在现代化农业发展的大背景下，河北省的养殖业迅速从庭院养殖向集约化、规模化、商品化方向发展，特别是在《河北省奶业振兴规划纲要(2019~2025年)》实施以来，万头以上奶牛场数量迅速增加，包括蒙牛、君乐宝、河北犇放、新希望、正邦集团、牧原等知名牧业企业快速发展，在保障肉蛋奶供给的同时，畜牧业也产生了大量废弃物。畜禽粪便是我国农业生物质能的又一主要来源。现今，在我国的农业生物质利用技术中，畜禽粪便可以用于肥料田间使用、沼气的制取等。河北省饲养的畜禽种类主要有猪、牛、马、驴、羊、鸡、鸭等，其粪便量受到畜禽类的生长周期以及畜禽的用途所限。具体公式如下：

$$D = \sum_{i=1}^{n} Q_i \times d_i \times m_i = \sum_{i=1}^{n} Q_i \times M_i$$

其中，D 表示畜禽类粪便总量；Q_i 表示第 i 类畜禽总量；d_i 表示第 i 类畜禽每天产出的粪便总量；m_i 表示第 i 类畜禽的生长周期；M_i 表示第 i 类畜禽在一个完整的生长周期内粪便产出总量（见表6）。

表6 畜禽饲养期内粪便排放总量

单位：千克

畜禽	肉牛	奶牛	马	驴
粪便排放总量	7300	21900	550	330
畜禽	骡	存栏猪	羊	肉禽
粪便排放总量	330	730	180	4.5

根据畜禽饲养期内粪便排放量和河北省主要畜禽饲养存栏数量计算得出，河北省2018年畜禽粪便排放总量为5359.858万吨。考虑0.7的综合收集系数，河北省畜禽粪便可利用量为3772.706万吨。

4. 生活垃圾资源

根据生活垃圾资源和清运量现状，结合"十三五"新增转运设施规划，《河北省生物质发电规划》计算数据显示，2015年河北省生活垃圾年清运总量约 1130 万吨，预计到 2020 年河北省生活垃圾年清运总量将达到 2360.8 万吨，增长比例达到 109％，呈快速增长态势（见图 1）。

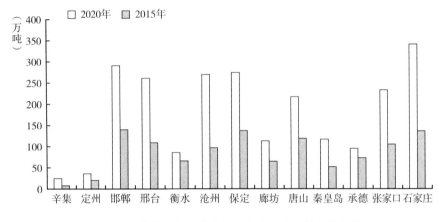

图 1　河北省各地市（含定州、辛集）生活垃圾资源量

5. 能源化理论利用量测算

根据河北生物质资源量和收集现状，结合《中国能源统计年鉴》各种能源计算标准煤的参考系数，河北省农作物秸秆的可利用量为 5044 万吨，相当于 2668.3 万吨标准煤；林业废弃物可利用总量 1276 万吨，相当于 714.56 万吨标准煤；畜禽的粪便可利用资源量为 3772.706 万吨，相当于 1886.35 万吨标准煤；生活垃圾可利用量为 1130 万吨，相当于 466.69 万吨标准煤，河北省生物质资源可利用量合计 5735.9 万吨标准煤（见表 7）。从理论上讲，河北省生物质资源总量能够满足农村地区全部生活用能，将生物质能作为农村能源革命的着力点有其必然性。

表 7　生物质能源折算系数

生物质	稻秆	麦秆	玉米秆	豆/棉秆	薯类	油料类	麻类
折标系数	0.429	1.5	0.529	0.543	0.529	0.441	0.5
生物质	牛粪	马粪	猪粪	羊驴粪	鸡粪	生活垃圾	
折标系数	0.471	0.529	0.429	0.529	0.643	0.413	

但目前，河北生物质资源利用结构不够合理。以能源化利用潜力最大的秸秆为例，全省秸秆综合利用率达到 96％，全国领先，但近 2/3 的秸秆用于还田，

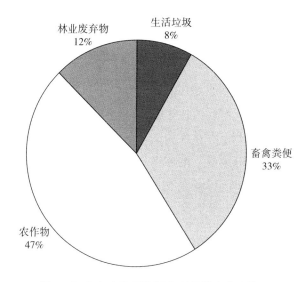

图2 河北省生物质能源化利用潜力分布情况

还田若处理不当，容易引起病菌、虫害，影响下茬庄稼生长（见图2）。目前，河北秸秆能源化利用率仅为6%左右，其能源价值未充分发挥。无论是从优化用能结构的角度，还是从延长农业产业链、发展循环经济、为农民增收的角度，都应将生物质能源化利用作为农村现代能源发展的重要部分，一举多得。

二 河北省生物质能产业现状

生物质能的转化技术主要有生物转化、化学转化、物理转化三种类型。生物转化主要包括水解发酵和气体发酵；化学转化主要包括热解、气化、液化和直接燃烧等；物理转化主要是指固体成型燃料等。结合产业现状和发展趋势，河北生物质产业发展主要集中在发电、天然气、固体成型燃料、废沼肥综合利用等方面。

（一）生物质发电

生物质发电是利用生物质所具有的生物质能进行发电，主要包括农林废弃物直燃发电、农林废弃物气化发电、垃圾焚烧发电、沼气发电等。其中生物质热电联产具有可减少温室气体排放、降低热电网输送系统的投资、增强能源供给的稳定性等优点，我国目前生物质发电从以发电为主向生物质热电联产的方向转变。

河北省从全省可再生能源发展总体战略出发，围绕生物质清洁供热、农林生物质发电热电联产，不断提升生物质能源化利用水平，构建分布式绿色低碳清洁环保供热体系，有效治理雾霾，应对气候变化。2018 年 9 月，河北省能源局按照"统筹规划、分步实施，市场驱动、政策支持，清洁利用、绿色低碳，部分替代、局部主导"的原则，发布了《河北省"十三五"生物质发电规划》，"十三五"期间，全省规划新建农林生物质发电 217.43 万千瓦，城镇生活垃圾发电 111.15 万千瓦。2019 年 10 月，河北省能源局对"十三五"农林生物质发电和城镇生活垃圾焚烧发电项目布局进行优化，其中对 3 个农林生物质发电项目装机容量进行调整，取消 14 个垃圾焚烧发电项目，新增 25 个垃圾焚烧发电项目；对 18 个项目装机容量、日处理规模等进行调整。

1. 河北省"十三五"生物质发电规划规模（见表 8）

表 8　全省各地市（含定州、辛集）"十三五"时期生物质发电规划规模

所在市	河北省"十三五"生物质发电规划规模（万千瓦）（2018 年 9 月）	河北省"十三五"生物质发电规划部分项目进行规模调整（万千瓦）（2019 年 10 月）	调整后规模（万千瓦）
石家庄	25.6	增加 1.5	27.1
张家口	25.1	—	25.1
承德	14	增加 1.5	15.5
秦皇岛	8.9	—	8.9
唐山	21.2	增加 1.5	22.7
廊坊	12	—	12
保定	16	—	16
沧州	17	—	17
衡水	20.6	—	20.6
邢台	25.93	—	25.93
邯郸	25.1	—	25.1
定州	3	—	3
辛集	3	—	3
全省合计	217.43	增加 4.5	221.93

2. 河北省"十三五"城镇生活垃圾焚烧发电规划规模（见表9）

表9　全省各地市（含定州、辛集）"十三五"时期城镇生活垃圾焚烧发电规划规模

所在市	河北省"十三五"城镇生活垃圾焚烧发电规划规模（万千瓦）（2018年9月）	河北省"十三五"城镇生活垃圾焚烧发电规划进行规模调整（万千瓦）（2019年10月）	调整后规模（万千瓦）
石家庄	20.05	增加10.05	30.1
张家口	5.1	—	5.1
承德	4.5	减少1.35	3.15
秦皇岛	2.85	增加4.1	6.95
唐山	9.85	增加1.8	11.65
廊坊	11.7	—	11.7
保定	14	增加10.9	24.9
沧州	15.3	—	15.3
衡水	10	减少0.7	9.3
邢台	5.7	增加3.4	9.1
邯郸	9.7	增加5.7	15.4
定州	1.2	增加0.6	1.8
辛集	1.2	—	1.2
全省合计	111.15	增加34.5	145.65

河北省在"十三五"生物质发电项目建成后，生物质发电项目规模将达到221.93万千瓦，城镇生活垃圾发电项目将达到145.65万千瓦，每年可节省标煤约173万吨，减排二氧化碳约370.5吨、二氧化硫约2442吨、氮氧化物约5389吨，对应对能源危机、促进环境治理有重要意义。

（二）生物天然气

生物天然气由秸秆、畜禽粪便、餐厨垃圾等生物质原料经厌氧发酵产生的沼气净化提纯获得，甲烷含量达97%以上，与常规化石天然气无异。发展生物天然气项目是国家战略，也是中国"十三五"期间重点推广的环保项目，不仅可以解决中国农作物秸秆、畜禽粪便、餐厨垃圾等带来的污染问题，还可解决农村面源污染，调整区域能源结构。同时，生物天然气可缓解中国气荒现状，沼渣、沼液可加工成有机肥，用于发展生态农业。

发展生物天然气，不仅有利于补齐天然气供需短板，降低进口依存度，提高能源安全保障程度，还能够保护城乡生态环境，促进生态文明建设。

2019年2月，国家发展改革委发布《关于促进生物天然气产业化发展的指导意见》，要求加快生物天然气产业化发展，到2025年，生物天然气具备一定规模，形成绿色低碳清洁可再生燃气新兴产业，生物天然气年产量超过100亿立方米。到2030年，生物天然气实现稳步发展。规模位居世界前列，生物天然气年产量超过200亿立方米，占国内天然气产量一定比重。

河北促进可再生能源发展，优化能源结构，重视生物天然气，因其具有拓宽供应、减污降碳等多方面的作用，经济和社会效益非常显著。随着规模化发展、产业体量的不断增大，生物天然气必将发挥更加重要的战略性支撑作用。河北省生物质资源丰富，是生物天然气发展的热土，近年来，河北省生物天然气走向快速发展轨道，在定州、衡水等一些地方，孕育出了一批全国领先的企业和项目。

亚洲最大的单体生物天然气项目——中广核衡水生物天然气项目，是国家生物天然气工程示范项目、国家能源结构重点扶持项目，被中科院亚热带研究所授予"畜禽养殖污染控制与资源化技术国家实验室"。项目占地319.66亩，总投资11亿元，年产车用天然气8910万立方米、有机肥116万吨，年减排二氧化碳170万吨。项目分两期建设，其中一期投资4.1亿元，占地150亩。该项目利用衡水市丰富的玉米秸秆、畜禽粪便、果蔬垃圾、酒糟等原料，采取"预处理＋干式发酵＋沼气净化＋沼气压缩＋车用燃气"为核心的处理工艺，生产优质的清洁能源和生物有机肥料，形成"工农业废弃物＋生物燃气＋有机肥料＋绿色农业种植"的生物质新能源生态循环产业模式，可有效缓解能源短缺和环境污染，提高企业增值空间，增加农民收入，促进生态农业发展，实现经济绿色生态、可持续可循环发展。2019年，衡水以此项目为基础，启动了"国际生物天然气城"创建活动，将成立国家生物天然气科学研究中心、国家生物天然气产业装备制造基地、国家生物天然气示范基地等，大力实施能源清洁利用，加快推动绿色发展。

（三）生物质液体燃料

生物质液体燃料的产品形态主要包含燃料乙醇和生物柴油等，生物质液体燃料和传统化石燃料相比，不含硫，含氮元素低，更重要的是生物质液体燃料主要元素碳参与自然界碳元素的循环与传统化石能源的本质不同，生物质液体燃料的碳元素的产生和消耗过程完全取自现有自然界中碳元素的循环，不会增加自然环境中碳元素的总量，是一种不破坏自然界现有碳元素平衡及热能平衡的绿色环保型能源。

河北省人民政府 2011 年印发的《关于促进生物产业加快发展实施意见》中指出，"积极开展以甜高粱、薯类、黄连木、文冠果以及植物纤维等非粮食作物为原料的液体生物燃料生产试点，推动燃料乙醇和生物柴油等生物能源的发展"。但目前生物柴油在税收上与传统石化税率一致，没有优惠政策，尚未形成相应的产业发展规划及产品标准，产业化程度处于起步阶段，需要进一步拓展发展空间。2019 年河北省出台《车用乙醇汽油推广方案》，明确提出"在河北省南部 6 市已封闭运行车用乙醇汽油基础上，自 2019 年 6 月 1 日起，对承德、张家口、唐山、秦皇岛、廊坊 5 市开始推广使用车用乙醇汽油，12 月底实现全省全域封闭运行"。该政策将进一步促进河北生物质燃料产业发展，但粮食生产液体乙醇涉及国家粮食安全问题，以粮食为原材料的生产体系受到国家粮食产量及粮食安全问题影响较大，因此拓展液体乙醇产业需要进一步研究以非粮食为原料的液体乙醇生产技术。目前，河北省乙醇燃料自产率较低，为了保证燃料乙醇供应，燃料乙醇由河南天冠集团、中粮安徽公司、河北首钢朗泽公司和国投生物科技投资公司联合供应。河北首钢朗泽公司采用全球最领先的生物科技，将工业尾气、农林废弃物、城市垃圾转化为燃料乙醇、蛋白饲料等高附加值产品，实现废弃资源的高效清洁利用，践行绿色低碳、循环经济、可持续发展。

（四）生物质成型燃料

生物质成型燃料是以农林剩余物为主原料，经切片—粉碎—除杂—精粉—筛选—混合—软化—调质—挤压—烘干—冷却—质检—包装等工艺，最后制成成型环保燃料，热值高、燃烧充分。河北生物质固体成型燃料的生产包括两种方式：一种是分散方式，在广大农村地区采用分散的小型化加工方式，就近利用农作物秸秆，主要用于满足农民自身用能需要，剩余的作为商品燃料出售；另一种是集中方式，在有条件的地区，建设大型生物质固体成型燃料加工厂，实行规模化生产，为大工业用户或城乡居民提供生物质商品燃料。

河北省是我国最主要的生物质成型机械生产区之一，秸秆成型装备整体技术水平和设备加工能力处于全国领先地位。河北天太生物质能源开发有限公司研制生产的成型机械设备入选了《国家绿色能源示范县建设设备供应和技术服务企业推荐目录》。河北奥科瑞丰生物质技术有限公司成功组建了河北省第一家"省级生物质成型机械及燃烧设备技术研发中心"，为提升技术研发水平和设备性能提供了研究平台。全省生物质固体成型燃料产量约为60万吨，其中河北奥科瑞丰生物质技术有限公司全年秸秆固体成型燃料销售量达到了82355吨；沧州于集振华发植物炭有限公司销售秸秆炭5160吨，河北省已连续4年实施了"农村秸秆成型燃料炊事采暖试点示范项目"。

三 "十三五"以来河北生物质能源相关政策

河北省是农业大省，人口基数大，具有丰富的生物质能资源，发展生物质能具有广阔的空间，大力发展生物质能利用对替代部分化石能源消费、促进节能减排、提高能源供应保障能力具有重要意义。从世界范围来看，欧洲国家生物质能源占新能源的比重超过60%，远远超过风能、太阳能。回顾生物质能源行业的发展历程，深受政策形势影响。生物质能源发展"十三五"规划发布以来，中央各部委及河北省出台了多项政策推动生物质能源化发展。

（一）"十三五"以来能源领域与生物质能相关的政策

表10　"十三五"以来能源领域与生物质能相关的政策

发布机构	名称	发布日期	要点
河北省发展和改革委员会	河北省可再生能源发展"十三五"规划	2016年10月14日	因地制宜发展生物质能利用。到2020年,力争推广成型燃料炉具250万户,年应用成型燃料50万吨

续表

发布机构	名称	发布日期	要点
国家能源局	生物质能发展"十三五"规划	2016 年 10 月 28 日	发挥生物质成型燃料锅炉在城镇商业设施及公共设施中的应用。在大气污染形势严峻、淘汰燃煤锅炉任务较重的京津冀鲁、长三角、珠三角、东北等区域,以及散煤消费较多的农村地区,加快推广生物质成型燃料锅炉供热,为村镇、工业园区及公共和商业设施提供可再生清洁热力
国家发展改革委、国家能源局	能源发展"十三五"规划	2016 年 12 月 26 日	积极发展生物质液体燃料、气体燃料、固体成型燃料,有序发展生物质直燃发电、生物质耦合发电,因地制宜发展生物质热电联产
国家发展改革委	可再生能源发展"十三五"规划	2016 年 12 月 10 日	加快发展生物质能,按照因地制宜、统筹兼顾、综合利用、提高效率的思路,建立健全资源收集、加工转化、就近利用的分布式生产消费体系,加快生物天然气、生物质能供热等非电利用的产业化发展步伐,提高生物质能利用效率和效益
河北省人民政府办公厅	河北省节能"十三五"规划	2017 年 4 月 26 日	开发利用农村清洁能源,引导农户使用清洁能源进行炊事和取暖,推广秸秆等废弃物能源化利用,发展大型沼气工程,提高高效清洁燃烧炉具使用比例,逐年提高太阳能等其他清洁能源使用比例。到 2020 年,累计推广高效清洁燃烧炉具 100 万台,秸秆能源化利用 250 万吨,加快推广燃气、生物质锅炉
国家能源局综合司	关于开展北方地区可再生能源清洁取暖实施方案编制有关工作的通知	2017 年 6 月 6 日	生物质发电尽可能实行热电联产集中供暖,不具备建设生物质热电厂条件的地区,可推广生物质锅炉供暖或生物质成型燃料。结合新农村建设、异地搬迁、小城镇、中心村建设等,在农村推广小型可再生能源集中供暖设施。根据资源条件,推广地源、空气源热泵供暖、生物质锅炉供暖,支持农村地区应用电供暖

续表

发布机构	名称	发布日期	要点
国家能源局综合司	关于开展生物质热电联产县域清洁供热示范项目建设的通知	2017年8月4日	对示范新建项目优先核准，保障示范项目享受各地清洁供热支持政策，建成后优先获得国家可再生能源发电补贴
河北省人民政府办公厅	河北省"十三五"能源发展规划	2017年9月13日	大力发展绿色电力：生物质发电，在农林作物富集、收储便利等条件好的区域，推广生物质（垃圾）发电，到2020年农林生物质发电装机达到50万千瓦，垃圾发电装机达到25万千瓦，沼气发电3.1万千瓦 建设优质高效服务体系：突出农作物秸秆、生活垃圾、畜禽粪便等能源化利用，发展生物质、垃圾发电，建设沼气工程和户用沼气设施，发展秸秆成型燃料、纤维素乙醇等液体燃料
国家发展改革委、国家能源局	关于印发促进生物能热利用发展指导意见的通知	2017年12月6日	生物质能供热是绿色低碳清洁的可再生能源供热方式，是替代县域及农村燃煤供热的重要措施
河北省气代煤电代煤工作领导小组办公室	河北省2018年冬季清洁取暖工作方案	2018年7月24日	继续推进生物质能取暖。在邯郸市充分利用秸秆、枝条、畜禽粪便等资源，加快建设生物质成型燃料，新增生物质供暖0.43万户
河北省发展和改革委员会	河北省"十三五"生物质发电规划	2018年9月7日	农林生物质能属于可再生资源，具有绿色、低碳、清洁、可再生等特点；垃圾焚烧热电联产是城镇生活垃圾无害化处理的重要手段。大力发展生物质能利用对替代部分化石能源消费、促进节能减排、提高能源供应保障能力具有重要意义
国家发展改革委	关于建立健全可再生能源电力消纳保障机制的通知	2019年5月10日	对各省级行政区域设定可再生能源电力消纳责任权重，并提出13项具体政策措施，促进我国对可再生能源的开发和利用
国家能源局	关于解决"煤改气""煤改电"等清洁供暖推进过程中有关问题的通知	2019年6月26日	在农村地区，重点发展生物质能供暖，同时解决大量农林废弃物直接燃烧引起的环境问题

续表

发布机构	名称	发布日期	要点
国家发展改革委、国家能源局等十部委	关于促进生物天然气产业化发展的指导意见	2019年12月4日	到2025年,生物天然气具备一定规模,形成绿色低碳清洁可再生燃气新兴产业,生物天然气年产量超过100亿立方米。到2030年,生物天然气年产量超过200亿立方米,占国内天然气产量一定比重
财政部、国家改革委、国家能源局	关于促进非水可再生能源发电健康发展的若干意见和关于印发《可再生能源电价附加资金管理办法》的通知	2020年1月20日	以收定支的管控思路,使新增项目的电价补助能够按年度及时足额发放,生物质发电产业将会在未来一段时间平稳发展。对存量生物质发电项目进行了"补贴确权",只要符合条件的均可纳入补贴清单。这将大大改善中小发电企业的投融资环境,缓解了企业经营困难和生存困境

（二）农业、环保和经济等其他领域与生物质能相关的政策

表11　农业、环保和经济等其他领域与生物质能相关的政策

发布机构	名称	发布日期	要点
国务院办公厅	关于加快推进畜禽养殖废弃物资源化利用的意见	2017年5月31日	到2020年,建立科学规范、权责清晰、约束有力的畜禽养殖废弃物资源化利用制度,构建种养循环发展机制,全国畜禽粪便综合利用率达到75%以上,规模养殖场粪污处理设施装备配套率达到95%以上,大型规模养殖场粪便处理设施装备配套率提前一年达到100%
河北省农业厅	河北省农作物秸秆全量化综合利用推进方案	2017年6月6日	扎实推进秸秆沼气、秸秆气化、秸秆成型燃料、秸秆打捆直燃等能源利用方式的先进技术引进。加大对农作物秸秆综合利用的政策扶持力度,在土地、金融、税收等方面给予大力支持。积极探索多元化投入机制,建立资金筹措平台,引导金融资本、社会资本投向秸秆全量化综合利用

发布机构	名称	发布日期	要点
中华全国供销合作总社	关于加快推进再生资源行业转型升级的指导意见	2018年4月12日	到2020年,发展规范化的城乡回收站点10万个,建设设施先进的再生资源综合分拣中心1500个、回收利用基地(园区)120个,培育10家年收入超过50亿元的大型环境服务型龙头企业。加快形成"村级回收+乡镇转运+县域分拣加工+再生资源基地综合利用"的供销合作社再生资源回收利用体系
河北省人民代表大会常务委员会	农作物秸秆综合利用和禁止露天焚烧的决定	2018年7月27日	加大财政投入力度,大力推进秸秆压块利用;鼓励秸秆利用企业投资建设生物质成型燃料压块基地,利用秸秆生物固化成型及炭化等技术发展生物质能
河北省人民政府	河北省打赢蓝天保卫战三年行动方案	2018年8月23日	积极开展地热、风电、光伏和生物质能源利用试点项目建设。在具备资源条件的地方,鼓励发展县域生物质热电联产、生物质成型燃料锅炉及规模化生物质天然气
国家税务总局	支持脱贫攻坚税收优惠政策指引	2019年8月14日	以部分农林剩余物为原料生产燃料电力热力,实行增值税即征即退100%;以农作物秸秆及壳皮等原料生产电力等产品按90%计入企业所得税收入总额;沼气综合开发利用享受企业所得税"三免三减半"

四　面临的主要问题和对策建议

生物质资源是农村最丰富、最容易被利用的可再生能源形式,生物质能源化在优化农村能源结构的同时,对改善生态环境、延长农业产业链、解决农村劳动力就业等均有促进作用。近年来,河北省加大了生物质天然气、热电联产等项目建设力度,但生物质能产业总体处于起步阶段,阻碍河北省生物质能源化利用的原因主要有：一是收储运体系不健全，老百姓缺乏收集积极性，田间秸秆等得不到充分收购，且平均收购价格上涨，导致企业收购成本增加。二是农村垃圾主要采用"村收集、镇转运、县处理"模式进行填埋处理，就地能源化利用未引起重视。三是生物质能涉及原料收集、加工转化、产品消费、伴生品处理等诸多环节，目前河北省尚未形成系统化的高附加值商业开发模式。结合河北省实际问题，现阶段河北省发展生物质能源应从以下几方面着手。

（一）对全省生物质能源化利用潜力进行摸底

生物质能作为唯一与"三农"有直接关系的能源，是改善农村生活面貌、发展循环农业的必要载体，其综合效益是其他新能源无法比拟的。建议组织能源、化工、农业、林业、环保等相关部门和产业单位，开展全省生物质资源调查，进一步摸清全省生物质资源的总量、可获得量、可利用量、资源区划等，科学测算生物质能源发展潜力，提高能源化利用比例，优化生物质资源利用结构。

（二）完善政策保障机制

对生物质等可再生能源项目，优先办理土地、规划、环保、招投标、发电并网、生物质天然气入网等手续，尤其在占地方面开辟"绿色通道"；逐步出台或完善生物天然气产业发展指导意见、气价与有机肥后端补贴政策、财税优惠措施、行业标准、产业监管等系列配套政策。

通过关键技术攻关和综合利用示范区带动，推动生物质能向原料多元化、产品多样化和多联产的循环经济梯次综合利用转化，提升生物质能源化利用比例；谋划推进生物质锅炉供热产业化发展，因地制宜采取生物质户用炉具、生物质锅炉和热电联产三种形式，为居民提供清洁供暖。

加大资金投入力度。对农村可再生能源项目建设，列专项资金，建立发展基金，加大支持力度，提高建设水平。建立多元化投入机制，政府引导、企业主体、社会协同、农户共享。

加强各级农村能源机构及服务体系建设。在机构改革中，进一步加强市、县两级农村能源机构及服务体系建设，保留专门机构，增强其综合协调、监管、服务能力。

（三）建立"1＋X"的原料收运储供应体系

秸秆收集主要依靠人工和小型机械，缺乏专业化收集、运输、储存及供应完整体系，是农林生物质发电项目燃料成本高的重要原因。建议根据不同区域主要农作物产量和产业特点等，按照合理半径构建一个乡镇级收储中心、多个村级收储点的"1＋X"的收运储供应网络，促进原材料有效利用。在体系运转上，可将收储点建设列入村集体财产，建立企业租用支付费用、收储利润村民共享的利益链接机制，同时吸纳农村剩余劳动力参与收储点运营管理，增加农民额外收入。

（四）因地制宜多元化发展生物质能源产业

综合考虑生物质资源条件、气候差异、农林业生产特点和农村实际情况，以及生物质能利用技术成熟程度和市场发育程度等因素，因地制宜推动生物质热电联产、固体燃料、气体燃料等多元化生物质能源产业发展。例如，在生物质固体燃料项目开发上，可根据"立足本村、就地产出、就地消费"的原则，以人口居住分散的中小规模自然村为基本单位，建立小型生物质颗粒燃料加工点，按照"来料加工、即完即走"的方式，保留生物质廉价易得的特点，促进生物质分布式清洁取暖设备和灶具的推广。

可率先在省级畜牧业园等开展畜禽粪便综合利用试点，重点研究畜禽粪便—能源—作物协同处置与循环利用技术、农村垃圾—畜禽粪便—生物质废弃物协同处置与多联产系统、多联产产品深加工等关键技术，建设农村代谢综合产业园，将农林废物、农村生活垃圾、畜禽粪便等的治理和利用与现代能源、化工结合，提高现代农业的附加值。

参考文献

河北省统计局：《河北经济年鉴（2015～2019）》

河北省发改委：《河北省"十三五"生物质发电规划》（冀发改能源〔2018〕1185号）

张璐、蒲莹、陈新云、黄国胜、党永峰：《河北省森林资源现状评析分析——基于第九次全国森林资源连续清查河北省清查结果》，《林业资源管理》2018年第5期。

刘明华主编《生物质的开发与利用》，化学工业出版社，2012。

《乡土中国"能"从何来》，《能源评论》2019年11月号。

2019~2020年河北省电力行业
发展形势分析与展望

张倩茅　朱天曈　习朋　李笑蓉　李顺昕　赵阳*

摘　要： 2019年，河北电力行业发展情况良好，发展环境优越，电力
供应保障能力较强，电网发展质量提升，电力体制改革持续
深化，电力行业对落实国家、河北省重大战略支撑能力不断
加强。全省用电量增长5.19%，用电结构不断优化，负荷需
求受季节性影响，存在较大的增长空间，高峰时段的电力供
应仍然偏紧。2020年，河北省电力行业将持续提升发展质量，
进一步深化电力体制改革，释放改革红利，加快外电入冀步
伐，服务雄安新区建设、清洁采暖工程，加快新能源发展，
为建设经济强省、美丽河北贡献力量。全年全社会用电量
3945亿千瓦时，同比增长2.3%，冬夏高峰时段电力供应仍
偏紧。

关键词： 河北省　电力行业　电网建设　电力供需

2019年，在省委、省政府正确领导下，河北省国民经济稳中向好、稳中

---

* 张倩茅，国网河北省电力有限公司经济技术研究院高级工程师，工学硕士，研究方向为电网
规划设计；朱天曈，国网河北省电力有限公司经济技术研究院助理工程师，工学硕士，研究
方向为电网规划设计；习朋，国网河北省电力有限公司经济技术研究院高级工程师，工学硕
士，研究方向为电网规划设计；李笑蓉，国网冀北电力有限公司经济技术研究院高级工程师，
工学硕士，研究方向为能源电力经济、电网规划；李顺昕，国网冀北电力有限公司经济技术
研究院高级工程师，工学硕士，研究方向为能源电力经济、电网规划；赵阳，国网河北省电
力有限公司经济技术研究院工程师，工学硕士，研究方向为电力市场分析、配电网规划设计。

有进，质量效益不断提高，为电力行业提供了良好的发展环境。面对国内外宏观经济形势变化、大气污染治理、新一轮重点行业去产能等复杂的形势，河北电力行业以提高质量发展为核心，持续推进供给侧结构性改革，全力做好火电行业去产能、服务和保障京津冀协同发展、落实新一轮农网、清洁取暖电网改造和脱贫攻坚部署等重点工作，实现了安全保持良好局面、新能源快速发展、新技术持续推广应用，电力行业整体发展质量不断提升。

电力行业作为重要基础性产业，是国民经济发展的"晴雨表"与"风向标"。本文系统分析了2019年河北电力行业发展环境、现状与未来趋势，对于社会各界了解河北省电力行业发展现状，研判河北电力乃至地区国民经济的发展形势，具有十分重要的作用。

一　2019年河北省电力行业发展情况分析

（一）电力行业发展环境优化

2019年，全省坚持稳中求进工作总基调，践行新发展理念，把握高质量发展要求，深化供给侧结构性改革，全力推动京津冀协同发展、雄安新区规划建设、冬奥会筹办三件大事，实施重点行业去产能、工业转型升级、战略性新兴产业发展战略，经济增长稳中向好、稳中有进，全年全省生产总值增长6.8%，为电力行业发展提供了良好的环境。

（二）电力供应保障能力加强

电网结构不断完善。2019年，河北南网特高压交流电网建成"两站三通道"；500千伏电网在"四横两纵"大格局下，局部形成石家庄双环网、保定"C"形双环网、石保衡沧环网、邯邢环网等结构；220千伏电网分成7个供电区（慈云、易水、保定北部、保定南部和石家庄、衡沧、邯郸、邢台）；110千伏、35千伏电网大部分形成双侧电源供电模式。冀北500千伏主网架结构与受电方向维持不变，东部唐承秦"三横三纵"500千伏电网格局初步成型，与北京、天津联系紧密并形成京津冀北500千伏大环网；220千伏电网分成9个供电区（唐山北部、唐山南部、承德、秦皇岛、张家口北部、张家口中部、张家口南部、廊坊北部和廊坊中南部）；110 千伏和 35 千伏电网以单链和双辐射结构为主，能够较好地实现上下级转供负荷。

电网规模稳步扩大。2019 年，河北南网共有 1000 千伏变电站 2 座、变压器 4 台，总容量 1200 万千伏安；500 千伏变电站 23 座、变压器 60 台，总容量 5000 万千伏安；220 千伏公用变电站 187 座、变压器 405 台，总容量 6930 万千伏安；110 千伏公用变电站 727 座、变压器 1456 台，总容量 6506 万千伏安；35 千伏公用变电站 1152 座、变压器 2344 台，总容量 2683 万千伏安；10 千伏配变 41.4 万台，配变容量 7667 万千伏安。冀北境内 500 千伏变电站 25 座、变压器 51 台，主变容量 4865.1 万千伏安；220 千伏变电站 139 座、变压器 301 台，主变容量 5598 万千伏安；110 千伏变电站 382 座、变压器 794 台，主变容量 3717 万千伏安；35 千伏变电站 591 座、变压器 1199 台，主变容量 1350.9 万千伏安，10 千伏公用配变 7.66 万台，配变容量 1835 万千伏安。

（三）电力需求平稳较快增长

1. 全社会用电量平稳增长

2019 年，河北省全社会用电量累计达到 3856.1 亿千瓦时，同比增长 5.19%。用电量增长的主要原因有：一是冬夏季节性电力需求保持较快增长；二是钢铁行情持续回暖，影响工业用电增速回升，支撑全社会用电量增长；三是第三产业用电量持续攀升（见图 1）。

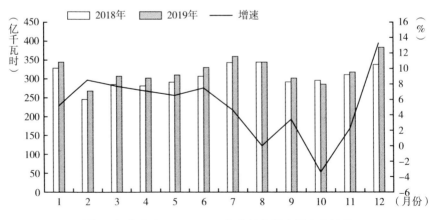

图 1　河北全省 2018～2019 年全社会用电量变化情况

逐月看，10月份受中华人民共和国成立70周年省内企业停限产影响，全社会用电量较2018年小幅下降，其他月份用电量均呈平稳较快增长趋势。

2. 各产业用电量增长情况（见表1）

表1　河北省2019年全社会用电量情况

单位：亿千瓦时，%

指标名称	2019年				
	实际用电量	累计占比	上年同期	同比增长	贡献率
全社会用电量	3856.1	100	3665.7	5.19	100
其中:第一产业	55.4	1.44	52.2	6.00	1.65
第二产业	2603.3	67.51	2505.7	3.89	52.25
第三产业	674.3	17.49	613.7	9.88	31.86
城乡居民生活用电	523.1	13.57	494.1	5.87	15.24

第一产业用电量受气候影响波动明显。2019年，第一产业用电量累计55.4亿千瓦时，同比增长6.00%。第一产业受种植与灌溉政策、气候季节等因素影响较大，2019年河北夏、秋、冬季持续降水相对较少，用电增速相对较高。

第二产业用电量保持平稳，占全社会用电量比例逐步下降。2019年河北省第二产业用电量完成2603.3亿千瓦时，同比增长3.89%，第二产业用电量占全社会用电量比重67.51%，同比下降0.84个百分点。钢铁、化工等传统产业市场回暖，用电量呈恢复性增长，同时随着供给侧结构性改革深入推进，工业结构调整力度进一步加大，装备制造与战略性新兴产业发展良好，也带动了第二产业用电量增长。

第三产业用电量增速居各产业之首。随着经济结构不断调整，第三产业成为河北经济增长的主要动力，第三产业用电量持续攀升。完成用电量674.3亿千瓦时，同比增长9.88%，占比17.49%，比重同比提高0.75个百分点，是各产业中增长最快的。

城乡居民生活用电量增长较快。随着居民生活水平与城镇化率的不断提升，城乡居民夏季制冷与冬季取暖的季节性用电需求大幅增长，2019年城乡居民生活用电累计完成523.1亿千瓦时，同比增长5.87%，占比13.57%，比重同比提高0.09个百分点。

3. 各地区用电增长情况（见表 2）

表 2　河北省各地区 2019 年全社会用电量情况

单位：亿千瓦时，%

指标名称	实际用电量	累计占比	上年同期	同比增长	贡献率
全社会用电量	3856.1	100	3665.6	5.19	100
其中:南网	2190.4	56.80	2093	4.65	51.13
北网	1665.7	43.20	1572.6	5.92	48.87
石家庄市	513.4	13.3	497.5	3.20	8.37
邢台市	292.6	7.6	276.3	5.90	8.57
邯郸市	427.6	11.1	407.0	5.05	10.81
衡水市	161.7	4.2	152.8	5.84	4.69
沧州市	361.4	9.4	338.5	6.75	12.01
保定市	354.0	9.2	343.7	3.00	5.42
雄安新区	41.1	1.1	38.0	8.22	1.64
张家口市	177.1	4.6	165.5	7.02	6.10
承德市	188.8	4.9	169.8	11.22	10.00
廊坊市	286.7	7.4	286.6	0.04	0.06
唐山市	861.5	22.3	795.5	8.30	34.67
秦皇岛市	150.4	3.9	154.5	-2.64	-2.15

注：张河湾抽水蓄能抽水电量未计入地市。

各地用电量均实现平稳增长。2019 年，河北南网七地市完成用电量 2190.4 亿千瓦时，同比增长 4.65%，增速低于全省平均水平 0.54 个百分点。受第三产业、居民生活的强力拉动与第二产业的恢复性增长影响，七地市均实现平稳增长，除石家庄、保定外，其他地市增速均超过 5%。冀北电网五地市完成用电量 1665.7 亿千瓦时，同比增长 5.92%，增速高于全省平均水平 0.73 个百分点。由于工业占比高，拉低了全社会用电整体增速。除秦皇岛外，其余四市用电量均正增长，增长率最高的为承德，同比增长 11.22%，其次是唐山，同比增长 8.30%，最后是张家口和廊坊，增速分别为 7.02% 和 0.04%，秦皇岛增速最低，为 -2.64%。

4. 负荷需求增长情况

（1）河北南网

季节性负荷带动整体负荷增长明显。2019 年，河北南网地区气候波动较大，夏季高温、高湿天气持续时间长，空调制冷负荷增长迅猛，最大负荷屡创历史新高；冬季较往年气温偏低，受限煤政策与"煤改电"的推进，冬季取暖负荷较往年大幅攀升。整体来看，2019 年，河北南网大体上延续了历年来"三峰三谷"（春灌、度夏和度冬三个用电高峰，春节、春末夏初、秋季三个负荷低谷）的负荷特征。迎峰度夏期间，河北南部地区高温少雨，高温时间集中，平均最高气温较上年同期偏高 0.5℃。7 月 28 日，全网最大负荷达到 4013.3 万千瓦，同比增加 356.3 万千瓦，增长 9.74%（见图 2）。

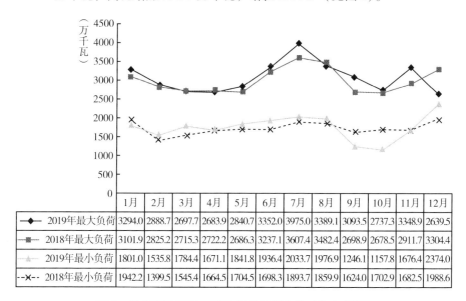

（万千瓦）	1月	2月	3月	4月	5月	6月	7月	8月	9月	10月	11月	12月
◆— 2019年最大负荷	3294.0	2888.7	2697.7	2683.9	2840.7	3352.0	3975.0	3389.1	3093.5	2737.3	3348.9	2639.5
■— 2018年最大负荷	3101.9	2825.2	2715.3	2722.2	2686.3	3237.1	3607.4	3482.4	2698.9	2678.5	2911.7	3304.4
▲— 2019年最小负荷	1801.0	1535.8	1784.4	1671.1	1841.8	1936.4	2033.7	1976.9	1246.1	1157.8	1676.4	2374.0
×— 2018年最小负荷	1942.2	1399.5	1545.4	1664.5	1704.5	1698.3	1893.7	1859.9	1624.0	1702.9	1682.5	1988.6

图 2　河北南网 2018～2019 年月负荷曲线（整点负荷）

分地市看，河北南网各地市均实现正增长。石家庄由于迎峰度夏期间连续出现高温高湿天气，空调负荷保持强增长趋势，增速为六地市最快，达到 9.10%（见表 3）。

表 3　河北南网各地市网供最大负荷增长情况

单位：万千瓦，%

地区	2018 年	2019 年	增速
河北南网	3657	4013.3	9.74
石家庄	801.00	873.9	9.10
保定	601.70	642.9	6.85

续表

地区	2018 年	2019 年	增速
邯郸	665.50	677.9	1.86
邢台	481.96	508.9	5.59
沧州	560.20	603.4	7.71
衡水	278.84	290.6	4.22

注：电力公司统计口径，在统计地市供电负荷时仅计算该市内 220 千伏及以下电网供电负荷（含网损）；全网供电负荷计算时增加了 500 千伏网损、500 千伏并网抽水蓄能电站打水负荷等，因此全网负荷大于辖区内各地市负荷之和。

（2）冀北电网

2019 年，冀北电网调度最大负荷呈现"W"形变化趋势，全年出现夏、冬两个用电高峰，最大负荷发生在迎峰度冬期间。度夏期间在空调负荷和工业负荷的带动下最大负荷达 2342 万千瓦，创历史新高。度冬期间，在采暖负荷的带动下冀北负荷先后 5 次创历史新高，最大负荷达 2438 万千瓦，较 2018 年最大负荷增长 4.77%（见图 3）。

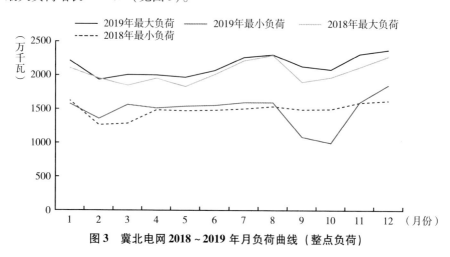

图 3　冀北电网 2018～2019 年月负荷曲线（整点负荷）

分地市看，冀北电网各地市均实现较快增长。唐山负荷水平五市最高，且持续受到去产能、环保等政策因素影响。2019 年由于钢铁市场行情较好，二产用电走高，唐山和承德带动地区用电水平继续攀升。廊坊负荷水平位于第二位，但受 2018 年底洮远金属制品公司退出和 2019 年 10 月底兴荣冶金（文安新钢）停产退出影响，负荷小幅正增长（见表 4）。

表4 冀北电网各地市网供最大负荷增长情况

单位：万千瓦，%

地区	2018 年	2019 年	增速
冀北电网	2327	2438	4.77
唐山市	256.4	279	8.81
张家口市	1128	1180	4.61
秦皇岛市	539	546	1.30
承德市	239.3	252	5.31
廊坊市	244	249.9	2.42

注：电力公司统计口径，在统计地市供电负荷时仅计算该市内 220 千伏及以下电网供电负荷（含网损）；全网供电负荷计算时增加了 500 千伏网损、500 千伏并网抽水蓄能电站打水负荷等，因此全网负荷大于辖区内各地市负荷之和。

（四）电力供需形势依然偏紧

近年来，河北南网与冀北电网负荷需求持续增长，网内机组无法满足尖峰时刻的电力需求增长，均出现了不同程度的电力供应紧张局面，需通过临时性购电、有序用电等措施保障电网安全。

2019 年，河北南网夏季空调与冬季采暖需求增长较快，依靠增加区外购电（2019 年河北南网最大外购电力 1447 万千瓦），方才满足了负荷增长需求。

冀北电网实施京津冀北统一的电力平衡。2019 年，冀北电网电力平衡情况良好，未出现因电力平衡缺口造成的限电情况。

（五）电网发展质量进一步提升

在保障负荷增长需求的前提下，推动各级电网协调发展。坚持安全、优质、绿色、高效的电网发展理念，积极推进"外电入冀"战略，加速解决"两头薄弱"问题，建设以特高压、500 千伏为骨干网架、各级电网协调发展的坚强智能电网，打造广泛互联、智能互动、灵活柔性、安全可控的新一代电力系统，建设"可靠性高、互动友好、经济高效"的一流现代化电网，推动电网高质量发展。河北南网、冀北电网主网 N－1 通过率均达 100%，农网户均配变容量分别提升至 2.57 千伏、2.17 千伏安。

2019 年，河北电网继续保持安全稳定运行，全年未发生电网瓦解、稳定破坏、大面积停电事故，未发生误调度、误操作事件，未发生六级及以上电网事件，电网安全保持良好局面。坚决贯彻国网公司安全生产工作部署，围绕提升本质安全水平，制定安全生产措施，明确安全目标，压实安全责任。面对电网负荷屡创新高、新能源大规模接入等形势，优化电网运行方式，加强电力调配和设备运维，强化电力需求侧管理，确保了电网安全运行和电力可靠供应。

（六）电力体制改革持续深化

2015 年 3 月 15 日，中共中央、国务院印发《关于进一步深化电力体制改革的若干意见》（中发〔2015〕9 号），提出新一轮电力体制改革的方向是市场化，目标是建设统一开放、竞争有序的电力市场体系。2018 年，在河北省中发〔2015〕9 号文件指引下，继续深入推进各项电力体制改革，在增量配电改革、电力现货市场建设、交易机构股份制改革等方面取得了新的积极进展。2019 年，国家发展改革委印发《关于进一步推进增量配电业务改革的通知》，提出"三不得、一禁止"，即不得以常规机组"拉专线"的方式向用户直接供电，不得依托常规机组组建局域网、微电网，不得依托自备电厂建设增量配电网，禁止以任何方式将公用电厂转为自备电厂。同时，不建议电网企业或当地政府投资平台控股试点项目；通过招标等市场化方式公开、公平、公正优选确定项目业主，进一步推动电力体制改革工作。

电力市场化交易规模不断扩大。近年来，高电价一直是影响企业发展活力的重要因素，随着市场化交易规模的逐步扩大，有力降低了企业的电费成本负担。2018 年，国家发改委陆续印发《区域电网输电价格定价办法（试行）》、《跨省跨区专项工程输电价格定价办法（试行）》和《关于制定地方电网和增量配电网配电价格的指导意见》，对各地区电力市场化交易做出明确规定。河北省全年市场化电量达到 934.79 亿千瓦时，降低企业用能成本 16.92 亿元，其中河北南网市场化交易电量 533.3 亿千瓦时，降低企业用能成本 8.88 亿元；冀北电网市场化交易电量 401.49 亿千瓦时，降低企业用能成本 8.04 亿元。

绿电交易取得突破。贯彻落实"绿色办奥"理念，冀北电力公司协助政府编制冬奥绿电交易准入规定和交易方案，首次组织张家口冬奥场馆绿电交易，实现冬奥场馆用电全部采用可再生能源。按照政府有关文件要求，由冀北电力公司代理冬奥场馆参与交易，组织张家口供电公司稳妥完成交易操作。

2019 年张家口可再生能源示范区绿电交易电量达 6.13 亿千瓦时,其中清洁供暖结算电量 3.05 亿千瓦时,电能替代结算电量 0.23 亿千瓦时,高新技术产业结算电量 2.72 亿千瓦时,冬奥绿电交易结算电量 0.13 亿千瓦时。

(七)清洁能源实现快速发展

河北省由于肩负着京津冀大气污染治理的重任,同时自然条件、居民分布适合新能源安装,近年来新能源发展非常迅速。

截至 2019 年底,河北南网新能源装机规模达到 1092.4 万千瓦,全口径装机占比达到 26.6%。其中,风电装机 316.5 万千瓦,集中式光伏装机 423 万千瓦,分布式光伏装机 352.9 万千瓦。冀北电网新能源装机规模达到 2100.43 万千瓦,占全网电源总量的 57.3%。其中风电装机 1371.77 万千瓦,光伏 698.16 万千瓦,生物质 27.3 万千瓦,储能 3.2 万千瓦。

2019 年,河北南网新能源继续保持快速发展,装机规模突破 1000 万千瓦,发电出力、日发电量等多项运行指标刷新历史纪录,连续 12 年实现网内新能源电力全额消纳。特别是 2017 年以来,河北南网克服峰谷差大、季节性负荷突出等困难,坚持新能源优先调度,采取科学安排机组运行方式、深挖机组调峰潜力等措施,有效应对了新能源装机规模的爆发式增长,继续保持了网内新能源电力的全额消纳。冀北电网根据接入电网新能源消纳受阻、弃电情况,采取消纳预警机制,从源头把控项目有序并网。在外送能力不足的情况下积极挖掘内部潜力,加快开展新能源外送通道建设,增强地区新能源送出能力,全年新能源弃电量 18.37 亿千瓦时,同比增加 4.7%,新能源弃电率 4.7%,同比减少 0.3 个百分点。

二 2020年河北省电力行业发展形势及展望

(一)2020年河北省电力行业发展形势

1. 面临机遇

(1)经济社会平稳发展

2020 年,河北省委省政府坚持稳中求进工作总基调,坚持以新发展理念引领高质量发展，全面落实"三六八九"基本思路，牢牢把握"稳、进、好、准、度"工作要求，统筹推进"三去一降一补"五大任务，深入实施战略性新兴产业、科技创新等三年行动计划，扎实开展"双创双服"活动和"万企转型"行动，形成全省新兴战略性产业蓬勃兴起、高端高新技术产业发展后劲十足、传统产业加快转型升级、新动能快速成长的良好局面，越来越多的"河北智造"亮相全国乃至国际舞台。整体来看，2020年，河北省国民经济运行总体平稳、稳中向好、稳中提质，转型升级扎实推进，结构优化取得成效，新动能加快壮大，发展质量稳步提高。

（2）雄安新区进入密集建设阶段

规划建设雄安新区是千年大计、国家大事，对集中疏解北京非首都功能、探索人口经济密集地区优化开发新模式、调整优化京津冀城市布局和空间结构、培育创新驱动发展新引擎具有重大现实意义和深远历史意义。作为关系国家能源安全、经济发展和社会稳定的基础设施，雄安电网将在雄安新区建设发展中发挥重要的支撑保障作用。《河北雄安新区总体规划（2018～2035年）》已经正式获得党中央、国务院批复，《河北雄安新区电力专项规划》已经编制完成，新区即将进入规划的落地实施阶段，做好各区域控制性规划相关编制，确保规划落地是新区面临的新形势、新任务，相关综合能源、分布式电源、电动汽车、直流配电网和储能等技术将在规划中逐步落地。

（3）外电入冀进程加快

2020年，国网河北电力已建议将首个特高压直流落点选址于保定、沧州、衡水三地区交界处，解决雄安新区供电以及保定、沧州、衡水地区缺电问题，实现特高压电力直送负荷中心和缺电地区，减轻500千伏线路潮流迂回。

张家口地区是距离雄安新区最近的国家级千万千瓦可再生能源基地，国家电网有限公司正在建设张北—雄安特高压交流工程，预计2020年下半年建成投运。

（4）新业态新技术加快发展

充电网络产业加速跨界融合，竞争将进一步加剧。伴随着我国新能源汽车市场规模的逐渐扩大，制造商、整车企业、网约车、科技公司介入新能源汽车领域发展，充电基础设施产业加速跨界融合，竞争激烈。河北地区目前基本形成了以国网电动汽车、特来电、星星充电、车航及车企等为主的充分竞争的格局，后期竞争也将进一步加剧。

资源共享、互联互通将成为新的发展趋势。互联网、通信、IT 等主体加入充电基础设施运营，为充电基础设施产业注入新鲜血液，"互联网＋"技术在充电设施运营方面持续深化应用，充电服务平台功能不断完善加强。传统运营商也积极探索创新运营模式，研究充电大数据价值开发，拓展充电增值服务，探索充电与多领域业务融合。

2. 面临挑战

（1）电力供需偏紧

2020 年度夏期间河北南网区域若出现连续高温高湿天气，预计最大用电需求将达到 4400 万千瓦，同比增长 9.64%。最大缺口仍有可能达到 378 万千瓦。如遇京津冀鲁度夏高峰整体供应紧张，减少对河北南网的增供电力或相关特高压配套电源未达预期，缺口有可能进一步扩大。冀北电网方面，北京、天津、冀北电网统一进行电力平衡，根据目前的情况预测，迎峰度夏期间京津冀北电网无电力平衡缺口。

（2）大气污染防治持续推进

发电结构将进一步优化。2017 年，河北南网供电区内分两批淘汰火电落后产能，第一批淘汰 14 台火电机组，机组容量共计 16.2 万千瓦，第二批淘汰 13 台火电机组，机组容量共计 45.5 万千瓦，两批合计淘汰 27 台火电机组，机组容量共计 61.7 万千瓦。2018 年，河北南网共淘汰 13 台火电机组，机组容量共计 54.95 万千瓦。2019 年，河北南网淘汰 8 台火电机组，机组容量共计 9.4 万千瓦。根据《河北省火电结构优化实施方案》，陡河电厂、下花园电厂和秦皇岛发电厂将于 2020 年退役。另外，本地规划电源未按期并网。目前，网内在建的沧州运东热电、石家庄热电厂九期燃机等机组均滞后规划投产时间。

（3）新能源消纳难度逐年加大

风力发电和光伏发电由于其自身的特点，出力会随着风速和光照强度的变化而不断变化，具有随机性和波动性。因此，大量新能源并网改变了电网运行特性，主网和配网侧都给电网的运行带来了较大的压力。

在主网侧，新能源大规模接入给电网的调度、调峰等带来了极大挑战。在配电网侧，大量分布式电源的接入改变了配电网潮流，高密度分布式光伏并网抬升了并网点电压，给配电网的电压控制带来了极大的影响。

2016 年以来，在峰谷电价的"削峰填谷"作用下，电网峰谷差率逐年下降，冬季"电代煤"工程实施带动电采暖负荷加速增长，清洁能源消纳形势有所好转。但是，由于供热机组比例高、清洁能源装机持续快速增长，春节期间清洁能源消纳形势严峻。

（二）2020年河北省电力供需展望

1. 电源建设与发电能力

（1）河北南网

2020 年，河北南网全年计划投产光伏电站 77.8 万千瓦、风电 45 万千瓦、垃圾发电 6 万千瓦、燃煤火电 35 万千瓦（运东热电#1 机）、燃气火电 45.36 万千瓦（石热九期#1、#2 机）。

（2）冀北电网

2020 年，计划新投产火电机组：华润曹妃甸扩建（100 万）、遵化热电（35 万）、唐山北郊电厂（35 万）、秦皇岛开发区热电（35 万）；根据《河北省火电结构优化实施方案》，陡河电厂（134 万）、下花园电厂（21 万）和秦皇岛发电厂（43 万）实行置换替代，预计分别于 2019 年、2020 年退役，目前陡河（42 万）已于 2019 年退役。因新能源机组投产具有很大不确定性，初步预测 2020 年投产风电装机 650 万千瓦、光伏 150 万千瓦。

2. 电力需求

整体来看，2020 年电力市场需求仍将呈现"一增一降一紧张"的态势，即季节性负荷需求进一步释放，带动全网负荷继续增长，受新型冠状病毒肺炎疫情影响，电量增速较上年有所降低，电力供应持续偏紧。2020 年河北省仍将处于去产能、治污染、调结构、稳增长的关键时期，电量结构将持续调整，工业电量将保持低增速，服务业、居民用电将继续快速增长。但从目前市场行情来看，钢铁、化工、建材等市场存在较大盈利空间，将在一定程度上刺激重点行业企业生产积极性，对工业用电量将起到一定的支撑作用。从对外贸易形势看，贸易摩擦将间接影响经济环境，基础产业与高附加值产业均将受到影响，其波及范围和传导时间尚需观察。

结合上述因素，采用分部门等多种适宜的预测方法对全社会用电量进行预测，预计 2020 年河北省全社会用电量达到 3945 亿千瓦时，同比增长 2.3%。

三 河北省电力行业发展对策建议

（一）高起点高标准高质量规划雄安新区电力行业发展

高起点规划、高标准建设雄安电网，打造国际一流绿色智能电网，构建高度智能化的城市供电系统，将助力雄安新区建设成为高供电可靠性、高度电气化、高度智能化的绿色智慧新城。但现状是雄安新区电网尚不能满足全部用清洁能源供应、不能满足国际一流城市对供电可靠性的要求、不能满足智慧城市发展需要，因此要高起点高标准高质量规划雄安新区，建议重点推进雄安新区电网建设，助力雄安新区电网建设成为高供电可靠性、高度电气化、高度智能化的国际一流电网。

（二）全面贯彻落实国家、河北省重大战略决策部署

1. 深入实施乡村振兴战略

持续推进农村电网改造升级，建设坚强农村电网，现有辐射式接线具备条件的逐步形成联络，长线路增加分段；采用典型设计，逐步形成"布局合理、技术适用、供电质量高、电能损耗低"的新型村级电网，全面提升农村供电可靠性，显著减少停电时间，基本解决"低电压""卡脖子"问题，满足农村居民生活用电及农业生产电力供应需求。推动智能互联，打造服务平台。综合应用新技术，大幅提升农村配电网接纳新能源、分布式电源的能力。探索以配电网为支撑平台，构建多种能源优化互补的综合能源供应体系，实现能源、信息双向流动，逐步构建以能源流为核心的"互联网＋"公共服务平台。

2. 打好污染防治攻坚战

认真落实北方地区冬季清洁取暖五年规划，按照"以电定用"的原则，积极配合政府确定"煤改电"实施范围，争取投资补贴、电价疏导等政策支持。不断创新电能替代领域、替代方法和替代内容，进一步扩大电能替代范围和实施规模。建立电能替代项目报装"绿色通道"，健全电能替代内部保障机制，加强向政府沟通汇报，实现全社会共同承担大气污染治理成本。加大"两个替代"（清洁替代和电能替代）宣传力度，推动全社会减排治霾和公司

效益的不断提升。

3.打好精准脱贫攻坚战

以高度的政治责任感做好脱贫攻坚工作，差异化开展扶贫开发重点县电网规划，加快推进贫困村电网建设改造，高质量完成易地扶贫搬迁安置点配套电网建设，全面改善贫困地区用电条件。认真落实光伏产业扶贫政策，优质高效做好光伏扶贫项目接网服务。选优配强驻村帮扶队伍，精准实施扶贫村定点扶贫。

（三）加快"外电入冀"进程，满足电力需求增长

关于电力供应不足问题，一是加快山西盂县—邢西、陕北锦界府谷—石北500千伏输电通道建设，确保2020年建成投产，新增输电能力464万千瓦；尽快实施山西西电东送通道调整工程，并将山西电网新增的400万千瓦外送能力优先供给河北南网。二是抓紧建设张北—雄安特高压交流工程，计划2020年投产，新增输电能力500万千瓦；扩建雄安、邢台特高压站，力争"十四五"初期投产。三是协调推进蒙西—天津南、榆横—潍坊两条特高压交流通道送端电源建设，确保河北南网特高压交流受电容量2020年达到600万千瓦以上。

（四）加快加强智能电网建设，保障电力供应

坚持安全、优质、绿色、高效的电网发展理念，积极推进"外电入冀"战略，加速解决"两头薄弱"问题。建成特高压"两交一直"三落点、"两横两纵"四通道，实现多方向、多通道、多输电方式分散受电；500千伏初步形成"四横二纵"环网格局；220千伏以满足负荷需求为主，逐步发展成7个分区供电；推进现代配电网建设，满足新型城镇化、农业现代化和美丽乡村建设需求，适应分布式电源及电动汽车等多样性负荷接入。供电能力和供电质量大幅提高，雄安新区、石家庄核心区、城市及发达县城、县城及园区、农村户均停电时间分别小于5分钟、30分钟、1小时、3小时、9小时，2020年配电自动化覆盖率达90%。全面建成国、分、省新能源发电调度运行大数据支撑平台，保障新能源优先消纳，大幅提高新能源利用率。建成功能完备的一体化智能电网调度控制防御体系，全面建成地县一体化智能电网调度控制系统。建成省级大容量骨干传输网"OTN"，初步建成覆盖C类及以上供电区域的电力无线专网，全面提升信息通信平台对智能电网的服务支撑能力。

（五）加快电力体制改革进程，释放改革红利

1. 融入全国统一电力市场建设

坚持以电网为中心，服务发展大局，河北省按照全国统一电力市场建设方案，统筹省间交易和省内交易、中长期交易与现货交易、市场交易与电网运行。提升清洁能源消纳水平、市场透明开放程度、市场风险控制能力。做好省内交易与省间交易衔接，在积极支持电力市场化改革的同时，确保电网安全可靠运行、公司优质优价优先购电、清洁能源有效消纳、市场稳定运转。

2. 推进交易机构规范化建设

充分借鉴其他省份改革经验，完善《交易中心规范化建设实施方案》，合理引入参股股东，完成增资扩股、股东大会等工作，保证股份制改造工作顺利实施。加强交易中心规范化建设，按照公司法，建立现代公司法人治理结构，健全组织机构，严格按照章程和市场规则运作，促进运营模式优化和市场化业务开展，促进电力市场深化建设。

3. 稳步推进电力直接交易

夯实月度定期开市机制，年度、月度按规定时间开展双边协商、集中竞价、合同转让全交易品种的电力直接交易。优化偏差考核机制，引导和规范市场主体行为。在公平的市场环境中，发挥资源配置的决定性作用，促进发电侧和售电侧有效竞争，促进发用两侧节能减排。

参考文献

河北省人民政府：《2020 年河北省政府工作报告》，2020 年 1 月。

河北省人民政府办公厅：《河北省人民政府办公厅关于印发河北省"十三五"能源发展规划的通知》，2017 年 9 月。

国家发改委、国家能源局：《关于印发北方地区冬季清洁取暖规划（2017~2021 年）的通知》，2017 年 12 月。

国务院：《国务院关于河北雄安新区总体规划（2018~2035 年）的批复》，2019 年 1 月。

河北省统计局：《河北经济年鉴 2018》，2019 年 5 月。

河北可再生能源"十三五"发展回顾与"十四五"发展展望

武冰清　岳昊　刘娟　齐晓光　徐田丰＊

摘　要： "十三五"以来，在国家、河北省有关政策的大力扶持下，全省可再生能源产业快速发展，风电、太阳能累计装机量继续居全国前列，截至2019年底，可再生能源累计装机达到3385万千瓦。可再生能源利用水平不断提升，弃风、弃光率继续下降，年弃风率、弃光率分别为4.8%和1.3%。"十四五"期间可再生能源将进入平价上网和高质量发展的新阶段，"市场化、低成本、优先发展"将成为"十四五"的主基调，预计到2025年，河北省光伏发电、风电装机规模将双双突破3000万千瓦。下一步河北省应从推动网源协调发展、加快外送通道建设、打造可再生能源智能高端应用示范区、打造国家可再生能源发展创新高地、深化可再生能源交易机制改革等方面推动可再生能源实现高质量发展。

关键词： 河北省　"十四五"　可再生能源　风电　光伏发电

＊ 武冰清，国网冀北电力有限公司经济技术研究院工程师，工程硕士，研究方向为能源电力经济、电网规划；岳昊，国网冀北电力有限公司经济技术研究院高级工程师，工学博士，研究方向为能源电力经济、电网规划；刘娟，国网冀北电力有限公司经济技术研究院高级工程师，工学硕士，研究方向为能源战略与企业管理；齐晓光，国网河北省电力有限公司经济技术研究院工程师，工学硕士，研究方向为电网规划设计、新能源发展与消纳；徐田丰，国网河北省电力有限公司经济技术研究院工程师，工学硕士，研究方向为新能源发展与消纳。

一 "十三五"时期河北省可再生能源发展情况分析

"十三五"以来，在国家、河北省有关政策的大力扶持下，全省可再生能源产业快速发展，风电、太阳能累计装机量继续居全国前列，截至2019年底，可再生能源累计装机达到3385万千瓦。可再生能源利用水平不断提升，弃风率、弃光率继续下降，年弃风率、弃光率分别为4.8%和1.3%。张家口可再生能源示范区建设稳步推进，在多元化应用、体制机制、商业模式、技术创新等方面取得明显成效。雄安新区总体规划获得批复，可再生能源产业发展稳步推进。

（一）可再生能源装机规模快速扩大

1. 可再生能源装机规模持续扩大

截至2019年底，全省可再生能源发电装机达到3385万千瓦，占全国可再生能源装机总容量的4.3%，排名全国第6，新增可再生能源装机排名全国第2，仅次于内蒙古。2019年可再生能源发电装机同比增长17.52%，其中，水电装机182万千瓦、风电装机1639万千瓦、光伏发电装机1474万千瓦、生物质发电装机89万千瓦，分别同比增长0.02%、17.82%、19.47%和22.83%（见图1）。可再生能源新增装机容量505万千瓦，占全部新增装机容量的56.61%。

全省可再生能源累计装机约占全部发电装机的40.68%，同比上升约2.3个百分点，可再生能源的清洁能源替代作用日益突显。风电装机占比19.70%，光伏发电占比17.72%，水电占比2.19%，生物质能发电占比1.07%。冀北电网的可再生能源装机占比达58.79%，位居省级电网之首。

2. 风电装机稳步增长

截至2019年底，全省风电累计装机容量1639万千瓦，同比增长17.82%，装机容量继续保持全国第三位。风电新增装机容量248万千瓦，较2018年新增装机持续增长。风电装机占全部电力装机的19.70%，同比提高1.15个百分点。张家口、承德百万千瓦级风电基地风电装机容量达到1300万千瓦以上。

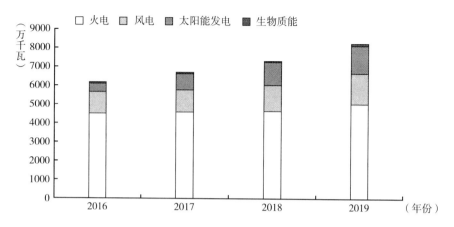

图1　"十三五"前四年河北省可再生能源装机情况

"十三五"以来，全省按照"集中与分散开发并重、外送与就地消纳并举"的原则，持续推进风电规模化协调发展。充分利用张家口、承德地区风能资源，全力推进千万千瓦级风电基地建设。2017年5月，为提高可再生能源就地消纳水平，探索清洁能源供暖模式，编制并实施了《张家口2017年度风电供暖实施方案》，加快推动张家口示范区建设，鼓励支持风电满发超发，实现可再生能源高效应用。2018年2月，河北省发改委印发了《关于2018～2020年风电、光伏发电项目建设指导意见》，明确了把落实可再生能源电力送出消纳作为安排风电、光伏发电项目建设的基本前提条件，科学合理布局，有序组织风电、光伏发电项目建设。4月，国家能源局出台了《分散式风电项目开发建设暂行管理办法》，明确了分散式风电的电网接入方式、核准管理流程、投融资机制等，为分散式风电的发展提供了政策保障。河北省发改委印发了《河北省2018～2020年分散式接入风电发展规划》，以提升风能资源开发利用效率为主线，以风资源土地电网三大要素为核心，对全省13个地市的风电发展进行了有针对性的细化布局。根据《河北省可再生能源"十三五"规划》，到2020年风电发电总规模将达到2080万千瓦。

3. 太阳能发电装机规模发展迅速

"十三五"以来，河北省光伏产业在政府扶持和良好的市场环境下持续增长，形成规模化发展，成为光伏大省。截至2019年底，全省光伏发电累计装机容量1474万千瓦,同比增长19.47%,装机容量继续保持全国第三位,其中集中式光伏电站装机962万千瓦、分布式光伏装机512万千瓦。新增装机容量240万千瓦,其中集中式光伏电站新增装机106万千瓦、分布式光伏新增装机134万千瓦,分布式光伏新增装机容量首次超过集中式光伏新增。光伏装机占全部电力装机的17.72%,同比提高1.10个百分点,光伏装机占比逐渐接近风电装机占比。

"十三五"以来,全省按照"科学规划、合理布局、有序开发"的原则,积极推进光伏发电建设,有序开展光热发电试点,普及太阳能热利用。推进集中式光伏电站规模化发展,加快分布式光伏发电全面发展,积极开展太阳能光热发电示范工程建设、光伏扶贫工程建设。2018年1月,河北省发改委印发了《关于下达2017年集中式光伏扶贫项目并网计划的通知》,并网计划总规模171万千瓦,享受省内每度电补贴0.2元的扶持政策。6月,河北省发改委印发实施了《全省分布式光伏发电建设指导意见(试行)》,明确了以推进农村地区太阳能取暖和光伏扶贫工作为重点,统筹谋划、合理布局、有序开展分布式光伏发电建设的发展思路。同年,三部委联合下发《关于2018年光伏发电有关事项的通知》,下调补贴强度,限制新增规模。国家光伏补贴政策的突然调整对光伏企业经营造成重大影响,普通光伏项目几乎全部停止新增装机,河北省光伏新增装机同比下滑34%。太阳能发电对政策的依赖度较高,补贴资金缺口较大,可持续发展受限。按照《河北省可再生能源"十三五"规划》,到2020年光伏发电总规模将达到1500万千瓦。

(二)可再生能源消纳形势持续向好

1. 可再生能源发电量和占比稳步提升

2019年,全省可再生能源发电量为553亿千瓦时,同比增长约89亿千瓦时,增速约为19.23%;可再生能源发电量约占全部发电量的19.17%,同比上升约2.5个百分点。其中,水电发电量为16亿千瓦时,同比减少0.85%;风电发电量为318亿千瓦时,同比增长12.39%;光伏发电量为176亿千瓦时,同比增长39.41%;生物质发电量为43亿千瓦时,同比增长11.73%(见图2)。发电量结构中,水电发电量占全部发电量的0.57%,风电占11.00%,光伏发电占6.11%,生物质发电占1.49%,风电、光伏发电量占比高于全国平均水平。可再生能源发电量占全社会用电量的比重为 14.35%。

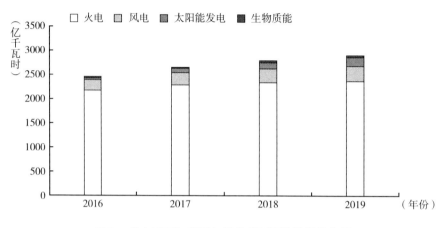

图2　"十三五"前四年河北省可再生能源发电量

河北省风电和光伏发电量持续增长，"十三五"以来，可再生能源发电量明显提速，增速由8%提升到20%左右。随着可再生能源发电量的增加，可再生能源在发电总量和全社会用电总量中的占比也迅速增加，分别由2016年的12.36%和9.38%提升到2019年的19.17%和14.35%，可再生能源在河北省能源转型和低碳发展中发挥着越来越重要的作用（见图3）。

2. 可再生能源弃电量、弃电率实现继续下降

新能源集中式大规模开发在推动河北省能源生产和能源消费革命的同时，也对地区电网消纳新能源带来了较大的压力。为提升地区新能源消纳能力，2016年河北南网、冀北电网在规划建设、调度交易、市场机制、技术创新等多个方面采取了措施，此后，河北省风电和光伏发电消纳形势有所好转，弃电量和弃电率实现"双降"。电网企业在加快送电通道建设的同时，加大科技创新力度，主动服务光伏扶贫项目，精细管控，深挖消纳潜力，破解新能源消纳难题，实现弃风率、弃光率"双降"。2019年全年无弃水电量；全省弃风电量约16亿千瓦时，全年平均弃风率4.8%，同比下降0.4个百分点；全省弃光电量约2.3亿千瓦时，全年平均弃光率1.3%，同比下降0.7个百分点。河北南网保持连续12年网内新能源全额消纳。

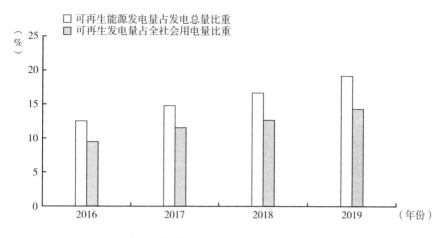

图3　"十三五"前四年河北省可再生能源发电量占比

3. 可再生能源发电利用小时数有升有降

2019 年全省水电利用小时数为 829 小时，同比增加 76 小时；风电利用小时数为 2144 小时，同比减少 132 小时；光伏发电小时数为 1379 小时，同比增加 104 小时；生物质发电利用小时数为 5152 小时，同比减少 132 小时（见图4）。

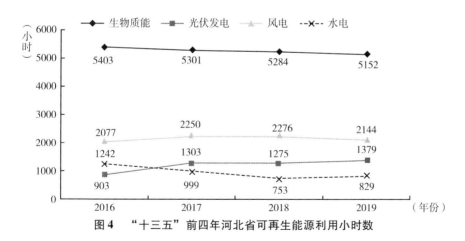

图4　"十三五"前四年河北省可再生能源利用小时数

（三）张家口可再生能源示范区建设取得突破性进展

1. 可再生能源规模化开发与应用快速推进

"十三五"以来，张家口市着力推动国家级可再生能源示范区建设，积极探索可再生能源创新发展的新模式。截至 2019 年底，示范区可再生能源装机已达到 1396 万千瓦，较 2014 年底的可再生能源装机将近翻了一番，占张家口全部发电装机的 71%，占全省风电装机的 85%。按照《河北省张家口市可再生能源示范区发展规划》，到 2020 年张家口示范区可再生能源发电装机规模将达到 2000 万千瓦，年发电量达到 400 亿千瓦时以上，可再生能源消费量占终端能源消费总量比重将达到 30%，55% 的电力消费将来自可再生能源，全部城市公共交通、40% 的城镇居民生活用能、50% 的商业及公共建筑用能来自可再生能源，40% 的工业企业实现零碳排放。通过可再生能源综合利用，年替代化石能源 1400 万吨标准煤，减少二氧化碳、二氧化硫、氮氧化物排放分别约 3600 万吨、35 万吨和 6 万吨，持续改善京津冀地区大气质量。

2. 可再生能源高比例多元化应用有序开展

"十三五"以来，张家口可再生能源示范区积极探索用能方式改革，推进可再生能源"以电代煤""以电代油"工程，打造多元化就地消纳样板工程。成功入围第二批中央财政支持北方地区冬季清洁取暖试点城市，2017 年启动清洁能源供暖 2000 万平方米，在 2018 年完成 617 万平方米电供暖工程的基础上，2019 年有望再新增 400 万平方米以上。大数据中心已基本形成，张北数据港、云联数据、秦淮数据等 5 个数据中心项目投入运营，亿安天下数据等 10 个数据中心正在建设，累计投运服务器达到 30 万台。在公共交通、出租、旅游景区、公务用车等领域推广使用新能源汽车，建设充电站（桩）和加氢站等配套设施，在高速服务区、公交站台、铁路站房、机场等交通枢纽应用可再生能源供能。2019 年发布了《氢能张家口建设规划（2019～2035 年）》和《三年行动计划》，力争到 2021 年形成涵盖氢能制备、储运、加注关键装备，氢燃料电池整车及关键零部件制造的产业体系，全市氢能及相关产业累计产值达到 60 亿元。

3. 创新"四方协作"机制，破解绿色电力消纳难题

张家口市创新性地推出"政府＋电网＋发电企业＋用户侧"四方协作机制，制定并实施了《冀北电网（张家口）新能源市场化交易规则》，成功将可再生能源电力纳入电力市场直接交易，实现了对居民用电供暖、大数据、高新技术企业以及冬奥项目等领域的覆盖。经过多次研究，修改完善，2018 年 8 月 22 日，河北省发改委印发了《张家口市参与四方协作机制电采暖用户准入与退出管理规

定(试行)》和《张家口市参与四方协作机制高新技术企业和电能替代用户准入与退出管理规定(试行)》,将"四方协作"机制服务对象由之前单一的居民电供暖用户拓展到电能替代、包括制氢及大数据在内的高新技术企业(含冬奥赛区场馆及配套项目)和符合省"双代办"下达的农村地区清洁供暖任务中的分散用户。11月8日华北能监局印发了《京津冀绿色电力市场化交易规则(试行)》(华北监能市场〔2018〕497号),通过挂牌、双边协商交易,在优先满足张家口市电采暖和冬奥会场馆用电需求、对电能替代和高新技术企业用电量给予一定倾斜的前提下,将可再生能源电力市场化交易推广至京津冀地区。2019年6月,张家口市启动了"四方协作机制"冬奥赛区场馆及配套项目板块交易,北京赛区交易4160万千瓦时,张家口赛区已交易电量860万千瓦时,北京冬奥会将成为首个全部使用绿色电力的奥运会。

4. 可再生能源国际先进技术应用引领产业发展

"十三五"以来,示范区获批23个可再生能源示范项目,总投资达到400亿元,形成了风电、光伏设备生产和工程建设、运营、使用的闭合产业链。目前,世界首个具备虚拟同步机功能的新能源电站(张北国家风光储输示范电站)在张家口市建成投运,攻克了新能源并网的最大技术难题。沽源、张北2个多能互补示范项目,桥东区、张北县2个"互联网+"项目,崇礼奥运专区、低碳城市和张北云计算3个微电网示范项目,5个风电平价上网示范项目已经获国家能源局批复。尤其是与中科院合作在示范区布局12个技术创新示范项目,其中地热+储能供暖系统关键技术与规模化应用示范项目基本完成,国际首创的100兆瓦压缩空气储能和100%可再生能源黄帝城多能互补2个示范项目列入中科院先导A专项。在光伏发电领域推广应用了低倍聚光、碲化镉弱光发电技术,在风力发电领域推广应用了智能风机等先进技术,张家口市正在谋划建设全球先进储能和光伏技术基地,将吸引世界先进储能和光伏技术在示范区集中示范展示。

5. 可再生能源产业集聚发展效应逐步凸显

"十三五"期间,张家口市初步形成了以金风科技风机制造为代表的风电全产业链、以中环科技光伏组件制造为代表的光伏产业链、以亿华通氢燃料发动机制造为代表的氢能全产业链。同时,吸引全球最大风电设备供应商之一的金风科技、全球最大太阳能纵向整合企业之一的英利集团、中国光伏产业著名企业阿特斯集团、世界一流光伏组件供应商晶澳太阳能等多家国内行业顶级可再生能源装备制造企业到示范区投资建厂。2018 年，国家发改委专门为示范区设立了产业创新发展专项，为张家口市 7 个产业项目安排中央预算投资共 2 亿元。2019 年 4 月，张家口市首个太阳能组件项目——张家口环欧国际一期正式落地投产，形成 500 兆瓦的生产能力；引进上海神力电堆生产线，已完成项目备案。在产业集群的发展中，张家口市大力实施"可再生能源＋"工程，2019 年河北省发改委、省扶贫办下达第二批村级光伏扶贫计划，涉及张家口市赤城、崇礼等 5 个县区 205 个村级光伏扶贫电站，工程共计 11 万千瓦，覆盖贫困户 16439 户。

（四）雄安新区可再生能源发展稳步开局

1. 雄安新区总体规划获得国家批复

"十三五"期间，中共中央、国务院批复了《河北雄安新区规划纲要》（以下简称《纲要》），确定了雄安新区未来的绿色发展之路。《纲要》提出，要改善大气环境质量，优化能源消费结构，终端能源消费全部为清洁能源。要保障新区能源供应安全，坚持绿色供电，形成以接受区外清洁电力为主、区内分布式可再生能源发电为辅的供电方式。依托现有冀中南特高压电网，完善区域电网系统，充分消纳冀北、内蒙古等北部地区风电、光电，形成跨区域、远距离、大容量的电力输送体系，保障新区电力供应安全稳定、多能互补和清洁能源全额消纳。长远谋划利用沿海核电。与华北电网一体化规划建设区内输配电网，配套相应的储能、应急设施，实现清洁电力多重保障。

2018 年 12 月，国务院正式批复了《河北雄安新区总体规划（2018～2035年)》（以下简称《总体规划》），对《纲要》进行了细化深化、补充和完善。批复指出，要按照高质量发展的要求，推动雄安新区与北京城市副中心形成北京新的两翼，与以 2022 年北京冬奥会和冬残奥会为契机推进张北地区建设形成河北两翼，促进京津冀协同发展；优化能源结构，建设绿色电力供应系统和清洁环保的供热系统，推进本地可再生能源利用，严格控制碳排放。

2. 能源消费结构持续优化

雄安新区地热能资源丰富，水热型地热资源绝大部分用于供暖。雄县为地热能开发利用程度最好的地区，安新和容城开发利用程度较低，均具有巨大的开采潜力。未来，雄安新区将形成地热能利用三大产业，包括浅层地热能高效利用产业、地热供暖产业和地热综合利用产业。根据相关规划，2020 年将完成采灌均衡下地热水资源开发利用示范基地建设和深部第二空间地热资源探测示范。

本地太阳能、生物质能将配合地热能等成为雄安新区可备利用的新能源。据预测，如果按照分布式光伏发电 50% 规划在核心区，50% 规划在发展区和控制区考虑，到 2022 年左右，分布式光伏的发电量将占到雄安新区总用电量的 1/10 左右。雄安新区的生物质能的潜力可观，区内芦苇、秸秆、厨余垃圾等生物质能的有效利用，将就近解决部分能源供应需求，实现资源循环利用。

3. 清洁能源外受电通道建设取得阶段性成果

"十三五"以来，为进一步提高张家口地区可再生能源送出消纳能力，缓解河北南网负荷供需矛盾，保障雄安新区清洁电力供应要求，多项重点工程建设投运。雄安—石家庄 1000 千伏交流特高压输变电工程于 2019 年 6 月完成 72 小时试运行，首条服务雄安新区的特高压工程建成正式投运。张北—雄安 1000 千伏特高压交流输电线路工程位于张家口市的 3 标段于 2020 年 5 月全线贯通，标志着雄安新区清洁能源送电通道建设取得阶段性胜利。张北—雄安 1000 千伏特高压交流输电线路工程计划于 2020 年 8 月具备带电条件，建成投运后，每年将为雄安新区输送 70 亿千瓦时以上的清洁能源，为构建蓝绿交织、清洁明亮的智慧生态雄安，服务千年大计建设任务提供重要支撑，实现雄安建成 100% 清洁能源城市目标。

二 "十四五"河北省可再生能源发展形势及展望

（一）面临的机遇

1. 全面平价上网引领行业高质量发展

根据《可再生能源发展"十三五"规划》提出的目标，到 2020 年，风电项目电价可与当地燃煤发电同平台竞争，光伏项目电价可与电网销售电价相当。2019 年，光伏发电已开始实行竞价补贴，2020 年起新增海上风电不再纳入中央财政补贴范围，从 2021 年起，新核准的陆上风电不再享受国家补贴。"十四五"时期，可再生能源产业将全面进入"无补贴时代"，进入由政策驱动向市场驱动转变的新发展阶段。"十三五"期间，在补贴政策的驱动下，河北省可再生能源产业蓬勃发展，装机规模不断扩大，产业链不断完善，发电成本大幅下降。但有限的补贴资金和发展迅速的可再生能源之间的矛盾愈加突出，随着风电、光伏发电平价时代的到来，"十四五"时期的相关政策将更加侧重于可再生能源的消纳保障。2020年5月，国家能源局发布了《关于建立健全清洁能源消纳长效机制的指导意见（征求意见稿）》，明确提出要通过构建以消纳为核心的清洁能源发展机制、加快形成有利于清洁能源消纳的电力市场机制等来提升清洁能源消纳能力，预计该意见将成为促进"十四五"可再生能源消纳的重要指导性文件。平价上网将引导河北省可再生能源行业布局更加合理，有助于产业的健康可持续发展。去补贴后的风电、光伏发电行业将在稳中求进的总基调下，加快技术进步，推动产业升级，加速企业整合，项目建设与消纳能力将进一步协调发展。

2. 京津冀协同发展推动三地能源生产消费优势互补

2020年是全面建成小康社会和"十三五"规划收官之年，也是京津冀协同发展中期目标节点之年。"十四五"以及今后一段时间，京津冀协同发展将进入滚石上山、爬坡过坎、攻坚克难的关键阶段。京津冀城市群能源需求将进一步增长，同时对能源品质也提出越来越高的要求。河北省可再生能源资源丰富，京津两地能源消费市场空间充足，绿色能源缺口较大，可实现外来可再生能源电力的有效消纳利用。北京城市副中心清洁能源供热、北京新机场绿色能源供应保障等都对清洁能源提出了较大需求，北京"十四五"期间将有约700万千瓦新增电力需求由外受电力实现供给。天津面对改善能源结构、提高新能源消费比重等环境压力，将着力提高外购新能源电量比重。北京"绿电进京"计划、天津"外电入津"战略为作为京津冀一体化重要组成部分的河北省可再生能源发展带来前所未有的机遇，尤其是为张北、承德等绿色能源富集地区电力外送提供了机遇。张北柔性直流电网试验示范工程建成后，每年可向北京输送约225亿千瓦时的清洁能源，相当于北京市年用电量的1/10，2022年冬奥场馆实现100%清洁能源供电。到2025年天津可再生能源消纳电量比重将提高到18%。同时，京津冀三地能源产业合作互补空间和潜力巨大。整合北京的新能源技术研发、天津的国际港口、河北的新能源装备制造优势，依托河北省丰富的能源资源和京津冀广阔的市场空间，可实现一体化协同创新，有利于打造全国重要的新能源科技创新和应用示范基地。

3. 新型基础设施建设助力可再生能源消纳

2020年3月4日，习近平总书记在中共中央政治局常委会会议上，从统筹推进疫情防控和经济社会发展的大局出发，作出加快新型基础设施建设进度的工作部署。"十四五"时期，随着新基建的大力建设，能源行业将催生新一轮发展的新动能。据统计，2020~2021年河北省5G网络、数据中心、工业互联网、人工智能等新型基础设施拟开工和在建项目约140项，总投资达1744亿元。到2025年，河北省5G基站、数据中心服务器、新能源汽车规模将分别达到9万个、300万台和200万辆左右，这些新型基础设施能耗高、分布广泛，"十四五"期间的大规模投资建设将提升电力需求，促进可再生能源的电力消纳，并可能催生"光伏+5G通信基站"、"光伏+充电桩"、建筑光伏一体化等新模式新业态。特高压等电网基础设施的建设，将有效提升张家口、承德等地区可再生能源的送出规模。2020年8月底，张北—雄安1000千伏特高压交流输变电工程项目将建成投运，预计增加电力外送能力约500万千瓦，"十四五"期间将显著提升张家口可再生能源的消纳水平。"大云物移智"等新一代信息技术与电力系统融合发展，将提升电源侧风光出力预测的准确性和新能源场站管理水平，助力用户侧实时响应电力系统的调节需求，提高电力系统灵活性，促进可再生能源高效消纳。

4. 乡村振兴战略为分布式发电带来新机遇

分布式发电规模小，可就近接入电网、就近消纳，分布式光伏电站具有易于安装维护、安全可靠、收益稳定等优势，已成为精准扶贫、精准脱贫的重要手段，是国务院扶贫办确定的精准扶贫十大工程之一。"十三五"以来，河北省积极向国家争取光伏扶贫建设规模，出台支持政策，强化统筹协调，光伏扶贫走在了全国前列。2019年，河北省分布式光伏电站新增装机首次超过了集中式电站。2020年是全面打赢脱贫攻坚战的收官之年，"十四五"将是乡村振兴战略实施的新起点。随着乡村振兴战略的大力推进，分布式发电的政策供给和保障体系将进一步健全，国家支持力度将不断加大，分布式发电产业在乡村振兴中必将发挥更大作用，发展前景广阔。"十四五"时期，河北省可再生能源发电有望形成基地式大规模集中并网与分布式生产、就地消纳有机结合，分布式与集中利用"两条腿"走路的格局。分散式风电将呈现出发展"蓝海"，近年来河北省对于分散式风电的政策支持力度加大，《河北省 2018～2020 年分散式接入风电发展规划》提出了 2025 年河北省分散式风电装机规模 700 万千瓦的目标。"十四五"分布式风电、光伏发电有望成为可再生能源发展的主力军。

（二）存在的问题与挑战

1. 电网资源配置能力仍需持续提升

在河北省可再生能源持续快速发展的情况下，消纳也将面临新的挑战，可再生能源富集地区装机容量远超当地消纳能力。以张家口可再生能源示范区为例，已并网新能源装机 1296 万千瓦，目前仍有已批复约 1700 万千瓦新能源等待接入电网，预计 2025 年新能源装机容量 3500 万千瓦左右，但届时最大负荷预计只有 330 万千瓦左右，新能源装机约为自身最大负荷的 10 倍，可再生能源富集区与用电负荷区不匹配，消纳矛盾突出。张北、承德地区在建的张北—雄安特高压、张北柔直示范工程、御道口扩建等新能源外送通道，仅可解决目前存量新能源项目的送出问题，仍不能适应大规模新能源发展需求。同时张家口、承德和秦皇岛配电网接入的分布式电源远远超过本地区最大负荷，多数上级汇集变电站趋于饱和。近年来，河北南部电网新能源消纳日趋严峻，与全网硬缺电问题并存。受河北南网区域内资源条件制约，全网负荷特性主要表现为夏冬高春秋低、日间两峰两谷，负荷高峰期传统火电机组供电能力明显不足，其间风、光等新能源受气候资源条件限制无法满功率运行，造成全网硬缺电问题突出而新能源无法提供足够的出力支撑；而负荷低谷期间风、光通常处于大发期，该时段有限的负荷水平下，尤其是供热期间供热机组受最小技术出力制约，可再生能源存在弃电风险。

2. 可再生能源"抢装潮"为行业带来潜在风险和隐患

回顾"十三五"可再生能源产业的发展历程，依赖补贴政策的"抢装"现象频频发生。从 2015 年底国家发改委下发《关于完善陆上风电光伏发电上网标杆电价政策的通知》起，光伏发电行业"630"抢装潮便接连上演，并一直延续至 2018 年。2019 年补贴政策改为按投运时间执行标杆电价，"630"抢装短暂停歇一年。但随着光伏竞价补贴新政的实施，2019 年顺延的竞价未并网项目将在 2020 年 6 月 30 日后取消补贴，"630"抢装潮再次复苏。一些新能源企业以规模换效益，提高装机申报容量，10 万千瓦及以上的光伏电站明显增加,随着光伏并网电压等级、并网容量的提升,其对电网的影响逐步凸显,在消纳水平较好的河北南部电网已出现 220 千伏线路送出受限等问题。2019年起,风电行业也呈现出抢装之势,为确保 2021 年平价节点前并网,存量核准风电项目已进入快速建设周期,2019 年风电行业呈现保电价、保收益、抢开工、抢并网的发展态势,陆上风电产业链持续处于紧平衡状态,零部件紧缺、风机价格高涨。受风电设备供应不足、消纳压力影响,仍然会有大量存量项目在并网截止日期无法并网,因此"十四五"初期新增并网风电仍将保持高位增长。集中大规模的风电并网短时间快速增加,加剧了并网消纳的压力。此外,"抢装"还将造成原材料价格上涨、设备和施工质量安全隐患及生态环保冲突等风险和隐患。

3. 高比例可再生能源接入对电力系统灵活性提出更高要求

目前,河北省电力系统仍然主要依靠传统煤电、气电和抽水蓄能机组进行调节,虽然气电和抽蓄具有良好的调节性能,但截至 2019 年底,河北省气电和抽蓄的合计装机容量仅为 130 万千瓦,装机容量超过 5000 万千瓦的煤电依然是电源侧主要的灵活性资源。然而有限的机组调节空间和尚未全面放开的发电计划机制使得发电侧的灵活调节能力明显不足,影响了风、光等可再生能源的发展空间和消纳市场。可再生能源资源与负荷的分布不均对于电网外送互济也提出了更高的要求。目前,河北与北京、天津之间已经建成了较为可靠的 500 千伏骨干电网,京津冀与周边山西、河南、山东也拥有多条超高压和特高压输电通道,但电网互济能力未能充分发挥,电网灵活配置资源的能力有待提高。伴随河北省逐步进入后工业化阶段,三产和居民用电占比不断提高,"十四五"全省负荷尖峰化特征将进一步加剧,分布式光伏导致的午间负荷低谷的"鸭子曲线"越来越明显,年平均峰谷差率呈上升趋势,系统灵活性需求总量逐步提高,且不确定性有所增强,调峰难度显著增加。

4. 疫情叠加贸易保护主义影响新能源装备海外市场

近年来,以英利、晶澳、中航惠腾、联合动力等为代表的一批新能源企业,形成了河北省光伏和风电制造的产业体系,不断向国内外输送新能源机组组件,提升了河北省新能源产业在国际上的影响力。其中太阳能光伏产业主要集中在保定、邢台市,晶澳、英利等世界级光伏生产商太阳能电池组件产能规模已超 1100 万千瓦，晶澳光伏电池产量居全球第一位，光伏组件国际市场占有率近 10%，全球排名第二。以国电联合动力、中航惠腾等为代表的风电制造企业发展迅速。2020 年初，突如其来的新冠肺炎疫情及其持续性影响，给中国经济乃至全球经济造成了重大冲击，虽然我国疫情在较短时间内得到了控制，已基本实现复产复工，但随着疫情在全球的大流行，国际贸易形势受到严重影响，对中国的能源出口产生了不利影响。作为光伏、风电产品出口大国，中国新能源机组组件首当其冲，出口量连续两个月呈下行趋势。晶澳、英利太阳能光伏组件出口量在 2 月环比分别下降了 33% 和 41%。国内风电整机在海外市场份额相对较小，但铸件、塔筒、电缆等上游制造领域受到海外市场较大影响。海外风电开发项目部分遭遇停产，国内制造端企业出口受到影响。考虑到国内风电行业仍处于项目建设的窗口期，"抢装"在一两年内将为风电产业带来短期利好，但"抢装潮"结束后行业形势将面临挑战。"十四五"时期，受新冠肺炎疫情发展的不确定性的影响，全球能源需求增长可能放缓，对国内新能源产业的出口贸易造成不利影响。

（三）发展展望

"十四五"时期河北省仍处于千载难逢的历史性窗口期和战略性机遇期，京津冀协同发展、雄安新区规划建设和北京冬奥会举办等重大国家战略和国家大事同期实施，中国（河北）自由贸易试验区开局起步，为河北经济社会提供巨大的发展势能，可再生能源将成为推动河北省发展的重要绿色引擎。

2020 年是"十三五"规划及实现国家清洁能源消纳三年行动计划目标的收官之年，"十四五"期间可再生能源将进入平价上网和高质量发展的新阶段，"市场化、低成本、优先发展"将成为"十四五"的主基调，可再生能源发展将从过去补贴推动、"跑马圈地"转向以消纳为导向、实现平价上网的新模式。补贴退坡虽然可能在短期内放缓风电、光伏发电的增速，但从中长期来看，其经济竞争力将逐步显现，特别是光伏发电，随着组件成本持续下降，有望成为"十四五"时期增长幅度最大的电源。预计到 2025 年，河北省光伏发电、风电装机规模将双双突破 3000 万千瓦，抽水蓄能装机达到 800 万千瓦左右。其中，张家口可再生能源示范区风电、光伏发电、光热发电和生物质发电发展规模达到 1600 万千瓦、1500 万千瓦、20 万千瓦和 15 万千瓦。

三 "十四五"时期河北省可再生能源高质量发展的建议

得益于"十三五"期间取得的长足进步,河北省可再生能源发展的瓶颈已经从技术装备和开发建设能力方面的约束,转变为市场和体制方面的制约。"十四五"期间,河北省应积极推动网源协调发展,加快外送通道建设,打造高端消纳应用示范区,培育产业创新集群,完善交易市场机制,促进河北省可再生能源实现高质量可持续发展。

(一)推动可再生能源与电网协调发展

《关于积极推进风电、光伏发电无补贴平价上网有关工作的通知》中提出,要在落实接网和市场消纳条件的前提下推进平价和低价上网。前期的消纳市场分析是可再生能源建设的前置条件,配套的调峰电源和电网则是保障消纳的必要条件,要充分发挥电网的引领作用,在电网接入和消纳条件较好的区域优先发展可再生能源项目。降低可再生能源输电成本,充分利用现有通道,或参与电网平衡,或与其他电源打捆进行外送,确保实现弃电率低于5%的平价上网消纳水平。电网公司可全面开展重点区域接入分布式电源的电网承载力研究,定期发布电网风险预警图册,在此基础上提出试点地区分布式电源接入规模,引导合理有序发展。

(二)加快可再生能源外送通道建设

河北省可再生能源主要在北部,尤其"张北"地区集中,装机容量大,本地消纳水平不足,造成可再生能源供需矛盾。相比较而言,河北南网属于全国为数不多的几个"硬缺电"的地区之一,综合考虑"煤改电"新增负荷影响,电力缺口较大。建议加快张家口—雄安1000千伏特高压交流输变电工程建设,为张家口北部地区新能源外送开辟新的特高压通道。加快开展张北柔性直流工程送出线路的前期工作和工程建设进度,确保配套电源与柔直电网同步投产,尽早发挥柔直电网的作用。

（三）打造可再生能源智能高端应用示范区

坚持高起点规划、高标准建设、高水平服务，综合运用新模式、新技术，稳步推进 2022 年冬奥会赛区、雄安新区等新增用能区域打造绿色智能高端应用示范区。2022 年冬奥会赛区要实践绿色低碳可持续发展理念，基本实现冬奥会赛区电力消费 100% 使用清洁电力。高标准建设延庆、崇礼绿色能源示范区，进一步扩大绿色电力装机规模，大力发展可再生能源供热。到 2022 年，张家口构建起以可再生能源为核心的清洁能源供应体系，可再生能源消费占比提高到 30% 左右，2035 年达到 50%。推进在张家口、承德等地的风电供热试点，并逐步扩大试点范围。雄安新区建设要依托京津冀接受端坚强特高压电网，大规模接受来自张家口地区风电，实现风、光、水多能联合互补运行，网外送入电力达到 95.8%、送入电量达到 90.1%，辅以本地分布式可再生能源，使雄安新区清洁电能占比达到 100%。

（四）打造国家可再生能源发展创新高地

充分发挥区域内特别是河北省的可再生能源资源禀赋优势，努力打造可再生能源技术及其关联产业发展升级版，培育具有核心竞争力的高精尖产业集群。一是开展科技装备创新，进一步提升风电、光伏等领域装备研发水平。加强 5 兆瓦及以上风电整机产品的研发与制造能力，积极开展分布式小型风机和光电互补风机技术研发，在大型和小型风电整机领域形成国内领先优势。二是提升可再生能源产业创新能力，发展河北新能源及储能前沿技术示范基地，结合新能源微电网示范项目建设，培育可再生能源综合运营商。加大第三方认证服务支持力度，建立可再生能源研究基地和系统测试平台，加强认证服务标准化体系建设。三是推动重点示范工程建设。以推动能源技术装备成果转化为目的，重点开展张北风光热储输多能互补集成优化示范工程等一批示范项目。充分发挥张家口可再生能源示范区建设、光伏发电技术领跑者计划对装备制造的带动效应，瞄准风光电装备发展前沿领域，规划建设可再生能源高端装备产业园，重点发展并网智能控制设备、高转换率光伏组件、太阳能热电聚光器等可再生能源高端装备制造业，提升产业发展层次和水平。

（五）深化可再生能源交易机制改革

一是创建绿电交易体系。落实《可再生能源发电全额保障性收购管理办法》，实施京津冀绿色电力市场化交易，并推广至周边省市，积极推动区内外绿色电力企业与用户之间开展直接交易，形成保障性收购和市场化交易相结合的绿电交易体系。二是探索重点区域大用户绿电直供。在雄安新区、冬奥会赛区等重点区域，探索大用户绿电直供新模式，满足区域内照明、供暖制冷、场馆运行等主要电力负荷需求。创新可再生能源激励机制。三是实施可再生能源配额制及市场交易机制，促进风电、太阳能发电发展。发挥价格杠杆作用，引导煤改热泵、煤改电、新能源汽车优先使用弃风弃光电，引导绿色电力生产企业与用户建立弃风弃光电竞价购电机制。

参考文献

国家发改委：《关于印发〈河北省张家口市可再生能源示范区发展规划〉的通知》（发改高技〔2015〕1714号），2015年7月。

河北省发改委：《河北省可再生能源发展"十三五"规划》（冀发改能源〔2016〕1296号），2016年10月。

河北省发改委：《关于征求〈张家口2017年度风电供暖实施方案〉意见的函》，2017年5月。

国家能源局华北监管局、河北省发改委：《关于印发〈京津唐电网冀北（张家口可再生能源示范区）可再生能源市场化交易规则（试行）〉的通知》，2017年10月。

河北省发改委：《河北省2018～2020年分散式接入风电发展规划》（冀发改能源〔2018〕75号），2018年1月。

河北省发改委、河北省扶贫办：《关于下达2017年集中式光伏扶贫项目并网计划的通知》（冀发改能源〔2018〕96号），2018年1月。

河北省发改委：《关于2018～2020年风电、光伏发电项目建设指导意见》（冀发改能源〔2018〕279号），2018年2月。

国家能源局：《关于印发〈分散式风电项目开发建设暂行管理办法〉的通知》（国能发新能〔2018〕30号），2018年4月。

国家发改委、财政部、国家能源局：《关于2018年光伏发电有关事项的通知》（发改能源〔2018〕823号），2018年5月。

河北省发改委：《关于印发〈全省分布式光伏发电建设指导意见（试行）〉的通知》（冀发改能源〔2018〕817号），2018年6月。

河北省发改委：《张家口市参与四方协作机制电采暖用户准入与退出管理规定（试行）》《张家口市参与四方协作机制高新技术企业和电能替代用户准入与退出管理规定（试行）》，2018年8月。

河北省发改委：《河北省"十三五"生物质发电规划》（冀发改能源〔2018〕1185号），2018年9月。

河北省发改委：《关于下达张家口可再生能源示范区示范项目实施方案的通知》（冀发改能源〔2018〕1357号），2018年10月。

国家能源局华北监管局：《京津冀绿色电力市场化交易规则（试行）》（华北监能市场〔2018〕497号），2018年11月。

国家发改委、国家能源局：《关于积极推进风电、光伏发电无补贴平价上网有关工作的通知》（发改能源〔2019〕19号），2019年1月。

国家发改委：《关于印发〈可再生能源发电全额保障性收购管理办法〉的通知》（发改能源〔2016〕625号），2016年3月。

张家口市政府：《氢能张家口建设规划（2019~2035年）》《氢能张家口建设三年行动计划（2019~2021）》，2019年5月。

中电联：《2019年全国电力工业统计快报》，2020年1月。

区域发展篇

Regional Development Reports

保定市"十三五"电力需求分析与"十四五"电力需求预测报告

张赟 李华 李银龙*

摘 要： 保定市位于河北省中部，是京津冀地区中心城市之一。北邻北京市，东部紧邻雄安新区，南与石家庄市相连。在京津冀协同发展、雄安新区规划建设等国家战略影响下，保定市经济及用电需求正在突飞猛进地发展。2015～2019 年保定市全社会用电量和全社会用电负荷分别由 266.63 亿千瓦时和5227 兆瓦增长至 354.02 亿千瓦时和6482 兆瓦，年均增速分别为 7.11% 和 5.30% 。本文由浅入深，结合保定市经济发展情况，预测出"十四五"及中长期保定市用电量与用电负荷需求。

* 张赟，国网保定供电公司经济技术研究所高级工程师，工学硕士，研究方向为电力市场分析预测、负荷预测、配电网规划、理论线损计算；李华，国网保定供电公司经济技术研究所高级工程师，工学学士，研究方向为配电网规划；李银龙，国网定州市供电公司发展策划部工程师，工学学士，研究方向为配电网规划。

关键词： 保定 经济发展 负荷预测 电量预测

一 地区经济发展情况

保定市位于河北省中部、太行山东麓，是京津冀地区中心城市之一。北邻北京市和张家口市，东接廊坊市和沧州市，南与石家庄市和衡水市相连，西与山西省接壤。介于北纬38°10′~40°00′，东经113°40′~116°20′；地处京、津、石三角腹地，市中心北距北京140公里，东距天津145公里，西南距石家庄125公里。素有"京畿重地""首都南大门"之称。保定市下辖5个区、12个县，代管4个县级市，另设高新技术产业开发区（国家级）和白沟·温泉城开发区。

保定市地处冀中平原西部，地势由西北向东南倾斜。地貌分为山区和平原两大类。以黄海高程100米等高线划分，山区面积10988.1平方公里。

保定属暖温带大陆性季风气候。年平均气温12℃，年降水量550毫米。四季分明，冬季寒冷，夏季炎热。保定地区东部为冀中平原，是主要粮棉产区之一，盛产各种蔬菜、瓜果，草莓种植面积和产量居全国之首。

保定市交通发达，主要由京港澳、津保、保沧、张石、京昆、大广、保阜等高速公路和京广铁路、京原铁路、朔黄铁路等主要铁路线及京深高铁、津保高铁等交通干线组成。

保定西部为太行山脉，山区矿产资源丰富，主要分布铁、铜、铅、钼、锌、金、大理石、滑石、高岭土、石灰石、石棉、石英石等多种矿藏，其中铅储量1.91万吨，占全省的44%，锌储量17.76万吨，占全省的81%，钼储量15.2万吨、石灰石37亿吨、大理石2亿立方米，是全国大理石资源的集中产地之一。

（一）经济总量情况

2010~2019年保定市（含定州，不含雄安新区）GDP由2050.3亿元增至3557亿元。"十三五"期间，年均增速为7.53%。从表1和图1可以看出，自"十三五"以后，保定市GDP增速明显有放缓趋势。

表1　保定市 2010～2019 年 GDP 变化情况

年份	GDP（亿元）	GDP 增速（%）	年末总人口（万人）	人均 GDP（万元/人）	城镇化率（%）
2010	2050.3	14.01	1022.7	2.00	41.87
2011	2210	7.79	1024.7	2.16	42.52
2012	2401	8.64	1026.8	2.34	43.19
2013	2555	6.41	1028.8	2.48	44.57
2014	2755	7.83	1030.9	2.67	44.99
2015	2947	6.97	1033.0	2.85	45.33
2016	3118	5.80	1035.0	3.01	47.72
2017	3297	5.74	1037.1	3.18	49.03
2018	3371	2.24	1040.6	3.24	50.11
2019	3557	5.52	1042.4	3.41	53.49

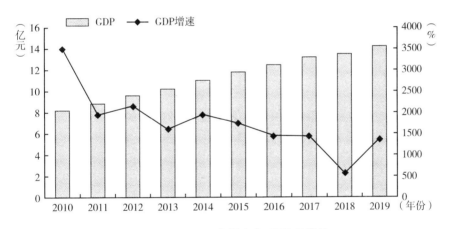

图1　2010～2019 年保定市 GDP 及增速

（二）产业结构调整

表2　2010～2019 年保定市三次产业一览

单位：亿元

年份	GDP	一产	二产	三产
2010	2050.3	278.3	809.1	962.9
2011	2210	285.5	848.7	1075.8
2012	2401	291.9	883.7	1225.4

续表

年份	GDP	一产	二产	三产
2013	2555	299.3	925.7	1330.0
2014	2755	305.5	964.3	1485.2
2015	2947	314.0	1012.4	1620.6
2016	3117.9	320.5	1062.2	1735.2
2017	3296.9	330.0	1113.0	1853.9
2018	3371	339.8	1162.0	1869.2
2019	3557	349.8	1217.5	1989.7

从表2可以看出，2010~2019年保定市第一产业由278.3亿元增至349.8亿元；第二产业由809.1亿元增至1217.5亿元；第三产业由962.9亿元增至1989.7亿元。

其中，2019年保定全市生产总值实现3557亿元（含定州，不含雄安新区），比上年增长5.52%。其中，第一产业349.8亿元，比上年增长2.94%；第二产业1217.5亿元，比上年增长4.78%；第三产业1989.7亿元，比上年增长6.45%（见图2）。从产业结构看，一、二、三产比重为9.83:34.23:55.94，三产比重比2018年提高0.49个百分点。

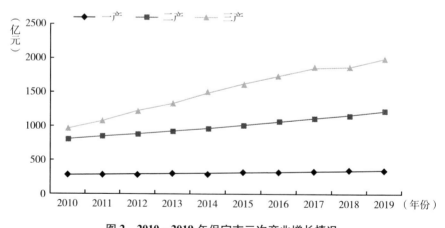

图2　2010~2019年保定市三次产业增长情况

随着商事制度改革的不断深化和推进，保定营商环境得到优化，市场活力不断增强。截至2019年12月末，全市实有市场主体55.1万户，同比增长16.11%，注册资金9539.8亿元，同比增长35%。其中，实有企业15.1万户，增长 22.9%，注册资金 8947.4 亿元，增长 48.31%。法人单位 14.1 万个，同比增长 33.8%。其中，企业法人单位 11.7 万个，增长 37.5%。法人单位和企业法人单位总量均居全省第 2 位。

2019 年，保定民营经济增加值实现 2312.7 亿元，比上年同期增长 7.0%。

（三）工业及主导产业发展情况

保定市五大主导行业分别为汽车及零部件、新能源及输变电、纺织服装、食品、建材。这一格局 2019 年没有发生改变。

从单个企业来看，长城汽车是最具有代表性的企业，也是保定市经济发展的支柱之一，2019 年全年，全国汽车行业受经济下行压力影响，产销量同比分别下降 13.7% 和 12.4%。在这种情况下，长城汽车销量达到 106.7 万辆，同比增加了 0.49%。增速虽然较慢，但是其中利润率较高的哈佛系列贡献了 72.12%，达到 76.95 万辆，连续 10 年蝉联中国 SUV 销量冠军；此外，长城汽车全年出口量达到 6.52 万辆，同比大幅度增长 38.68%。2020 年的销售目标为 111 万辆（受新冠肺炎疫情影响，目前销售目标下调至 102 万辆）。

110kV 大王店站共计有 19 条长城新厂区的专线，从图 3 可以看出，2019 年长城汽车厂保持高生产的态势，由于 110kV 大王店站已无法满足以长城汽车产业园为主的大王店工业园区负荷需求，现已完工 220kV 大王店（孟官营）输变电工程。

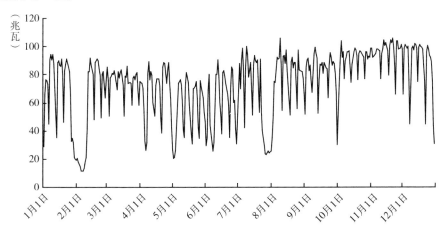

图 3　110kV 大王店站 2019 年负荷曲线

二　本地区电力消费实绩

（一）负荷电量总量分析

从全社会用电量来看，2005～2010年增速处于较高水平，年均增速为10.4%；2012年受国家政策的调整和国际环境的影响，保定市经济发展减缓，全社会用电量增速也随之减缓，2010～2015年全社会用电量年均增速为5.4%。

2018年，保定全社会用电量343.7亿千瓦时（不含雄安），同比增长8.33%。其中，第一产业用电量4.63亿千瓦时，同比增长−61.7%，主要是受统计口径变化影响；第二产业用电量178.95亿千瓦时，同比增长1.97%；第三产业用电量79.98亿千瓦时，同比增长32.22%；城乡居民生活用电量80.14亿千瓦时，同比增长15.83%。2019年，保定全社会用电量354.03亿千瓦时（不含雄安），同比增长3%。其中，第一产业用电量4.56亿千瓦时，同比增长−1.57%，基本上保持稳定；第二产业用电量179.54亿千瓦时，同比增长0.33%，基本上保持稳定；第三产业用电量85.59亿千瓦时，同比增长7.01%；城乡居民生活用电量84.34亿千瓦时，同比增长5.24%。2018～2019年，第三产业用电和居民用电（受"煤改电"等因素影响）在贡献率方面共同构成主导力量，拉动了保定全社会用电量的增长（见表3和图4）。

表3　保定市2010～2019年全社会用电量及全社会用电负荷变化

年份	全社会用电量（亿千瓦时）	全社会用电负荷（兆瓦）
2010	205.00	4116
2011	210.11	4136
2012	215.40	4215
2013	230.57	4534
2014	249.29	4858
2015	266.63	5227
2016	291.35	5662
2017	317.26	5894
2018	343.70	6215
2019	354.03	6482

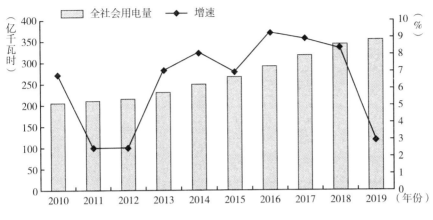

图4　2010～2019年保定市全社会用电量及增长情况

（二）用电量构成及用电需求分析

从表4可以看出，自2005年以来，第一产业用电量出现过几次较大波动，主要是由于统计口径变化；第二产业用电量发展较为稳定，占比逐渐降低，但是依然在用电量结构中占比最大；第三产业和居民用电量增速较快，一方面是受统计口径因素影响，另一方面说明服务行业的发展以及居民生活水平的提升。

表4　2005～2019年保定市各产业用电量和居民用电量情况

单位：亿千瓦时

年份	一产	二产	三产	居民
2005	16.46	67.52	15.99	25
2010	22.88	112.48	25.05	44.58
2015	9.86	148.69	49.31	58.77
2016	10.91	165.7	53.64	61.1
2017	12.09	175.49	60.49	69.19
2018	4.63	178.95	79.98	80.14
2019	4.56	179.54	85.59	84.34

2005～2019年保定市各产业和居民用电量占比情况如表5所示。

表5 2005~2019年保定各产业用电量和居民用电量比重

单位：%

年份	一产	二产	三产	居民
2005	13.17	54.03	12.80	20.00
2010	11.16	54.87	12.22	21.75
2015	3.70	55.77	18.49	22.04
2016	3.74	56.87	18.41	20.97
2017	3.81	55.31	19.07	21.81
2018	1.35	52.07	23.27	23.32
2019	1.29	50.71	24.18	23.82

从表5可以看出，第一产业用电量随着两次统计口径调整，占比两次大幅度下滑，用电量也逐渐趋于稳定，从2005年以来的增长趋势来分析，第一产业的内生性增长动力已经基本耗尽，电量的增减变化受气候因素影响较大，随着整体电量的增长，占比逐年下降；第二产业占比依然最大，占全市总用电量的一半以上，受"雾霾治理""打非治违""光伏双反"等政策和市场因素影响，第二产业用电量增速逐渐落后于第三产业和居民用电量；第三产业发展较快，用电量占比也处于缓慢上升趋势，一方面是统计口径原因，另一方面说明了保定市作为人口大市，第三产业的活力逐渐释放；居民用电量发展趋势类似第三产业，同样一方面是统计口径的因素，另一方面充分说明了居民生活水平的提升，电费支出占家庭可支配收入比重逐渐降低。

（三）重点行业用电量分析

保定工业用电量在行业分布上较为均衡，没有特别突出的行业。2019年占比最大的为造纸和纸制品业，该行业用电总量为18.08亿千瓦时，占工业用电量比重为10.25%；排名第二的纺织业用电量为15.60亿千瓦时，占工业用电量比重为8.85%；排名第三的非金属矿物制品业用电量为15.31亿千瓦时，占工业用电量比重为8.68%。从以上用电量分布来看，个别行业的用电量波动对保定工业用电量不会产生决定性影响（见表6）。

表6　2017～2019 年保定市重点行业用电量情况

单位：亿千瓦时

行业名称 ＼ 年份	2017	2018	2019
全社会用电量总计	317.26	343.70	354.02
A.全行业用电量合计	247.61	263.56	269.69
第一产业	4.34	4.63	4.56
第二产业	174.74	178.95	179.54
第三产业	68.53	79.98	85.59
B.城乡居民生活用电量合计	69.65	80.14	84.33
城镇居民	26.71	30.23	31.75
乡村居民	42.94	49.91	52.58
全行业用电量分类	247.61	263.56	269.69
一、农、林、牧、渔业	12.45	13.02	13.77
二、工业	170.42	175.62	176.33
（一）采矿业	4.58	4.49	4.06
1. 煤炭开采和洗选业	0.09	0.08	0.12
2. 石油和天然气开采业	0.22	0.95	0.84
3. 黑色金属矿采选业	2.08	2.06	1.84
4. 有色金属矿采选业	0.40	0.33	0.24
5. 非金属矿采选业	0.63	0.55	0.46
6. 其他采矿业	1.16	0.53	0.55
（二）制造业	121.80	124.70	125.51
1. 农副食品加工业	2.22	2.39	2.63
2. 食品制造业	2.18	2.39	2.45
3. 酒、饮料及精制茶制造业	0.69	0.84	0.93
4. 烟草制品业	0.03	0.03	0.04
5. 纺织业	14.87	15.87	15.60
6. 纺织服装、服饰业	0.28	1.03	1.06
7. 皮革、毛皮、羽毛及其制品和制鞋业	2.40	2.96	3.08
8. 木材加工和木、竹、藤、棕、草制品业	2.17	2.43	2.31
9. 家具制造业	0.35	0.46	0.47
10. 造纸和纸制品业	14.60	15.77	18.08
11. 印刷和记录媒介复制业	0.85	0.99	1.10
12. 文教、工美、体育和娱乐用品制造业	1.14	1.11	1.10
13. 石油、煤炭及其他燃料加工业	5.64	5.84	5.68
14. 化学原料和化学制品制造业	3.73	4.39	5.21
15. 医药制造业	0.79	0.98	1.11

续表

行业名称 年份	2017	2018	2019
16. 化学纤维制造业	1.34	1.27	1.24
17. 橡胶和塑料制品业	7.23	8.84	8.51
18. 非金属矿物制品业	17.18	15.39	15.31
19. 黑色金属冶炼和压延加工业	1.86	0.25	0.25
20. 有色金属冶炼和压延加工业	5.68	5.11	5.03
21. 金属制品业	15.74	13.84	12.61
22. 通用设备制造业	2.83	3.38	3.62
23. 专用设备制造业	1.11	0.91	1.02
24. 汽车制造业	9.42	9.57	8.67
25. 铁路、船舶、航空航天和其他运输设备制造业	0.95	0.77	0.64
26. 电气机械和器材制造业	3.99	3.98	3.87
27. 计算机、通信和其他电子设备制造业	0.38	0.53	0.54
28. 仪器仪表制造业	1.00	0.29	0.25
29. 其他制造业	0.83	1.34	1.33
30. 废弃资源综合利用业	0.36	0.45	0.53
31. 金属制品、机械和设备修理业	0.00	1.32	1.24
（三）电力、燃气水的生产和供应业	44.04	46.42	46.76
三、建筑业	4.32	4.65	4.45
四、交通运输、仓储和邮政业	11.01	11.72	11.83
五、信息传输、软件和信息技术服务业	2.99	3.96	4.23
六、批发和零售业	20.15	22.05	23.86
七、住宿和餐饮业	4.19	4.93	5.43
八、金融业	0.66	0.78	0.79
九、房地产业	2.70	3.26	3.62
十、租赁和商务服务业	0.85	1.09	1.30
十一、公共服务及管理组织	17.89	22.49	24.07

三　影响电力需求的主要因素分析

（一）发展形势

京津冀协同发展向纵深推进，雄安新区大规模建设，一批重大基础设施和环境工程落地开工（雄忻铁路、京雄铁路等），对水泥、钢材等原料需求量将会大幅度增加，推测"十四五"期间水泥、钢材加工等建材产业用电量将会大幅度增加；此外，对保定市的投资强度加大、重大机遇利好持续叠加，必然会拉动第三产业发展，推测"十四五"期间第三产业用电量增幅将超过"十三五"。

（二）发展态势

保定市战略性新兴产业发展势头强劲，京车造车基地等一批重大产业项目陆续投产达效，百度、中国信通院等一批高端资源要素快速涌入，科技型中小企业蓬勃发展，创新实力和水平整体跃升，多领域互动、多要素联动的创新生态体系不断完善和壮大，区域性产业有时正在强势聚集。尤其是百度云数据中心、京科锂电制造等高用电产业入驻，拉动第二产业用电量增长。

（三）发展潜力

保定市深度嵌入京津冀一小时经济圈，与雄安新区水乳交融，是京津产业转移的承载地，也是南资北移的桥头堡，越来越受到国内外瞩目，正成为客商跻身京津冀世界级城市群的投资热土，战略地位、品牌魅力进一步提升，蛰伏着不可限量的巨大发展潜力。由此推测，"十四五"期间，随着雄忻、京雄等铁路和高速公路的开工以及雄安新区基础建设，钢材、水泥、玻璃等行业将会受到一定的正面影响；同时随着雄忻、京雄等铁路和高速公路的建成，未来上述交通枢纽的相关站点及周边第三产业用电量将会受到一定正面影响。

（四）节能减排

根据保定市政府2020年政府工作报告解读，2020年保定市政府将继续深化推进节能减排工作，对电力市场的影响主要有两个方面。一方面是推行"双代"工程，2020年"煤改电"约4.5万户，预计冬季新增取暖负荷约10万千瓦；另一方面是"蓝天保卫战"政策，主要是针对散煤、扬尘等污染企业治理，降低重度污染天数。受此政策影响，高阳的纺织业、蠡县的制皮业、满城的造纸业等行业必然会逐步转型，加工设备和产品换代升级，由过去的小作坊生产模式逐步转变为集团化生产，采用先进的生产加工技术和加工技艺，以产业高端化、智能化、绿色化为发展方向，电力市场依然有一定的发展空间。

（五）县域经济发展

2019 年，保定市农业产业化经营率达到 72.33%。增长 2.8 个百分点。县域产业化率继续平稳增长。2019 年保定市县域农业产业化率超过 70% 的有 5 个（与 2018 年持平），分别是定兴（75.6%）、顺平（72.1%）、高碑店（77.8%）、蠡县（75.1%）、徐水区（74.9%）。低于 60% 的县还有两个，分别是阜平（58.7%）、涞源（49.2%）。

1. 定州、涿州

定州和涿州是保定市下辖的两大经济强县（县级市），2019 年 GDP 分别达到 472 亿元和 405 亿元，也是保定市下辖各县（市）中破 400 亿元的县（市）。根据政府规划报告，上述两县（市）未来发展主要是以城区和园区为引擎，完善基础设施，扩大规模档次，重点搭建总部基地、科技研发、医养健康、现代农业、文化创意五大产业承接平台。

2. 徐水、清苑、满城

徐水、清苑、满城，2015 年撤县设区，分别位于保定市区的北、东南、西。2019 年 GDP 分别达到了 271 亿元、192 亿元、154 亿元；上述三区政府工作报告，均提到了借势雄安、融入保定市中心城区的发展策略。徐水以大王店工业园为发展契机，打造汽车、蓄电池、车辆组装等特色行业，逐渐在大王店及其周边打造"中国电谷"产业园；清苑充分发挥县城与市区距离较近的优势，引导保定市中心城区南部的汽车产业园向南拓展并进入清苑区境内，同时发展原有金属加工、倒链生产等工业以及优质粮、蔬、果等菜篮子工程；满城持续推进河北京车满城轨道交通产业园，拉长产业链条，争取签约引进西门子等一批上下游配套项目，推动国鹰无人机航空产业园尽快落地，加快打造高端装备制造产业集群。保障北京联东 U 谷、瑞创人工智能、华夏智行展示中心等项目开工，争取河北京车造车基地、九五硼业等项目投产，力争味然食品、吉烨电气等项目落地。

3. 定兴、高阳、高碑店

定兴、高阳、高碑店三县（市）环绕雄安新区，根据政府工作报告，未来上述三县（市）发展方向主要为提高产业承载能力，深化服务雄安新区，统筹县（市、区）产业规划和项目建设，完善各产业园区发展规划，集中打造一批定位清晰、功能齐全、产业集聚、优势明显的特色产业承接平台，在航空物流、新一代信息技术、现代生命科学和生物技术、高端现代服务业等领域加强合作，加快融合发展。

4. 安国、博野、阜平、涞水、涞源、蠡县、曲阳、顺平、唐县、望都、易县

上述 11 县（市）主要发展方向为壮大传统优势项目，例如安国中药都、蠡县毛皮生产基地等；涞水、涞源、易县大力发展旅游业，开展旅游扶贫等项目，同时涞水重点打造中电科涞水产业园和北京公交智造产业园；阜平开展食用菌和硒鸽产业扶贫。

四　京津冀协同发展

河北省环抱首都北京，东与天津毗连并紧傍渤海。11 个地级市中 4 个与北京市接壤，4 个与天津市相邻，京津冀一体化具备得天独厚的条件。

（一）政策情况

2014 年 2 月 26 日，习近平主持召开京津冀三地协同发展座谈会，将京津冀协同发展上升为国家战略，并对三地协作提出七项具体要求。

2015 年 4 月 30 日，中共中央政治局召开会议，审议并通过《京津冀协同发展规划纲要》。

2016 年 2 月，《"十三五"时期京津冀国民经济和社会发展规划》印发实施，这是全国第一个跨省市的区域"十三五"规划，明确了京津冀地区未来五年的发展目标。

2017 年 4 月 1 日，中共中央、国务院印发通知，决定设立河北雄安新区。2018 年 4 月 14 日，中共中央、国务院批复《河北雄安新区规划纲要》。2018 年 12 月 25 日正式批准《河北雄安新区总体规划（2018～2035 年)》。

2018 年 11 月，中共中央、国务院明确要求以疏解北京非首都功能为"牛鼻子"推动京津冀协同发展，调整区域经济结构和空间结构，推动河北雄安新区和北京城市副中心建设，探索超大城市、特大城市等人口经济密集地区有序疏解功能，有效治理"大城市病"的优化开发模式。

2017 年 1 月，国家电网公司编制完成《国家电网服务京津冀协同发展行

动计划》，明确建成京津冀一体化坚强输电网、国际级城市群一流智能配电网、京津冀一体化清洁能源消纳示范区、京津冀电能替代先行区、优质便捷的一体化客户服务平台，以及深化电力市场化改革六大行动目标，助力京津冀城市群协同发展。

2017 年 10 月 31 日，国家电网公司的《雄安新区电网规划》要求雄安新区实现电力 100% 清洁化，率先成为全时段 100% 清洁电能供应的城市，电能占终端能源消费比例达到 52% 以上。

（二）总体规划情况

按照 2017 年 12 月 20 日，京津冀三省市协同办在北京发布《关于加强京津冀产业转移承接重点平台建设的意见》，明确了 "2 + 4 + 46" 个产业承接平台，包括北京城市副中心和河北雄安新区两个集中承载地，曹妃甸协同发展示范区、北京新机场临空经济区、天津滨海新区、张承生态功能区四大战略合作功能区及 46 个专业化、特色化承接平台。其中，河北南部地区主要涉及 16 个专业化、特色化承接平台，具体如表 7 所示。

表 7　京津冀三地总体规划情况

承接平台	承接区域	平台数量
协同创新平台	邯郸冀南新区、邢台邢东新区、石家庄正定新区、保定·中关村创新中心、白洋淀科技城、衡水滨湖新区、清河经济开发区	7
现代制造业平台	沧州渤海新区、沧州经济开发区、保定高新技术产业开发区、石家庄高新技术开发区、石家庄经济技术开发区、邯郸经济技术开发区、邢台经济技术开发区、衡水工业新区	8
现代农业合作平台	涿州国家农业高新技术产业开发区	1

河北南部地区主要为京津冀区域协调发展战略承接区，重点承接北京、天津产业转移项目，主要转移项目落地涉及 6 地市 21 个县（市、区）开发区及工业园区。

保定市位于京津冀协同发展的中心位置，地理位置得天独厚，与京津文化历史联系紧密。承接京津项目在保定境内遍地开花，保定市积极优化营商环境，提升园区配套服务，提升产业竞争力。目前，承接京津项目相对集中在河北涞水经济开发区、河北徐水经济开发区、涿州高新技术开发区、保定高新区4个重大战略承接平台以及满城轨道交通产业园、高碑店物流园等地，尤其是保定高新区和离北京距离最近的涞水和涿州两个县（市）。

2019 年底，京津保产业合作项目达到 421 项，深保产业园签约入驻企业144 家，保定·中关村创新中心入驻企业 86 家，清华启迪之星（保定）入驻36 家，白沟大红门服装城入驻商户 1600 家，蠡县裘皮小镇入驻企业商户1300 余家，高碑店新发地物流园日交易额过亿元，易县抽水蓄能电站全面开工，华讯方舟等重点项目进展顺利，河北京车满城轨道交通产业园 8 个月建成投产，创造了项目建设的"保定速度"。全市教育合作项目达到 108 个，59 家医院与京津 79 家医疗机构开展合作。以航空航天新材料、新一代信息技术、被动房、轨道交通等为代表的战略新兴产业，相继落地建设中电科涞水产业园、高碑店北京新发地物流园、中船重工涿州海洋装备产业园等一批重大项目。

以保定高新区、保定经济开发区、河北徐水经济开发区、河北涿州高新技术产业开发区、安国现代中药工业园区等重点大型园区为创新协作载体，形成保定对接雄安、京津冀的创新高地。

推动京津冀协同发展的重要着力点，以新能源与智能电网装备产业、新能源汽车与智能网联汽车产业、高端装备制造产业、生物医药健康产业、新材料和节能环保产业、新一代信息技术产业 6 个产业为主。紧紧围绕雄安新区、京津冀协同发展需求，有步骤、有重点地布局建设一批新材料、大数据、新型显示、现代中药、生物与健康、新能源汽车、节能环保等战略性新兴产业制造基地，形成与雄安新区产业配套互动、成果转移转化的协同体系。

打造服务雄安新区的绿色农副产品供应基地、面向京津雄的育种栽培示范基地、面向京津冀农业科技成果转化基地、服务雄安新区的都市农业休闲基地。在环雄安、环首都地区建设一批现代农业产业园区、科技园、创业创新园等一二三产业融合发展的新型农业产业园区。围绕对接雄安新区的生产生活需求，着力突出对雄安新区产业发展和生活的服务功能，打造保北环首都乡村振兴引领区、环雄安乡村振兴示范区、保南乡村振兴特色示范区、西部太行乡村振兴绿色隆起带。

五 "十四五"电力需求预测

（一）"十四五"经济社会发展预测

受新冠肺炎疫情影响，2019~2020年保定市GDP负增长8.5%左右，预测2020年保定市GDP为3250亿元；预测至2025年保定市GDP为4700亿元，"十四五"年均增速为7.66%（见表8）。

表8 保定市社会经济发展主要指标

<table>
<tr><th colspan="2">类别</th><th>2010年</th><th>2015年</th><th>2020年</th><th>2025年</th><th>"十二五"年均增长率(%)</th><th>"十三五"年均增长率(%)</th><th>"十四五"年均增长率(%)</th></tr>
<tr><td colspan="2">人口总量(万人)</td><td>1022.7</td><td>1033</td><td>1043</td><td>1060</td><td>0.20</td><td>0.19</td><td>0.32</td></tr>
<tr><td rowspan="4">经济总量</td><td>地区生产总值(亿元)</td><td>2050.3</td><td>2947</td><td>3250</td><td>4700</td><td>7.53</td><td>1.98</td><td>7.66</td></tr>
<tr><td>第一产业(亿元)</td><td>278.3</td><td>314</td><td>350</td><td>360</td><td>2.44</td><td>2.19</td><td>0.57</td></tr>
<tr><td>第二产业(亿元)</td><td>809.1</td><td>1012.4</td><td>1100</td><td>1500</td><td>4.59</td><td>1.67</td><td>6.40</td></tr>
<tr><td>第三产业(亿元)</td><td>962.9</td><td>1620.6</td><td>1800</td><td>2840</td><td>10.97</td><td>2.12</td><td>9.55</td></tr>
<tr><td rowspan="4">产业结构</td><td>地区生产总值(亿元)</td><td>100</td><td>100</td><td>100</td><td>100</td><td>—</td><td>—</td><td>—</td></tr>
<tr><td>第一产业(%)</td><td>13.6</td><td>10.7</td><td>10.8</td><td>7.7</td><td>—</td><td>—</td><td>—</td></tr>
<tr><td>第二产业(%)</td><td>39.5</td><td>34.4</td><td>33.8</td><td>31.9</td><td>—</td><td>—</td><td>—</td></tr>
<tr><td>第三产业(%)</td><td>47.0</td><td>55.0</td><td>55.4</td><td>60.4</td><td>—</td><td>—</td><td>—</td></tr>
</table>

（二）电力需求总量预测

1. 分产业法预测

保定市第二产业增速虽然不是最快，但用电量占比较大；第一产业用电总量逐渐趋于稳定，对用电量增长贡献不大；第三产业用电量增长较快，对用电量增长拉动能力逐渐凸显；而居民生活用电增速较快，且增速稳定性较好，用电比重逐年上升。以下对全社会用电量进行分产业的详细预测分析。

第一产业用电量增速总体呈现下降趋势，2005～2010年，第一产业用电量由14.46亿千瓦时增长到22.88亿千瓦时，年均增长6.80%。在第一产业GDP比重逐年下降情况下，第一产业用电量随着耕地电灌比例趋于饱和，用电量增长已开始缓慢下降。2010～2015年，第一产业用电量由22.88亿千瓦时降至9.86亿千瓦时，年均增速为-15.49%，主要是受统计口径变化的影响。2015～2018年第一产业用电量再次由9.86亿千瓦时降至4.63亿千瓦时，年均增速为-22.27%，虽然主要是受统计口径变化影响，从2000年以来的第一产业增长趋势来分析，第一产业的内生性增长动力已经基本耗尽，电量的增减变化受气候因素影响较大。2019年第一产业用电量为4.56亿千瓦时，增速为-1.57%。综上所述，预计未来几年内第一产业用电量在总体保持平稳的情况下，短期受降水影响波动将增大。

预计2020～2035年第一产业用电量稳定在5亿千瓦时左右。

2005～2010年，第二产业用电量由67.52亿千瓦时增长到112.48亿千瓦时，年均增长10.75%，第二产业用电量占全市总用电量的一半以上。2010年第二产业用电量同比增长高达22.7%，对用电量增长贡献率高达72.9%，但从历年平均增速看，这一高速增长较难维持；2010～2015年，第二产业用电量由112.48亿千瓦时增至148.69亿千瓦时，年均增速为5.74%，增速较"十二五"明显放缓；2015～2018年，第二产业用电量由148.69亿千瓦时增至178.95亿千瓦时，年均增速为6.37%。2019年第二产业用电量为179.54亿千瓦时，增速仅为0.33%。近两年第二产业用电量增速缓慢的主要原因有两点：一是受销售市场的影响，二是受雾霾治理等政策影响。

根据2020年保定市政府工作报告解读，保定市未来重点发展、打造河北京车满城轨道交通产业园、深圳高新科创产业园、中电科涞水产业园、北京公交智造产业园、中船重工海洋装备科技园、中国信通院保定产业园等产业园区，做强实体经济发展的支撑平台；提高产业承载能力，深化京津对接合作，统筹县（市、区）产业规划和项目建设，完善各产业园区发展规划，集中打造一批定位清晰、功能齐全、产业集聚、优势明显的特色产业承接平台。但是受新冠肺炎疫情影响（2020 年 1～3 月份负面影响第二产业用电量约 10 亿千瓦时），预计 2020 年第二产业用电量为 200 亿千瓦时，增速为 11.4%；2025 年第二产业用电量为 240 亿千瓦时，2020～2025 年均增速为 3.71%；2035 年第二产业用电量为 275 亿千瓦时，2025～2035 年均增速为 1.37%。

2005～2010 年，第三产业用电量由 15.99 亿千瓦时增长至 25.05 亿千瓦时，年均增速 9.39%；2010～2015 年，第三产业用电量由 25.05 亿千瓦时增长至 49.31 亿千瓦时，年均增速 14.51%，对用电量增长贡献率为 13.41%，主要是受统计口径变化因素影响；2015～2018 年，第三产业用电量由 49.31 亿千瓦时增长至 79.98 亿千瓦时，年均增速 17.49%，同样主要是受统计口径变化因素影响；2019 年，第三产业用电量为 85.59 亿千瓦时，同比增长 7.01%，大于整体全社会用电量增速 4.01 个百分点，贡献率为 54.36%。这一方面得益于保定市政府"着力优化营商环境，经济发展焕发新活力"的政策，另一方面得益于人民生活水平提高，人均可支配收入的提升（2019 年保定市城镇居民可支配人均收入为 32705 元，同比增长 8%；农村居民可支配人均收入为 15618 元，同比增长 10.1%）。从上述分析可以看出，在整体用电量增速放缓的大环境下，第三产业用电量依然保持了稳定的增速，成为拉动用电量增长的最重要组成部分。保定市作为人口大市，不论从促进经济发展还是改善就业来看，大力发展第三产业都是当务之急。从 2020 年保定市政府工作报告中看出，"十四五"时期，我国服务业增加值比重将面临平稳上行的态势。在流通性服务业增加值比重缓步回落的同时，生产性服务业增加值比重持续上升，个人服务业增加值比重稳中有增，社会服务业增加值比重逐渐提高。制造业和服务业将走向深度融合。互联网经济、数字经济、共享经济等新模式与传统业态日趋融合，未来市政府重点打造"国家级旅游业改革创新先行区、旅发大会、创建全域旅游示范区"三大平台，无疑是拉动第三产业发展的动力；此外，随着雄忻、京雄等铁路公路修建，沿途站点及其周边的第三产业将会有一定发展；同时，自贸区等国家重大战略，在未来五年，将会进一步释放发展潜力。因此，未来一段时间内，预计第三产业都将保持一个较快的增长水平；但是受新冠肺炎疫情影响（2020 年 1～3 月份负面影响第三产业用电量约 1.5 亿千瓦时），预计 2020 年第三产业用电量为 95 亿千瓦时，增速为 10.99%；2020~2025 年第三产业用电量为 127 亿千瓦时，年均增速为 5.95%；2025~2035 年第三产业用电量为 165 亿千瓦时，年均增速为 2.65%。

2005~2010 年，居民生活用电量由 25 亿千瓦时增长至 44.58 亿千瓦时，年均增速 12.26%；2010~2015 年，居民生活用电量由 44.58 亿千瓦时增长至 58.77 亿千瓦时，年均增速 5.68%；2015~2018 年，居民生活用电量由 58.77 亿千瓦时增长至 80.14 亿千瓦时，年均增速 10.89%，主要是受统计口径变化影响；2019 年居民生活用电量为 84.34 亿千瓦时，同比增长 5.24%。居民用电量增速的放缓，从侧面说明随着"家电下乡"等刺激居民用电量政策的结束，目前居民生活用电量增长动力主要是自然增长和散户"煤改电"。根据目前情况来看，需要改电、改气的区域已经完成了约 90%，因此推测未来居民用电量会保持一个正常增速，将低于第三产业用电量增速。但是受新冠肺炎疫情影响，2020 年 1~3 月份工矿企业和服务行业停工停产，很多居民长期居家，刺激了 1~3 月份的居民用电量，影响电量约 4 亿千瓦时。综上所述，预计 2020 年居民生活用电量为 100 亿千瓦时，增速为 18.57%；2020~2025 年居民生活用电量为 128 亿千瓦时，年均增速为 5.06%；2025~2035 年居民生活用电量为 155 亿千瓦时，年均增速为 1.93%（见表 9）。

表 9　分产业法规划年全社会用电负荷预测结果

项目	2019 年用电量（亿千瓦时）	2020 年用电量（亿千瓦时）	2020~2025 年电量（亿千瓦时）	2025~2035 年用电量（亿千瓦时）	2019~2020 年均增速（%）	2020~2025 年均增速（%）	2025~2035 年均增速（%）
一产	4.56	5	5	5	9.65	0	0
二产	179.54	200	240	275	11.40	3.71	1.37
三产	85.59	95	127	165	10.99	5.98	2.65
居民	84.34	100	128	155	18.57	5.06	1.93
合计	354.03	400	500	600	12.99	4.56	1.84

2. 数学方法

分产业法偏重于宏观经济层面分析与预测人员历史经验的综合分析，因此预测人员主观判断对预测结果影响较大，使用数学模型方法预测可以在一定程度上避免主观因素对预测结果造成的影响，对负荷预测工作具有重要参考作用。

对以上结果取平均值后得：2020 年保定市全社会用电量为 398.2 亿千瓦时，2025 年保定市全社会用电量为 499.38 亿千瓦时，2035 年保定市全社会用电量为 601.88 亿千瓦时（见表 10）。

表 10　数学方法规划年全社会用电负荷预测结果

方法	2019 年用电量（亿千瓦时）	2020 年用电量（亿千瓦时）	2025 年用电量（亿千瓦时）	2035 年用电量（亿千瓦时）	2019～2020 年均增速（%）	2020～2025 年均增速（%）	2025～2035 年均增速（%）
递增率法	354.02	400.21	505.07	605.41	13.05	4.76	1.83
灰色模型	354.02	394.23	499.07	600.06	11.36	4.83	1.86
一元线性	354.02	400.16	494	600.17	13.03	4.30	1.97
平均值	354.02	398.2	499.38	601.88	12.48	4.63	1.88

3. 分区域法

依据规划分区域原则，现将保定市分为 B、C、D 三类区域，其中 B 类区域包含市区以及涿州、定州市城区域，C 类区域包含其余各县县城以及部分县域工业园区，D 类区域为农村区域。逐个进行用电量预测并汇总得到结果：2020 年保定市全社会用电量为 400 亿千瓦时，2025 年保定市全社会用电量为 500 亿千瓦时，2035 年保定市全社会用电量为 600 亿千瓦时，2050 年保定市全社会用电量为 640 亿千瓦时，具体情况参见表 11。

由于三种预测方法结果较为一致，因此不再取平均数，仅以分产业法预测数据为准，即 2020 年保定市全社会用电量为 400 亿千瓦时，2025 年保定市全社会用电量为 500 亿千瓦时，2035 年保定市全社会用电量为 600 亿千瓦时，2050 年保定市全社会用电量为 640 亿千瓦时。

六　结论及建议

（一）主要结论

预测保定地区 2020 年全社会用电量为 400 亿千瓦时，2025 年全社会用电

表11 保定市全社会用电量预测结果

单位：亿千瓦时，%

类型	2015年	2019年	2020年	2021年	2022年	2023年	2024年	2025年	2035年	"十三五"年均增长率	"十四五"年均增长率	2025~2035年均增长率
市辖	63.98	87.42	99	103.04	107.35	112.93	118.80	126.21	153	9.12	4.98	1.94
县辖	197.65	266.61	301	314.96	329.46	343.53	358.20	373.79	447	8.78	4.43	1.80
合计	261.63	354.03	400	418	436.81	456.46	477.00	500	600	8.86	4.56	1.84
B	80.14	108.76	123.4	128.64	134.10	140.89	148.01	156.74	188.5	9.02	4.90	1.86
B(城)	63.98	87.42	99	103.04	107.35	112.93	118.80	126.21	153	9.12	4.98	1.94
B(农)	16.16	21.34	24.4	25.60	26.75	27.96	29.21	30.53	35.5	8.59	4.58	1.52
C	74.01	92.53	104	108.47	113.14	118.00	123.08	128.37	150	7.04	4.30	1.57
D	107.48	152.74	172.6	180.88	189.57	197.58	205.91	214.89	261.5	9.94	4.48	1.98

量为 500 亿千瓦时，2035 年全社会用电量为 600 亿千瓦时，2050 年全社会用电量为 640 亿千瓦时。

（二）有关建议

第一，提前开展园区规划，进一步加强配网规划的顶层设计，密切关注规划执行情况与项目经济效益，防范配电网无序、低效发展。

第二，根据电网规划和负荷发展情况，提前开展规划项目的可研和前期工作，做好项目储备，通过合理安排项目建设时序，提高电网整体效益。

第三，规范基础数据收集统计工作，逐步建立统一口径的规划数据收集统计机制，充分利用先进的信息化手段，建立规划数据库等信息共享平台，减少重复的人工统计劳动，降低因统计人员不同或者统计口径不同造成的数据偏差，切实提高工作效率。

第四，进一步增进规划工作交流，在大规划建设背景下，加大对县级公司规划人员的培训和交流力度，通过调研、交流拓宽视野，提高基层人员管理与技术水平，增强规划工作的前瞻性和创新意识。

沧州市"十三五"电力需求分析与"十四五"电力需求预测报告

沈世林 曾晓林 岂小梅*

摘 要： 沧州地处河北东南，东临渤海，北靠京津，下辖5个区14个县。"十三五"期间石油化工等传统主导产业持续健康发展的同时，以绿色化工为代表的新兴产业发展迅速，保证了沧州电力负荷和电量保持较快增长速度。依据"十四五"期间各产业结构调整状况、居民生活等方面进行沧州电力负荷需求预测，预计至"十四五"末全社会用电量为480亿千瓦时，全社会最大负荷达到9500兆瓦。

关键词： 沧州市 电力需求 负荷与电量预测

一 地区经济发展情况

沧州市地处华北地区东部、河北东南，历史悠久，因濒临渤海而得名，举世闻名的京杭大运河从市区内南北向穿过，使沧州成为运河沿岸的重要城市。沧州东临渤海，北靠京津、廊坊，西接石家庄、保定，南与衡水市接壤，并与山东半岛及辽东半岛隔海相望，拥有约95.3公里的海岸线，是华北地区陆上最近的出海口，具有"两环"（环京津、环渤海）的双重区位优势。

* 沈世林，国网沧州供电公司经济技术研究所工程师，工学硕士，研究方向为配电网规划技术、配电自动化规划；曾晓林，国网沧州供电公司经济技术研究所高级工程师，工学学士，研究方向为电网规划；岂小梅，国网沧州供电公司经济技术研究所高级工程师，工学硕士，研究方向为能源电力经济、电网规划。

2019 年，常住总人口 754.43 万人，城镇常住人口 406.9 万人，乡村常住人口 351.7 万人。沧州是多民族共住区域，共有 41 个少数民族，少数民族人口 264611 人，占沧州市总人口的 3.53%。

沧州市区设新华区、运河区、开发区 3 个区，全市下辖泊头市、任丘市、黄骅市、河间市 4 个县级市，沧县、青县、东光县、海兴县、盐山县、肃宁县、南皮县、吴桥县、献县和孟村回族自治县 10 个县以及新组建的渤海新区。沧州渤海新区辖区包括黄骅港开发区、沧州临港经济技术开发区（原中捷友谊农场）、沧州市南大港管理区（原南大港农场），于 2007 年 7 月成立。

（一）经济总量情况

2010 ~ 2019 年，沧州市 GDP 的增速整体上保持着增长的态势。其间沧州市 GDP 由 2010 年的 2203.00 亿元增长至 2019 年的 3588.00 亿元。"十二五"期间增长率分别为 12.3%、10.6%、9.0%、8.0%、7.7%（见图 1）。"十三五"期间增长率分别为 7.9%、7.0%、6.4%、6.9%，沧州人均 GDP 由 2010 年的 3.07 万元增长至 2019 年的 4.58 万元。

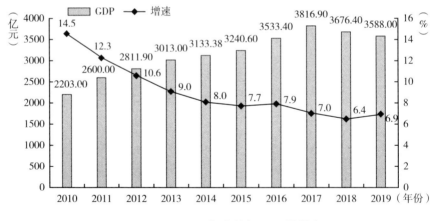

图 1 2010 ~ 2019 年沧州市 GDP 及增速

（二）产业结构调整

三次产业比例由 2010 年的 11.5∶50.7∶37.8，调整优化至 2019 年的 8.1∶39.9∶52。第一产业总量近年保持不变，比例逐年下降；第二产业内部结构不断优化，传统优势产业加快改造提升，重点发展优势产业，逐步淘汰高耗能、高污染等落后产能；以现代物流、铁路运输、港口服务、餐饮等为主的第三产业逐年发展，产业占比会继续增长，结构还将进一步合理优化（见图2）。

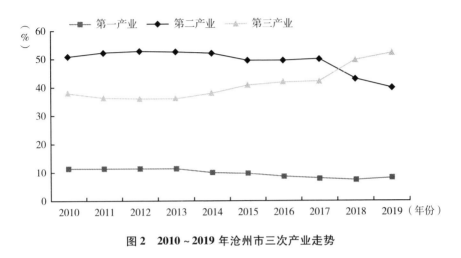

图2　2010～2019年沧州市三次产业走势

（三）工业及主导产业发展情况

沧州积极抓住京津冀协同发展机遇，通过提速沿海经济带建设，扩大沧州开放力度。作为沧州五大传统主导产业，石油化工、管道设备与冶金、机械制造、纺织服装和食品加工持续健康发展。沧州政府积极帮扶，努力克服经济下行压力大、企业经营困难等不利因素，加大对重点企业的指导和生产要素的协调力度，工业经济实现平稳回升、较快增长。规上工业增加值增速为7%，位列全省第五，总量跃居全省第三，规模以上工业利润146.15亿元，位列全省第四，规上工业企业总数突破2000家。固定资产投资增速达6%，位列全省第十，其中，建设项目固定资产同比增长3.0%，房地产开发投资同比增长26.3%。政府积极为高科技企业提供便利的生产条件，各主导产业逐渐向高科技转型。新增高新技术企业23家、科技型中小企业1680家，总数分别达到111家和2500家，高新技术企业完成增加值230亿元，增长15%。规模以上主导产业向省级及以上工业区集中，工业园区建设成效突出，省级以上开发区主营业务收入、工业增加值、固定资产投资等主要指标增幅均超过20%。主营业务收入超百亿元开发区达到 17 个，其中，临港经济技术开发区超过 500 亿元，任丘开发区突破 1000 亿元。

（四）新兴产业发展情况

以绿色化工为代表的"六大新动能"和以新一代信息技术为代表的"五大新引擎"作为沧州主要的新兴产业发展迅速。"6 + 5"产业涵盖的 751 家规模以上企业，工业增加值增长 14.4%，战略性新兴企业工业增加值增速高于全市 4.5 个百分点。固定资产投资项目 582 个，增速达到 10.3%。对全市工业增加值增长贡献率达 77.2%，引导沧州地区工业结构发生根本性变化，绿色、环保以及高科技、高产出、低耗能企业占比逐年增加。

二　本地区电力消费实绩

（一）负荷电量总量分析

2010 年以来，随着沧州市经济的不断发展，全社会用电量逐年增加。2010 年沧州市全社会用电量为 175 亿千瓦时，到 2019 年沧州市全社会用电量增长到 361.37 亿千瓦时。"十三五"期间年均增长速度为 6.2%。从年均增长速度可以看出，"十三五"期间沧州市全社会用电量保持较快增长速度，增速保持在 6.5% 以上，用电量情况与沧州市 GDP 增速基本吻合。2010 ~ 2019 年沧州市全社会用电量及增长情况如图 3 所示。

2010 年沧州市全社会负荷为 2979 兆瓦，到 2019 年沧州市全社会负荷增长到 6072.46 兆瓦，年均增长率为 8.23%。2010 ~ 2019 年沧州市全社会最大负荷及增长情况如图 4 所示。

（二）用电量构成及用电需求分析

从 2010 年至 2019 年沧州市全社会分产业及居民用电量构成情况分析可知，沧州市的产业用电量结构有如下变化特点：一产用电量占比逐年降低，二产用电量占比呈现先升后降的趋势，三产占比则逐年增长，居民占比基本保持不变。主要原因是一产用电量波动较小，占比则下降，家用电器普及导致居民

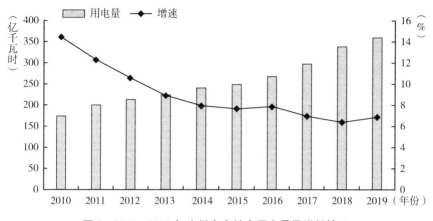

图3 2010～2019年沧州市全社会用电量及增长情况

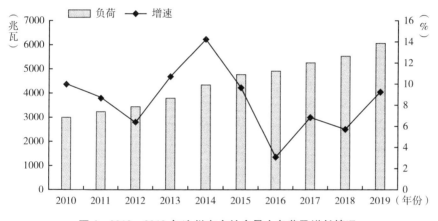

图4 2010～2019年沧州市全社会最大负荷及增长情况

用电量逐年增加。产业结构调整作用下，第三产业发展迅速，相较于二产，用电量较快增长，导致二产占比降低、三产占比增长（见表1和表2）。

表1 2010～2019年沧州市各产业用电量和居民用电量情况

单位：亿千瓦时

年份	一产	二产	三产	居民
2010	29. 30	107. 37	14. 10	24. 23
2011	11. 29	144. 66	17. 31	28. 19
2012	6. 72	156. 00	23. 51	27. 83
2013	5. 97	161. 85	28. 81	29. 78

续表

年份	一产	二产	三产	居民
2014	8.82	170.65	31.63	32.11
2015	9.20	172.70	33.30	34.38
2016	8.80	185.75	36.80	36.65
2017	10.57	201.73	43.35	42.41
2018	12.14	228.38	49.04	48.95
2019	13.13	245.30	53.26	49.68

表2　2010～2019年沧州各产业用电量和居民用电量比重

单位：%

年份	一产	二产	三产	居民
2010	16.74	61.35	8.06	13.85
2011	5.60	71.81	8.59	13.99
2012	3.14	72.88	10.98	13.00
2013	2.64	71.49	12.72	13.15
2014	3.63	70.17	13.00	13.20
2015	3.69	69.20	13.34	13.78
2016	3.28	69.31	13.73	13.68
2017	3.55	67.68	14.54	14.23
2018	3.59	67.47	14.49	14.46
2019	3.63	67.88	14.74	13.75

1. 第一产业

灌溉仍是第一产业用电量的主要部分，沧州地区灌溉面积基本保持不变，在不发生干旱的情况下，农业和林业用电量基本保持不变。近年来，沧州发展新兴养殖产业、温室养鱼产业等使第一产业用电量略有增加，但占比较低。相较于地区用电量增速，第一产业低速增长，用电量基本保持不变，占比则连年降低。

2. 第二产业

经过产业结构调整，过剩和落后产能淘汰任务接近完成，主导产业转型升级步伐稳步推进，战略性新兴产业增速强劲，积极抓住京津冀协同发展机遇，承接多项京津外迁及合作发展项目，第二产业健康稳定发展。第二产业GDP

和用电量基本保持相同增速,稍落后于沧州地区全社会 GDP 和用电量增速,导致第二产业用电量占比缓慢降低,但占比仍然最大。

3. 第三产业

近年来,以现代智能物流、港口服务、轨道交通为主的大型第三产业发展迅速,以住宿和餐饮、旅游、金融以及互联网为主的新兴产业蓬勃发展,第三产业 GDP 和用电量保持最快速度增长。第三产业耗电量低,历史最高水平的 2019 年占比仅达到 14.74%,因此虽然增速快,第三产业用电量占比却增长缓慢。

4. 城镇居民用电

2019 年,全市居民人均可支配收入 36244 元,同比增长 8.1%。随着居民生活水平提高,居民家中新兴科技类家用电器品类逐年增多,传统家用电器普及率逐年提高,促使城镇居民用电量稳定增长。冬季取暖"煤改电"也导致居民用电量有所增加。城乡居民生活用电量与全社会用电量增速保持基本一致,占比基本保持在 13.7% 左右。

(三)重点行业用电量分析

2010~2019 年,沧州市工业用电量占比呈缓慢降低趋势,但仍占主导地位。随着政府淘汰高耗能、高污染工作的推进,工业企业加快优胜劣汰步伐,产业结构加快调整。中小型化工企业被淘汰,化工用电量占比逐年降低。新兴环保类加工企业用电量大,金属制品、橡胶及塑料制品等产业占比逐年增长。电力、燃气水的生产和供应业在基础完成的情况下逐年缓慢增长,占比逐年缓慢下降。沧州市重点行业用电情况如表 3 所示。

表 3 2010~2019 年沧州市重点行业用电情况

单位:亿千瓦时

年份	2010	2011	2012	2013	2014	2015	2016	2017	2018	2019
全社会用电量	174.76	201.45	214.06	226.40	243.21	249.58	267.79	298.06	338.51	361.37
工业	106.36	143.12	154.21	159.75	168.36	170.40	179.10	199.62	225.94	242.42
1. 采矿业	14.96	15.21	15.56	15.39	14.07	15.15	14.48	15.76	16.16	17.74
2. 制造业	69.49	101.53	112.58	116.32	124.00	124.99	132.58	150.08	172.17	187.17

续表

年份	2010	2011	2012	2013	2014	2015	2016	2017	2018	2019
2.1. 化学原料和化学制品制造业	20.12	21.78	26.96	25.95	30.01	32.60	34.07	32.84	36.32	39.47
2.2. 黑色金属冶炼和压延加工业	17.07	24.77	22.63	19.14	19.04	16.36	10.51	11.62	14.14	16.19
2.3. 石油、煤炭及其他燃料加工业	4.10	5.09	5.13	5.09	5.95	5.57	7.16	7.76	12.38	14.33
2.4. 橡胶和塑料制品业	3.00	5.93	7.83	8.35	8.19	8.26	9.50	11.55	13.91	14.66
2.5. 金属制品业	7.20	13.88	19.30	24.92	27.18	27.67	31.19	37.87	47.88	52.97
3. 电力、燃气水的生产和供应业	21.91	26.38	26.07	28.04	30.29	30.26	32.04	33.78	37.61	37.51

三 影响电力需求的主要因素分析

（一）沧州市"十三五"经济发展形势

"十三五"期间，沧州紧紧围绕打造河北沿海地区率先发展增长极的目标，统筹推进"三大经济板块"，着力稳增长、调结构、促改革、惠民生。具体工作方面一是沿海开发建设取得新突破，黄骅港20万吨级航道、20万吨级矿石码头和邯黄铁路建成运营，如期实现"三同步"。新增物流贸易企业530家，贸易额和税收增幅均超过50%，港口物流成为沿海经济发展的新亮点。二是中心城区经济充满活力。以"三区两园"为平台，大力发展新型工业，一批高新技术和高端装备制造项目竣工投产，商贸服务业拓展升级，沧州连续两年跻身福布斯中文版中国大陆最佳商业城市百强。三是县域经济不断发展壮大，县域依托优势产业加快转型升级步伐，全市销售收入超百亿元产业集群达到 12 个，龙头示范企业 43 家，居全省第 ·。四是重点项目建设快速推进，101 亿元的华北石化千万吨炼油项目、投资 400 亿元的核燃料产业园项目、北京现代第四工厂项目等一批重大战略支撑项目取得突破性进展，为未来发展奠定了坚实基础。五是城镇化建设迈出新步伐。围绕完善城市功能、提升城市承载力，实施了体育场、游泳馆、博物馆等公用设施，吉林大道等 12 条城市道路、41 条小街小巷；住宅小区、棚户区改造，城市 10 个街头游园、10 条绿化景观带等一批重点城建项目。新增绿化面积 866 公顷，顺利通过国家园林城市初评。县城建设全面提速，综合承载能力大幅提升，肃宁通过国家级园林县城初检，任丘、献县成功创建省级园林县城，吴桥、献县荣获省"人居环境进步奖"称号。全市城镇化率预计达到 46.5%。

（二）企业用电量情况分析

沧州工业用电量是全社会用电量中的主要部分，"十三五"期间工业用电量在全社会用电量中的占比始终保持在 67%～68% 的高位，并且保持了两位数的高增长，"十三五"前四年的平均年增长率达 10.62%。

工业用电量的主导产业主要有石化、钢铁和装备制造。各产业的细分情况分析如下。

石化产业中石油、煤炭加工业增长最快，用电量由 2015 年的 5.57 亿千瓦时增长至 2019 年的 14.33 亿千瓦时，"十三五"前四年年均增长率为 26.67%，在全社会用电量中的占比由 2.23% 提高到了 3.97%。

化工产业中化学原料和化学制品制造业增速较慢，用电量由 2015 年的 32.6 亿千瓦时增长至 2019 年的 39.47 亿千瓦时，"十三五"前四年年均增长率 4.9%，在全社会用电量中的占比由 13.06% 降低到了 10.92%。橡胶和塑料制品业增速较快，用电量由 2015 年的 8.26 亿千瓦时增长至 2019 年的 14.66 亿千瓦时，"十三五"前四年年均增长率 15.45%，在全社会用电量中的占比由 3.31% 提高到了 4.06%。

钢铁行业受淘汰落后产能政策的影响，用电量没有增长。用电量由 2015 年的 16.36 亿千瓦时降低到 2019 年的 16.19 亿千瓦时，"十三五"前四年年均增长率为 -0.26%，在全社会用电量中的占比由 13.06% 降低到了 10.92%。

装备制造业增长较快，以金属制品业为例，用电量由 2015 年的 27.67 亿千瓦时增长至 2019 年的 52.97 亿千瓦时，"十三五"前四年年均增长率为 17.62%，在全社会用电量中的占比由 11.09% 提高到了 14.66%。

2020 年受新冠肺炎疫情影响，沧州第一季度用电量同比负增长，4 月份用电量迅速回升，主要是装备制造业和石化行业用电量快速增长拉动。其中，石化行业累计增速转负为正（5.15%），钢铁行业仍下降 5.55%，装备制造业同比仍下降 5.67%。

（三）分布式电源及其他影响因素分析

截至 2019 年底，沧州地区共有 34178 个光伏电源并网，装机总容量为 937.43 兆瓦，其中通过 110 千伏并网光伏电源 7 个，容量为 290 兆瓦；通过 35 千伏并网光伏电源 2 个，容量为 50 兆瓦；通过 10 千伏并网的光伏电源 46 个，容量为 91.448 兆瓦；通过 380/220 伏并网光伏电源 34117 个，容量为 505.983 兆瓦。

从全网负荷最大时刻出现情况来看，2015 年最大负荷出现在 7 月 13 日 11 点 25 分、2016 年最大负荷出现在 8 月 12 日 11 点 20 分、2017 年最大负荷出现在 7 月 20 日 11 点 20 分、2018 年最大负荷出现在 7 月 21 日 21 点 30 分、2019 年最大负荷出现在 7 月 28 日 21 点 15 分。受光伏发电的影响，从 2018 年开始，全网最大负荷出现时刻已由中午 11 点至 12 点，后移到了 21 点以后。

四　"十四五"电力需求预测

（一）"十四五"经济社会发展预测

"十四五"期间，沧州依据京津冀协同发展、国家新型城镇化和河北沿海地区发展规划三大国家战略，努力将自身打造成为环渤海地区重要沿海开放城市和京津冀城市群重要产业支撑基地。

产业结构方面。沧州深化与京津在功能定位、产业协作、交通建设等方面的协作对接，主动承接京津汽车、化工、医药为主的先进制造业转移，引进教育培训和相关研发机构，将自身建设成为环渤海地区重要港口城市，京津高端装备和高新技术产业转移的重要承接地，华北重要的合成材料基地、区域物流集散中心。预计 2030 年全市形成城乡一体、梯度布局、三次产业协调发展的格局，一、二、三产业比例由 2014 年的 10∶52∶38 调整为 7∶43∶50。

城镇化方面。预计 2030 年全市形成 2 个人口超过 100 万的"大城市"（沧州中心城区和黄骅生态新城）、1 个人口超过 50 万的"中等城市"（任丘）、11 个人口在 50 万以下的"小城市"（河间市、泊头市、青县、献县、盐山、肃宁、南皮、吴桥、孟村、东光、海兴）。全市总人口 1000 万，城镇化水平达到 75% 左右。至 2030 年，规划区城镇人口 418 万，城镇建设用地 498 平方公里。其中，沧州中心城区 170 万人，建设用地 170 平方公里；黄骅生态新城 140 万人，建设用地 169 平方公里；青县县城 35 万人，建设用地 48 平方公里。

预测至 2025 年地区生产总值达到 5601.88 亿元，增长率达 9.32%。其中，第一产业达到 314.4 亿元，增长率达 1.45%；第二产业达到 2249.2 亿元，增长率达 9.48%；第三产业达到 3038.28 亿元，增长率达 10.25%（见表 4）。

表 4　沧州市社会经济发展主要指标

类别		2010 年	2015 年	2020 年	2025 年	"十二五"年均增长率(%)	"十四五"年均增长率(%)	2020~2025 年年均增长率(%)
人口总量(万人)		717.5	744	784	825	0.73	1.05	1.02
经济总量	地区生产总值（亿元）	2203	3240.15	3587.9	5601.88	8.02	2.06	9.32
	第一产业（亿元）	252.6	321.3	292.6	314.4	4.93	−1.85	1.45
	第二产业（亿元）	1117.1	1602.05	1430.3	2249.2	7.48	−2.24	9.48
	第三产业（亿元）	833.3	1316.8	1865	3038.28	9.58	7.21	10.25
产业结构	地区生产总值（%）	100	100	100	100	8.02	2.06	9.32
	第一产业(%)	14.02	17.84	16.24	17.45	4.93	−1.85	1.45
	第二产业(%)	62.02	88.94	79.41	124.87	7.48	−2.24	9.48
	第三产业(%)	46.26	73.11	103.54	168.68	9.58	7.21	10.25

（二）电力需求总量预测

1. 分产业预测法

沧州地区用电量 2015 年 249.58 亿千瓦时，至 2019 年用电量达到 361.37 亿千瓦时，年均增长率达到 9.69%。沧州地区年用电量已连续三年在河北南网 6 个地市排名第一（见表 5）。

表 5　沧州地区各产业历年用电量和增长率

单位：亿千瓦时，%

项目	2015 年	2016 年	2017 年	2018 年	2019 年	年均增长率
一产	9.2	8.8	10.57	12.14	13.13	9.30
二产	172.7	185.75	201.73	228.38	245.3	9.17
三产	33.3	36.8	43.35	49.04	53.26	12.46
居民生活	34.38	36.65	42.41	48.95	49.68	9.64
沧州地区	249.58	268	298.06	338.51	361.37	9.69

第一产业。沧州 2019 年一产用电量较 2018 年增长 8.15%，其中畜牧业和渔业用电量增长较快。献县、吴桥、沧县、南皮等农业县受 2019 年夏季持续高温天气、降水偏少的影响，农业排灌用电量增加。黄骅沿海居民积极发展育苗孵化等海水养殖业，夏季高温期间，海鲜产品冷储及畜牧养殖场地通风散热等用电负荷有所提升。

第一产业用电量主要受天气因素波动影响，总体预计今后沧州地区将保持小幅增长。新兴农业、沿海大棚渔业等一产经济发展势头良好；受近年干旱天气影响，农村灌溉用电量逐年增加；随着供电可靠性的提高，停电限电情况将逐渐减少。

电灌面积在 2019 年基本饱和，今后农灌负荷将因地下水位的下降、大棚蔬菜等新兴农业发展和节水农作物的培育推广而有所变化。地下水位下降和新兴农业的增加将导致用电量增加，而节水农作物的推广将促使用电量下降。2019 年沧州第一产业用电量 13.13 亿千瓦时。其中，2019 年排灌用电量 7.98 亿千瓦时，占第一产业用电量的 60.8%，较上年的 59.3% 有所上升。

沧州市政府推出了许多发展现代特色农业的政策，积极推动优质、生态、品牌农业发展。全市新增省级现代农业园区 6 个，新型农业经营主体超 1.4 万家，温氏 200 万头生猪、中捷犇放牧业 5 万头奶牛等重点项目竣工投产，农业产业化率达到 65%。

受海兴、青县等特色农场养殖项目以及黄骅沿海居民积极发展育苗孵化等海水养殖业，黄骅温室海鲜养殖项目影响，未来沧州畜牧业和渔业用电量增长较快。

如无极端干旱天气，预计"十四五"期间仍会保持缓慢增长，预计 2020 年一产用电量 13.44 亿千瓦时，至 2020 年一产用电量将达到 13.77 亿千瓦时左右。

第二产业。沧州第二产业用电的比重在行业用电中占主导地位，到 2019 年，第二产业占全部用电量的 67.88%。从 2015 年到 2019 年的情况看，第二产业用电量年均保持 9.17% 的增速，落后于其他产业，用电量占比逐年降低约 1%。大工业用户年用电量在第二产业行业年用电量中占比呈逐年下降趋势，每年下降幅度在 1% 左右。中小企业发展速度高于大工业。

沧州工业经过产业结构调整后，落后过剩产能淘汰任务接近完成，五大主导产业转型升级步伐稳步推进，战略性新兴产业增速强劲，第二产业健康稳定发展。以中石油化工、管道设备与冶金、机械制造、纺织服装和食品加工五大传统主导产业为代表的传统制造业，经过环境保护治理、原产业生产恢复并逐步扩大产能，用电量逐年稳步提升，仍将保持原速度健康发展。以汽车制造、生物医药、清洁能源、通用航空、激光装备研发与应用为代表的五大战略性新兴产业异军突起，成为全市经济增长的重要支撑力量。新建中日韩产业园、中关村丰台沧州示范园以及渤海港口进一步开发建设，县域发挥自身优势积极推动新建工厂的开工建设。

沧州积极对接京津，合作项目达到 1100 多个，总投资达到 5664 亿元，其他类投资 3807 亿元，相关投资项目仍在建设。项目开工建设、投产、运营也将持续拉动第二产业用电量保持快速增长，预计在"十四五"，二产用电量增长速度将达到 6%，"十五五"以后增长速度有所放缓。

第三产业。得益于朔黄、京九、京沪高铁、京沪铁路的电气化建设和运力增长，在产业多元化的推动下，第三产业蓬勃发展，"十三五"期间沧州第三产业用电量持续保持快速增长，是沧州用电发展的新引擎。2019 年第三产业用电量占比已经达到 17.13%。

将新开工石济铁路、黄大铁路、石黄高铁，以及渤海 1#港运力提升，"十四五"及中长期 2#、3#港投入建设运营，三产大用户用电量保持持续增长。在消费拉动内需政策引导下，娱乐、餐饮、旅游、商贸等行业蓬勃发展。预计"十四五"期间，三产用电量仍将保持持续快速增长，但相较于"十三五"期间有所放缓，预计用电量增速将达到 6%。

居民用电。进入 20 世纪 90 年代以来，居民生活用电一直保持较高的增长速度，"十三五"期间持续增长，2015 年居民生活用电量增长至 34.38 亿千瓦时，年均增长率为 7.25%。2019 年居民生活用电量增长至 49.68 亿千瓦时，年均增长率为 9.64%。

未来居民生活用电增长的潜力仍然较大，主要包括以下几个方面。一是农村居民冬季取暖"煤改电"逐步实施。二是制冷电器、娱乐电器、电动车等在居民中普及程度逐年提高，居民用电量逐年提高。三是农村人口迁徙到城镇，城市居民用电量快速增长。四是沧州对接京津项目逐年开展，外来人口增加。预计"十四五"期间居民用电量相较于"十三五"期间有所放缓，用电量增速将达到 5%。

考虑京津冀一体化给河北带来的战略机遇，沧州作为河北南部唯一的出海口，渤海新区铁路、高速公路等交通形式便利，其他配套基础设施建设齐全，经济应有较好的发展。结合项目时序及自然增长，预计至 2025 年沧州全社会用电量将达到 483.41 亿千瓦时（见表6）。

表6 采用分产业法预测全社会用电量结果

单位：亿千瓦时，%

项目	2015 年	2019 年	2020 年	2021 年	2022 年	2023 年	2024 年	2025 年	"十四五"增长率
用电量	249.58	361.37	369	389.48	411.1	433.91	457.99	483.41	5.55

2. 数学模型预测法

选择线性模型、指数模型、幂函数模型、抛物线模型、N 次曲线模型、动平均法、指数平滑法、灰色系统法、模糊数学预测法等多种方法，并根据各种方法的预测结果得到综合预测模型，得到预测结果如表7所示。

表7 采用数学模型法预测全社会用电量结果

单位：亿千瓦时，%

项目	2015 年	2019 年	2020 年	2021 年	2022 年	2023 年	2024 年	2025 年	"十四五"增长率
用电量	249.58	361.37	370	386.1	402.89	420.42	438.7	457.79	4.35

3. 分地区预测法

依据各县用电量发展现状、经济结构、工业基础、行业特色以及地区经济发展方向和重点，对沧州地区各县全社会用电量进行了预测，预计 2020 年达到 370 亿千瓦时，2025 年达到 480 亿千瓦时，具体如表 8 所示。

表8 采用分地区法预测全社会用电量结果

单位：亿千瓦时，%

项目	2015 年	2019 年	2020 年	2021 年	2022 年	2023 年	2024 年	2025 年	"十四五"增长率
用电量	249.58	361.37	370	389.77	410.6	432.54	455.65	480	5.34

采用分产业法、分地区法、数学模型法等多种方法对沧州地区"十四五"网供电量进行了预测，得出高、中、低三个方案，"十四五"用电量增长率分别为 5.55%、5.34%、4.35%，如表9 所示。

表9 沧州地区"十四五"全社会用电量预测

单位：亿千瓦时，%

预测方法	2015 年	2019 年	2020 年	2021 年	2022 年	2023 年	2024 年	2025 年	"十四五"增长率	备注
分产业法	249.58	361.37	369	389.48	411.1	433.91	457.99	483.41	5.55	高方案
分地区法	249.58	361.37	370	389.77	410.6	432.54	455.65	480	5.34	中方案
数学模型法	249.58	361.37	370	386.1	402.89	420.42	438.7	457.79	4.35	低方案

考虑到沧州电力市场的发展特点，各县经济发展不均衡，因此推荐采用中方案预测结果，2020 年沧州地区网供电量达到 370 亿千瓦时，2025 年沧州地区网供电量达到 480 亿千瓦时。"十四五"期间年均增长率为 5.34%。

（三）"十四五"负荷预测

1. 分地区法

沧州所属各县（市、管理区）经济社会发展基础、工业结构、用电负荷特性均有较大差异，本方法以各县"十三五"及 2018 年、2019 年数据为基础，结合大工业项目建设情况，对沧州地区各县最大负荷进行了预测（同时率取 0.85 ~ 0.9），预计 2020 年最大负荷为 6500 兆瓦。2025 年最大负荷将达到 9500 兆瓦（见表 10）。

表 10　各县最大负荷预测结果

单位：兆瓦，%

分区名称	2015 年	2019 年	2020 年	2021 年	2022 年	2023 年	2024 年	2025 年	"十四五"增长率
渤海新区	620.67	782.59	870	942.77	1021.6	1107.1	1199.7	1300	8.36
黄骅市	256.26	359.52	370	400.53	433.58	469.35	508.08	550	8.25
海兴县	61.23	101.24	123	134.18	146.37	159.67	174.17	190	9.09
孟村县	169.07	249.12	270.4	290.95	313.06	336.85	362.45	390	7.60
南皮县	163.8	207.18	235	249.18	264.22	280.16	297.07	315	6.03
盐山县	162.73	224.25	250	267.4	286.02	305.93	327.22	350	6.96
肃宁县	168.5	211.98	265	284.81	306.1	328.98	353.57	380	7.48
献县	254.8	441.77	520	558.02	598.82	642.6	689.58	740	7.31
河间市	379.82	500.79	562	603.12	647.26	694.62	745.45	800	7.32
泊头市	245	415.29	430	479.18	533.98	595.05	663.11	738.95	11.44
东光县	198.2	260.29	280	301.31	324.24	348.92	375.48	404.06	7.61
吴桥县	116.68	120.96	160	166.46	173.18	180.16	187.44	195	4.04
沧县	252.24	385.71	428.5	462.73	499.7	539.62	582.73	629.28	7.99
青县	221.25	289.79	312	340.07	370.67	404.02	440.38	480	9.00
任丘市	474.11	648.59	658	729.22	808.15	895.62	992.57	1100	10.82
市区	414.73	576.37	637	682.59	731.44	783.79	839.89	900	7.16
大用户	798.5	1200	1180	1180	1180	1180	1180	1180	0.00
总计	4774.7	6072.5	6500	7012.5	7565.5	8162.1	8805.7	9500	7.89

注：各县最大负荷一般不出现在同一时刻，用各县负荷相加得到全网最大负荷需要乘同时系数。

2. 最大负荷利用小时法

"十二五"期间，沧州最大负荷利用小时数保持在 5200 ~ 5900 小时，并呈逐年下降的趋势。"十三五"期间，沧州最大负荷利用小时数保持在 5200～5700 小时，从 2018 年开始呈逐年下降的趋势。2019 年最大负荷利用小时数为 5711.6 小时，较 2018 年的 5726.9 小时减少 15.3 小时。由于"十四五"期间居民制冷负荷达到顶峰，预计 2020 年最大负荷利用小时数会下降到 5692 小时，至 2025 年最大负荷利用小时数逐年下降达到 5174 小时（见表 11）。

表 11　最大负荷利用小时数历史及预测结果

单位：小时

年份	2015	2016	2017	2018	2019	2020	2025
最大负荷利用小时数	5220.7	5141.8	5369.6	5726.9	5711.6	5692	5174

由于 2018 年高峰负荷期间限电，全年最大负荷没有完全释放，最大负荷利用小时数比 2017 年增幅较大。2019 年最大负荷利用小时数较 2018 年减少 15.3 小时，总体变化不大，参照"十三五"沧州地区用电量及 2019 年最大负荷利用小时数，2020 年全社会用电量达到 370 亿千瓦时。预计 2020 年最大负荷利用小时数仍会有所降低，达到 5692 小时。此方法计算 2020 年最大负荷为 6500 兆瓦。2025 年全社会用电量达到 480 亿千瓦时，年最大负荷达到 9296.92 兆瓦，"十四五"年均增长 7.42%（见表 12）。

表 12　采用最大负荷利用小时数法预测全社会最大负荷结果

单位：兆瓦，%

预测方法	2015 年	2019 年	2020 年	2021 年	2022 年	2023 年	2024 年	2025 年	"十四五"增长率
最大负荷利用小时数法	4774.7	6072.46	6500	6982.3	7500.39	8056.92	8654.74	9296.92	7.42

3. 数学模型法

选择线性模型、指数模型、幂函数模型、抛物线模型、N 次曲线模型、动平均法、指数平滑法、灰色系统法、模糊数学预测法等多种方法，并根据各种方法的预测结果得到综合预测模型，得到预测结果如表 13 所示。

表 13　采用数学模型法预测全社会最大负荷结果

单位：兆瓦，%

预测方法	2015 年	2019 年	2020 年	2021 年	2022 年	2023 年	2024 年	2025 年	"十四五"增长率
数学模型法	4774.7	6072.46	6500	7064.2	7677.37	8343.77	9068.01	9855.11	8.68

采用分地区法、最大负荷利用小时数法、数学模型法对沧州地区"十四五"网供负荷进行了预测，得出高、中、低三个方案，"十四五"负荷增长率分别为 8.68%、7.89%、7.42%（见表 14）。

表 14　沧州"十四五"全社会最大负荷预测

单位：兆瓦，%

预测方法	2015 年	2019 年	2020 年	2021 年	2022 年	2023 年	2024 年	2025 年	"十四五"增长率	备注
数学模型法	4774.7	6072.46	6500	7064.2	7677.37	8343.77	9068.01	9855.11	8.68	高方案
分地区预测法	4774.7	6072.5	6500	7012.5	7565.5	8162.1	8805.7	9500	7.89	中方案
最大负荷利用小时数法	4774.7	6072.46	6500	6982.3	7500.39	8056.92	8654.74	9296.92	7.42	低方案

考虑到沧州新增供电负荷中大工业用户占比较大，数学模型法不能反映其增长特点，同时最大负荷利用小时数法预测结果受产业因素影响较大，分地区法能反映其负荷的增长分布。因此，推荐预测的中方案，预计 2020 年沧州市最大负荷达 6500 兆瓦，至 2025 年最大负荷达 9500 兆瓦。

总体来看，预计"十四五"期间的全社会用电量年均增长率 5.34%，至 2025 年达到 480 亿千瓦时，全社会最大负荷年均增长率 7.89%，至 2025 年达到 9500 兆瓦。预测 2020 年全社会用电量 370 亿千瓦时，同比增长 2.39%；全社会最大负荷 6500 兆瓦，同比增长 7%。

参考文献

河北省沧州市人民政府:《沧州市政府工作报告》,2020。

河北省沧州市人民政府:《沧州市政府工作报告》,2019。

河北省沧州市人民政府:《沧州市政府工作报告》,2018。

河北省人民政府国家电网公司:《雄安新区电网发展合作框架协议》,2018。

国网沧州供电公司:《"十四五"配电网发展规划报告大纲》,2020。

河北省电力公司:《河北南网"十三五"电网发展规划》,2018。

《河北省"十二五"规划纲要》,2011。

河北省沧州市人民政府:《沧州市国土空间规划》(2020~2025)。

承德市"十三五"电力需求分析与"十四五"电力需求预测报告

袁绍军　于宝鑫　李文龙　李佳骥　张华东*

摘　要： 承德市位于河北省东北部，是首批 24 个国家历史文化名城之一、中国十大风景名胜区、国家重点风景名胜区，是国家甲类开放城市，是华北地区最大的食用菌生产基地、中国北方地区重要的中药材生产基地，是我国除攀枝花外唯一的大型钒钛磁铁矿资源基地。2010 年以来，随着经济的不断发展，承德市全社会用电量也不断增加。2010 年为 130.54 亿千瓦时，2015 年为 148.2 亿千瓦时，2019 年为 188.84 亿千瓦时，"十三五"前四年年均增速为 5.9%。"十四五"期间随着京津冀一体化发展，承德市将继续推进产业升级，改造提升传统产业，加快培育战略性新兴产业，但受环境治理和节能降耗产业发展规划的影响，电量将在今后回归平稳，预计 2025 年全社会用电量为 242 亿千瓦时，"十四五"年均增长率 3.37%。

关键词： 承德市　特色产业　电量预测

---

* 袁绍军，国网承德供电公司高级工程师，工学硕士，研究方向为电力系统、电网规划；于宝鑫，国网承德供电公司工程师，工学学士，研究方向为电力系统、电网规划、前期管理；李文龙，国网承德供电公司工程师，工学硕士，研究方向为电力系统、电网规划；李佳骥，国网承德供电公司工程师，工学学士，研究方向为电力系统、电网规划；张华东，国网承德供电公司工程师，工学学士，研究方向为电力系统、电网规划。

一 地区经济发展情况

承德市位于河北省东北部，地处华北和东北两个地区的过渡地带，是环渤海地区重要城市，辐射京津，背靠蒙辽，南与省内秦皇岛、唐山两个沿海城市相邻，西与张家口市东部相邻。2019 年末承德市全市人口达到 382.5 万人。承德境内南北最大纵距 268 公里、东西最大横距 280 公里，拥有 39519 平方公里的辖区总面积，占河北省总面积的 23%。

承德是我国除攀枝花外唯一的大型钒钛磁铁矿资源基地。已探明钒钛磁铁矿资源储量 3.57 亿吨，超贫钒钛磁铁矿资源量 75.59 亿吨。黄金产量居河北省第一位，钼、银、铜、铅、锌和花岗岩、大理石等资源丰富。森林、草甸面积占河北省的 43.8%、41%，是华北最绿城市。

承德市下辖 3 个区 4 个县，代管 1 个县级市和 3 个自治县，分别为双桥区、双滦区、鹰手营子区以及隆化县、承德县、兴隆县、滦平县、平泉市、宽城满族自治县、丰宁满族自治县、围场满族蒙古族自治县。

（一）经济总量情况

2010～2019 年，承德市 GDP 的增速整体上保持增长的态势。其 GDP 由 2010 年的 888.96 亿元增长至 2019 年的 1471 亿元。"十二五"期间增长率分别为 12.1%、10.5%、9.3%、7.8%、5.5%。"十三五"前四年增长率分别为 2.30%、7.01%、6.40%、6.50%，承德市人均 GDP 由 2010 年的 2.55 万元增长至 2019 年的 3.85 万元（见图 1）。

（二）产业结构调整

政府部门出台了《关于推动产业转型升级的决定》《拉长产业链条三年发展规划》等一系列政策措施，结构调整取得新进展。三次产业比例由 2010 年的 15.68∶51.04∶33.28 调整优化到 2019 年的 20.30∶33.20∶46.50，二产内部结构不断优化，传统优势产业加快改造升级，并加大落后产能淘汰力度。随着习近平新时代中国特色社会主义的优势显现出来，第三产业占比会继续增长，三产结构还将进一步合理优化。2010～2019 年承德市产业结构调整情况如图 2 所示。

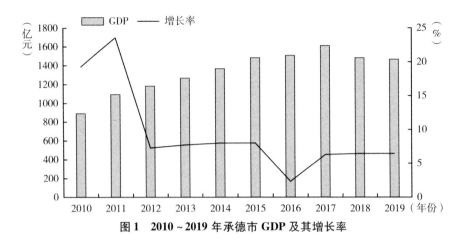

图1　2010～2019年承德市GDP及其增长率

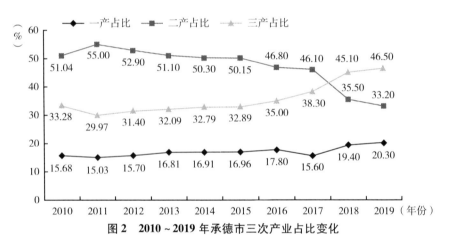

图2　2010～2019年承德市三次产业占比变化

（三）工业及主导产业发展情况

承德是典型的资源型城市，以"两黑"（黑色金属采选和压延加工）为主导产业。随着钢铁价格大幅下滑，全市经济受到巨大冲击。2003～2014年，钢铁业实现了大幅跃升，创造的利税一度占据当年财政收入的68%～76%，成为地方财政收入的支持性来源。2015年底，全市161家规上铁选企业停产91家，财政收入减少30多亿元。2015年，以"两黑"（黑色金属采选和压延加工）为主导产业的产业结构矛盾进一步凸显，这些企业生产经营普遍困难，有的已停产或半停产，企业生产、效益等指标均出现大幅下降，地方经济持续低位运行。2016 年，以"两黑"产业为主的工业结构短期内难以改变，而"两黑"产业尽管价格略有回升，但仍处于较低水平，年末"两黑"行业有所回暖。2017 年，黑色金属采选业用电量市场回升较快，代表性产品铁精粉价格大幅度回升，与 2016 年底相比，价格有较大提升。2018 年，在市场、价格、政策等多重因素影响下，主导行业用电量继续下降。黑色金属采选业和冶炼业分别同比下降 7.15% 和 7.64%，一方面产品价格的企稳回升，有助于企业生产，另一方面环保政策影响又限制了生产。2019 年，全年整点最大负荷 270 万千瓦，负荷整体趋势大幅增长，工业负荷基本持平，第三产业负荷有较大幅度增加。全社会用电量增速创 8 年新高。全社会用电量完成 188.84 亿千瓦时，近十年来各级政府对承德地区偏重的产业结构持续进行调整，二产占全社会用电量比重由 2009 年的 87.09% 调整为 2019 年的 76.71%。

（四）新兴产业发展情况

承德市摒弃资源依赖发展老路，走"加快转型、绿色发展、跨越提升"的新路，重点发展文化旅游及医疗康养、清洁能源、钒钛新材料、大数据、节能环保、活性炭及生物医药等十大绿色产业，制订产业发展倍增计划，促产业上规模、成体系。

二 本地区电力消费实绩

（一）负荷电量总量分析

2010 年以来，随着承德市经济的不断发展，承德市全社会用电量也不断增加，2010 年为 130.54 亿千瓦时，2015 年为 148.2 亿千瓦时，2019 年为 188.84 亿千瓦时，受 2015 年用电量负增长影响，"十二五"年均增速仅为 2.57%，"十三五"前四年年均增速为 5.9%（见图 3）。

承德市全社会负荷 2010 年为 1886 兆瓦，2015 年为 2061 兆瓦，2019 年为 2700 兆瓦，受 2015 年负荷负增长影响，"十二五"年均增速为 0.37%，"十三五"前四年年均增速为 4.78%（见图 4）。

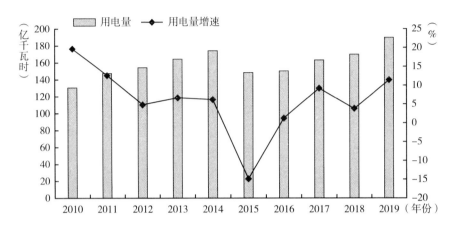

图3　2010～2019年承德市全社会用电量及其增长情况

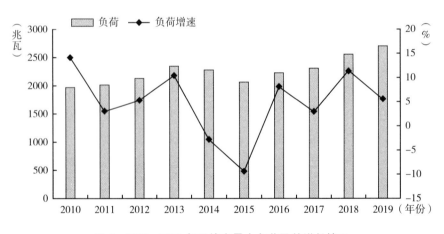

图4　2010～2019年承德市最大负荷及其增长情况

（二）用电量构成及用电需求分析

从2010年至2019年承德市全社会分产业及居民用电量构成情况分析可知，承德市的产业用电量结构有如下特点：一产、三产、居民用电量和占比基本遵循逐年增加的趋势，二产用电量呈现先降后升的趋势，占比逐年下降，主要原因是承德市在"去产能"大背景下"两黑"产业用电量下降，新兴产业在 2014 年后逐渐替代高耗能产业成为新的增长点，产业结构调整初见成效所致（见表 1）。

表 1　2010～2019 年承德市各产业用电量和居民用电量情况

单位：亿千瓦时

年份	一产	二产	三产	居民
2010	0.81	114.63	5.78	9.32
2011	0.98	128.11	7.6	10.3
2012	1.2	132.32	8.89	11.6
2013	1.41	139.68	10.5	12.42
2014	1.7	148.64	11.55	11.88
2015	2.01	120.38	12.87	12.95
2016	2.28	119.27	14.97	13.64
2017	2.74	129.92	16.76	14.58
2018	2.71	129.89	21.05	16.15
2019	3.02	144.86	23.74	17.21

2010～2019 年承德市各产业和居民用电量占比情况如表 2 所示。

表 2　2010～2019 年承德各产业用电量和居民用电量比重

单位：%

年份	一产	二产	三产	居民
2010	0.62	87.81	4.43	7.14
2011	0.67	87.16	5.17	7.01
2012	0.78	85.92	5.77	7.53
2013	0.86	85.17	6.40	7.57
2014	0.98	85.54	6.65	6.84
2015	1.36	81.22	8.68	8.74
2016	1.52	79.43	9.97	9.08
2017	1.67	79.22	10.22	8.89
2018	1.59	76.33	12.44	9.54
2019	1.6	76.71	12.57	9.11

（1）第一产业用电量在 2010～2019 年保持了较快增长，在全社会用电量中所占比重由 2010 年的 0.62% 上升至 2019 年的 1.6%。

（2）随着国家节能降耗政策的不断出台，承德市产业结构调整有序推进，不断拉长产业链条，承德市高耗能工业 GDP 能耗和规模工业单位增加值能耗近年来均有不同程度的下降。第二产业在承德市产业结构中处于主导地位，在全社会用电量中所占比重由 2010 年的 87.81% 下降至 2019 年的 76.71%，呈下跌趋势，但第二产业用电量需求仍保持高位运行。

（3）承德市积极推进以文化旅游、电子商务为主体的服务业发展，第三产业用电量保持了稳步增长的发展趋势。

（4）随着居民生活水平的不断提高，承德市居民生活用电量在全社会用电量中所占比重从 2010 年的 7.14% 增加到 2019 年的 9.11%。

在经济新常态及产业战略调整的背景下，第三产业与居民生活用电量增长速度快于二产增长速度，一方面是产业结构的调整及节能环保的要求，另一方面体现了承德主动融入京津冀协同发展。

（三）重点行业用电量分析

2010～2019 年，承德市工业占比有所减少，但仍占据主导地位。自 2012 年起，因黑色金属冶炼及压延加工等支柱产业发展方式粗放、行业结构偏重、产品附加值低、经济总量小，市场反应低迷。2014 年受国家经济结构调整和外矿价格挤压战略的影响，工业负荷下降，2015 年最为突出。从 2016 年起，以黑色金属冶炼及压延加工为代表的重点行业逐步回暖，2017～2019 年，用电量在波动中上升。承德市重点行业用电量情况如表 3 所示。

表 3　2010～2019 年承德市重点行业用电量情况

单位：亿千瓦时

年份	2010	2011	2012	2013	2014	2015	2016	2017	2018	2019
全社会用电量	130.54	146.99	154	164	173.77	148.2	150.16	163.99	169.79	188.84
工业	113.26	125.8	129.5	136.77	145.64	117.78	116.39	127.44	127.61	142.85
1. 采矿业	44.1	55.58	56.95	64.85	73.05	50.64	48.85	57.52	52.85	62.17
黑色金属矿采选业	38.78	48.06	49.47	56.23	64.15	42.42	42.01	50.38	46.74	56.06
2. 制造业	54.67	58.9	52.78	52.2	53.19	49.97	49.52	49.85	49.79	54.33

年份	2010	2011	2012	2013	2014	2015	2016	2017	2018	2019
黑色金属冶炼及压延加工	42.52	45.93	38.97	38.56	39.08	36.97	35.12	33.57	31.01	33
化学原料及化学制品制造业	2.37	0.93	0.73	0.71	0.76	0.76	0.70	0.73	0.93	0.97
非金属矿物制品业	5.71	6.68	8.3	7.85	8.13	7.62	9.13	9.75	10.78	12.13
有色金属冶炼及压延加工业	0.3	0.1	0.02	0.04	0.047	0.045	0.05	0.06	0.09	0.13
3. 电力、燃气水的生产和供应业	14.49	11.32	19.77	19.72	19.4	17.17	18.02	20.07	24.97	26.35

三 影响电力需求的主要因素分析

（一）承德市"十三五"经济发展形势

一是承德主导产业发展实际。"十三五"以来，随着"两黑"行业逐渐回暖，承德经济逐渐复苏。2016 年，以"两黑"产业为主的工业结构短期内难以改变，而"两黑"产业尽管价格略有回升，但仍处于较低水平。2017 年，黑色金属矿采选业用电市场回升较快，代表性产品铁精粉价格大幅度回升。2018 年，在市场、价格、政策等多重因素影响下，主导行业用电量下降。黑色金属采选业和冶炼业分别同比下降 7.15% 和 7.64%。2019 年，矿产等主导行业保持高增长。

（二）承德典型企业用电量情况分析

承德市钢铁、水泥产业为承德市工业的支柱产业，承德市直供大用户钢铁、水泥产业负荷约占全市总负荷的 23%。钢铁行业用电量约占全社会用电量的 50%。"十三五"期间，各企业重点工作为产业设备升级，负荷将稳步增长，至"十三五"中期，负荷增长情况如图 5 所示。

承钢集团，以钢铁冶炼及压延为主。未来三年，新上炼铁系统的脱硫脱硝、一套球团及一台鼓风机，负荷增加约 8 万千瓦。

图5 钢铁行业用电量占全社会用电量百分比

营子建龙，2020年市场升级，增加1000立方米转炉、215立方米烧解、1200立方米高炉，负荷预计增加10万千瓦。2022年负荷增加约6万千瓦。

滦平建龙，以选矿、采矿为主，球磨和破碎2万~3万千瓦，负荷无增长。

宽城天宝铁泰，以选矿、采矿为主，负荷约7万千瓦，预计至2022年新增二级、三级泵站，新增负荷约3.5万千瓦。

宽城京城矿业，以选矿、采矿为主，负荷约12万千瓦，预计至2023年新增皮带廊、5000万吨破碎机等项目，新增负荷约7万千瓦。

宽城新建前庄矿业，预计新增负荷约1.8万千瓦。

2020年底，宽城盛丰、兆丰因淘汰落后产能，负荷分别降低5万千瓦、4.5万千瓦。

综上所述，预计2020年直供大用户新增负荷约4万千瓦。至2023年直供大用户新增负荷约26.8万千瓦。

（三）产业园区电力需求分析

承德市现有国家级产业园区1家、省级产业园区9家，在承德市政府"十三五"规划纲要中明确指出，构建以承德国家级高新区为核心，以省级开发区为重点，以各县经济开发区及特色园区为支撑的产业发展平台，增强配套功能，提高经济产业转移和科技成果转化的承载能力。

1. 2019年高新区电量负荷概况

2019年，承德高新区用电量3.47亿千瓦时，最高负荷78.33兆瓦。随着高新区的开发建设，大数据中心及上板城工业用户入驻投产。其中，预测高新区 2021 年用电量为 8.81 亿千瓦时左右，最大负荷利用小时数 4570 小时左右；2025 年用电量为 15.88 亿千瓦时左右，最大负荷利用小时数 5181 小时。

2. 省级经济开发区规划指引与电力需求

根据河北省人民政府关于承德市开发区优化整合方案的批复，承德地区省级园区为 9 个（含 14 个产业园），并实施一区多园的管辖机制，预计至"十四五"末负荷共 90 万千瓦，新增负荷约 50 万千瓦（见表 4）。

（四）承德电采暖对电力需求影响

2018 年以来，承德市积极推动工业企业对燃煤设施进行清洁能源改造，提高清洁能源利用比例。重点推广电炉、电加热替代燃煤燃油等电能替代技术，积极推广家庭电气化，倡导"零排放"家庭生活，推动建设大型电能替代示范工程。

虽然政府未主导电采暖工作，无大面积集中改造，但承德区域面积较大，地区改造用户以散户为主，新建、改造电采暖数量较为可观，若考虑同时率等因素，对承德市总体负荷较为明显。

四　分布式电源对负荷影响

（一）分布式电源基本情况

近年来，承德电网分布式电源装机始终保持高速增长的态势，截至 2020 年 5 月，分布式电源共 17913 户，总装机 601.72 兆瓦。其中，光伏 17890 座，装机 494.72 兆瓦，占比 82%（见图 6）。

（二）分布式电源基本情况

分布式电源体量不断增大，带来的无功分布不合理、电压波动、局部电压值超标、谐波超标、影响负荷预测指标等一系列问题越发凸显。隆化、丰宁、平泉、围场、承德分布式电源接入量均超过 60 兆瓦，占最大负荷比重均超过 30%，其中围场县、丰宁县超过 70%，隆化县达到 100%。老窝铺、白虎沟、茅兰沟等十余个分布式电源集中接入区域，电网承载力明显不足。

表 4 园区负荷预测情况

序号	园区名称	园区级别	园区产业定位	园区内企业数量（家）	总规划面积（平方公里）	已建成面积（平方公里）	2018年最大负荷（兆瓦）	预计终期负荷（兆瓦）(2025年)	周边变电站
		园区基本概况						园区负荷	
1	河北承德双滦经济开发区	省级	钒钛、物流、旅游	506	36.37	23	5.02	120	220千伏承钢变电站、110千伏西地变电站
2	河北承德县高新技术产业开发区（一区两园）	省级	文化旅游康养、大数据电子信息、特色装备制造	269	137.56	22.9	14.1	80	35千伏城西变电站
3	河北高滦平新技术产业经济开发区（一区两园）	省级	高新技术产业和矿产资源综合利用产业	24	24.77	1.6	180.85	220	110千伏张百湾、屯南变电站、35千伏张东、城东变电站
4	河北兴隆经济开发区	省级	重点发展食品加工、生物制药、精细化工、新型建材、现代物流六大主导产业	61	22	2.6	25.88	50	110千伏兴隆变电站、35千伏城东、城南变电站
5	河北平泉经济开发区（一区两园）	省级	加工制造业、循环经济、新型建材、清洁能源	201	35.88	17.7	182.66	240	110千伏辽河、兴泉变电站、35千伏沙坨子、杨树岭变电站

续表

| 序号 | 园区基本概况 | | | | | | 园区负荷 | | |
	园区名称	园区级别	园区产业定位	园区内企业数量（家）	总规划面积（平方公里）	已建成面积（平方公里）	2018年最大负荷（兆瓦）	预计终期负荷（兆瓦）（2025年）	周边变电站
6	河北隆化经济开发区	省级	汽配、食品、装备制造、建材、创业园	22	10.31	3.12	2.1	40	110千伏苔山变电站 35千伏蓝旗、四道营变电站
7	河北丰宁经济开发区（一区两园）	省级	先进装备制造、绿色有机食品加工、科技创新	16	11.36	7	2.2	40	110千伏丰宁、滨河变电站
8	河北宽城经济开发区	省级	新型材料、钢铁产业	20	23.98	7.5	9.9	55	220千伏瀑河、都山变电站
9	河北围场经济开发区	省级	家居装饰材料、大宗建材、矿山机械配件、机电产品、再生资源回收利用、汽车贸易、物流交易配送等	66	37.85	2.35	3.2	58	110千伏四合水、围场变电站

147

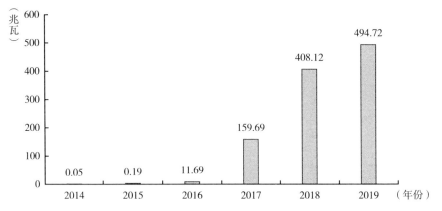

图6 2014～2019年分布式光伏装机增长

通过年度运行方式分析，多个县负荷曲线呈现出较为明显"鸭嘴曲线"形态。与阴天（光伏不发电）时对比，丰宁县最大相差32兆瓦，承德县最大相差34兆瓦，与阴天实时负荷相比，负荷波动均超过30%。

（三）分布式光伏对负荷统计和预测的影响分析

截至2019年底，低压接入的分布式电源占比超过84.8%，但运行信息无法实时获取，导致负荷曲线无法剔除低压分布式电源发电影响，造成负荷统计和预测结果偏差较大。

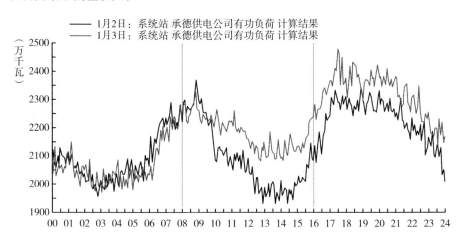

图7 2019年1月份承德地区不同天气情况下的负荷曲线对比

从图7可以看出,中午分布式电源大出力时段,晴天与阴天相比负荷曲线相差超过15万千瓦,占全区最大负荷的5.6%。

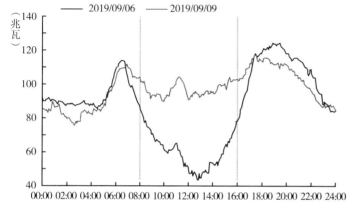

今日
最大 125.57
时间 2019/09/06 19:02
最小 41.25
时间 2019/09/06 12:47
积分 2096.86
历史
最大 118.29
时间 2019/09/09 17:23
最小 76.76
时间 2019/09/09 02:34
积分 2332.08

图8 丰宁县阴、晴天气负荷曲线对比

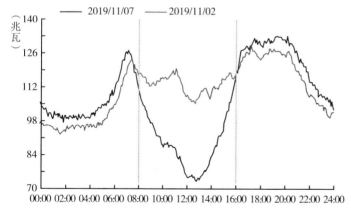

今日
最大 133.93
时间 2019/11/07 19:34
最小 72.67
时间 2019/11/07 13:05
积分 2551.59
历史
最大 128.61
时间 2019/11/02 19:25
最小 92.19
时间 2019/11/02 01:34
积分 2664.88

图9 承德县阴、晴天气负荷曲线对比

从图8、图9可以看出,晴天时在中午时段曲线出现低谷,"鸭嘴曲线"形态较为明显。与阴天(光伏不发电)曲线对比,丰宁县最大相差32兆瓦,承德县最大相差34兆瓦,阴天实时负荷占比均超过30%。

五　"十四五"电力需求预测

（一）"十四五"经济社会发展预测

承德市社会经济发展规划如表5所示。

表5　承德市社会经济发展主要指标

类别		2010年	2015年	2020年	2025年	"十二五"年均增长率（%）	"十四五"年均增长率（%）	2020～2025年年均增长率（%）
人口总量（万人）		373	385	383	390	0.64	-0.10	0.36
经济总量	地区生产总值（亿元）	888.96	1358.6	2000	2700	7.50	8.04	6.19
	第一产业（亿元）	139.41	235.6	200	243	11.07	-3.22	3.97
	第二产业（亿元）	453.70	636.4	880	1134	7.00	6.70	5.20
	第三产业（亿元）	295.85	486.6	920	1323	10.46	13.59	7.54
产业结构	地区生产总值（%）	100	100	100	100	—	—	—
	第一产业（%）	15.7	17.3	10	9	—	—	—
	第二产业（%）	51	46.9	44	42	—	—	—
	第三产业（%）	33.3	35.8	46	49	—	—	—

（二）电力需求总量预测

1. 人均电量法

承德市历史年人均用电量情况如表6所示。

表6　承德市历史年人均用电量情况

项目＼年份	2010	2011	2012	2013	2014	2015	2016	2017	2018	2019
用电量（亿千瓦时）	130.54	146.99	154	164.01	173.77	148.2	150.16	163.99	169.79	188.84
人口（万人）	372.9567	374.31	376.92	378.15	380.74	382.35	383.3	380.2	381.1	382.5
人均用电量（千瓦时）	3500.14	3926.96	4085.71	4337.12	4564.01	3876.03	3917.56	4289.47	4435.69	4937

从历史年数据中可以看出，2010~2014年承德市人均用电量年均增速为6.86%，2015~2019年增长率为4.96%。随着我国经济步入优质高效的发展阶段，增长率会进一步降低。预计"十四五"期间人均用电量年均增长率将为4.1%。

根据上述分析，2020年和2025年承德市电力需求预测结果分别为197亿千瓦时和242亿千瓦时，具体情况如表7所示。

表7 承德市电量需求预测（人均电量法）

项目 \ 年份	2019	2020	2021	2022	2023	2024	2025
用电量（亿千瓦时）	188.84	197	205	213	222	232	242
人口（万人）	382.5	383.3	383.5	383.9	384.2	384.6	385
人均用电量（千瓦时）	4937	5139	5350	5569	5797	6035	6283

2. 电力弹性系数法

"十二五"期间，承德地区调整产业结构，大力化解过剩产能，推动交通、服务、生态等重点领域的发展，使得2011~2019年的电力弹性系数波动较大。用电量增长率与生产总值增长不是非常贴切，但仍是比较可靠的方法（见表8）。

表8 承德2011~2019年电力弹性系数

项目 \ 年份	2011年	2012	2013	2014	2015	2016	2017	2018	2019
全社会用电量（亿千瓦时）	146.99	154	164.01	173.77	148.2	150	163.99	169.79	188.84
增长率（%）	12.60	4.76	6.5	5.95	-14.71	1.21	9.1	3.75	11.2
地区生产总值（亿元）	1100.8	1181	1272.09	1367.5	1477.03	1511	1618.12	1481.51	1471
增长率（%）	12.1	10.5	9.3	7.8	5.5	2.3	7.01	6.4	6.5
电力弹性系数	1.04	0.45	0.69	0.76	2.67	0.53	1.29	0.59	1.72

预测2020~2025年的全社会用电量，如表9所示。

表9　承德2020～2025年全社会用电量预测

年份 项目	2020	2021	2022	2023	2024	2025
地区生产总值(亿元)	1522	1575	1630	1688	1747	1808
增长率(%)	3.5	3.5	3.5	3.5	3.5	3.5
全社会用电量 (亿千瓦时)	181.25	184.65	189.71	195.68	201.26	210.8
增长率(%)	3.12	3.1	3.11	3.15	3.28	3.5
电力弹性系数	0.89	0.88	0.89	0.9	0.98	1

3. 自然增长率 + 大用户法

根据承德市经济发展规划和报装大用户情况，预计"十四五"期间拟新建大用户用电负荷情况为：2020年新增90兆瓦，2021年新增70兆瓦，2022年新增80兆瓦，2023年新增90兆瓦，2024年新增90兆瓦，2025年新增120兆瓦。

根据历年承德市用电量情况，可以得出2010～2014年，承德市用电量增长率为5.09%；2015～2019年增长率为4.96%。综合考虑承德实际情况，预计"十四五"自然用电量增速为5.5%。自然增长率 + 大用户法预测结果如表10所示。

表10　自然增长率 + 大用户法预测结果

项目	2020年	2021年	2022年	2023年	2024年	2025年	"十四五"增长率(%)
大用户合计用电量 (亿千瓦时)	7.12	5.6	6.4	7.2	7.2	9.6	—
自然用电量 (亿千瓦时)	199	210	221	233	246	260	5.50
全社会用电量 (亿千瓦时)	206.12	215	227	240	253	269	4.58

三种预测方法的结果如表11所示。

表 11   承德市中长期用电量需求预测结果汇总

单位：亿千瓦时，%

项目	2019 年	2020 年	2021 年	2022 年	2023 年	2024 年	2025 年	"十四五"增长率
电力弹性系数法	—	181.25	184.65	189.71	195.68	201.26	210.8	2.68
人均电量法	188.84	197	205	213	222	232	242	3.37
自然增长率＋大用户法	—	206.12	215	227	240	253	269	4.58

按照经济社会产业发展特点，选择合理预测值，预测最终结果如表 12 所示。

表 12   承德市中长期用电量需求预测结果

单位：亿千瓦时，%

项目	2019 年	2020 年	2021 年	2022 年	2023 年	2024 年	2025 年	"十四五"增长率
人均电量法	188.84	197	205	213	222	232	242	3.37

（三）最大负荷预测

1. 结合旅游负荷的大户法

承德的旅游负荷季节性明显。根据一、二季度负荷差值情况可以得出各年旅游负荷增长情况。

承德近两年的最大负荷均出现于 8 月初期，该时期工业、农业等行业负荷平稳运行，无大规模波动，但该时间为旅游人口全年最多的月份，高温闷湿天气共同造就了夏季尖峰负荷的发生。根据承德市夏季旅游业发达的地区特点，本预测方法在分析全市用电大户的电量增长形势的基础上，结合每年旅游人口、气候与负荷增长的相关系数，对预测结果进行修正（见表 13）。

据市旅游部门提供数据，2019 年接待境内外游客 8271.09 万人次，比上年增长 18%；实现旅游收入 1055.67 亿元，同比增长 22%。

表 13　承德市历年旅游人数以及旅游负荷

项 目 ＼ 年 份	2011	2012	2013	2014	2015	2016	2017	2018
国内游客（万人次）	3601.2	3670.2	3898.5	5006.8	4468.5	5263.7	6612.5	6972.6
海外游客（万人次）	30.81	28.64	30.91	35.67	32.88	29.31	30.21	36.80
旅游总收入（亿元）	189.8	266.35	297.6	389.65	457.18	588.23	756.31	856.31
旅游负荷（兆瓦）	128.2	139.67	192.3	236.1	285.18	313.51	497.68	558.12

　　随着承赤高速、京沈高铁的开通，冀北辽西各个旅游独立单元间的行程大大缩短，旅游区域化水平不断提升，因此承德旅游人数增速将增长。随着坝上草原、避暑山庄、塞罕坝林场等旅游热点资源建设的不断完善，未来几年旅游负荷将大幅增长。未来大客户负荷将会趋于平稳，不会波动明显，尤其是在旅游旺季，所以考虑不多。结合承德大户用电量增长以及旅游负荷增长情况，预测承德市 2019～2025 年全社会用电量如表 14 所示。

表 14　承德市结合旅游大户法负荷预测

项 目 ＼ 年 份	2019	2020	2021	2022	2023	2024	2025
旅游人口（万人次）	7236.65	7112	7230	7320	7390	7420	7520
旅游负荷（兆瓦）	567.1	560	689	719	734	765	790
全部负荷（兆瓦）	2739.01	2750	2900	2920	2980	3020	3100

2. 最大负荷利用小时数法

　　根据历史数据，可以得出历史年 T_{max}（最大负荷利用小时数）曲线。2012年"两黑"产业受政策调控影响较小，T_{max} 出现最大值 7812 小时。2013 年经济形势稳定，夏季高温天气出现较高负荷，T_{max} 值下降。2014 年经济下行压力加大，受黑色金属采选业和冶延业降温的直接影响，加上 APEC 会议的召开，全年最大负荷为 2300 兆瓦，T_{max} 出现小幅上涨至 7555 小时。2017 年、2018 年随着新兴产业的发展和钢铁行业复苏，全社会用电量、最大负荷均呈现上涨态势，2018 年 T_{max} 为 6995 小时。2019 年 T_{max} 为 6886 小时。受"去产能"和第二产业、第三产业结构调整等多种因素的影响，预计"十三五"后期和"十四五"期间承德二产增速放缓，三产用电量增速较快，受三产用电量特性影响，预计"十四五"期间 T_{max} 将逐步降低。

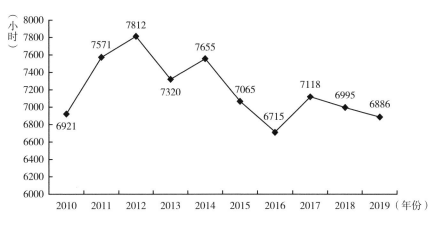

图 10 承德市历年 T_{max} 变化曲线

结合以上全社会用电量、全社会 T_{max} 预测结果，计算得到"十三五""十四五"期间承德全社会负荷，具体结果如表 15 所示。

表 15 最大负荷利用小时数法负荷预测结果

年 份 项 目	2019	2020	2021	2022	2023	2024	2025
用电量（亿千瓦时）	173	197	205	213	222	232	242
T_{max}（小时）	6886	6850	6810	6770	6720	6640	6540
最大负荷（兆瓦）	2739.01	2870	3010	3146	3300	3500	3700

3. 平均增长率法

2010～2018 年承德市全社会最大负荷实际值和增长率如表 16 所示。

表 16 2010～2018 年承德全社会负荷情况

单位：兆瓦，%

年份	2010	2011	2012	2013	2014	2015
最大负荷	1886	1941.45	1971.26	2240.26	2300	2097.64

年份	2016	2017	2018	2019	2010～2014 年增长率	2015～2018 年增长率
最大负荷	2236.29	2303.61	2564.18	2730	5.09	9.62

综合考虑承德实际情况，预计"十三五"末期"两黑"产业小规模复苏将进一步拉升承德负荷增长率，但其他因素和售电量预期不容乐观，加上负荷波动较大，负荷增长率预计将高于 2010～2014 年，低于 2015～2019 年，全社会负荷增长率取 5.8%，预测 2019～2025 年承德市全社会负荷增速为 6.1%，预测数值如表 17 所示。

表 17　平均增长率法负荷预测结果

单位：兆瓦

年份	2019	2020	2021	2022	2023	2024	2025
最大负荷	2730	2920	3060	3250	3440	3650	3900

4. 全市负荷预测结果

三种负荷预测方法的结果如表 18 所示。

表 18　承德市中长期负荷需求预测结果汇总

单位：兆瓦，%

预测方法	2019 年	2020 年	2021 年	2022 年	2023 年	2024 年	2025 年	"十四五"年均增长率
结合旅游负荷的大户法	2739.01	2750	2900	2920	2980	3020	3100	2.40
最大负荷利用小时数法	2739.01	2870	3010	3146	3300	3500	3700	5.20
平均增长率法	2730	2920	3060	3250	3440	3650	3900	5.90

汇总上述三种方法，取居中的最大负荷利用小时数法的预测结果（见表 19）。

表 19　承德市中长期负荷需求预测结果

单位：兆瓦，%

预测方法	2019 年	2020 年	2021 年	2022 年	2023 年	2024 年	2025 年	"十四五"年均增长率
最大负荷利用小时数法	2739.01	2870	3010	3146	3300	3500	3700	5.20

六　结论及建议

本次研究承德市中长期负荷、用电量情况，得出以下结论：2025 年全社会用电量为 242 亿千瓦时，最大负荷为 3700 兆瓦。

目前，承德地区由于经济结构较单一，并处于经济转型的初级发展阶段，且有波折反复，全社会用电量以第二产业用电量为主，第一产业用电量占比有所增加，但仍较小，第三产业用电量增长迅速。近期负荷预测需要比较准确的经济趋势预测作为分析基础。同时，需要掌握政策方向，把握世界经济趋势，尤其铁矿石价格以及钢铁价格作为影响承德经济的重要因素必须特别关注。对于远期负荷预测，在近期的基础上还应重点关注承德市钒钛、活性炭、大数据、电能替代等产业对电网产生的影响。

参考文献

河北省人民政府：《河北省国民经济与社会发展第十三个五年规划纲要》，2016。
承德市人民政府：《承德市国民经济与社会发展第十三个五年规划纲要》，2016。
国家电网公司：《110 千伏及以下配电网规划技术指导原则（2016 年版）》，2016。
国家电网公司：《城市电力规划规范》，2014。
国家电网公司：《城市配电网规划设计规范》，2010。
国家电网公司：《配电网建设改造行动计划》（国家电网发展〔2015〕2013 号），2015。

邯郸市"十三五"电力需求分析与"十四五"电力需求预测报告

杨 娜 李学军 冯胜涛 张 彬 王少敏*

摘 要: 电力需求预测是电力系统规划的重要组成部分，也是电力系统经济运行的基础，其对电力系统规划和运行都极其重要。随着我国市场经济及电力工业的快速发展，电力需求的影响因素呈现社会化、复杂化特点。通过对不同区域、不同产业的经济发展状况和电力需求相关性进行分析，能够合理进行区域电力需求预测。本文主要对邯郸"十三五"期间国民经济发展、产业结构调整情况，尤其是邯郸主导产业和新兴产业发展状况进行分析，结合邯郸重点产业电力消费现状，对邯郸"十四五"经济形势及电力需求进行研究预测，以期为邯郸电网规划和经济运行提供参考。

关键词: 邯郸市 电力需求 电力消费

一 地区经济发展情况

邯郸是国家历史文化名城，有3100年的建城史，位于河北省最南部，西依

* 杨娜，国网邯郸供电公司副高级工程师，工学学士，研究方向为电力市场需求分析、电网规划；李学军，国网邯郸供电公司副高级工程师，工学学士，研究方向为电力市场需求分析、电网规划；冯胜涛，国网邯郸供电公司副高级工程师，工学学士，研究方向为电力市场需求分析、电网规划；张彬，国网邯郸供电公司副高级工程师，工学硕士，研究方向为电网规划和新能源规划；王少敏，国网邯郸供电公司副高级工程师，工程硕士，研究方向为电网规划、配电网项目评审。

太行山脉，东接华北平原，是晋冀鲁豫四省要冲和中原经济区腹心、华北地区重要的交通枢纽，京广铁路、京广高铁纵贯南北，邯长铁路、邯济铁路横跨东西，京深高速公路、大广高速公路、太行山高速公路贯穿南北，青兰高速公路、邯大高速公路横跨东西，邯郸机场是国家重点发展的支线机场。

邯郸自然条件优越。西部蕴藏着丰富的矿产资源，已探明金属和非金属矿产达 40 余种，以铁矿、煤矿、石灰岩和铝土矿为主，是中国著名的焦煤和高品位铁矿石产区之一。东部平原土地肥沃，有"冀南粮仓、棉海"之称。

旅游资源也极其丰富，现有名胜古迹 500 多处，主要古迹和游览景点有武灵丛台、黄梁梦吕仙祠、娲皇宫以及响堂山石窟等，还有长寿村、京娘湖、武当山等民俗风景区。

全市总面积 12065 平方公里，2019 年末全市总人口 955 万，现辖 6 个区、11 个县，代管 1 个县级市。

（一）经济总量情况

在四省交界区域，邯郸地处中心位置，辖区面积、人口规模、矿产资源、经济总量等均居前列，工业基础雄厚。邯郸地区 GDP 由 2010 年的 2361.56 亿元增长至 2019 年的 3486 亿元，年均增长率达到 4.42%（见图 1）。2019 年人均 GDP 实现 3.82 万元。

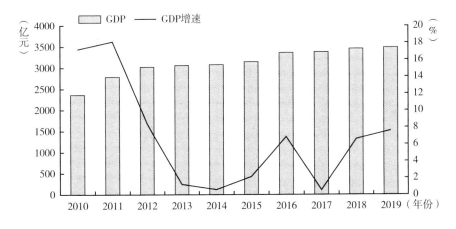

图 1　2010～2019 年邯郸市 GDP 及其增长情况

（二）产业结构调整

近年来，邯郸大力实施创新驱动发展战略，深入推进供给侧结构性改革，重点围绕传统产业转型、战略性新兴产业培育、现代服务业发展大力攻坚，抓调整、优结构、促转型，全市产业结构调整和转型升级取得初步成效。一是从产业结构看，2010～2019年，三次产业占比由2010年的13∶54∶33调整至2019年的10∶45∶46，第一产业占比稳中略有下降，第二产业向第三产业新动能转换趋势明显，产业结构进一步优化（见图2）。二是从工业结构看，轻重工业比已从"十一五"时期7.3∶92.7调整为25∶75，重工业下降了17.7个百分点。四大支柱产业由过去的钢铁、煤炭、建材、电力"老四样"变成了钢铁、装备制造、食品工业、煤炭、纺织服装"新五强"。三是从三大需求看，投资对经济增长拉动由60%左右下降为50%左右，消费对经济增长的拉动由34%上升到46%以上。四是从能源消耗看，单位GDP电耗由2010年的1391千瓦时下降到2019年的1227千瓦时。

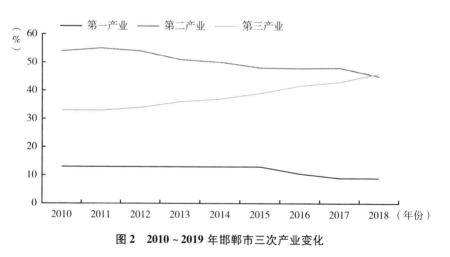

图2　2010～2019年邯郸市三次产业变化

（三）工业及主导产业发展情况

近年来，邯郸大力改造提升传统产业。一是化解过剩产能。多措并举加快磁县六合煤矿、永年焦窑煤矿等8座煤矿关闭退出，大唐马头电厂、峰峰集团孙庄矸石电厂等11台机组关闭退出，实现压减煤炭产能627万吨，火电机组容量 30.7 万千瓦。二是优化产业布局。按照"3 + 3"钢铁产业规划要求，大力推进减量重组项目，力争太行钢铁、冀南钢铁尽快完成省级项目备案，实现开工建设。持续推动主城区重污染企业搬迁改造，确保邯钢老区涉县搬迁改造项目开工建设，国电邯郸热电厂搬迁总体方案及前期手续办理取得突破。三是实施改造升级。围绕提档升级，针对邯钢、新兴能源装备、美的电器、峰峰集团等重点企业，开展服务化示范企业培育计划，实施创新提升专项行动，明确具体路线图，向中高端跃升、向下游产业延伸、向新材料产业和精加工领域进军。

（四）新兴产业发展情况

2010～2019 年，邯郸强化转型发展新兴产业，加快推进产业升级。以提质增效为中心，以低碳、智能、融合为方向，抓好去产能、去库存、去杠杆、降成本、补短板五大任务，打造精品钢材、先进装备制造、食品工业、节能环保产业、新能源汽车五大产业基地，壮大现代煤化工、新材料、生物三大特色产业，打造全国重要的先进制造业基地；打造现代物流、商贸服务、商务会展、健康养老四大标志性服务业，培育壮大科技服务、金融服务、信息服务、创意设计四大引领型服务业，培育壮大电子商务、总部经济、服务外包三大新兴业态，建设现代服务业区域中心城市；实施现代农业园区创建、种植核心产业带建设、特色农产品基地培育、畜牧产业链打造四大工程，建设现代农业强市。

二 本地区电力消费实绩

（一）负荷电量总量分析

2010～2013 年受经济形势向好影响，邯郸全社会用电量稳步增长；2014～2016 年，受河北省加大节能减排和大气污染治理力度，邯郸市主导行业普遍产能过剩，产品附加值较低等因素影响，部分"三高"企业退出，钢铁、建材等行业企业部分关停，长期以来作为拉动电力需求增长主要因素的钢铁、建材、煤炭行业发展形势严峻，造成全社会用电量出现负增长；

2016～2019 年，邯郸经济形势稳中向好，全社会电力需求稳步增长。

邯郸全社会用电量从 2010 年的 328.52 亿千瓦时增长到 2019 年的 427.61 亿千瓦时，年均增速为 2.97%。2019 年全社会用电量同比增长 5.05%（见图3）。

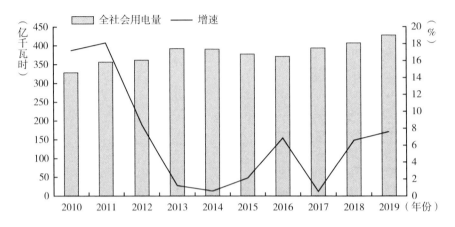

图 3　2010～2019 年邯郸市全社会用电量及其增长情况

邯郸全社会用电负荷从 2010 年的 4763 兆瓦增长到 2019 年的 7100.3 兆瓦，年均增速为 4.54%，2019 年全社会用电负荷同比增长 3.88%（见图4）。

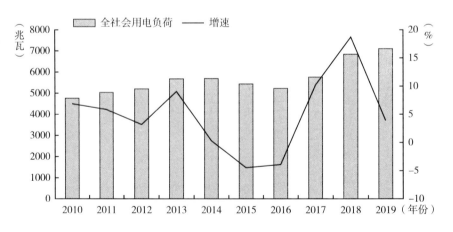

图 4　2010～2019 年邯郸市全社会用电负荷及其增长情况

（二）用电量构成及用电需求分析

2010～2019 年，邯郸产业结构继续优化，在全面改造传统产业、加快培育新兴产业的同时，坚决化解过剩产能，加快传统动能提升和千亿元产业新动能培育，发挥项目建设稳增长的关键作用。

邯郸第一产业用电量由 2010 年的 18.98 亿千瓦时下降到 2019 年的 3.14 亿千瓦时，年均增速为 - 18.13%；第二产业用电量由 2010 年的 262.78 亿千瓦时增长到 2019 年的 302.53 亿千瓦时，年均增速为 1.58%；第三产业用电量由 2010 年的 11.65 亿千瓦时增长到 2019 年的 62.13 亿千瓦时，年均增速为 20.44%；居民生活用电量由 2010 年的 35.11 亿千瓦时增长到 2019 年的 59.82 亿千瓦时，年均增速为 6.1%（见表1）。

分产业来看，2010～2019 年邯郸第一产业、第二产业、第三产业和居民生活用电量占比由 6∶80∶4∶11 转变为 1∶71∶15∶14。一产用电量占比较小，对全社会用电量增速影响较小；二产用电量占比过半，用电量增速呈下降趋势；三产和居民生活用电量占比整体呈上升趋势，用电量占比和增速呈"双升"趋势。2010～2019 年邯郸市各产业和居民用电量占比情况如表 2 所示。

表 1 2010～2019 年邯郸市各产业和居民用电量情况

单位：亿千瓦时

年份	一产	二产	三产	居民
2010	18.98	262.78	11.65	35.11
2011	19.18	284.17	13.68	39.6
2012	13.82	287.27	18.56	42.07
2013	9.73	315.95	25.16	41.58
2014	9.07	312.6	27.69	41.14
2015	11.02	292.31	30.97	43.32
2016	11.05	282.82	33.71	43.49
2017	2.72	295.41	47.39	47.85
2018	3.69	295.66	53.08	54.61
2019	3.14	302.53	62.13	59.82

表2 2010～2019年邯郸市各产业和居民用电量比重

单位：%

年份	一产	二产	三产	居民
2010	6	80	4	11
2011	5	80	4	11
2012	4	79	5	12
2013	2	81	6	11
2014	2	80	7	11
2015	3	77	8	11
2016	3	76	9	12
2017	1	75	12	12
2018	1	73	13	13
2019	1	71	15	14

受土地墒情、邯郸地下水超采综合治理项目实施等因素影响，第一产业用电量呈现下降趋势。

邯郸坚持"有中生新""无中生有"，调整优化结构，力促工业转型升级，第二产业用电量在我国经济发展新常态下，受供给侧结构性改革和大气污染防治因素影响，钢铁行业去产能、去库存效果明显，水泥行业错峰停窑时间的拉长和范围的扩大，造成邯郸传统支柱性产业主要产品单位产值电耗总体上呈先降后升、日益平稳的趋势；同时新材料和先进装备制造产业等新兴产业用电量逐年上涨。

得益于邯郸高速铁路运营班次增多，主城区公交全部实现电动化，娲皇宫、广府古城5A级景区、京娘湖、武安太行奇峡谷等邯郸西部旅游景区发展，城镇化建设进程加快，"夜经济"发展迅速；同时河北省多次下调大工业和工商企业及其他用电价格，降低工商业企业经营成本，带动邯郸第三产业用电量增长迅速。

受城镇化进程加快、居民收入与生活水平提高、房地产销售市场扩张、"煤改电"项目实施等因素影响，居民夏季降温与冬季采暖用电量需求持续增长，拉动居民用电量快速增长。

（三）重点行业用电量分析

2010～2019年，邯郸工业用电量占全社会用电量的70%～80%。受产业结构调整等因素影响，2015 年至今，工业用电量呈逐年下降趋势。邯郸用电量最大的 5 个行业分别为黑色金属冶炼及压延加工业、非金属矿物制品业、煤炭开采和洗选业、纺织业、金属制品业。

黑色金属冶炼及压延加工业用电量从 2010 年的 163.18 亿千瓦时下降到 2019 年的 140.76 亿千瓦时，年均增长率 -1.6%。主要是近年来邯郸钢铁企业受行业产能过剩、市场需求不足影响，生产订单减少，产品价格持续下滑，迫使部分企业减产或退出。同时，武安钢铁企业"退城进园"项目正在建设，钢铁行业发展形势严峻。

非金属矿物制品业用电量从 2010 年的 11.22 亿千瓦时增长到 2019 年的 20.24 亿千瓦时，年均增长率 6.8%。主要受到国内宏观经济形势的影响，作为房地产子行业必需品的非金属制品业发展较好，"十三五"以来企业利润日趋稳定。

煤炭开采和洗选业用电量从 2010 年的 13.58 亿千瓦时下降到 2019 年的 6.31 亿千瓦时，年均增长率 -8.2%，受主要煤炭企业（如冀中能源集团）积极推广降本增效等产业升级项目影响，该行业用电量下降。

纺织业用电量从 2010 年的 6.12 亿千瓦时下降到 2019 年的 5.91 亿千瓦时，年均增长率 -0.4%。主要是受外需不振、内需趋缓、产销增速持续放缓、生产要素价格持续上涨等诸多因素影响。

金属制品业用电量从 2010 年的 2.38 亿千瓦时增长到 2019 年的 28.22 亿千瓦时，年均增长率 31.6%。在工农业稳定发展、城市化进程持续推进的情况下，金属制品需求不断增长，带动了金属制品行业不断发展壮大，拉动该行业用电量迅速增长（见表 3）。

表 3 2010~2019 年邯郸市重点行业用电情况

单位：亿千瓦时

年份	2010	2011	2012	2013	2014	2015	2016	2017	2018	2019
全社会用电量	328.52	356.63	361.72	392.42	390.51	377.62	371.07	393.37	407.04	427.61
工业	261.69	282.37	284.44	312.94	309.67	289.66	280.18	292.30	292.32	298.37
1. 采矿业	19.55	21.51	23.29	24.12	25.59	23.63	22.06	21.21	20.04	20.22
煤炭开采和洗选业	13.58	14.92	16.42	14.86	16.80	16.94	15.76	14.92	6.60	6.31

年份	2010	2011	2012	2013	2014	2015	2016	2017	2018	2019
2. 制造业	195.83	213.08	211.24	235.66	231.09	213.94	204.21	218.16	219.50	226.66
黑色金属冶炼及压延加工业	163.18	175.12	166.61	179.19	167.30	152.83	138.87	144.43	141.07	140.76
金属制品业	2.38	3.55	6.46	14.44	16.52	14.09	14.60	18.25	24.89	28.22
非金属矿物制品业	11.22	13.12	13.69	16.69	20.23	18.11	19.16	20.18	19.70	20.24
纺织业	6.12	6.78	6.22	4.95	4.64	4.20	4.37	5.05	5.67	5.91
3. 电力、燃气水的生产和供应业	46.31	47.78	49.91	53.16	52.99	52.09	53.91	52.93	52.78	51.49

三　影响电力需求的主要因素分析

（一）邯郸市"十三五"经济发展形势

"十三五"期间，邯郸坚持摆脱资源依赖和化解产能过剩并举、改造传统产业和壮大新兴产业同步，夯实工业强市支撑。精品钢材，重点发展用于轻轨、重轨的合金钢、优特钢、不锈钢，用于汽车、船舶、桥梁的中厚板、涂层板、高强板，加快太行钢铁、冀南钢铁、新金钢铁、文安钢铁、永洋特钢、宝信钢铁等企业整合重组、退城进园、转型升级进程，确保精品钢材产值达到1200亿元。装备制造，重点发展成套整机装备，打造专用汽车、棉机、纺机、煤机、农机、家电等产业基地。推进宗申－白俄罗斯大型农机、新兴能源装备工业园、中韩凯特农机产业园、广通新能源汽车、魏县台资装备制造产业园、冠雄数控机床等项目建设，打造超千亿元产业。食品加工，重点发展粮油、果蔬、肉类、乳制品、生物质等精深加工产业，重点建设大名京府工业园、马大姐食品工业园、五粮液北方灌装基地、经济技术开发区大健康园区、馆陶蛋鸡产业园等示范园区，壮大晨光色素、五得利面粉、丛台酒业等超百家龙头企业，打造千亿元产业。节能环保，重点发展节能材料、环保装备、固废循环利用等产业，重点推进邯郸节能环保产业园、精密制造产业园、河北桑德循环经济产业园、天津正东新材料产业园、邯郸聚力环保产业园等节能环保产业园区和基地建设，实现产值超千亿元。新能源汽车，重点发展动力电池、纯电动城市客车和乘用车、清洁能源轻重卡和工程机械、工矿系列和多用途场地专用电动车，实现清洁能源汽车产业化，产值突破千亿元。同时，大力发展现代煤化工，积极推动煤炭企业以煤的高效、清洁利用为主攻方向，实现煤制油、煤制天然气、煤制烯烃、煤制芳烃的产业化，大力发展现代循环煤化工创新型产业集群，打造全国重要的大型煤化工基地。

打造京津先进制造业转移承接地。依托区位优势和产业基础，积极承接京津产业转移和科技成果转化，重点发展先进装备制造、新能源、智能制造、信息技术、新材料、新能源汽车等产业。加强产业承接平台建设，积极探索与京津共建共管共享园区建设新模式。加快建设邯郸科技创新园、中科院邯郸创新园、北京市科学技术研究院邯郸分院、京津冀留学生创业示范园等科技成果转化示范区，推进京津科技成果在邯郸转化。

（二）典型企业用电量情况分析

钢铁行业是邯郸市的工业经济第一大支柱产业，近年来，受经济增速下滑的影响，钢铁行业一方面面临产能严重过剩、竞争激烈、价格持续低迷的经营发展困境。另一方面，通过供给侧改革、"一带一路"建设和中东欧新的开放政策，以及京津冀协同发展战略的深入推进，钢铁产能加速"走出去"，适度化解国内产能过剩，为钢铁行业带来更多的发展机遇。

邯郸市不断深化钢铁行业供给侧结构性改革，以高质量发展为引领，以创新驱动为动力，以品种结构优化和质量提升为主线，以优化布局和兼并重组为抓手，以打造精品钢材生产基地为核心，大力延伸产业链，实现邯郸市钢铁产业高质量发展。

邯郸钢铁集团有限责任公司是邯郸市重要钢铁生产企业之一。在机遇与挑战面前，该企业一方面坚持创新驱动、科学发展，自2015年起加快了先进装备向高端品种转化步伐，成立了1个国家级技术中心和2个省级工程实验室，开发冷轧双相钢等23个新产品，重点品种迅速挺进高端市场。2018年入选"国家技术创新示范企业"名单。

另一方面，该企业坚持绿色发展，2016年积极响应国家《大气污染防治行动计划》，及河北省、邯郸市大气污染综合整治工作要求，完成电除尘器改造，升级为高效袋式除尘器，达到特别排放限值标准要求。2019年完成超低排放改造，吨钢氮氧化物、烟粉尘排放量、吨钢耗新水等指标均低于行业平均水平。

2015~2019年，邯郸钢铁集团有限责任公司用电量从31.84亿千瓦时增长到37.13亿千瓦时，年均增长率为3.92%。该企业用电量占邯郸供电公司年售电量的10%~12%（见图5）。

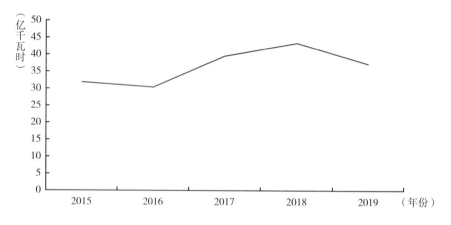

图5 2015~2019年邯郸钢铁集团有限责任公司用电量情况

按照邯郸市政府邯钢老区退城进园项目规划，邯钢老区拟置换炼铁产能707万吨、炼钢产能587.5万吨，剩余7.5万吨炼钢产能由邯钢公司保留。在涉县新建项目钢铁装备及炼铁产能565万吨、炼钢产能470万吨。为保证邯钢退城进园项目用电需求，邯郸供电公司规划2023年投运110千伏南山输变电工程，提升邯钢涉县园区及周边供电可靠性。

（三）分布式电源及其他影响因素分析

截至2019年底，邯郸并网分布式电源约2.4万项，总装机容量863.7兆瓦，主要接入在380/220V配电网系统中，在负荷高峰期削减尖峰负荷作用明显（见表4）。

表4　邯郸市分布式电源并网统计

单位：兆瓦

并网电压等级	并网电源数量	并网电源容量
35kV	15	346
10kV	45	171.4
380/220V	23948	346.3

在配电网规划方面，分布式电源的接入使得配电网规划突破了传统的方式，会影响系统的负荷增长模式，使原有的配电系统的负荷预测和规划面临着更大的不确定性；配电网本身节点数非常多，系统增加的大量分布式电源节点，使得在所有可能网络结构中寻找最优网络布置方案更加困难；由于分布式电源的投资建设单位多为投资公司、私营企业或个人，在项目建设中往往仅从经济效益方面考虑，缺少中期或远景的项目规划，存在较大的不确定性，这与配电网规划的前瞻性存在明显的不匹配。

对馈线电压的影响方面，分布式电源大多接入呈辐射状的 10 千伏或 0.4 千伏配电网，稳定运行状态下，配电网电压一般沿潮流方向逐渐降低。分布式电源接入后，改变了原线路潮流分布，使各负荷节点的电压被抬高，甚至可能导致一些负荷节点电压偏移超标。接入位置、容量和控制的不合理，分布式电源的引入，常使配电线路上的负荷潮流变化较大，增加了配电网潮流的不确定性。大量电力电子器件的使用给系统带来大量谐波，谐波的幅度和阶次受到发电方式及转换器工作模式的影响，对电压的稳定性和电压的波形都产生不同程度的影响。

四　邯郸退城进园项目简介

为全面贯彻落实国家批准的《河北省钢铁产业结构调整方案》，加快推进钢铁企业整合重组和产业布局优化，河北省政府陆续批准了冀南钢铁集团和河北太行钢铁集团退城进园升级改造项目方案。

邯郸市政府综合运用资金、土地、环保等政策手段，引导、支持优势企业实施兼并重组、退城进园，通过减量置换压减部分产能。

冀南钢铁退城进园项目总投资 134 亿元，建设期限为 2018～2020 年，主要建设 1260 立方米高炉 2 座、110 吨转炉 2 座，炼铁产能 232 万吨、炼钢产能 270 万吨，通过实施该项目，完成文丰钢铁公司退城进园，主要生产热轧卷板、冷轧薄板。

冀南钢铁退城进园用电分两期，一期至 2020 年底，用电负荷约 200 兆瓦，二期至 2023 年，用电负荷约 400 兆瓦。退出约 110 兆瓦负荷。其中，至 2020 年底退出 60 兆瓦，2023 年全部退出。

太行钢铁退城进园项目总投资 209 亿元，建设期限为 2018～2020 年，建成 600 万吨钢铁项目。其中，一期建设 1520 立方米高炉 2 座、炼铁产能 268 万吨，120 吨转炉 2 座、炼钢产能 280 万吨。主要生产精品棒线材、冶金新材料、冶金装备制造、高强钢结构用钢等产品。

太行钢铁退城进园至 2020 年 9 月负荷达到 203 兆瓦，预计至 2021 年 3 月负荷达到 280 兆瓦，预计至 2021 年 10 月负荷达到 342 兆瓦，预计至 2023 年新增负荷达到 449 兆瓦。目前，明芳钢铁生产用电负荷约 140 兆瓦，届时将退出运行。

五　"十四五"电力需求预测

（一）"十四五"经济社会发展预测

预计"十四五"期间，随着邯郸城镇化进程进一步加快，产业结构持续优化，预计到 2025 年人口将达到 985 万人，年均增长率为 0.41%，地区生产总值预计将达到 4275 亿元，三产占比调整为 8.2∶43∶48.8，相关数据如表 5 所示。

（二）电力需求总量预测

选取人均电量法、产值单耗法、自然增长＋大用户法三种方法对邯郸"十四五"期间电力需求进行预测并校核。

1. 人均电量法

采用 Logistic 曲线对邯郸"十四五"期间的人口规模与人均用电量的 S 形发展趋势进行拟合与预测。

表5　邯郸市社会经济发展主要指标

类别		2010年	2015年	2020年	2025年	"十二五"年均增长率（%）	"十四五"年均增长率（%）	2020～2025年年均增长率（%）
人口总量（万人）		919	943	965	985	0.53	0.46	0.41
经济总量	地区生产总值（亿元）	2361	3145	3596	4275	5.90	2.71	3.52
	第一产业（亿元）	308	403	324	351	5.52	-4.29	1.61
	第二产业（亿元）	1280	1483	1618	1838	2.99	1.75	2.59
	第三产业（亿元）	773	1259	1654	2086	10.24	5.60	4.75
产业结构	地区生产总值（%）	100	100	100	100	—	—	—
	第一产业（%）	13	13	9	8.2	—	—	—
	第二产业（%）	54	47	45	43	—	—	—
	第三产业（%）	33	40	46	48.8	—	—	—

Logistic 模型数学表达式为：

$$y_t = \frac{1}{k + ae^{bt}}, k > 0, a > 0, b < 0$$

2010年、2015年和2019年邯郸人均用电量分别达到3575千瓦时、4003千瓦时和4476千瓦时，根据"十四五"邯郸国民经济发展预期，人均用电量将稳步提升，预计2020年、2025年全社会用电量将分别达到441亿千瓦时和541亿千瓦时（见表6）。

表6　邯郸市人均用电量法预测结果

项目	2010年	2015年	2019年	2020年	2025年	"十三五"年均增长率（%）	"十四五"年均增长率（%）
人均用电量（千瓦时）	3575	4003	4476	4569	5491	2.68	3.75
人口（万人）	919	943	955	965	985	0.46	0.41
全社会用电量（亿千瓦时）	328.52	377.62	427.61	441	541	3.15	4.17

2. 产值单耗法

目前，邯郸以高耗能重工业为主导的产业结构决定了单位产值电耗水平较高，未来降低单位产值电耗的主要方向应以优化产业结构为主，一方面节能降耗的潜力巨大，另一方面要降低单位产值电耗到世界先进水平，需要长期的产业结构优化调整，实施一系列节能措施才能达到目标。

预计 2020 年、2025 年单位产值电耗比 2019 年进一步降低，则 2020 年、2025 年全社会用电量分别达到 433 亿千瓦时和 516 亿千瓦时（见表 7）。

表7　邯郸市产值单耗法预测结果

项目	用电量(亿千瓦时)	GDP(亿元)	单位 GDP 电耗（千瓦时/万元）
2010 年	328.52	2361.56	1391
2011 年	356.63	2789.03	1279
2012 年	361.72	3024.27	1196
2013 年	392.42	3061.50	1282
2014 年	390.50	3080.01	1268
2015 年	377.62	3145.43	1201
2016 年	371.07	3361.11	1104
2017 年	393.37	3379.53	1164
2018 年	407.04	3454.60	1178
2019 年	427.61	3486.00	1227
2020 年	433	3595	1204
2025 年	516	4275	1207
"十三五"年均增长率(%)	2.77	2.71	0.07
"十四五"年均增长率(%)	3.57	3.53	0.04

3. 自然增长 + 大用户法

通过对邯郸市重点项目等用电量情况梳理调研，分析大用户新增负荷行业经济走势、投运率等发展趋势，运用自然增长率 + 大用户法对全社会用电负荷进行预测（见表 8）。

年新增的最大负荷可按下式计算：

$$P_i = K_1 \sum Pj + P_o K_2$$

其中, P_i —— 预测每年新增负荷；

Pj —— 各行业报装的最大负荷；

K_1 —— 综合系数，综合考虑各行业同时率、投产率；

P_0 —— 除去大用户负荷后，上年基础负荷；

K_2 —— 自然增长率。

表8 邯郸市自然增长率 + 大用户法预测结果

项目	2010 年	2015 年	2019 年	2020 年	2025 年	"十三五"年均增长率(%)	"十四五"年均增长率(%)
预计报装负荷（万千瓦）	—	—	—	28	73	—	—
预计减容销户负荷（万千瓦）	—	—	—	25	5	—	—
综合系数	—	—	—	0.6	0.6	—	—
自然增长率(%)	—	—	—	4	6.5	—	—
负荷结果(万千瓦)	476.3	543.7	710	740	1043	6.36	7.11
电量结果(亿千瓦时)	328.52	377.62	427.61	435	530	2.87	4.03

近年来，一方面产业结构的深化调整和第三产业、居民生活用电所占比重越来越大，使最大负荷利用小时趋于下降；另一方面为提高电能效率，改善电网负荷特性，将采取各种措施，如加强用电侧管理、完善电网峰谷电价制度和合理的经济补偿制度、推广负荷控制技术和新型节电产品等，引导用户将高峰负荷向低谷转移，从而减少尖峰负荷压力，最大限度地削减尖峰负荷，尤其是智能电网的发展、电动汽车的逐渐普及为削峰填谷提供了更有力的技术保证。但总体上，邯郸电网年最大负荷利用小时数将呈现逐步降低的趋势。预计2020 年和2025 年邯郸全社会用电量分别达到435 亿千瓦时和530 亿千瓦时。

三种预测方法的结果如表9 所示。

随着邯郸产业结构调整，传统产业用电量增长空间进一步收窄，新兴产业用电量也将陆续释放，预期"十四五"全社会用电量增长率将放缓，推荐值为中方案，预测2020 年全社会用电量为435 亿千瓦时，2025 年全社会用电量为530 亿千瓦时，"十三五"年均增长 2.87%。预测最终结果如表10所示。

表 9 邯郸市中长期用电量需求预测结果汇总

预测方法	2010 年	2015 年	2019 年	2020 年	2025 年	"十三五"年均增长率（%）	"十四五"年均增长率（%）
人均电量法（亿千瓦时）				441	541	3.15	4.17
产值单耗法（亿千瓦时）	328.52	377.62	427.61	433	516	2.77	3.57
自然增长率＋大用户法（亿千瓦时）				435	530	2.87	4.03

表 10 邯郸市中长期用电量需求预测结果

类别	2010 年	2015 年	2019 年	2020 年	2025 年	"十三五"年均增长率（%）	"十四五"年均增长率（%）
全社会用电量（亿千瓦时）	328.52	377.62	427.61	435	530	2.87	4.03

六　结论及建议

（一）主要结论

（1）2010~2019 年，邯郸三次产业占比由 2010 年的 13∶54∶33，调整至 2019 年的 10∶45∶46，第一产业占比稳中略有下降，第二产业向第三产业新动能转换趋势明显，产业结构进一步优化。

（2）邯郸全社会用电量从 2010 年的 328.52 亿千瓦时增长到 2019 年的 427.61 亿千瓦时，年均增速为 2.97%。第一产业、第二产业、第三产业和居民生活用电量占比由 6∶80∶4∶11 转变为 1∶71∶15∶14。

（3）随着邯郸产业结构调整，传统产业用电量增长空间进一步收窄，装备制造、高新科技等新兴产业用电量也将陆续释放，预计"十四五"全社会用电量增长率将放缓，预测 2020 年全社会用电量为 435 亿千瓦时，2025 年全社会用电量为 530 亿千瓦时，"十三五"年均增长 2.87%。

（二）有关建议

（1）邯郸钢铁企业退城进园后，建议政府尽快对钢铁企业退城后的地块制定控详规,将电力设施布局规划纳入其中,合理预留变电站站点位置和线路廊道资源,为周边配电网建设完善提供必要的保障。

同时,建议政府在产能置换中,积极沟通斡旋,争取将退城区域内的钢铁企业用户资产的供电设施移交给供电企业,从而减少资源浪费,提升供电设施利用效率。

(2)在电力体制改革趋势下,配电网建设与资产主体更加多元化,提前开展园区规划,满足新增负荷增长需求,促进规划项目尽早落地,因此应进一步加强配网规划的顶层设计,密切关注规划执行情况与项目经济效益,防范配电网无序、低效发展。

参考文献

河北省邯郸市人民政府:《2020年邯郸市政府工作报告》,2020。

河北省人民政府:《河北省优化调整能源结构实施意见(2019~2025年)》,2019年。

河北省邯郸市人民政府:《邯郸市国民经济和社会发展第十三个五年规划纲要部分指标调整方案》,2019。

河北省邯郸市发展和改革委员会:《关于产业结构调整和转型升级的情况汇报》,2018。

河北省邯郸市人民政府:《邯郸市国民经济和社会发展第十三个五年规划纲要》,2016。

衡水市"十三五"电力需求分析与"十四五"电力需求预测报告

杜宗伟　高艳萍　赵海洲　马　力　刘廷众*

摘　要： 衡水市位于河北省中部平原，农业发达，旅游资源丰富，便利的交通条件使得衡水市成为冀东南商贸物流中心，工业以食品加工、工程橡胶、化工、建材、造纸、高新技术、有色金属为主。全市用电量自2005年以来总体保持较快增长。2015～2016年受经济结构调整及天气影响，全社会用电量出现负增长，2017年随着经济结构优化调整，全社会用电量大幅增长。"十四五"期间随着京津冀一体化发展，衡水市继续推进产业升级，改造提升传统产业，加快培育战略性新兴产业，但受环境治理和节能降耗产业发展规划的影响，电量将在今后回归平稳，预测2020年全社会用电量为180.03亿千瓦时，2025年全社会用电量为215亿千瓦时，"十四五"年均增长3.6%。

关键词： 衡水市　特色产业　电量预测

一　地区经济发展情况

衡水市位于河北省中部平原，地理位置处在东经115°10′～116°34′、北纬

* 杜宗伟，国网衡水供电公司工程师，工学硕士，研究方向为能源电力经济、电网规划；高艳萍，国网衡水供电公司高级工程师，工学硕士，研究方向为能源电力经济、电网规划；赵海洲，国网衡水供电公司高级工程师，工学硕士，研究方向为能源电力经济、电网规划；马力，国网衡水供电公司经济师，研究方向为能源电力经济、电网规划；刘廷众，国网衡水供电公司高级工程师，工学学士，研究方向为能源电力经济、电网规划。

37°03′~38°23′之间，东邻沧州市的东光县、吴桥县和山东省德州市，西接石家庄市的深泽县、辛集市和邢台市的宁晋县、新河县，南与邢台市的南宫市、清河县及山东省武城县毗连，北与保定市的安国市、博野县、蠡县及沧州市的肃宁县、献县、泊头市接壤。南北长125.25公里，东西宽98.13公里。

衡水市地势由西南向东北轻度倾斜，海拔18.6~24.5米，属暖温带亚湿润季风性气候，四季分明，寒暖、干湿变化显著。年平均气温12.7℃，1月份平均气温－4℃，7月份平均气温26.8℃，年平均降雨量524毫米，年平均日照2626.8小时，年无霜期193天左右。

衡水地处黑龙港流域，农业发达，是全国粮食生产先进市，全国、全省棉花生产基地，京津重要的农副产品加工供应基地，有7个国家粮食基地县、6个国家优质棉基地县，粮、棉、油人均占有量均居河北省第1位。其中深州市是中外驰名的"蜜桃之乡"，阜城县是中外驰名的"鸭梨之乡"。

衡水湖被誉为"京南第一湖"、"京津冀最美湿地"和"东亚蓝宝石"，总面积187平方公里，水域面积75平方公里，是国家级自然保护区和国家水利风景区，也是华北地区单体水域面积最大的内陆淡水湖泊。

（一）经济总量情况

衡水地区生产总值（GDP）2010年为781.5亿元，2015年为1220亿元，2019年为1504.9亿元（见图1），"十二五"期间年均增长率为9.32%，"十三五"期间年均增长率为5.59%，人均GDP从2015年的26973.25元增加到2019年的32872.43元。

（二）工业及主导产业发展情况

衡水市将充分发挥衡水湖生态优势，重点发展科技研发、文化教育、总部经济、会议会展、健康疗养、休闲度假等产业，打造现代服务中心、教育创新基地、滨水生态宜居新城。全区地热资源丰富并得到了开发利用，发展前景良好。便利的交通条件使得衡水市成为冀东南商贸物流中心。工业以食品加工、工程橡胶、化工、建材、造纸、高新技术、有色金属为主，重点发展衡水工业新区（一区三基地），承接京津纺织服装、商贸物流、食品加工等产业转移（包括衡水纺织服装业基地、衡水路港物流基地、衡水工业新区食品加工基地

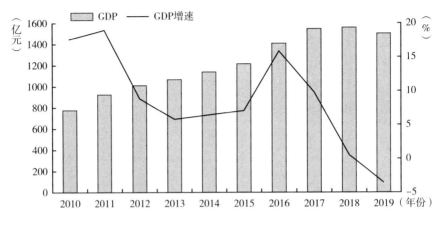

图1 2010～2019年衡水市GDP及其增长情况

3个基地）。

衡水县域经济和特色产业比较发达，这里拥有亚洲最大的丝网产销基地、消毒剂生产基地，中国最大的裘皮专业市场、工程橡胶制造基地、铁塔和橡塑管业生产基地，中国北方最大的钟表集散地、年画产地和民族乐器生产基地。这些产业既具有独特的地方色彩和品牌优势，又具有无穷的发展潜力。

二 本地区电力消费实绩

（一）负荷电量总量分析

近年来，由于经济实现平稳增长，衡水市全社会用电量自2005年以来总体保持较快增长。"十一五"期间年均增速10.01%，"十二五"前期经济继续保持增长，前四年年均增速为8.94%，2015～2016年受经济结构调整影响，经济增速放缓，加上气候等随机偶然因素共同作用、相互叠加，全社会用电量出现负增长，"十二五"期间全社会用电量年均增速为7.03%。2017年随着经济结构优化调整和环境治理力度加大，技术落后、环保要求不过关的化工产能陆续退出市场，二产电量的增长直接带动衡水市全社会用电量大幅增长至138.34亿千瓦时，随着经济结构调整力度的不断加大，2017～2019年全社会用电量年均增速达8.1%，但是2015～2017年年均增速仅为

3.28%，2015～2019年年均增速仅为5.66%。

衡水市全社会最大用电负荷增长趋势与全社会用电量基本一致，"十一五"期间年均增速10.29%，增速较快，"十二五"全社会最大负荷年均增速7.37%，较"十一五"增速有明显下降。2015～2019年受污染治理、产业结构调整影响，全社会用电负荷增长较慢，年均增速仅为2.31%，但2017～2019年年均增速达到8.10%。

（二）用电量构成及用电量需求分析

衡水市2019年第一、第二、第三产业和居民生活用电量分别完成3.62亿千瓦时、95.51亿千瓦时、36.36亿千瓦时和26.19亿千瓦时，同比分别增长14.57%、5.52%、10.63%和－0.13%，对全社会用电量的拉动率分别为0.30%、3.27%、2.29%和－0.02%。

一产用电量增速最高，但由于总量较小，对用电量增长的影响最小。一产用电量受天气影响较大，但从总量来看，其对地区用电量的变化影响力逐步降低，占比只有2.24%。二产用电量增速稳中有升，经过2016年以来的环保治理，衡水市区域产业结构调整进入新的阶段，工业发展在经历结构重组、产业升级后，恢复了较快增长，随着京津冀一体化发展，京津两市及雄安新区企业外迁，衡水第二产业用电量将持续较快增长。衡水市推进旅游资源开发，并加大物流产业、电子商务等发展力度，第三产业用电量36.36亿千瓦时，同比增长10.63%。2018年由于冬季电采暖负荷的急剧上升，居民生活用电量增速达到11.67%，2019年电采暖电量基本饱和，居民生活用电量增速－0.13%。衡水市社会经济逐步恢复到了稳定较快发展阶段。从总量增长情况看，衡水市未来用电量增长将维持二产为主，三产、居民生活用电共同带动的局面（见图2）。

三 影响电力需求的主要因素分析

（一）典型企业用电情况分析

1. 农、林、牧、渔业用电

用电量104678万千瓦时，同比增长35.11%。农、林、牧、渔业用电量出

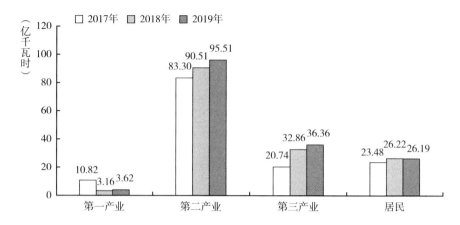

图2　衡水市近三年全社会用电量分类

现了大幅增长，主要是由于上半年旱警频发，土壤墒情较差，7月份阴雨天气较多，但是有效降雨较少，不能快速缓解土壤墒情。7月份排灌用电量完成21657万千瓦时，同比增长37.36%。7月份农业用电量完成4599万千瓦时，同比增长40.05%。排灌用电量完成80771万千瓦时，同比增长39.35%，拉动全社会用电量增长2.61个百分点，增长贡献率为27.21%。农业用电量完成16373万千瓦时，同比增长30.42%，拉动用电量增长0.44个百分点，增长贡献率为4.56%。

2.工业用电

工业用电量累计完成546410万千瓦时，同比增长6.91%。其中橡胶和塑料制品业、非金属矿物制品业、黑色金属冶炼及压延加工业、金属制品业等行业增长较为明显，这四大行业用电量同比增加23961万千瓦时，拉动工业用电量增长2.74个百分点。

（二）分布式电源及其他影响因素分析

衡水电网设备整体经济运行情况良好，最大负荷期间分布式光伏电站并网出力占衡水电网总用电负荷的16.9%，有较好的错峰作用，但同时也致使衡水电网各电压等级容载比虚高，2019年衡水电网220千伏容载比为2.46（考虑光伏电站影响后2.06），110千伏容载比为2.62（考虑光伏电站影响后

2.06），220 千伏、110 千伏电网设备运行经济性下降。峰谷电价的实行同样也改变了用户用电习惯，衡水市 220 千伏、110 千伏网供负荷增速较慢，在今后的规划中需要控制容载比，实现供需平衡。

四 "十四五"电力需求预测

（一）电力弹性系数法

衡水市生产总值 2010～2015 年年均增长约 9.32%，2015～2019 年年均增长约 5.39%，预计 2025 年衡水市生产总值将达到 2248 亿元，2035 年将达到 3740 亿元。"十五五""十六五"经济增速放缓。考虑到"十四五"期间电能替代战略稳步推进、能源转型步伐加快，弹性系数取 1.04；考虑到"十四五"之后衡水电网已达到一定规模，而产业结构的进一步调整优化，可能使电力需求增长速度低于地区生产总值的发展速度，因此电力弹性系数将低于 1.0。预测 2025 年、2035 年、2050 年衡水市全社会用电量分别为 247 亿千瓦时、391 亿千瓦时、591 亿千瓦时。

受光伏削峰填谷作用和峰谷电价实施影响，日负荷峰谷差率（峰谷差与最高负荷比率）持续下降，现阶段工业用电量占比大且大工业用电是拉动电量增长的主要动力，所以最大负荷利用小时数呈上升趋势。

2035 年之后随着工业用电量占比的降低，最大负荷利用小时数会相应下降。由此预测衡水市 2019～2050 年最大负荷如表 1 所示。

表 1   电力弹性系数法预测结果

年 份 项 目	2015	2019	2025	2035	2050
地区生产总值(亿元)	1220	1504.9	2248	3740	6077
经济增速(%)	9.32	5.39	7.02	5.22	3.29
电量增速(%)	7.03	5.66	7.3	4.7	2.8
弹性系数	0.75	1.05	1.04	0.9	0.85
全社会用电量(亿千瓦时)	129.71	161.68	247	391	591
最大负荷利用小时数(小时)	4505	5124	5300	5846	5833
全社会最大负荷(兆瓦)	2879.30	3155.60	4656	6681	10133

按照计算结果，预测衡水市 2025 年全社会用电量和最大负荷分别为 247 亿千瓦时和 4656 兆瓦，2019～2025 年年均增速分别为 7.03% 和 7.23%；2035 全社会用电量和最大负荷分别为 391 亿千瓦时和 6681 兆瓦，2025～2035 年均增速分别为 4.7%、3.68%（见表 2）。

表 2　电力弹性系数法预测结果

项目	2019 年	2025 年	2019～2025 年年均增速（%）	2035 年	2025～2035 年年均增速（%）	饱和年
全社会用电量（亿千瓦时）	161.68	247	7.03	391	4.7	591
全社会最大负荷（兆瓦）	3155.60	4656	7.23	6681	3.68	10133

（二）分产业预测

从表 3 可以看出，随着衡水产业结构的不断调整，三次产业及居民生活用电量占比发生了变化。

表 3　衡水市用电负荷历史数据

| 年份 | 全社会最大用电负荷（兆瓦） | 全社会用电量（亿千瓦时） | 三产及居民用电量（亿千瓦时） | | | | 人均用电量（千瓦时） | 人均生活用电量（千瓦时） |
			一产	二产	三产	居民		
2005	1310.81	57.321	12.8185	33.8812	2.947	7.6743	1372.63	183.77
2010	2139.64	92.3386	13.9014	56.8356	5.7763	15.8253	2097.65	359.50
2011	2366.56	107.2171	13.7151	69.4086	6.9121	17.1813	2428.03	389.09
2012	2481.01	114.9877	12.0191	75.8926	7.795	19.281	2580.51	432.70
2013	2551.25	120.8055	8.3462	84.2855	8.9339	19.2399	2695.95	429.37
2014	2830.87	130.0699	13.4378	83.7008	13.5637	19.3676	2902.70	432.22
2015	2879.73	129.707	12.0473	80.0327	17.5659	20.0611	2890.73	447.09
2016	2663.69	128.6346	10.6312	76.5671	19.8348	21.6015	2827.76	474.86
2017	2700.62	138.344	10.8177	83.3045	20.7373	23.4845	3049.71	517.70
2018	2980.4	152.7562	3.1575	90.5131	32.8609	26.2247	3352.86	575.61
2019	3155.6	161.765	3.6176	95.5123	36.3554	26.1912	3548.73	574.87

1. 第一产业

2015 年政府地下水超采治理政策的实施促使一产用电量继续下降，2016 年国家开展了"机井通电"工程，对一些非电力机井进行了改造，并改造了一批小容量配电变压器，但衡水市整体限制地下水开采的措施将不会调整。2018 年国民经济行业用电分类发生了改变，带动一产用电量增长的农、林、牧、渔服务行业划归第三产业，农业灌溉受到南水北调、地下水限采等的影响，2018 年用电量大幅降低至 3.16 亿千瓦时。2019 年全年旱情预警频发，农田土地墒情较差，尽管在 8、9 月份出现了有效降雨，但依然没有有力缓解土地墒情。2019 年一产用电量为 3.62 亿千瓦时，同比增长 14.57%。"十四五"期间衡水市作为京津冀绿色农产品供应基地，依托现有农业资源优势，加快发展现代农业，建设现代农业园区，一产用电量呈现缓慢增长趋势，至 2025 年衡水市第一产业电量预计达到 4.34 亿千瓦时，2019～2025 年第一产业用电量年均增速将为 3.08%。

2. 第二产业

2010～2016 年的年均增速下降到 5.09%。2017 年第二产业用电量大幅增长，说明随着产业结构优化升级，部分工业完成兼并重组和产业升级，生产能力和市场竞争力提高，工业发展迎来了新机遇。随着京津冀一体化发展，京津两市及雄安新区企业外迁，衡水第二产业用电量恢复了较快增长，但受环境治理和节能降耗产业发展规划的影响，二产用电量将在今后回归平稳，2015～2019 年年均增速为 4.52%。"十四五"期间衡水市继续推进产业升级，改造提升传统产业，加快培育战略性新兴产业，以"超级计算中心""九次方衡水南京大数据清洗基地"等为代表的高新产业蓬勃发展。预计 2025 年衡水市第二产业用电量将达到 136.81 亿千瓦时，2019～2025 年第二产业用电量年均增速将为 6.17%。

3. 第三产业

"十三五"期间旅游资源整合和基础设施建设的日趋加强、"衡水湖"号专列的开通、2017 年石济客运专线的建成通车，以及即将建设的霸州—商丘高铁，将会使得衡水的交通更加便利，促进第三产业发展。2015～2017 年三产用电量年均增速为 8.65%，2018 年由于国民经济行业用电分类的改变，第三产业用电量大幅增至 32.86 亿千瓦时。2019 年继续推进旅游资源开发，并加大物流产业、电子商务等发展力度，第三产业用电量达36.36亿千瓦时，同比增长10.63%。"十四五"期间衡水市加快制造业与服务业深度融合，发展物流、教育、文化、旅游、康养等领域新兴业态，推动服务业总量增长，结构优化、效率提升。2025年第三产业用电量将达到63.54亿千瓦时，2019～2025年第三产业用电量年均增速将为9.75%。

4.居民生活用电量预测

在B、C类供电区，随着人民生活水平的不断提高，家用电器用电量逐年提高，而在D类供电区，随着新农村建设，农村城镇化率逐年提高，生活用电量将不断增加。"十二五"期间居民生活用电量年均增长4.85%。2016年和2017年政府推行了小城镇（中心村）建设，"十三五"期间的电能替代，特别是为治理雾霾的"煤改电"工程将会大大促进居民生活用电量的增长。2018年随着电采暖逐步应用，居民生活用电量达到26.22亿千瓦时，增速达到13.62%。2019年电采暖电量基本饱和，居民生活用电量同比下降0.13%。"十四五"期间居民生活水平不断提高，居民生活用电量保持平稳增长，预计2025年居民生活用电量达到40.31亿千瓦时，2019～2025年第三产业用电量年均增速为7.45%。

结合上述三个产业及居民生活用电量预测，2019～2025年年均增长7.17%，到2025年达到245亿千瓦时（见表4）。

表4　分产业用电负荷预测结果

项目	2019年	2020年	2022年	2023年	2024年	2025年	2019～2025年年均增速(%)	2035年	2025～2035年年均增速(%)	饱和年
全社会用电量（亿千瓦时）	161.68	172.9	188.8	206	225	245	7.17	380	4.49	420
全社会最大负荷（兆瓦）	3155.6	3330	3600	3900	4220	4560	6.33	6500	3.61	7200

（三）空间负荷密度预测

负荷预测结果如表5和表6所示。

表5　衡水市区饱和年用电负荷预测结果

序号	代号	用地名称	用地面积（公顷）	容积率	用电计算指标（瓦/平方米）	占地面积负荷指标（千瓦/平方公里）	计算负荷（兆瓦）
1	居住用地	一类居住用地	303.55	0.8	15		36.43
		二类居住用地	4267.96	1.3	12		665.80
2	公共设施用地	行政办公用地	210.69	1.5	30		94.81
		商业金融用地	570.87	2	30		342.52
		文化娱乐用地	333.1	1.5	25		124.91
		文教卫生用地	450.67	1.5	25		169.00
		其他公共设施用地	279.82	1.5	20		83.95
3	工业用地	一类工业用地	1977.03	0.8	20		316.32
		二类工业用地	1222.4	0.8	35		342.27
		三类工业用地	0	0.6	45		0.00
4	仓储用地		760.65	0.8	6		36.51
5	对外交通用地		297.43			3000	8.92
6	道路广场用地		1541.9			1000	15.42
7	市政设施用地		328.87			4000	13.15
8	绿地		1383.54			500	6.92
9	特殊用地		165.52			5000	8.28
	总计		14094				2265.21
最大负荷折算（同时率取0.8）							1812.17

表6　县域饱和年用电负荷预测结果

序号		用地名称	用地面积（公顷）	容积率	用电计算指标（瓦/平方米）	负荷密度指标（千瓦/平方公里）	计算负荷（兆瓦）
1	居民用地	一类居住用地	380	0.8	14		42.56
		二类居住用地	9658.78	1.6	11		1699.94
		三类居住用地	831.00	2.2	18		329.08

续表

序号	用地名称		用地面积（公顷）	容积率	用电计算指标（瓦/平方米）	负荷密度指标（千瓦/平方公里）	计算负荷（兆瓦）
2	公共设施用地	行政办公用地	406.01	1.2	8		38.98
		文化设施用地	381.99	1.2	7		32.09
		教育科研用地	1305.06	1.2	5		78.30
		体育用地	297.66	0.3	4		3.57
		医疗卫生用地	252.28	1.6	18		72.66
		社会福利设施用地	128.01	1.2	4.5		6.91
3	商业服务业设施用地	商业用地	2562.56	1.6	20		820.02
		商务用地	242.61	1.6	30		116.45
		公用设施营业网点用地	184.68	1.2	18		39.89
		其他服务设施用地	266.82	1.2	15		48.03
4	工业用地	一类工业用地	3728.03	0.8	15		447.36
		二类工业用地	3836.25	0.7	20		537.08
		三类工业用地	830.08	0.6	45		224.12
5	物流仓储用地		941.45	0.5	1		4.71
6	道路与交通设施用地		5152.03			3000	154.56
7	公用设施用地		595.04			15000	89.26
8	绿地广场用地		3063.86			1000	30.64
9	水域农林用地		832361.80			480	3995.34
总计			867406				8811.55
最大负荷折算（同时率取0.6）							5286.93

饱和期衡水市区总用电负荷为1812.17兆瓦，平均负荷密度为12.86兆瓦/平方公里。

饱和期衡水市县域总用电负荷为5286.93兆瓦，其中县城总用电负荷为2889.72兆瓦，平均负荷密度为8.25兆瓦/平方公里；农村地区总用电负荷为

2397.2 兆瓦，农村平均负荷密度为 0.29 兆瓦/平方公里。

饱和期衡水市全社会用电负荷为 7100 兆瓦（见表7）。

本次规划通过对衡水市近五年的最大负荷和用电量增长的分析研究，充分了解未来的城市发展动向，科学合理地制定各规划期衡水市的用电负荷和用电量的增长率，使供电负荷和供电量增长不断满足城市建设和经济发展的需要。

表7 空间负荷密度法用电负荷预测结果

项目	2019 年	2020 年	2021 年	2022 年	2023 年	2024 年	2025 年	2019~2025 年年均增速(%)	2035 年	2025~2035 年速均增速(%)	饱和年
全社会用电量（亿千瓦时）	161.68	172.3	186.2	199.5	212.4	227.9	241.7	6.93	368.5	4.45	415
全社会最大负荷（兆瓦）	3155.6	3310	3520	3766	3990	4236	4500	6.09	6303.3	3.57	7100

五 结论及建议

（一）主要结论

对以上三种预测方法进行对比分析，取中方案，衡水市 2025 年用电量、用电负荷达到 245 亿千瓦时、4560 兆瓦，2019~2025 年年均增速 7.17%、6.33%。2035 年用电量、用电负荷达到 380 亿千瓦时、6500 兆瓦，2025~2035 年年均增速 4.49%、3.61%。饱和年用电量、用电负荷达到 420 亿千瓦时、7200 兆瓦（见表8）。

（二）有关建议

（1）加强电网规划建设的投资收益分析，按照电改方案，售电侧分离后，输配电价将会取而代之，成为电网的主要收益。这与过去电网所习惯的盈利模

表 8　电力电量预测结果

	项目	2019 年	2025 年	2019～2025年年均增速（%）	2035 年	2025～2035年年均增速（%）	饱和年
高方案	全社会用电量（亿千瓦时）	161.68	247	7.03	391	4.7	591
	全社会最大负荷（兆瓦）	3155.6	4656	7.23	6681	3.68	10133
中方案	全社会用电量（亿千瓦时）	161.68	245	7.17	380	4.49	420
	全社会最大负荷（兆瓦）	3155.6	4560	6.33	6500	3.61	7200
低方案	全社会用电量（亿千瓦时）	161.68	241.7	6.93	368.5	4.45	415
	全社会最大负荷（兆瓦）	3155.6	4500	6.09	6303.5	3.57	7100

式完全不同。为适应上述变化，应强化电网规划方案的投资收益分析，满足有限投资能力下的收益最大化。

（2）根据电网规划和负荷发展情况，提前开展规划项目的可研和前期工作，做好项目储备，通过合理安排项目建设时序，提高电网整体效益。

（3）构建"省市县"三级电力市场监测、监控、反馈机制，提高对区域电力市场、电力供需平衡长期、常态化监测、预测、预警能力，提高对负荷突增、电力供需突变的应急反应能力。

参考文献

河北省人民政府：《河北省国民经济与社会发展第十三个五年规划纲要》，2016。

衡水市人民政府：《衡水市总体规划（2008～2020）》，2007。

国家电网公司：《110 千伏及以下配电网规划技术指导原则（2016 年版）》，2016。

国家电网公司:《城市电力规划规范》,2014。

国家电网公司:《城市配电网规划设计规范》,2010。

国家电网公司:《配电网建设改造行动计划》(国家电网发展〔2015〕2013 号),2015。

廊坊市"十三五"电力需求分析与"十四五"电力需求预测报告

刘 蔚 张兆广 何 凯 程 鹏 陈大志[*]

摘 要: 廊坊市全社会用电量及全社会最大负荷自2011年以来总体保持较快增长。全社会用电量及全社会最大负荷2011~2019年年均增长率分别为4.37%、7.33%。"十四五"期间随着京津冀一体化发展,廊坊市继续推进产业升级,改造提升传统产业,加快培育战略性新兴产业,预测2020年全社会用电量为306.87亿千瓦时,全社会最大负荷为591.15万千瓦;2025年全社会用电量为412.80亿千瓦时,全社会最大负荷为802.05万千瓦。全社会用电量及全社会最大负荷"十四五"年均增长率将分别为6.11%、6.29%。

关键词: 廊坊市 电力需求 用电负荷

一 地区经济发展情况

廊坊市北起燕山南麓丘陵地区,南抵黑龙港流域。北部与北京为邻,西部与保定市的涿州、雄县、高碑店接壤,南部与沧州市的任丘、河间、青县相

---

* 刘蔚,国网廊坊供电公司高级工程师,工学硕士,研究方向为电网调度运行、电网规划;张兆广,国网廊坊供电公司高级工程师,工学学士,研究方向为电网调度运行、电网规划;何凯,国网廊坊供电公司高级工程师,工学学士,研究方向为电网调度运行、电网规划;程鹏,国网廊坊供电公司高级工程师,工学博士,研究方向为电网调度运行、电网规划;陈大志,国网廊坊供电公司高级工程师,工学学士,研究方向为电网经营管理、电网规划。

连，东部与天津市的武清、宝坻、蓟县交界。廊坊市城区拱卫于北京东南，与北京、天津两大城市成一条直线，廊坊市距北京、天津各 60 千米，距省会石家庄 280 千米。全市总面积 6429 平方千米。1989 年 4 月，经国务院批准为省辖地级市，现辖广阳、安次 2 个区，三河、霸州 2 个县级市，大厂、香河、永清、固安、文安、大城 6 个县，90 个乡镇 3222 个行政村，辖区面积 6429 平方千米。

（一）经济总量情况

截至 2019 年底，廊坊市生产总值达 3214 亿元，人均生产总值为 6.53 万元。廊坊地区 GDP 由 2010 年的 1331.11 亿元增长至 2019 年的 3214 亿元，保持高速增长，年均增速可达到 10.29%。2019 年 GDP 增长率为 3.40%。第一产业、第二产业、第三产业 2010 年到 2019 年 GDP 年均增速分别为 2.28%、4.87%、17.22%。历年 GDP 变化情况如表 1 所示。

表 1 廊坊市历年 GDP 和工业增加值增速变化情况

年份 项目	2010	2011	2012	2013	2014	2015	2016	2017	2018	2019
辖区面积 （平方千米）	6429	6429	6429	6429	6429	6429	6429	6429	6429	6429
常住人口 （万人）	435.88	440	443.93	446.84	452.18	456.32	461.5	474.09	483.66	492.05
GDP（亿元）	1331.11	1484.45	1627.82	1775.20	1917.51	2082.16	2706.3	2880.7	3108.6	3214
其中：一产 （亿元）	157.4	161.02	165.85	160.38	165.67	166.83	198.27	186.5	197	192.84
二产（亿元）	712.3	809.89	902.21	983.41	1043.4	1109.13	1192.75	1262.4	1138.1	1092.76
三产（亿元）	461.4	513.54	559.76	631.41	708.437	806.2	1315.28	1431.8	1773.5	1928.4
人均 GDP （万元）	3.05	3.37	3.67	3.97	4.24	4.56	5.86	6.08	6.43	6.53
GDP 增长率 （%）	16.05	11.52	9.66	9.05	8.02	8.59	29.98	6.44	7.90	3.40

（二）产业结构调整

廊坊市三次产业结构从 2010 年的 11.82∶53.51∶34.66 调整为 2019 年的

6∶34∶60，其中一产占比下降 5.82 个百分点，二产下降 19.51 个百分点，三产上升 25.34 个百分点（见图 1）。随着工业化及城镇化脚步的加快，第一产业比重下降；第二产业由于国家加大对环境污染的整治力度，第二产业近年来比重不断下降；廊坊市正处于京津冀协同发展及产业结构优化的重要转折期，三产比重在 2018 年上升到了 50% 以上，随着廊坊市持续转变经济发展方式，坚定不移去产能，着力提升科技创新能力，促进新兴产业发展，预计后续廊坊市三次产业占比情况将持续优化。

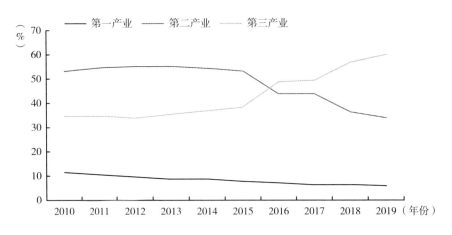

图 1　2010～2019 年廊坊市三次产业占比

（三）工业及主导产业发展情况

廊坊市 2019 年积极推动产业结构转型升级，"无钢市"目标圆满实现。累计退出钢铁产能 1974 万吨，妥善安置职工 2.02 万人。受规划管控、环境约束和钢铁去产能等制约因素影响，全市四成以上入统工业企业出现减停产，导致全市工业经济低位运行。预计规模以上工业增加值增长 1% 左右，低于年度计划目标 2 个百分点；规模以上装备制造业增加值下降 3% 左右，低于年度计划目标 6 个百分点；规模以上高新技术产业增加值下降 2% 左右，低于年度计划目标 10 个百分点。受固安云谷 2018 年一次性设备进口数额较大影响，全市进口大幅下降，预计进出口总值下降 23%，低于年度计划目标 23 个百分点。

中国移动大数据中心、中航试金石检测基地等一批京津转移项目加快建设或建成投产。全年引进京津项目 161 个、资金 660 亿元。扎实推进蓝天、碧水、净土三大保卫战，持续强化大气污染综合治理。

（四）新兴产业发展情况

近年来，廊坊市扎实推进项目建设，产业结构进一步优化。亿元以上产业项目中战略性新兴产业和现代服务业项目占比达到 60% 以上。制订并实施战略性新兴产业发展三年行动计划，新型显示、高端制造、大数据等六大重点产业规模不断壮大，总投资 280 亿元的第 6 代 AMOLED 项目已试生产，达产后将满足 9000 万部智能手机全柔性折叠屏需求；总投资 81 亿元的中安信碳纤维及康得复材一期形成 1700 吨的年产能，总投资 4.8 亿元的河钢集团创新基地等一批重大项目签约落地，战略性新兴产业增加值占规上工业增加值比重达到 22.7%，同比提高 6.2 个百分点。

二　本地区电力消费实绩

（一）负荷电量总量分析

2011～2019 年廊坊市全社会用电量数据及走势如图 2 所示。

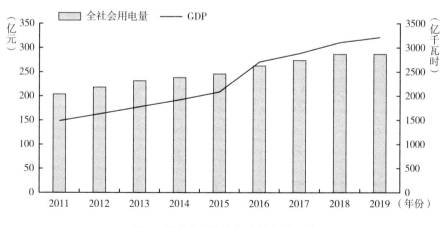

图 2　廊坊市历年全社会用电量走势

2019 年廊坊市全社会用电量为 286.70 亿千瓦时，比 2011 年增加了 83.05 亿千瓦时，年均增长率为 4.37%。相较于廊坊全市 GDP 的增速，全社会用电量增速相对较慢，尤其是在 2014 年、2015 年用电量增速放缓，随着 2016 年廊坊市经济整体向好发展，全社会用电量增速有所加快。

2011~2019 年廊坊市的最大负荷情况如表 2 及图 3 所示。

表 2　廊坊市负荷变化情况

单位：万千瓦，%

项目	2011 年	2012 年	2013 年	2014 年	2015 年	2016 年	2017 年	2018 年	2019 年	年均增长率
全社会最大负荷	327.1	339.4	368.5	417.1	438.2	481.4	500	539	546	7.33

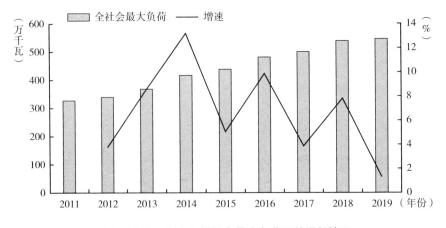

图 3　2011~2019 年廊坊市最大负荷及其增长情况

2019 年，廊坊市全社会最大负荷达到 546 万千瓦，2011~2019 年，廊坊市全社会最大负荷不断增大。

（二）用电量构成及用电需求分析

2011~2015 年，一产用电量年均增速为 -2.26%，二产用电量年均增速为 3.98%，三产用电量年均增速为 13.64%，城乡居民生活用电量年均增速为

4.73%。主要是受经济大环境影响，二产用电量增幅不高，尤其是在 2015 年二产用电量仅增加 0.5%。

2016～2019 年，廊坊市各产业用电量呈现新的趋势，一产用电量年均增速为 -4.69%，比"十二五"下降 2.43 个百分点；二产用电量年均增速为 -2.85%，比"十二五"下降 6.83 个百分点，主要是廊坊市持续进行产业结构调整，二产用电量有所减少；三产用电量年均增速为 21.38%，比"十二五"上升 7.75 个百分点；城乡居民生活用电量年均增速为 11.05%，比"十二五"上升 6.31 个百分点。

随着工业化进程的加快，第一产业用电量占比从 2011 年的 3.14% 下降到 2019 年的 1.85%。2011～2019 年廊坊市各产业及居民用电量比重最大的均为第二产业，但 2011～2013 年第二产业用电量占比逐年上升，2013 年以后第二产业用电量占比开始下降，这是由于廊坊市近年来积极推动产业结构转型升级，加大对高耗能、高污染企业的管控力度。随着廊坊市产业结构转型升级，大批新兴产业在廊坊市兴起，第三产业用电量占比持续升高，由 2011 年的 8.19% 上升至 2019 年的 20.70%，上升幅度较大。2011～2019 年，人民生活水平不断提高且受"煤改电"政策的影响，居民用电量占比升高。2011～2019 年廊坊市各产业及居民用电量占比情况如表3 和表 4 所示。

表3　2011～2019 年廊坊市各产业用电量和居民用电量情况

单位：亿千瓦时，%

指标	2011 年	2012 年	2013 年	2014 年	2015 年	2016 年	2017 年	2018 年	2019 年	年均增长率
全社会用电量	203.65	218.05	231.26	238.18	245.73	262.36	273.89	286.59	286.70	4.37
第一产业	6.4	5.91	5.22	5.32	5.84	6.11	6.65	5.33	5.29	-2.35
第二产业	152.14	163.85	173.53	176.97	177.87	184.35	183.12	176.04	169.04	1.33
第三产业	16.67	19.13	22.21	24.47	27.8	33.19	39.98	53.52	59.36	17.2
城乡居民生活	28.44	29.16	30.3	31.42	34.22	38.71	44.14	51.7	53.01	8.09

表4　2011～2019年廊坊市各产业用电和居民用电比重

年份	一产	二产	三产	居民
2011	3.14	74.71	8.19	13.97
2012	2.71	75.14	8.77	13.37
2013	2.26	75.04	9.60	13.10
2014	2.23	74.30	10.27	13.19
2015	2.38	72.38	11.31	13.93
2016	2.33	70.27	12.65	14.75
2017	2.43	66.86	14.60	16.12
2018	1.86	61.43	18.67	18.04
2019	1.85	58.96	20.70	18.49

（三）重点行业用电量分析

从行业能耗上看，廊坊市四大高耗能行业用电整体下降，2019年除化学原料及化学制品制造业用电量有所回升外，其余非金属矿物制造业、黑色金属冶炼及压延业、有色金属冶炼及压延业用电量相较于2018年都呈下降的态势，尤其是黑色金属冶炼及压延业用电量从2011年的48.99亿千瓦时下降到2018年的14.71亿千瓦时，2019年下降到3.49亿千瓦时（见表5）。

表5　2011～2019年廊坊市重点行业用电量情况

单位：亿千瓦时

项目 年份	2011	2012	2013	2014	2015	2016	2017	2018	2019
全社会用电量	203.65	218.05	231.26	238.18	245.73	262.36	273.88	286.59	286.71
工业	152.14	163.85	173.53	176.97	177.87	184.35	183.12	176.04	169.04
1. 采矿业									
黑色金属矿采选业									
2. 制造业	74.99	74.49	52.68	57.01	58.15	53.87	48.15	37.08	25.43
黑色金属冶炼及压延加工	48.99	50.48	29.8	35.27	38.21	32.14	26.51	14.71	3.49
化学原料及化学制品制造业	6.91	6.31	5.76	5.63	5.96	6.52	6.51	7.38	7.43

项 目 \ 年 份	2011	2012	2013	2014	2015	2016	2017	2018	2019
非金属矿物制品业	16.03	14.3	14.26	13.73	11.84	13.01	12.85	13.13	12.92
有色金属冶炼及压延加工业	3.06	3.4	2.86	2.38	2.14	2.2	2.28	1.86	1.59
3. 电力、燃气水的生产和供应业									

三　影响电力需求的主要因素分析

（一）廊坊市"十三五"经济发展形势

2019 年，廊坊对标对表"国家大事"，坚决落实国家和省对京冀交界地区和雄安新区周边地区管控政策，北三县按照与通州区"统一规划、统一政策、统一标准、统一管控"的要求，实施贴边区违法建设专项整治行动，对贴边区内项目列出清单、建立台账、分类整治，纳入拆迁范围的 33 项违法建筑彻底"清零"；全力支持大兴国际机场建设，涉及 11 项配套迁改项目基本完成，回迁区安置房加快建设，噪声区 5 个村街拆迁和降噪区 17 个村街降噪工作基本完成；及时出台服务支持雄安新区规划建设的决定和实施方案。加快推动交通、产业、生态环保三大重点领域率先突破，密涿高速廊坊段实现通连，京雄城际铁路、新机场北线高速、津石高速开工建设；中国移动大数据中心、中航试金石检测基地等一批京津转移项目加快建设或建成投产。全年引进京津项目 161 个、资金 660 亿元。扎实推进蓝天、碧水、净土三大保卫战，持续强化大气污染综合治理，全面完成 7.7 万户"煤替代"扫尾工程，三年累计完成 99 万户，在全省率先实现农村地区散煤清零。

（二）典型企业用电量情况分析

1. 廊坊市2019年整体用电量特点

（1）廊坊地区 2019 年全社会用电量同比增长仅 0.12 亿千瓦时，同比增速为0.04%。居民用电量同比增长1.31亿千瓦时，增速为2.53%，为2019年用电量增长的第一拉动力；工业用电量同比下降5.03亿千瓦时，增速为−2.97%；农业用电量同比增长0.02亿千瓦时，增速为0.23%。

（2）市公司用电量受钢铁大户用电量下降影响，同比下降7.68%；县公司用电量同比增长3.49%，其中，香河、永清和固安增速列前三名，增速分别为6.7%、5.5%和4.8%。

（3）华为、润泽和联通三家"大智移云"大数据企业用电量同比增长4.76亿千瓦时，同比增长59.43%。

2. 廊坊市2019年重点用户用电量情况（见表6）

表6　廊坊市2019年重点用户情况

单位：亿千瓦时，%

排序	用户名称	12月用电量			累计用电量		
		本期	同期	增长率	本期	同期	增长率
1	云谷（固安）科技有限公司	0.33	0.34	−3.27	3.98	2.44	62.66
2	河北兴荣冶金科技有限公司	0.01	0.33	−98.38	2.72	3.80	−28.43
3	润泽科技发展有限公司	0.48	0.36	35.78	6.25	3.28	90.27
4	富智康精密电子（廊坊）有限公司	0.24	0.18	33.60	2.85	2.77	2.79
5	华为技术服务有限公司	0.36	0.27	33.98	3.89	2.38	63.21
6	联通云数据有限公司廊坊市分公司	0.22	0.20	9.89	2.63	2.35	12.07
7	河北燕新建材集团有限公司	0.18	0.17	3.55	1.85	1.95	−5.32
8	华北石油管理局有限公司	0.09	0.06	55.39	1.58	1.33	18.21
9	大秦铁路股份有限公司大同西供电段	0.10	0.11	−2.13	1.22	1.21	1.00
10	文安县天澜新能源有限公司	0.10	0.11	−11.40	1.07	1.00	7.09
11	三河金苑电力安装处	0.12	0.10	24.44	1.16	1.00	16.13
12	润泽科技发展有限公司	0.12	0.15	−18.62	0.85	0.99	−13.51
13	霸州市新利钢铁有限公司	0.05	0.08	−29.91	0.67	0.88	−24.59
14	北京首都机场动力能源有限公司	0.00	0.12	−100.00	0.16	0.88	−81.38
15	河北智慧彩钢建材有限公司	0.07	0.07	6.26	0.80	0.82	−1.65
16	华北石油管理局有限公司	0.06	0.06	3.67	0.69	1.33	−48.06
17	河北前进钢铁集团有限公司	0.05	0.04	11.69	0.47	0.65	−28.43

排序	用户名称	12月用电量			累计用电量		
		本期	同期	增长率	本期	同期	增长率
18	中国铁路北京局集团有限公司衡水供电段	0.06	0.05	17.60	0.72	0.65	10.50
19	中安信科技有限公司	0.01	0.06	−85.24	0.23	0.62	−62.38
20	廊坊耐迪机电有限公司	0.03	0.04	−35.56	0.40	0.50	−19.83
合计		2.68	2.90	−7.03	34.19	30.83	10.84

前20用电量大户用电量同比增长3.34亿千瓦时,同比上升10.84%,占整体售电比重为11.93%,同比上升1.16个百分点。

河北兴荣冶金科技公司用电量减少1.08亿千瓦时,同比下降28.43%;河北燕新建材高耗能污染型企业用电量下降0.104亿千瓦时,同比下降5.32%,由于受"散乱污"治理停产的影响严重,2020年用电量明显下降;润泽科技、联通云数据、华为技术三家云数据企业一直保持较高增速,三家合计用电量增长4.62亿千瓦时,增速分别为90.27%、12.07%和63.21%,2020年以来三家企业增速逐渐放缓,但仍为大工业用电量的最主要增长点。新增用电大户云谷(固安)科技有限公司累计贡献用电量增量2.44亿千瓦时,根据该企业性质和发展前景,可以预见未来一段时间其将成为大工业用电量的重要增长点之一。

(三)分布式电源及其他影响因素分析

1. 重点行业发展对电力需求的影响

(1)从用电分类看,2020年居民用电和一般工商业用电仍为拉动本地区用电量增长的主要动力,受钢铁企业关停影响,大工业用电量将会保持小幅下降或与同期持平的趋势,不再成为本地区用电量增长的拉动力量。

(2)从用电大户看,2018年末廊坊洸远金属已经关停,影响2020年用电量,同比减少约10.68亿千瓦时,河北兴荣金属也于2019年关停,预计导致全年用电量减少1.62亿~3.24亿千瓦时;润泽科技、联通云数据、华为技术三家云数据企业明年增速会逐渐放缓,但仍为本地用电量的主要增长点,预计明年三家企业将贡献3.65亿千瓦时电量增量;2018年新增的大用户云谷(固安)科技预计将在2020年贡献电量增量2.25亿千瓦时。

（3）根据《廊坊市产业转型升级试验区规划》，在产业转移升级方面，廊坊市全面贯彻党中央、国务院系列决策部署，深入落实习近平总书记系列重要讲话和对河北发展的指示精神以及河北对廊坊市发展方向、目标的要求，牢固树立创新、协调、绿色、开放、共享发展理念，顺应供给侧结构性改革的大势。以"三去一降一补"为重点，以京津冀协同发展和廊坊产业转型升级为主线，以实施创新驱动战略为引领，以优化资源要素配置为助力，强化问题导向，实施重点突破，厚植产业优势，着力实施"中国制造2025"和"互联网＋"行动计划，围绕"淘汰落后、化解过剩、削减煤炭"做好减法，立足"壮大新兴、扩大三产、提升一产"做好加法。调整优化生产力布局，强化基础设施支撑，构建政策保障体系，努力打造先进制造业与现代服务业共同主导、传统产业与新兴产业双轮驱动的产业发展新格局，使供给体系更好地适应、影响和引领需求结构变化。

2. 污染治理

推动产业绿色转型。认真落实工业转型升级和战略性新兴产业三年行动计划，构建绿色产业体系。大力压减过剩产能，严格执行环保、质量、技术、能耗、水耗、安全6类严于国家的地方标准，严禁钢铁、水泥、煤炭、焦化、平板玻璃等行业新增产能，对确有必要新建的，实施产能减量置换。坚决淘汰落后产能。推动传统产业绿色发展，对高耗能、高污染和资源型企业，开展清洁化改造，建设绿色工厂。

3. 电能替代

2019年针对乡村电气化、工农业生产电气化、城乡居民生活电气化、绿色交通电气化、商业餐饮电气化、文化教育电气化六大领域开展电能替代项目推广专项行动，强化重点领域电能替代布局，打造特色领域示范项目，拓展电能替代深度和广度，力争2019年推广电能替代项目300余个，完成电能替代电量14.30亿千瓦时。

四 "十四五"电力需求预测

（一）"十四五"经济社会发展预测

到2025年预计廊坊市人口总量为538.08万人，GDP将达到4858.83亿元，产业结构进一步调整优化，具体情况如表7所示。

表7　廊坊市社会经济发展主要指标

单位：万人，亿元，%

类别		2010年	2015年	2020年	2025年	"十二五"年均增长率	"十三五"年均增长率	2020~2025年年均增长率
人口总量		435.88	456.32	501.41	538.08	0.92	1.90	1.42
经济总量	地区生产总值	1331.1	2082.16	3497.95	4858.82	9.36	10.93	6.79
	第一产业	157.4	166.83	242.76	285.21	1.17	7.79	3.28
	第二产业	712.3	1109.13	1824.18	2513.47	9.26	10.46	6.62
	第三产业	461.4	806.2	1431.01	2060.14	11.81	12.16	7.56
产业结构	地区生产总值	100	100	100	100	—	—	—
	第一产业	11.82	8.01	6.94	5.87	—	—	—
	第二产业	53.52	53.27	52.15	51.73	—	—	—
	第三产业	34.66	38.72	40.91	42.4	—	—	—

（二）电力需求总量预测

考虑到廊坊电网特点，本次电量预测采取自然增长率法、弹性系数法及产值单耗法。

1. 自然增长率法

运用多种数学模型对2019~2025年廊坊市用电量进行预测，预测方法及相应的预测结果如表8所示。

表8　廊坊市自然增长率法用电量预测结果

单位：亿千瓦时

项　目 ＼ 年　份	2019	2020	2021	2022	2023	2024	2025
多项式	286.71	312.94	340.24	368.72	398.47	429.59	462.20
等增长率	286.71	309.29	332.88	357.56	383.39	410.47	438.89
指数平滑_二次曲线	286.71	305.43	325.00	345.46	366.87	389.30	412.80
移动平均	286.71	302.25	318.48	335.43	353.14	371.66	391.01
包络模型_下限	286.71	299.38	312.57	326.31	340.62	355.53	371.07

根据以上各种模型预测结果，至2025年，廊坊市用电量处于371.07亿千瓦时到462.20亿千瓦时，通过数据分析和专家干预，确定462.20亿千瓦时、

412.80亿千瓦时、371.07亿千瓦时分别为廊坊市用电量发展的高、中、低方案，选取结果如表9所示。

表9　廊坊市用电量预测结果

单位：亿千瓦时，%

方案	2019年	2020年	2021年	2022年	2023年	2024年	2025年	年均增长率
高方案	286.71	317.28	349.90	384.80	398.47	436.05	462.20	8.58
中方案	286.71	312.04	339.32	368.71	365.57	396.52	412.80	6.26
低方案	286.71	308.04	330.93	355.51	340.50	365.70	371.07	4.39

2. 电力弹性系数法

由历史年电力弹性系数的变化可知，廊坊市电力弹性系数波动较大，2015～2019年的平均弹性系数为0.38，电力发展滞后于经济增长，今后随着产业结构改革，廊坊市电力弹性系数"十四五"期间将稍有升高（见表10）。

表10　廊坊市电力弹性系数法用电量预测结果

项　目　＼　年　份	2019	2020	2021	2022	2023	2024	2025
GDP(亿元)	3214.00	3497.95	3841.79	4215.88	4220.96	4622.76	4858.83
GDP年增长率(%)	3.40	8.83	9.83	9.74	0.12	9.52	5.11
弹性系数	0.01	1.00	1.00	1.00	1.00	1.00	1.00
电量年增长率(%)	0.04	8.83	9.83	9.74	0.12	9.52	5.11
电量(亿千瓦时)	286.71	312.04	342.71	376.08	376.54	412.38	433.44

3. 产值单耗法

根据产品（或产值）用电单耗和产品数量（或产值）来推算电量，是预测有单耗指标的工业和部分农业用电量的一种直接有效的方法。本次规划单耗值在历史年的水平上稍有调整，并适当低于历史年数值，其预测结果如表11所示。

表11　2019～2025 年产值单耗法用电量预测结果

单位：亿千瓦时，千瓦时/元

项目＼年份	2019	2020	2021	2022	2023	2024	2025
电量	286.71	302.68	332.43	364.80	365.24	392.84	420.43
GDP	3214.00	3497.95	3841.79	4215.88	4220.96	4539.90	4858.83
单耗值	0.089	0.087	0.087	0.087	0.087	0.087	0.087

综合考虑廊坊市总体发展情况，自然增长率法中的中方案较为合理，廊坊市 2020～2025 年电力需求总量预测结果如表 12 所示。

表12　廊坊市 2020～2025 年电力需求总量预测结果

单位：亿千瓦时

年份	2019	2020	2021	2022	2023	2024	2025
全社会用电量	286.71	312.04	339.32	368.71	365.57	396.52	412.80

五　结论及建议

（一）主要结论

通过对廊坊市经济发展情况及电力消费实绩的分析，并专题研究了夏季降温与冬季采暖负荷、重点行业电力消费情况等，通过自然增长率、产值单耗、弹性系数等方法进行综合预测，预测廊坊市至 2020 年用电量达 312.04 亿千瓦时，至 2025 年达 412.80 亿千瓦时。

（二）有关建议

电力市场分析和预测是电力系统发展规划和电力企业经营工作的重要基础之一。全社会用电量及最大负荷的预测是电力市场分析和预测工作的一个重要方面，也是电网规划的基础工作之一，对电力企业的电网规划显得越来越重要。电力负荷往往随季节的变化、生产行业的不同需求、社会经济发展以及人民生活水平的提高等而不断地变换，这使得用电需求具有随机性和不确定性的特点。

为优质完成廊坊地区负荷预测相关工作，提出以下几点建议。

1. 紧密关注最新形势政策影响

由于廊坊地理位置的独特性，受京津冀协同发展的影响，形势政策变化较快，雄安新区、首都新机场、北京城市副中心等政策均对负荷预测产生较大影响，应重点关注最新政策对廊坊地区总规、控规的影响，及时对接，适时对负荷预测结果进行调整。

2. 持续跟踪"煤改电"后续发展

2017年，廊坊地区完成了7.4万户的"煤改电"配套电网建设工作，采暖季电网运行平稳。对比"煤改气"，电采暖具有清洁可靠、安全性高等优点，因此属地政府后续仍具有开展规模性的"煤改电"建设改造工作的可能性，应持续跟踪政府"煤改电"开展意向，精准掌握潜在负荷发展情况。

3. 加强用户用电信息的收集和管理工作

负荷特性因时间的差异呈现出不同的特点，由于配电网直接面向众多用户，因此与其相关的负荷特性信息量十分巨大。为了能进一步提升电网规划的精益化水平，有必要及时追踪掌握规划区内用户的详细用电信息，加强用户负荷特性的研究工作，为配电网规划项目的科学决策提供依据和支撑。

4. 不断调整完善负荷分类

积极开展典型用户优化组合的研究，准确地把握典型用户的负荷曲线，可以更好地服务和指导配电网的规划工作，协调发展，减少投资，提高土地资源和电网输变电设备利用率。

5. 持续跟踪研究用户负荷发展规律

持续跟踪用户负荷特性的变化，及时把握用户负荷特性的变化规律。结合以往经验，尤其是对工业类典型用户要进行连续多年跟踪，研究其阶段负荷发展、变化，进而准确把握其发展规律，结合其负荷成长特性，合理布局，有序投资。对于"煤改电"用户负荷，应结合实际运行情况对初始测算进行反馈校核，持续探索"煤改电"负荷特性及规律，为后续"煤改电"负荷预测工作提供参考和指导。

6. 关注高耗能企业

通过负荷现状的分析可知，高耗能企业的用电可以对负荷特性起到一定的改善作用，但其受国家宏观调控政策和市场供需因素的影响较大，因此对电网负荷特性的改善作用具有不稳定性，甚至会造成一定的冲击，其用电比重的过大导致电网抵御市场风险能力较弱。建议在对负荷预测时，考虑工业负荷对地区负荷特性的影响，密切关注高耗能产业的动向，跟踪高耗能市场变化情况，加大高耗能用电市场的预测力度，预防工业负荷不稳定对地区负荷造成的冲击。

参考文献

河北省人民政府：《河北省国民经济与社会发展第十三个五年规划纲要》，2016。

廊坊市人民政府：《廊坊市城市总体规划（2016～2030年）》，2016。

国家电网有限公司：《110千伏及以下配电网规划技术指导原则（2016年版）》，2016。

国家电网有限公司：《城市电力规划规范》，2014。

国家电网有限公司：《城市配电网规划设计规范》，2010。

国家电网有限公司：《配电网建设改造行动计划》（国家电网发展〔2015〕2013号），2015。

秦皇岛市"十三五"电力需求分析与 "十四五"电力需求预测报告

郭立文　宋国堂　袁彬瀚　王琦　李超*

摘　要： 秦皇岛市位于河北省东北部，辖区面积7802平方公里，截至2019年底人口达到314.63万。农业发达，旅游资源丰富，便利的交通条件使得秦皇岛市成为京津冀协同发展区域的重要节点城市之一。多年来，秦皇岛市已形成服务业以旅游和物流业为支柱，工业以装备制造、金属冶炼及压延加工、粮油食品加工、玻璃及玻璃制品制造为支柱的"2+4"的产业发展格局。秦皇岛市全社会用电量近年来因受产业结构调整和国家政策影响一直在130亿~150亿千瓦时区间持续波动。自2010年开始保持了两年平稳增长后，2012年受产业结构改革、国际经济形势下滑等因素影响，用电量增势放缓，直到2016年才恢复增长态势，截至2019年底，全社会用电量达到150.45亿千瓦时。"十四五"期间随着京津冀协同发展，秦皇岛市继续推进产业升级，改造提升传统产业，加快培育战略性新兴产业，旅游业蓬勃发展，用电量将在今后持续增长，预测2020年全社会用电量为156.77亿千瓦时，2025年全社会用电量为192.57亿千瓦时，"十四五"年均增长率为4.2%。

---

* 郭立文，国网秦皇岛供电公司高级工程师，工学学士，研究方向为能源电力经济、电网规划设计技术；宋国堂，国网秦皇岛供电公司高级工程师，工学硕士，研究方向为电网规划管理与电源接入；袁彬瀚，国网秦皇岛供电公司工程师，工学学士，研究方向为能源电力经济、配电网规划；王琦，国网秦皇岛供电公司工程师，工学学士，研究方向为能源电力经济、电网规划设计技术；李超，国网秦皇岛供电公司工程师，工学学士，研究方向为能源电力经济、电网规划设计技术。

关键词: 秦皇岛市　特色产业　电量预测

一　地区经济发展情况

秦皇岛位于中国河北省东北部,辖区面积7802平方公里,辖海港、北戴河、山海关、抚宁4个城市区和青龙满族自治县、昌黎、卢龙3个县及秦皇岛经济技术开发区、北戴河新区两个经济区,截至2019年底人口达到314.63万,是京津冀协同发展的重要节点城市。

(一)经济总量情况

2010~2019年,秦皇岛市GDP处于整体增长态势,由2010年的930.4969亿元增长至2019年的1612.02亿元,年平均增速6.3%。其中一、二、三产业年平均增速分别为5.57%、4.15%、8.06%(见表1)。

"十三五"期间,地区生产总值年平均增速维持在6.37%,一、二、三产业增速幅度呈现三、二、一顺序增长的态势。

表1　历年GDP和工业增加值增速变化情况

单位:亿元,%

年份	GDP	GDP增速	第一产业	GDP增速	第二产业	GDP增速	第三产业	GDP增速
2010	930.4969	15.66	126.7176	23.81	367.7935	17.99	435.9858	11.65
2011	1070.0785	15.00	139.94	10.44	419.4795	14.05	510.659	17.13
2012	1139.16	6.46	147.58	5.46	447.68	6.72	543.9	6.51
2013	1168.75	2.60	171.46	16.18	447.57	-0.02	549.72	1.07
2014	1199.8	2.67	174.7	1.89	447.4	-0.04	577.7	5.09
2015	1250.44	4.20	177.63	1.68	445.09	-0.52	627.72	8.66
2016	1339.54	7.13	195.54	10.08	461.62	3.71	681.98	8.64
2017	1506.01	12.43	200.02	2.29	520.68	12.79	785.31	15.15
2018	1635.6	8.60	203.3	1.64	542	4.09	890.3	13.37
2019	1612.02	6.7	206.32	1.49	530.14	-2.19	875.56	-1.66
"十三五"平均增速	—	6.37	—	1.80	—	4.72	—	8.69
年平均增速	—	6.3	—	5.57	—	4.15	—	8.06

（二）产业结构调整

秦皇岛市"三、二、一"顺序的产业结构相对稳定，2010～2019年受河北省节能减排政策影响，第二产业中部分企业，出现减产、停产现象，第二产业占比逐渐萎缩。因环境逐年改善、政府大力鼓励周边游，旅游业发展迅速，第三产业增速较快，占比逐年增大。第三产业呈现上升态势（见表2）。

表2　历年一、二、三产占比变化情况

单位：%

年份	一产占比	二产占比	三产占比
2010	13.62	39.53	46.86
2011	13.08	39.20	47.72
2012	12.96	39.30	47.75
2013	14.67	38.29	47.03
2014	14.56	37.28	48.14
2015	14.21	35.59	50.20
2016	14.60	34.46	50.91
2017	13.28	34.57	52.15
2018	12.43	33.14	54.43
2019	12.80	32.90	54.30

（三）工业及主导产业发展情况

随着国家经济复苏态势逐渐明显，2019年工业生产稳步发展。全年规模以上工业增加值比上年增长7.6%。分经济类型看，国有控股企业增加值增长5.3%，股份制企业增加值增长10.9%，外商及港澳台商投资企业增加值下降3.2%。分主要行业看，黑色金属冶炼及压延加工业增加值增长12.0%，计算机、通信和其他电子设备制造业增加值增长24.2%，汽车制造业增加值增长7.0%，专用设备制造业增加值下降4.2%，农副食品加工业增加值下降6.4%，高新技术产业和战略性新兴产业增加值分别增长9.9%和9.7%。

服务业增长较快。全年实现服务业增加值847.24亿元，比上年增长8.5%。其中，交通运输、仓储和邮政业增加值183.93亿元，增长6.7%；批发和零售业增加值107.08亿元，增长10%；住宿餐饮业增加值41.13亿元，增长9%；金融业增加值81.88亿元，增长7.9%；房地产业增加值101.57亿元,增长 7%;其他服务业增加值 331.65 亿元,增长 9.1%。全市港口货物吞吐量 2.19 亿吨,比上年下降 5.4%,其中秦皇岛港 2.11 亿吨,下降 5.0%。港口集装箱吞吐量 61.73 万标准箱,增长 5.6%。邮政业务收入 9.49 亿元,增长 10.5%,其中快递业务收入 5.96 亿元,增长 7.3%。电信业务收入 23.05 亿元,下降 1.1%。全市共接待游客 7262.33 万人次,同比增长 16.2%,实现旅游收入 1013.97 亿元,同比增长 22.9%。

(四)新兴产业发展情况

新兴产业培育壮大,北戴河生命健康产业创新示范区建设进展顺利,中关村生命园昌黎科创基地等项目加快建设,国际健康中心等六大中心全面运营;电子信息产业实现主营业务收入 128 亿元,增长 15%;成功举办第四届中国康养产业发展论坛、第二届中国康复辅助器具产业创新大会、中国软件创新发展大会等重大活动,一批合作成果签约落地,为大健康、康复辅助器具、信息服务等战略性新兴产业发展奠定坚实基础。

二 本地区电力消费实绩

(一)负荷电量总量分析

2010~2019 年,秦皇岛地区用电量保持了两年的平稳增长,2012 年开始受产业结构改革、国际经济形势下滑等因素影响,用电量增势明显放缓,2013 年开始出现下降态势,直到 2016 年才恢复增长趋势。

"十三五"期间,2016 年比 2015 年全社会用电量上升 2.17%,2017 年比 2016 年全社会用电量上升 6.95%,2018 年比 2017 年全社会用电量上升 4.77%,2019 年较 2018 年全社会用电量下降了 2.64%(见图 1)。

2010~2019 年,秦皇岛地区最大负荷变化态势随用电量变化态势变化而变化。

"十三五"期间,2016 年比 2015 年全社会最大用电负荷上升 9%,2017 年比 2016 年全社会最大用电负荷上升 3%,2018 年比 2017 年全社会最大用电负荷上升 8%,2019 年较 2018 年全社会最大用电负荷上升 2%(见图 2)。

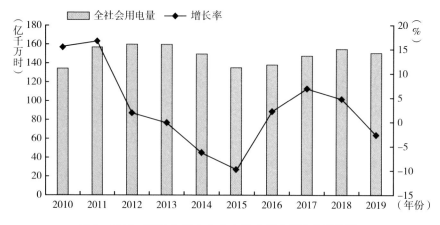

图1　2010～2019年秦皇岛市全社会用电量及其增长情况

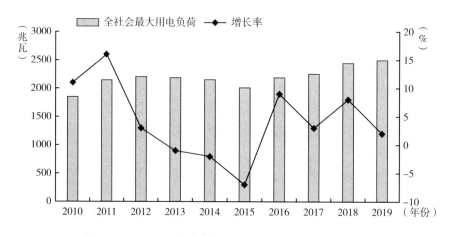

图2　2010～2019年秦皇岛市最大用电负荷及其增长情况

（二）用电量构成及用电需求分析

2010～2019年，秦皇岛地区第一产业资源不丰富，历年来发展变化均不大，用电量呈现逐年上升态势。第二产业受国家整体经济下滑、河北省节能减排措施实施影响，用电量呈现逐年下行态势。秦皇岛地区因环境逐年改善、政府大力鼓励周边游等，旅游业发展迅速，对第三产业内的其他相关行业起到了很大的带动作用，随着旅游人口逐年增多，第三产业用电量呈现上升态势。城乡居民生活用电量逐年上升（见表3）。

表3 2010～2019年秦皇岛市各产业用电量和居民用电量情况

单位：亿千瓦时

年份	一产	二产	三产	居民
2010	1.616	101.81	18.74	12.12
2011	1.91	121.65	19.84	13.32
2012	2.21	121.57	20.9	15.02
2013	2.68	118.22	22.43	16.22
2014	3.05	107.7	23.37	15.4
2015	3.34	90.5	24.76	16.35
2016	3.51	92.19	25.38	16.86
2017	3.93	97.14	28.54	17.87
2018	3.51	100.14	31.68	19.21
2019	3.72	94.63	32.2	19.9

2010～2019年秦皇岛市各产业和居民用电量占比情况如表4所示。

表4 2010～2019年秦皇岛市各产业用电量和居民用电量比重

单位：%

年份	一产	二产	三产	居民
2010	1.20	75.82	13.96	9.03
2011	1.22	77.62	12.66	8.50
2012	1.38	76.12	13.09	9.40
2013	1.68	74.10	14.06	10.17
2014	2.04	72.04	15.63	10.30
2015	2.47	67.05	18.34	12.11
2016	2.54	66.83	18.40	12.22
2017	2.66	65.86	19.35	12.12
2018	2.27	64.80	20.50	12.43
2019	2.47	62.90	21.40	13.22

2010～2019年，2015年较2011年，第一产业用电量占比上升1.25个百分点，第二产业用电量占比下降10.57个百分点，第三产业用电量占比上升5.68个百分点。这主要归因于秦皇岛全市大重点工业企业在"十二五"期间

普遍进入低谷期，首秦、宏兴等一批大用电量用户在国家环境治理、去产能的大背景下纷纷减产，这是秦皇岛地区经济转型，大力发展农业、旅游业所致。因秦皇岛地区经济良好、居民人均收入逐年上升，给城乡居民生活改善方面提供了有力支撑，城乡居民生活用电量占比一直保持上升态势。

（三）重点行业用电量分析

2010～2019年，秦皇岛第二产业中，2019年三大行业电力消耗占比分别为：采矿业占比6.21%，制造业占比71.37%，电力、燃气水的生产和供应业占比20.37%。

随着钢铁和铁矿石价格下跌、压缩产能、环境治理，2016年采矿业地区用电量降至历史最低点，其后略有增长。受产能过剩调整和污染治理、行业生产线的革新、产业能耗下降影响，制造业用电量一直小幅波动（见表5）。

表5　2010～2019年秦皇岛市重点行业用电情况

单位：亿千瓦时

年份 项目	2010	2011	2012	2013	2014	2015	2016	2017	2018	2019
全社会用电量	134.28	156.72	159.71	159.54	149.51	134.97	137.94	147.49	154.53	150.45
工业	100.48	119.6	119.54	115.89	105.7	88.85	90.72	95.57	98.31	92.74
1. 采矿业	12.06	13.95	12.81	11.86	11.52	4.09	3.17	5.49	6.47	5.89
黑色金属矿采选业	9.43	11.11	10.19	9.52	9.26	2.25	1.3	3.65	4.77	4.94
2. 制造业	70.6	88.63	87.81	84.79	77.08	69.24	70.62	73.21	72.9	67.56
黑色金属冶炼及压延加工	31.08	42.35	41.23	39.32	32.3	25.67	24.95	25.51	20.42	14.8
化学原料及化学制品制造业	3.52	4.32	3.95	3.79	4.56	4.57	4.51	4.62	4.5	3.8
非金属矿物制品业	12.83	15.06	13.4	12.43	12.17	10.46	10.96	12.44	14.45	14.44

项目 年份	2010	2011	2012	2013	2014	2015	2016	2017	2018	2019
有色金属冶炼及压延加工业	2.14	3.57	2.66	2.2	1.88	2.36	2.98	1.53	1.08	1.08
3. 电力、燃气水的生产和供应业	17.82	17.02	18.92	19.24	17.1	15.52	16.93	16.87	18.94	19.29

三 影响电力需求的主要因素分析

(一)秦皇岛市"十三五"经济发展形势

根据秦皇岛市产业空间布局规划（2015～2020 年），秦皇岛的功能定位为国际知名的旅游休闲度假胜地、国家重要的综合性港口物流基地、全国具有影响力的临港大型装备制造业基地、环渤海地区后发崛起的科技成果转化基地和新兴产业基地、京津冀地区高端产业承接基地和优质农副产品供应基地、冀辽边际地区区域性中心城市。

多年来，秦皇岛市已形成了服务业以旅游和物流业为支柱，工业以装备制造、金属冶炼及压延加工、粮油食品加工、玻璃及玻璃制品制造为支柱的"2+4"的产业发展格局。根据秦皇岛多年发展特点，市政府将地区产业发展规划为三类：

（1）夯实做强类产业：现代旅游业、装备制造业、食品工业；

（2）大力拓展类产业：战略性新兴产业、新兴海洋产业、现代服务业；

（3）转型提升类产业：钢铁工业、玻璃工业、特色农业。

"十三五"期间，秦皇岛市政府基本按照规划逐步落实各项产业政策，取得了一系列可喜成绩，确保了秦皇岛地区各项产业的健康、有序发展，产业结构得到很大改善。但发展的同时也存在发展动力不足、部分产业增长缓慢的情况，其中原因较多，主要有以下几点。

（1）世界经济复苏艰难曲折，我国经济增速放缓，国内传统行业如冶金设备、船舶制造、铁路设备等装备制造业的增长速度明显回落，冶金、建材等中低端产品产能过剩状况逐步加重，周边地区曹妃甸新区、渤海新区、东戴河等新的产业平台不断涌现，秦皇岛在吸引国内外产业转移和高端要素集聚等方面难度增大，以大规模的产业进入推动产业空间布局优化调整的难度在加大。

（2）秦皇岛市产业空间布局的调整客观上受到既有地区利益格局固化和历史遗留问题等多种因素的制约，要在较为复杂的局面中走出一条既客观科学、符合实际，又能被各方接受的路子，面临的任务将较为艰巨。

（3）产业空间布局调整必然需要配套建设一批基础设施，在经济下行压力加大的背景下，大批基础设施建设必将带来较大的资金压力，一旦资金不足，就会造成产业调整进度放缓甚至搁置，造成规划落实无法到位。

（二）典型企业用电情况分析

在秦皇岛第二产业中，2019 年四大行业电力消耗占比分别为：采矿业占比 6.46%，制造业占比 72.77%，电力、燃气水的生产和供应业占比 18.91%，建筑业占比 1.86%（见图 3）。

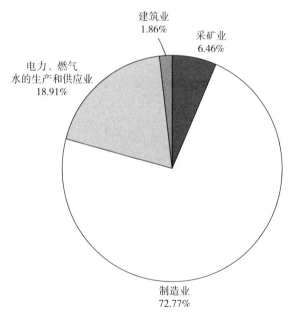

图 3　2019 年秦皇岛第二产业各行业电力消耗占比

第二产业中采矿业电力消耗占 6.46%，在采矿业中又以黑色金属矿采选业占比最大（见图 4）。

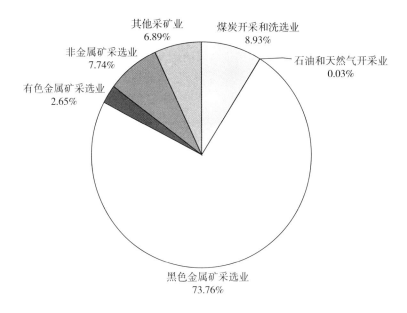

图 4 2019 年秦皇岛采矿业中各行业电力消耗占比

由于秦皇岛的青龙县、卢龙县有着较丰富的铁矿资源，随着国内钢铁价格的逐步上涨，两县的铁矿采选企业逐步增加，形成一定规模的铁矿石开采和加工能力，秦皇岛地区黑色金属矿采选用电量逐年攀升，并于 2011 年达到最大，选矿业也一度成为青龙县的支柱产业。随着钢铁和铁矿石价格的大幅下跌和国家压缩过剩的钢铁产能以及政府对环境污染深入治理，2016 年地区黑色金属矿采选用电量降至 2005 年来历史最低点，卢龙、青龙两县选矿企业一度全部停产。2017 年随着铁矿石价格的逐步走高，部分选矿企业逐步恢复生产能力，其中卢龙县的 330 余家企业已彻底停产，无复产可能，青龙县部分规模较大企业恢复生产，选矿用电量主要来自这部分企业。

2019 年，秦皇岛地区黑色金属矿采选业用电量走势受多种因素影响，包括各级政府相关部门执行产业规划的决心和开展压减过剩产能、治理污染保护环境的力度、国内铁矿石价格的走势等。在青龙县，影响黑色金属矿采选业用电量的因素主要是国内铁矿石价格的走势，据业内人士分析，目前的铁矿石价格已具备一定的利润空间，近一段时间可能会维持高位震荡走势，这将对黑色金属矿采选业构成支撑，2019年该行业用电量将会在现有基础上有所增加，有可能达到2014年的水平。

制造业用电量在秦皇岛二产中占比达到72.77%，其中又以非金属矿物制品业中的水泥、玻璃制造业以及黑色金属冶炼及压延加工业的钢铁压延业占比最高，属于秦皇岛四大支柱产业中的两大产业（见表6）。

表6　2018年秦皇岛制造业中各行业用电量占比统计

名称	电量（万千瓦时）	占比（%）
制造业	675634.2	100
农副食品加工业	39122.9	5.79
食品制造业	32020.2	4.74
造纸和纸制品业	28717.5	4.25
化学原料和化学制品制造业	38054.0	5.63
非金属矿物制品业	144085.7	21.33
黑色金属冶炼及压延加工业	148068.6	21.92
有色金属冶炼及压延加工业	10835.6	1.60
金属制品业	42201.2	6.25
通用设备制造业	34007.4	5.03
汽车制造业	64894.0	9.60
铁路、船舶、航空航天和其他运输设备制造业	14907.5	2.21
计算机、通信和其他电子设备制造业	37774.4	5.59
其他	40945.2	6.06

（三）分布式电源及其他影响因素分析

截至2019年底，秦皇岛市供电区内共有110千伏及以下地方及企业自备发电厂14座，总装机容量为146.48兆瓦。其中，110千伏发电厂2座，总装机容量为40兆瓦；35千伏发电厂3座，总装机容量为67.5兆瓦；10千伏自备发电厂9座，总装机容量为38.98兆瓦。

在秦皇岛市110千伏及以下地方及企业自备发电厂中，火电厂装机容量

54兆瓦，所占比例36.87%，水电厂装机容量26.48兆瓦，所占比例18.08%。

综合以上方面，对影响秦皇岛地区电力需求的主要因素总结如下。

（1）秦皇岛产业规划重点是保护生态环境，大力发展旅游业，如果政策执行彻底，地区部分污染大、耗电高的产业将被限制发展，对电力需求将产生负面影响。

（2）国际、国内铁矿石、铁精粉价格波动将对青龙县采选矿业产生影响，电力需求将产生波动。

（3）国家抑制房地产业过快发展会对非金属矿物制品业产生负面影响。由于地区特点，如果没有大的负面政策出台，秦皇岛地区所受影响较小，对电力需求影响较小。

（4）首钢秦皇岛材料公司搬迁至曹妃甸将造成秦皇岛地区每年减少用电量8亿度以上。

（5）秦皇岛地区大力发展旅游业会使第三产业用电量有所提升。

（6）秦皇岛港运输业务面临竞争，业务量逐年下降，对运输业用电量产生负面影响。

四　"十四五"电力需求预测

（一）"十四五"经济社会发展预测（见表7）

表7　秦皇岛市社会经济发展主要指标

单位：万人，亿元，%

类别		2015年	2020年	2025年	"十三五"年均增长率	"十四五"年均增长率	2015~2025年年均增长率
人口总量		305	314.63	326.71	0.62	0.74	0.68
经济总量	地区生产总值	1250.4	2000	2700	2.40	3.97	3.18
	第一产业	177.6	200	243	14.61	5.20	9.80
	第二产业	445.1	880	1134	7.95	7.54	7.74
	第三产业	627.7	920	1323	2.40	3.97	3.18

续表

类别		2015 年	2020 年	2025 年	"十三五"年均增长率	"十四五"年均增长率	2015～2025 年年均增长率
产业结构	地区生产总值	100	100	100	—	—	—
	第一产业	14.56	12.80	12	—	—	—
	第二产业	37.28	32.90	33	—	—	—
	第三产业	48.14	54.30	55	—	—	—

（二）电力需求总量预测

1. 人均用电量法

人均用电量法是用增长率法、回归法等方法进行数值计算或综合分析规划期人均用电量值，与预测年人口值相乘，得出规划年的年用电量。

"十二五"期间，秦皇岛市常住人口数量年平均增长率为 0.55%，受国家全面放开二胎政策、秦皇岛市引进人才政策影响，2016～2019 年秦皇岛市常住人口数量年平均增长率达到 0.66%。随着秦皇岛市引进人才政策进一步深入，外来人口数量将有所增长，因此"十三五"期间人口按照年均 0.66% 计算，"十四五"及远景年人口按照年均 0.7% 计算。

表 8　秦皇岛市历史年人均用电量情况

项目 \ 年份	2012	2013	2014	2015	2016	2017	2018	2019
全社会用电量（亿千瓦时）	156.72	159.71	159.54	149.51	134.97	137.9	147.49	154.53
人口（万人）	300.62	302.16	304.52	306.45	307.32	309.46	311.08	313.42
人均用电量（千瓦时）	5213.23	5285.61	5239.06	4878.77	4391.84	4456.15	4741.22	4930.44

从表 8 可以看出，2011～2015 年秦皇岛市人均用电量年均增速呈负增长，随着经济回暖，2016～2019 年人均用电量年均增长率为 3.9%。可以预计，由于秦皇岛市产业结构调整，人均用电量还将进一步增长，但是随着我国经济进入"新常态"，增长率会进一步降低（见表 8）。"十三五"期间人均用电量年均增长率保持在 3.9%，"十四五"期间人均用电量年均增长率取 3.8%。

表9　秦皇岛市 2020～2025 年全社会用电量预测（人均用电量法）

项　目　＼＼　年份	2020	2021	2022	2023	2024	2025
全社会用电量（亿千瓦时）	161.62	169.03	176.68	184.67	193.03	201.77
人口（万人）	315.49	317.57	319.79	322.03	324.28	326.55
人均用电量（千瓦时）	5122.73	5322.51	5524.77	5734.71	5952.63	6178.83

根据上述分析，2020 年和 2025 年秦皇岛市全社会用电量预测结果分别为 161.62 亿千瓦时和 201.77 亿千瓦时，具体情况如表 9 所示。

根据《城市电力规划规范》（GB/T 50293—2014）标准提供的参考指标，秦皇岛市属于用电水平较高城市。预测 2030 年秦皇岛市人口将达到 340.51 万，人均用电量取 8000 千瓦时，全社会用电量预测结果为 272.4 亿千瓦时。

2. 电力弹性系数法

电力弹性系数法指的是地区全社会用电量的年均增长率与国民生产总值（GDP）年均增长率的比值。弹性系数法的优点在于其计算方法非常简单，但由于系数的波动比较大，具有一定的不确定性，因此预测结果可能会存在一定的误差。该方法一般用于宏观的负荷预测。

对秦皇岛地区历年全社会用电量及 GDP 进行统计，计算其增长率及电力弹性系数，如表 10 所示。

表 10　秦皇岛地区历年电力弹性系数

单位：亿千瓦时，％，亿元

项目	全社会用电量	用电量增长率	GDP	GDP 增长率	电力弹性系数
2001 年	38.8498	—	260.1254	—	—
2002 年	42.1999	8.62	282.6906	8.67	0.99
2003 年	45.4433	7.69	311.6334	10.24	0.75
2004 年	52.4750	15.47	358.2427	14.96	1.03
2005 年	62.9374	19.94	425.1391	18.67	1.07
2006 年	71.5987	13.76	453.4994	6.67	2.06
2007 年	84.6169	18.18	534.3611	17.83	1.02
2008 年	103.6104	22.45	647.7079	21.21	1.06

续表

项目	全社会用电量	用电量增长率	GDP	GDP 增长率	电力弹性系数
2009 年	109.6578	5.84	760.6319	17.43	0.34
2010 年	116.1647	5.93	804.5421	5.77	1.03
2011 年	134.2825	15.60	930.4969	15.66	1.00
2012 年	156.7267	16.71	1070.08	15.00	1.11
2013 年	159.7160	1.91	1139.17	6.46	0.30
2014 年	159.5478	-0.11	1168.8	2.60	-0.04
2015 年	149.5126	-6.29	1200.02	2.67	-2.36
2016 年	134.9733	-9.72	1250.44	4.20	-2.31
2017 年	137.9368	2.20	1349.54	7.93	0.28
2018 年	147.49	6.93	1506.01	11.59	0.60
2019 年	154.53	4.79	1635.56	8.60	0.56
"十五"期间	—	14.13	—	12.54	1.13
"十一五"期间		12.24	—	14.87	0.82
"十二五"期间	—	-3.67	—	3.97	-0.92
"十三五"期间	—	5.85	—	10.09	0.58

"十二五"期间，受国家宏观调控影响，秦皇岛地区经济发展速度放缓，地区全社会用电量甚至出现负增长，地区经济处于调整期。

"十三五"前三年，秦皇岛地区经济形势有所好转，地区全社会用电量也稳步增长。根据 2020 年秦皇岛市《政府工作报告》，预计 2020 年秦皇岛地区生产总值增长 7% 左右。采用弹性系数法，在地区用电规模未发生较大变化的情况下，对秦皇岛地区用电量进行预测，结果如表 11 所示。

表 11　秦皇岛市 2020～2030 年全社会用电量预测（电力弹性系数法）

年份	GDP 增长率(%)	电力弹性系数			用电量增速（%）			全社会用电量(亿千瓦时)		
		高	中	低	高	中	低	高	中	低
2020	7	1	0.7	0.5	7	4.9	3.5	165.35	162.10	159.94
2021	7	1	0.7	0.5	7	4.9	3.5	176.92	170.05	165.54
2022	7	1	0.7	0.5	7	4.9	3.5	189.31	178.38	171.33

年份	GDP 增长率(%)	电力弹性系数			用电量增速(%)			全社会用电量(亿千瓦时)		
		高	中	低	高	中	低	高	中	低
2023	7	1	0.7	0.5	7	4.9	3.5	202.56	187.12	177.33
2024	7	1	0.7	0.5	7	4.9	3.5	216.74	196.29	183.53
2025	7	1	0.7	0.5	7	4.9	3.5	231.91	205.90	189.96
2030	7	1	0.7	0.5	7	4.9	3.5	348.03	274.36	233.51

3. 产值单耗法

产值单耗法是根据第一、第二、第三产业每单位产值用电量创造的经济价值，根据所预测的经济指标推算出年用电需求量，加上居民生活年用电量，构成全社会年用电量预测值的一种预测方法。

通过对秦皇岛地区历年 GDP、全社会用电量的数据进行统计，得出2012～2019 年历年分产业产值单耗值，如表 12 所示。

根据《秦皇岛市国民经济和社会发展"十三五"规划纲要》《秦皇岛市城市总体规划（2016～2035 年）初步成果》制定的发展目标，参考秦皇岛市 2012～2019 年三产 GDP 实际年平均增长率，预测 2030 年三产 GDP 增长率，给出高、中、低三种方案，如表 13 所示。

秦皇岛市全社会生产总值单耗值由 2012 年的 0.1465 千瓦时/元下降至 2019 年的 0.0945 千瓦时/元，年平均增长率 -6.07%。主要是近年来产业结构调整，第一、第二产业增势较弱，第三产业增势较强所致。

第一产业用电单耗稳定增长，由 2012 年的 0.0136 千瓦时/元上升到 2019 年的 0.0173 千瓦时/元，年平均增长率 3.5%。其原因主要是秦皇岛地区农业全面落实乡村振兴战略，以调结构、转方式为主线，加快农业供给侧结构性改革，农村经济实现稳步增长。

第二产业用电单耗持续下降，由 2012 年的 0.29 千瓦时/元下降到 2019 年的 0.1848 千瓦时/元，年平均增长率 -6.23%。其原因主要是秦皇岛地区去产能、转动能，关闭高耗能、高污染的项目，淘汰落后的、低端的产能，推动产业转型升级等。

第三产业用电单耗持续下降，由 2012 年的 0.0389 千瓦时/元下降到 2019 年的 0.0356 千瓦时/元，年平均增长率 -1.26%。其原因主要是秦皇岛地区自

表12 秦皇岛市历年分产业产值单耗

	年份	2012	2013	2014	2015	2016	2017	2018	2019
全社会	生产总值(亿元)	1070.0785	1139.16	1168.75	1199.8	1250.44	1339.14	1506.01	1635.6
	用电量(亿千瓦时)	156.72	159.70	159.55	149.52	134.95	137.94	147.48	154.54
	单耗(千瓦时/元)	0.1465	0.1402	0.1365	0.1246	0.1079	0.103	0.0979	0.0945
第一产业	生产总值(亿元)	139.94	147.58	171.46	174.7	177.63	195.54	200.02	203.3
	用电量(亿千瓦时)	1.91	2.21	2.68	3.05	3.34	3.51	3.93	3.51
	单耗(千瓦时/元)	0.0136	0.015	0.0156	0.0175	0.0188	0.018	0.0196	0.0173
第二产业	生产总值(亿元)	419.4795	447.68	447.57	447.4	445.09	461.62	520.68	542
	用电量(亿千瓦时)	121.65	121.57	118.22	107.7	90.5	92.19	97.14	100.14
	单耗(千瓦时/元)	0.29	0.2716	0.2641	0.2407	0.2033	0.1997	0.1866	0.1848
第三产业	生产总值(亿元)	510.659	543.9	549.72	577.7	627.72	681.98	785.31	890.3
	用电量(亿千瓦时)	19.84	20.9	22.43	23.37	24.76	25.38	28.54	31.68
	单耗(千瓦时/元)	0.0389	0.0384	0.0408	0.0405	0.0394	0.0372	0.0363	0.0356
居民生活	用电量(亿千瓦时)	13.32	15.02	16.22	15.4	16.35	16.86	17.87	19.21
	人均(千瓦时)	443.0843	497.088	534.17	504.6533	533.5291	544.82	574.4503	612.9156

表 13 秦皇岛市 2019～2030 年三产 GDP 预测

单位：亿元

	年份	2019	2020	2021	2022	2023	2024	2025	2030
第一产业	高（7%）	203.3	217.5	232.8	249.1	266.5	285.1	305.1	457.9
	中（6%）	203.3	215.5	228.4	242.1	256.7	272.1	288.4	409.1
	低（5%）	203.3	213.5	224.1	235.4	247.1	259.5	272.5	365.1
第二产业	高（8%）	542	585.4	632.2	682.8	737.4	796.4	860.1	1364.9
	中（7%）	542	579.9	620.5	664	710.5	760.2	813.4	1220.7
	低（6%）	542	574.5	609	645.5	684.3	725.3	768.8	1090.6
第三产业	高（11%）	890.3	988.2	1096.9	1217.6	1351.5	1500.2	1665.2	3114.7
	中（10%）	890.3	979.3	1077.3	1185	1303.5	1433.8	1577.2	2794.1
	低（9%）	890.3	970.4	1057.8	1153	1256.7	1369.9	1493.1	2504.1

"十三五"以来第三产业蓬勃发展，产值增长速度高于用电量的增长速度，致使第三产业用电单耗整体呈下降趋势。

结合以上因素预测秦皇岛地区 2019～2030 年产值单耗值，如表 14 所示。

表 14　秦皇岛市 2019～2030 年单耗预测

单位：千瓦时/元

年份	2019	2020	2021	2022	2023	2024	2025	2030
第一产业	0.0173	0.0178	0.0183	0.0188	0.0194	0.02	0.0206	0.0246
第二产业	0.1848	0.1793	0.1739	0.1687	0.1636	0.1587	0.1539	0.1282
第三产业	0.0356	0.0352	0.0348	0.0345	0.0342	0.0339	0.0336	0.0318

秦皇岛地区 2019 年末全市常住人口达到 313.42 万，较 2011 年上升12.8 万人，年平均增长率 0.6%。人均用电量截至 2019 年末达到 612.9156千瓦时，较 2011 年上升 443.0843 千瓦时，年平均增长率 4.7%。随着人民生活水平的不断提高，冰箱及空调等生活类电器的逐渐增多，居民生活用电量也将进一步增加，结合《秦皇岛市城市总体规划（2016～2035 年）初步成果》预测秦皇岛地区 2019～2030 年居民生活用电量，如表 15 所示。

表 15　秦皇岛市 2020～2030 年居民生活用电量预测

单位：亿千瓦时

年份		2020	2021	2022	2023	2024	2025	2030
居民生活	高	20.4848	21.8441	23.6179	25.5357	27.6092	29.851	47.6865
	中	20.2714	21.3913	22.7978	24.2968	25.8943	27.5968	40.4382
	低	20.0583	20.9441	21.9997	23.1085	24.2731	25.4965	34.2459

根据上述分析，2020 年和 2030 年秦皇岛市全社会用电量预测结果为：到2030 年高方案用电量为 306.06 亿千瓦时，年平均增长率 6.71%；中方案用电量为 274.58 亿千瓦时，年平均增长率 5.65%；低方案用电量为 246.16 亿千瓦时，年平均增长率 4.60%，如表 16 所示。

表16　秦皇岛市 2020～2030 年全社会用电量预测表（产值单耗法）

单位：亿千瓦时，%

年份		2019（实际）	2020	2021	2022	2023	2024	2025	2030	年均增长率
全社会	高	150.45	159.93	170.01	181.18	193.16	205.99	219.74	306.06	6.71
	中		158.43	166.85	176.04	185.83	196.21	207.25	274.58	5.65
	低		156.93	163.71	171	178.72	186.82	195.35	246.16	4.60
第一产业	高	3.72	4.11	4.52	4.98	5.5	6.07	6.69	10.88	10.22
	中		4.07	4.44	4.84	5.3	5.79	6.32	9.81	9.20
	低		4.03	4.36	4.7	5.1	5.52	5.97	8.84	8.17
第二产业	高	94.63	99.13	103.84	108.82	114.01	119.42	125.06	157.87	4.76
	中		98.21	101.93	105.82	109.84	113.99	118.29	142.52	3.79
	低		97.29	100.03	102.87	105.79	108.77	111.8	128.54	2.82
第三产业	高	32.2	35.47	39.02	42.91	47.2	51.9	57.07	91.62	9.95
	中		35.15	38.32	41.76	45.52	49.61	54.05	82.94	8.96
	低		34.83	37.62	40.64	43.89	47.39	51.17	75.01	7.97
居民生活	高	19.90	21.22	22.63	24.47	26.45	28.6	30.92	45.69	7.97
	中		21	22.16	23.62	25.17	26.82	28.59	39.31	6.47
	低		20.78	21.7	22.79	23.94	25.14	26.41	33.77	4.98

由上述三种预测方法得出本次预测结果如表 17 所示。

表17　秦皇岛市最大负荷预测结果汇总

单位：兆瓦

年份	最大负荷利用小时数法			年均增长率法			同时率法
	高	中	低	高	中	低	
2019	2551	2525	2513	2543	2518	2493	2536
2020	2735	2680	2653	2645	2594	2543	2734
2021	2942	2854	2811	2751	2671	2594	2866
2022	3156	3031	2970	2861	2751	2646	3005
2023	3361	3195	3115	2975	2834	2699	3152
2024	3608	3395	3294	3094	2919	2752	3229
2025	3864	3599	3474	3218	3007	2808	3309
2030	4538	4500	4463	3915	3486	3100	3580

结合国家宏观政策以及秦皇岛未来发展方向，钢铁冶炼、金属制造用电负荷应有所下降，旅游业以及周边相关产业用电负荷应有稳定增长，秦皇岛地区用电负荷中的夏季尖峰将更加明显，因此，以年均增长法中方案为基础预测秦皇岛市最大负荷更符合实际，2020～2030年秦皇岛市最大负荷预测结果如表18所示。

表18　秦皇岛市最大负荷预测结果

年份	2020	2021	2022	2023	2024	2025	2030	"十三五"年增长率(%)	"十四五"年增长率(%)
最大负荷（兆瓦）	2600	2700	2780	2860	2960	3100	3500	3.12	3.51

五　结论及建议

（一）主要结论

"十二五"期间，秦皇岛市 GDP 处于整体增长态势，平均增速3.97%；前三年用电量较为平稳，后两年受产业结构改革、国际经济形势下滑等因素影响，秦皇岛地区各大重点工业企业普遍进入低谷期，全社会用电量也随之进入下行阶段。"十三五"期间，随着经济形势向好，2016～2018年 GDP 增速进一步上升，平均增速维持在10.50%；三次产业增速呈现三、二、一顺序增长的态势；全社会用电量自2016年连续三年呈现上升态势，2018年秦皇岛地区全社会用电量完成154.53亿千瓦时，同比增长4.78%。

从秦皇岛电网负荷特性来看，历年全年各月最大负荷出现"中间、两端高"的负荷走势，全年最大负荷出现在夏季7、8月份或冬季12月份，最小负荷一般出现在春秋季。自2016年以来，地区最大瞬时负荷屡创历史新高，2018年达到244.5万千瓦，同比升高8.47%。2016～2018年年负荷率稳定在0.87%左右，说明秦皇岛地区负荷较平均，电网设备利用程度较高，用电较经济。2016～2018年最大峰谷差率在0.37～0.41小有波动，由于峰谷差的增速小于最大负荷的增速，年峰谷差率逐年下降。各年季不均衡系数略有降低，年最大负荷在各月间的不均衡性稍有增大。

从秦皇岛夏季典型日负荷曲线分析，日最小负荷一般出现在 4 时左右，日最大负荷一般出现在上午 11 时左右，日负荷的另一个峰值一般出现在 21 时左右。从秦皇岛冬季典型日负荷曲线分析，日负荷曲线在 11 时左右及 17～18 时出现峰值，负荷的最小值出现在凌晨 2～5 时。冬季典型日负荷曲线变化趋势与夏季类似，但负荷值较低，这是由于秦皇岛地区冬季大多采用集中供暖模式，与夏季空调负荷较高不同，冬季电采暖负荷未呈现明显增长。

影响秦皇岛地区电力需求的主要因素有：一是国际、国内总的经济形势"稳中向好"，但下一步走势不明，可能对电力需求产生负面影响；二是秦皇岛的产业规划，重点是保护生态环境，大力发展旅游业，如果政策执行彻底，地区部分污染大、耗电高的产业将被限制发展，将对电力需求产生负面影响；三是国际、国内铁矿石、铁精粉价格波动将对青龙县采选矿业产生影响，电力需求将产生波动；四是国家抑制房地产业过快发展会对非金属矿物制品业产生负面影响；五是首钢秦皇岛材料公司搬迁至曹妃甸将造成秦皇岛地区每年减少用电量 8 亿度以上；六是秦皇岛地区大力发展旅游业会促进第三产业用电量提升；七是秦皇岛港运输业务面临竞争，业务量逐年下降，对运输业用电量产生负面影响。

通过采用产值单耗法、人均用电量法、电力弹性系数法预测全社会用电量，用最大负荷利用小时数法、年均增长法、同时率法预测地区最大负荷，同时考虑首秦搬迁的影响，秦皇岛地区全社会用电量 2019 年达到 158 亿千瓦时，2020 年达到 166 亿千瓦时，"十三五"期间年均增速为 3.64%；到 2025 年全社会用电量将达到 212 亿千瓦时，"十四五"年均增速为 4.91%；到远景年 2030 年全社会用电量将达到 270 亿千瓦时。预测秦皇岛地区最大负荷 2019 年将增长到 253 万千瓦，"十三五"年均增速为 3.12%；到 2025 年地区最大负荷将达到 310 万千瓦，"十四五"年均增速为 3.51%；到远景年 2030 年将达到 350 万千瓦。

（二）有关建议

电力需求预测是根据历史数据、地区经济趋势、城市发展方向与定位等多种因素，综合分析后总结出的结论，其本身是具有不确定性的。地区的经济趋势会受到国家政策、国内经济形势、国际经济形势等多种因素影响而产生一定变化，城市的发展也会受到地方政府相关政策的推行与执行力度是否足够、方向与定位是否偏差等一些因素影响，随着时间推移而进行必要的调整。这些都可能对我们以历史数据增长规律为基础的预测结论产生影响。因此应密切关注每一年地区的经济态势和发展进度等情况，根据实际情况及时地对电力需求预测进行调整，逐年使预测值接近真实需求值。

参考文献

河北省人民政府：《河北省国民经济与社会发展第十三个五年规划纲要》，2016。

秦皇岛市人民政府：《秦皇岛市城市总体规划（2016~2035）》，2017。

国家电网有限公司：《110千伏及以下配电网规划技术指导原则（2016年版）》，2016。

国家电网有限公司：《城市电力规划规范》，2014。

国家电网有限公司：《城市配电网规划设计规范》，2010。

国家电网有限公司：《配电网建设改造行动计划》（国家电网发展〔2015〕2013号），2015。

石家庄市"十三五"电力需求分析与"十四五"电力需求预测报告

王依晨 马会轻 王涛 包蕾 于泳*

摘　要： 2010 年以来，随着经济的不断发展，石家庄市全社会用电量也不断增加。2010 年为 383.54 亿千瓦时，2015 年为 443.12 亿千瓦时，2019 年为 513.42 亿千瓦时，2015～2019 年年均增速为 3.75%。"十四五"期间石家庄将围绕打造京津冀世界级城市群第三极，着力做强做优新一代信息技术、生物医药健康、先进装备制造、现代商贸物流四大产业，着力培育壮大旅游业、金融业、科技服务与文化创意、节能环保四大产业，构建"4+4"产业发展格局。石家庄用电量将继续平稳发展，预计 2025 年全社会用电量将达到 624 亿千瓦时，"十四五"年均增速 3.28%。

关键词： 石家庄　省会城市　电量预测

一　地区经济发展情况

石家庄市地处华北平原腹地，北靠京津，东临渤海，西倚太行山，是

---

* 王依晨，国网石家庄供电公司工程师，工程硕士，研究方向为负荷预测、电网规划；马会轻，国网石家庄供电公司高级工程师，工程硕士，研究方向为电力系统、电网规划；王涛，国网石家庄供电公司高级工程师，管理学硕士，研究方向为城市电网、电网规划；包蕾：国网石家庄供电公司工程师，工学学士，研究方向为城市电网、电网规划；于泳，国网石家庄供电公司高级工程师，工学硕士，研究方向为电力系统、电网规划。

首都的南大门。石家庄市下辖8区、3市（县级市）、11县，分别为新华区、桥西区、长安区、裕华区、鹿泉区、藁城区、栾城区、矿区、新乐市、晋州市、辛集市、正定县、行唐县、灵寿县、平山县、井陉县、赞皇县、高邑县、元氏县、赵县、深泽县和无极县。全市面积为15848平方公里，4454个行政村，2019年人口1103.12万人。

石家庄地势西高东低，西部属太行山地，东部为华北平原。地处半湿润半干旱区，属暖温带大陆性半湿润季风气候。年平均气温13.3℃，年降水量为514.8毫米，年平均日照时数为2513.9小时。

（一）经济总量情况

2010～2019年，石家庄市GDP的增速整体上保持着增长的态势。其间石家庄市GDP由2010年的3401亿元增长至2019年的5809.9亿元。"十二五"期间增长率分别为11.30%、9.60%、9.00%、6.20%、6.8%。近三年增长率分别为2.49%、-6.94%、4.00%，石家庄市人均GDP由2010年的3.40万元增长至2019年的5.27万元（见图1）。

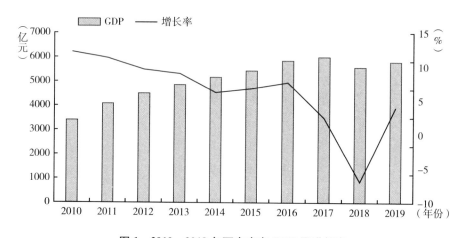

图1　2010～2019年石家庄市GDP及增长率

（二）产业结构调整

政府部门出台了《石家庄市支持特色产业集群高质量发展的十条政策》《石

家庄加快培育和发展战略性新兴产业十条政策》等一系列政策措施，结构调整取得新进展。三次产业比例由 2010 年的 10.9：48.6：40.5 调整优化到 6.7：36.6：56.7，二产内部结构不断优化，精益化、集约化的发展思路必然限制高耗能企业产能进一步扩张，传统优势产业加快改造提升，并加大落后产能淘汰力度。第三产业占比会继续增长，三产结构还将进一步合理优化。2010～2019年石家庄市产业结构调整情况如图 2 所示。

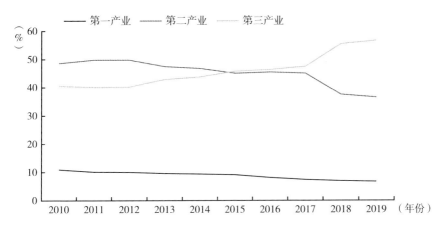

图 2　2010～2019 年石家庄市三次产业占比

（三）工业及主导产业发展情况

石家庄全市传统七大主导行业为装备制造、石化、纺织服装、医药、钢铁、建材、食品，主要行业发展差距较大。

装备制造业：作为高端装备制造企业的主要集聚地，生产、销售和投资均保持高速增长，成为全市高端技术制造产业发展的引擎。

医药行业：医药行业企业疫情期间加大马力生产，对全市工业增速支撑明显，同时近些年新版 GMP 改造，新环保法、仿制药质量一致性评价陆续实施，制药行业门槛逐步提高，为石家庄大型龙头药企发展创造了条件，行业发展稳步提升，重点企业生产效益持续较好增长。

纺织服装行业：目前，国内纺织服装企业要素成本特别是工费成本远高于东南亚国家，造成我国纺织服装企业国际竞争力下降，2016 年以来，棉花价格回升，进一步推高了生产成本，行业发展面临较大的挑战。

石化行业：目前行业内分化较为严重，随着国际原油价格不稳定，成品油价格下降，炼油行业形势不明朗；农用化肥产品产能过剩，价格持续低迷，企业亏损严重。另外，重点企业河北诚信有限公司以氰化物系列产品为主，随着黄金价格上涨，产品市场需求旺盛，在国际、国内影响力不断攀升。

建材行业：随着房产市场遇冷，大气治理和疫情影响的错峰生产对水泥、建陶等企业生产造成较大影响。

钢铁行业：当铁精粉价格下降时，企业成本压力下降，会刺激生产，使用电量上升；反之，当原材料价格上涨时，企业生产意愿低，用电量下降。

食品行业：君乐宝、三元、益海粮油、双鸽食品等重点企业生产效益均实现较好增长。

（四）新兴产业发展情况

为支持新兴产业的发展，加快构建"4＋4"现代产业发展格局，石家庄市政府先后出台了《石家庄战略性新兴产业发展三年行动计划》等方案，做强做优新一代信息技术、生物医药健康、先进装备制造、现代商贸物流四大产业，培育壮大旅游业、金融业、科技服务与文化创意、节能环保四大产业，推动石家庄市战略性新兴产业跨越发展，推进经济结构战略性调整，实现新旧动能转换。

力争到2020年，战略性新兴产业的引领地位基本确立，生物医药健康产业和新一代信息技术产业"双轮双驱"，先进装备制造产业加快发展，"4＋4"产业支撑能力进一步增强，政策支撑体系和产业生态系统更加完善，带动石家庄市战略性新兴产业增加值达500亿元，占规模以上工业比重达18％以上。

二　本地区电力消费实绩

（一）负荷电量总量分析

2010年以来，随着石家庄市经济的不断发展，全社会用电量也不断增加。2010年石家庄市全社会用电量为383.54亿千瓦时，到2019年石家庄市全社会用电量增长到513.42亿千瓦时，"十二五"期间年均增长速度为2.93％。至

2015 年石家庄市全社会用电量回落，用电量情况与石家庄市 GDP 增速基本吻合。2010～2019 年石家庄市全社会用电量增长情况如图 3 所示。

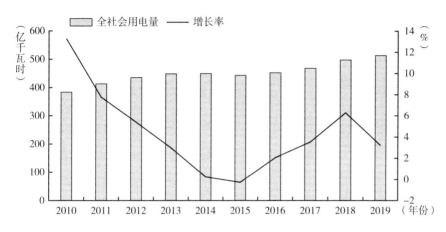

图 3　2010～2019 年石家庄市全社会用电量及增长情况

2010～2019 年全社会负荷变化及增长情况如图 4 所示。

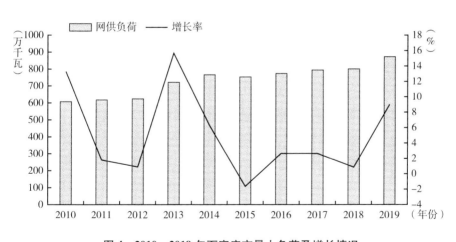

图 4　2010～2019 年石家庄市最大负荷及增长情况

（二）电量构成及用电需求分析

从 2010～2019 年石家庄市全社会分产业及居民用电量构成情况分析可知，

石家庄市的产业用电结构有如下变化特点：三产、居民用电量和占比基本遵循逐年增加的趋势，二产用电量呈现先升后降的趋势，占比逐年下降，主要原因是石家庄市"去产能"大背景下"高耗能重污染"产业用电下降，新兴产业在2014年后逐渐替代高耗能产业成为新的增长点，产业结构调整初见成效（见表1）。

表1　2010～2019年石家庄市各产业用电和居民用电情况

单位：亿千瓦时

年份	一产	二产	三产	居民	合计
2010	13.53	281.74	39.56	48.71	383.54
2011	13.50	299.27	45.88	54.63	413.28
2012	13.54	314.91	52.48	54.63	435.55
2013	11.17	320.93	63.30	53.12	448.52
2014	14.85	309.99	69.30	55.50	449.64
2015	14.36	295.78	76.50	56.48	443.12
2016	13.53	292.64	85.61	60.40	452.19
2017	13.38	292.18	95.76	66.79	468.10
2018	3.40	302.40	118.36	73.34	497.49
2019	3.71	301.37	129.53	78.81	513.42

2010～2019年石家庄市各产业和居民用电占比情况如表2所示。

表2　2010～2019年石家庄各产业用电和居民用电情况

单位：亿千瓦时，%

年份	一产占比	二产占比	三产占比	居民占比	用电量合计
2010	3.53	73.46	10.31	12.70	383.54
2011	3.27	72.41	11.10	13.22	413.28
2012	3.11	72.30	12.05	12.54	435.55
2013	2.49	71.55	14.11	11.84	448.52
2014	3.30	68.94	15.41	12.34	449.64
2015	3.24	66.75	17.26	12.75	443.12
2016	2.99	64.72	18.93	13.36	452.19
2017	2.86	62.42	20.46	14.27	468.10
2018	0.68	60.79	23.79	14.74	497.49
2019	0.72	58.70	25.23	15.35	513.42

1. 第一产业用电量

受气候及统计影响较大,第一产业在全社会用电中所占比重由2010年的3.53%下降至2019年的0.72%。近几年用电量基本保持持平,增长潜力有限。石家庄市的第一产业用电量占全社会用电量比重是最小的,第一产业用电量的增长对全社会用电量增长贡献率较低。

2. 第二产业用电量

近年来,我国逐步施行以调整结构为基调的经济政策,以及以节能增效为导向的能源政策,总体使得石家庄第二产业用电量增速低于第三产业及城乡居民用电量增速,第二产业用电量占比持续走低,降至60%以下,但在未来很长一段时间当中以工业为主的第二产业用电量需求波动仍将对全市用电量增速起到举足轻重的作用。受疫情和大气治理形势趋紧影响,钢铁、建材及化工等部分行业企业实施错峰生产,同时,受实施危化企业搬迁、政策性退出、手续不合规等因素影响,部分企业停产或减产,工业用电量增长压力加大。所以总体上看,精益化、集约化的发展思路必然限制高耗能企业产能进一步扩张。

3. 第三产业用电量

按照石家庄市"十三五"发展规划,规划期间石家庄将把推动服务业发展摆在更加突出的位置,优先发展生产性服务业,加快发展生活性服务业,不断提高服务业在国民经济中的比重。随着城镇化进程的推进,配套服务业的发展也将大幅提升。市政府"点亮夜经济"工程深入人心,也使服务行业用电量增长。政府加快第三产业超长发展,突出抓好交通、信息网络建设,进一步改善生态环境推进旅游业的发展。第三产业的发展速度必将快于同期经济增长速度,用电量保持较快增长。但2020年受疫情的影响,部分服务业、一般工商业损失较大,有的难以弥补,第三产业快速增长的势头将被打断。

4. 居民生活用电量

随着城乡居民生活水平差距的缩小、新型家用电器的不断涌现、城市化率的提高,居民人均收入翻番,居民生活用电增长的潜力仍然较大,居民生活用电量仍将保持较快速度增长。

三　影响电力需求的主要因素分析

（一）石家庄市"十三五"经济发展形势

"十三五"时期是石家庄市重大战略机遇的叠加期，是积极融入京津冀协同发展的关键阶段，国家实施的京津冀协同发展战略，为精准承接北京非首都功能疏解和京津产业转移、打造京津冀城市群第三极提供了千载难逢的历史机遇。建立新型现代化产业体系，坚持信息化、高端化、服务化发展方向，积极落实"中国制造2025"和"互联网+"行动计划，加快形成一、二、三产业融合发展的新格局。着力壮大战略性新兴产业，大力提升生物医药产业、新一代信息技术产业、高端装备制造业发展水平，积极支撑节能环保、新材料、新能源等新兴产业发展。

与此同时，石家庄经济社会发展还面临着许多矛盾和挑战，主要是受宏观经济下行压力加大影响，工业持续低位运行，消费热点不足；新经济新产业支撑带动能力仍需提升，科技创新能力不够强，大气污染防治压力巨大等。

（二）典型企业用电情况分析

石家庄黑色金属行业为传统支柱产业，石家庄市直供大用户河北敬业用电量约占黑色金属行业的50%。用电量从2010年的14.36亿千瓦时增长至2019年的24.06亿千瓦时，年均增长率为5.90%（见图5）。

铁精粉的价格波动会引起钢铁企业成本变化，从而影响企业生产计划，导致企业用电量发生变化。对于钢铁企业，当铁精粉价格下降时，企业成本压力下降，会刺激生产，使用电量上升；反之，当原材料价格上涨时，企业生产意愿低，用电量下降。对于矿产企业宝山矿业，自2013年以来，市场上铁精粉（铁矿石）价格在波动中下降，长期处于低位运行，虽然不利于企业生产经营，但是为了能够生存下去，通过压缩利润率、提高生产效率、降低生产成本等多种举措，企业自身竞争力提高了，生产仍处于高位，因此用电量也逐年上升。

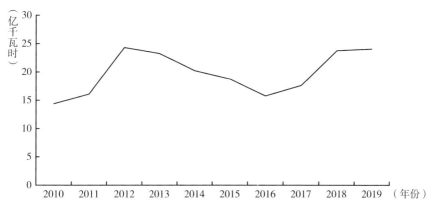

图5　2010～2019年河北敬业用电情况

（三）分布式电源及其他影响因素分析

1. 光伏发电

目前石家庄集中式光伏电站项目共计35个，容量783兆瓦；已并网28个，容量705兆瓦。分布式光伏786.4兆瓦，已并网614兆瓦。

2019年已完成第一批光伏发电平价上网项目（石家庄涉及行唐、赞皇和灵寿等4个项目，装机容量60万千瓦）和光伏发电国家补贴竞价项目（石家庄涉及灵寿、赞皇、辛集、元氏等11个项目，装机容量29.68万千瓦）等工作。光伏布局主要集中在平山（9个）、井陉（7个）、行唐（3个）、灵寿（3个）、赞皇（3个）5个县。

2. 生物质发电

目前石家庄生物质发电项目13个，容量298兆瓦；已并网4个，容量94.5兆瓦，目前有栾城的灵达电厂、晋州的秸秆发电、元氏的槐阳电厂、辛集的生活垃圾发电。生物质布局以秸秆资源、林业废弃物资源、城镇生活垃圾资源为基础，基本实现均匀分布。统筹农林资源条件与地区有关发展计划，预计"十三五"期间，在行唐、深泽、高邑、灵寿、元氏、赞皇、井陉、矿区、晋州新增布局农林生物质发电装机22.6万千瓦。在元氏、无极、井陉、高邑、晋州、行唐新增布局城镇生活垃圾发电装机 20.05 万千瓦。

3. 风力发电

河北南部六地市共申报项目 43 个，本期新增装机 99 万千瓦。其中石家庄 9 个，本期装机 20 万千瓦。主要项目集中在井陉、元氏、高邑、赞皇、深泽、辛集，目前风电指标未放开，处于停滞状态。

四 "十四五"电力需求预测

（一）"十四五"经济社会发展预测（见表4）

表 4　石家庄市社会经济发展主要指标

类别		2010 年	2015 年	2020 年	2025 年	"十二五"年均增长率（%）	"十三五"年均增长率（%）	"十四五"年均增长率（%）
人口总量（万人）		1016.38	1028.84	1290.00	1500.00	0.24	4.63	3.06
经济总量	地区生产总值（亿元）	3401.00	5440.00	6000.00	8000.00	9.85	1.98	5.92
	第一产业（亿元）	370.71	495.04	403.00	440.00	5.95	−4.04	1.78
	第二产业（亿元）	1652.89	2453.44	2194.00	2400.00	8.22	−2.21	1.81
	第三产业（亿元）	1377.41	2491.52	3403.00	5160.00	12.59	6.44	8.68
产业结构	地区生产总值（%）	100.00	100.00	100.00	100.00	—	—	—
	第一产业（%）	10.90	9.10	6.71	5.50	—	—	—
	第二产业（%）	48.60	45.10	36.57	30.00	—	—	—
	第三产业（%）	40.50	45.80	56.72	64.50	—	—	—

（二）电力需求总量预测

1. 分产业预测法

第一产业受气候及统计影响较大，近几年用电量基本保持不变。第二产业增长主要受经济发展速度影响，在经历了两年的中低速增长后，产业回暖，保持稳定增长，所占全社会用电量比例也有所增高，对全社会用电量增长贡献率提升；三产和居民用电增长迅猛，成为电量增长的新动力。

第一产业用电量预测：

2019 年，石家庄市第一产业用电量为 3.71 亿千瓦时，石家庄市政府规划中提出，加快发展现代农业，稳定发展粮食生产，做大做强蔬菜、畜牧业。现代化、集约化的农业，必将大量引入新型农业技术和先进农业设备设施，现代农业设施的投入使用必然会增加用电量，但是随着城镇化加快，耕地面积逐渐减少，第一产业用电量的增长潜力有限，预计 2020 年第一产业用电量约为 3.5 亿千瓦时，基本与 2019 年持平。

第二产业用电量预测：

2019 年石家庄市第二产业用电量为 301.4 亿千瓦时，比 2018 年下降 0.34%，近年来，我国逐步施行以调整结构为基调的经济政策，以及以节能增效为导向的能源政策，总体使得第二产业用电量增速低于第三产业及城乡居民用电量增速，第二产业用电量占比持续走低，降至 60% 以下，但在未来很长一段时间当中以工业为主的第二产业用电量需求波动仍将对全市用电量增速起到举足轻重的作用。受疫情和大气治理形势趋紧影响，钢铁、建材及化工等部分行业企业实施错峰生产，同时，因实施危化企业搬迁、政策性退出、手续不合规等，部分企业停产或减产，工业用电量增长压力加大。所以总体上看，精益化、集约化的发展思路必然限制高耗能企业产能进一步扩张，预计第二产业用电量 2020 年增速为 2% 左右，用电量达到 307 亿千瓦时。

第三产业用电量预测：

2019 年石家庄市第三产业用电量为 129.53 亿千瓦时，同比 2018 年增长 9.43%。第三产业和居民生活用电量保持较快增长。但 2020 年受疫情的影响，部分服务业、一般工商业损失较大，有的难以弥补，第三产业快速增长的势头将被打断，预计 2020 年第三产业用电量增速为 4%，达到 134.7 亿千瓦时。

居民生活用电量预测：

2019 年石家庄市居民用电量为 78.81 亿千瓦时，同比 2018 年增长 7.46%。居民生活用电增长的潜力仍然较大，受疫情影响，居民在家消费用电激增，预计 2020 年居民生活用电量依旧保持高速增长，增速为 9% 左右，2019 年达到 86 亿千瓦时。

综合分析，2020 年石家庄全社会用电量将达到 531 亿千瓦时，增长率为 3.42%。

2. 产值单耗法

根据历史数据，石家庄地区单位产值电耗总体上呈逐步下降趋势。

"十二五"期间石家庄经济年均增长 9.84%，2015 年单位产值电耗比 2010 年进一步降低 21.63%，达到 815 千瓦时/万元。2016 年之后，石家庄市政府逐年剔除了重污染关停企业的 GDP，说明节能减排、经济结构调整的空间还很大。

未来石家庄地区降低单位产值电耗的主要方向应以优化产业结构为主。一方面石家庄节能降耗的潜力巨大，另一方面鉴于以高耗能重工业为主的产业结构，要降低单位产值电耗到世界先进水平，需要长期的产业结构优化调整，实施一系列节能措施。

预计 2020 年石家庄经济增长率为 4%，单位产值电耗继续下降至 870 千瓦时/万元左右，则 2020 年全社会用电量为 525 亿千瓦时，年均增速为 2.73%（见表 5）。

3. 数学模型法

根据 2005～2019 年电量数据，采用两种数学模型进行预测分析，综合预测结果如表 6 所示。

表 5　石家庄地区产值电耗的历史及预测情况

年份	经济增长率（%）	GDP（亿元）	用电量（亿千瓦时）	电量增长率（%）	单位 GDP 电耗（千瓦时/万元）
2005	15.10	1787	252.92	13.30	1415
2006	13.21	2027	283.56	12.44	1399
2007	13.09	2361	321.26	12.53	1361
2008	10.10	2838	324.61	3.99	1144
2009	10.00	3001	340.48	10.88	1135
2010	12.20	3401	353.54	13.27	1040
2011	11.30	4082	413.27	10.65	1012
2012	9.60	4500	435.55	4.04	968
2013	9.00	4864	448.52	5.18	922
2014	6.20	5170	449.64	2.99	870
2015	6.80	5440	443.12	-0.28	815
2019	1.66	5809.9	520.5	4.62	896
2020	4	6042	525	—	870

表6 2005~2020年电量数学模型预测增长

单位：亿千瓦时

年份	历史值	预测结果	线性模型	指数模型
2005	252.92	280.13	266.24	294.02
2006	283.56	303.83	287.83	319.83
2007	321.26	324.22	309.41	339.03
2008	324.61	343.38	330.99	355.77
2009	340.48	362.16	352.58	371.74
2010	383.54	380.99	374.16	387.82
2011	413.28	400.13	395.74	404.52
2012	435.55	419.72	417.33	422.11
2013	448.52	439.9	438.91	440.89
2014	449.64	460.76	460.49	461.03
2015	443.12	468.39	472.08	464.7
2016	452.18	474.85	483.66	466.04
2017	468.1	488.22	495.24	481.2
2018	497.49	502.57	501.83	503.31
2019	513.42	529.87	548.41	511.33
2020	—	541.12	560.35	521.89

4. 电量预测结果

对以上方法计算得到的最大用电量进行汇总，结果如表7所示。选取中方案，预测石家庄地区2020年全社会用电量为531亿千瓦时，2025年用电量为624亿千瓦时，"十四五"年均增速为3.28%。

表7 全社会用电量选取

单位：万千瓦，%

方法	2020年	2025年	"十四五"增速
分产业预测法	531	624	3.28
数学模型法	541	680	4.68
产值单耗法	525	580	2.01
推荐方案	531	624	3.28

五 结论及建议

本次研究石家庄市中长期用电量情况，得出以下结论：2020 年石家庄市全社会用电量为 531 亿千瓦时，2025 年全社会用电量为 624 亿千瓦时。

受新冠肺炎疫情影响，2020 年以来传统服务业受较大影响，旅游、餐饮、零售等人口集聚类服务业损失严重，高速增长的势头被打破。传统产业面临加速整合契机。随着经济下行与调整，传统产业将持续调整优化，落后企业面临淘汰，龙头企业将加快产能整合，增强成本与市场优势。

同时，优势企业呈现蓬勃增长前景。医疗健康及相关产业面临良好发展机遇，石家庄市作为化工、医药传统强市，近年来在医疗设备制造、康养和生命健康领域具备规模优势和先发优势。新兴产业迎来利好发展环境。随着大众生活方式的改变，数字经济和线上服务产业市场前景广阔。依托京津冀协同发展与雄安新区规划建设，石家庄市承接京津新兴高科技产业孵化和发展的条件越来越好。

唐山市"十三五"电力需求分析与"十四五"电力需求预测报告

徐怀铎　袁天梦　彭晓璐　毛文涛　沈朝辉*

摘　要： 唐山市全社会用电量近十年呈周期性波动，2010 年起用电量呈增长态势，2014 年达到顶点，但受产业结构调整、大气污染治理等多重因素影响，增速较 2010 年之前略有放缓。2015年提出供给侧改革政策，全社会用电量从高点回落，增速跌至谷底，低迷状态持续至 2017 年。"十三五"后期，唐山进入经济发展新常态，用电量迅猛增长。"十四五"期间随着京津冀一体化发展、产业结构调整的深入推进，受环境治理和"退城搬迁"发展规划的影响，将形成总体电力需求平稳增长，负荷分布由市区和各县城区域向沿海开发区转移的局面，预测 2020 年全社会用电量为 840 亿千瓦时，2025 年全社会用电量为 1042 亿千瓦时，"十四五"年均增长 4.4%。

关键词： 唐山市　产业结构调整　电量预测

一　地区经济发展情况

唐山位于河北省东部，东与秦皇岛市隔河相望，南临渤海，北依燕山隔长

* 徐怀铎，国网唐山供电公司高级工程师，学士，研究方向为电网规划及负荷预测；袁天梦，国网唐山市供电公司工程师，工学硕士，研究方向为电网规划及负荷预测；彭晓璐，国网唐山供电公司工程师，工学硕士，研究方向为电网规划及负荷预测；毛文涛，国网唐山供电公司工程师，工学硕士，研究方向为电网规划及负荷预测；沈朝辉，国网唐山供电公司工程师，工学硕士，研究方向为电网规划及前期管理。

城与承德市接壤，毗邻京津，地处华北与东北通道的咽喉要地，是我国一座具有百年历史的沿海重工业城市，是河北省经济中心、京津冀经济区核心城市，同时也是全国重要的能源、原材料工业基地，中国海运中心。现辖3个县级市（迁安、遵化、滦州），7个区（路南、路北、开平、古冶、丰润、丰南、曹妃甸区），4个县（滦南、乐亭、迁西、玉田）和4个开发区（高新技术开发区、海港经济开发区、芦台经济技术开发区、汉沽管理区）。截至2019年底，唐山市总面积13472平方公里，总人口796.4万，市区面积3874平方公里，人口512.3万。

（一）经济总量情况

唐山地区国民经济"十二五"期间年均增速8.1%，受国内外经济低迷和国内产业结构调整的影响，唐山经济增速有所放缓，2015年达到5.6%。"十三五"时期主动适应和把握地区经济新常态，逐步摆脱"十二五"末的经济增长低谷，开创了唐山经济社会发展新局面。2016年经济增速有所回升，全年GDP累计完成6306.2亿元，同比增长6.8%，2017年唐山GDP首次突破7000亿元，达到7106.1亿元，同比增长6.5%；2018年唐山经济发展呈现稳中向好，市场需求逐步回升，2018年全年地区生产总值实现6955.0亿元；2019年唐山经济发展呈现稳中提质，大宗商品价格波动上扬，支撑地区工业逐渐回暖，2019年全年地区生产总值实现6890.0亿元，同比增长7.3%，根据唐山市"十三五"发展规划目标及当前经济发展形势，预计"十三五"期间唐山GDP年均增速将达到6.5%（见图1）。

（二）产业结构调整

唐山市政府自2010年开始着力调整产业结构，聚焦现代化经济体系，加快推进唐山产业转型升级和结构优化，地区产业结构不断趋近合理，三次产业增加值结构由2010年的8.7∶58.9∶32.4调整为2015年的9.3∶55.2∶35.5，到2019年为7.7∶52.4∶39.9（见图2）。唐山地区的第一产业保持了产值稳定增长和比重先增后降的态势；第二产业在改善工业增长质量和效益的前提下，保持其比重的稳定并出现小幅下降；第三产业随着新兴服务业的规模扩张，得到了持续快速发展，在三次产业中增速居首位。第二产业占GDP比重最大，是多年来推动唐山

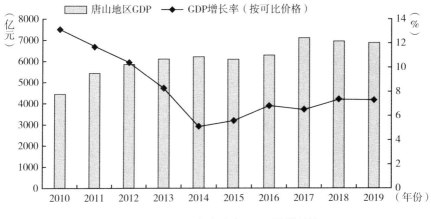

图1 2010~2019年唐山市GDP及增长情况

地区GDP持续较快增长的主要因素，以第二产业为主导的产业格局短期内不会改变。

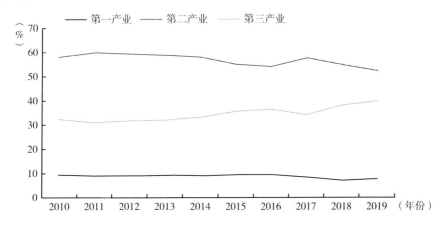

图2 2010~2019年唐山市三次产业占比情况

（三）工业及主导产业发展情况

唐山工业体量巨大，是多年来推动唐山地区GDP保持快速增长的主要原因。产业结构升级不断推进，努力实现由工业大市到工业强市转变，工业增长质量和效益得以改善，由此看来，唐山地区经济以工业为主导的格局短期内不会改变。

钢铁、装备制造、建材以及化工四大主导行业发展进入新局面，产业布局更加合理，产业链条更加完善，产品档次不断提升。国家产业调控政策和省钢铁结构调整政策方案落实后，着力将唐山钢铁行业打造为布局合理、产能集约、装备大型、品种高端、绿色环保的新型工业化重要基础产业，近年来唐山钢铁行业的主导地位略有削弱，钢铁产业产值增速明显放缓，但钢铁产值仍占唐山地区总产值一半以上；传统装备制造业加快优化升级，新兴装备制造不断壮大，装备制造业产值保持快速增长；努力建成以石化产业为引领，以产业链延伸为特征，石油化工、海洋化工、煤化工"三化一体"的新型化工产业格局，化工产业产值保持平稳发展；推进建材企业整合重组，打造全国最大的高档日用瓷生产基地、全国知名的陶瓷创意产业基地、北方先进的陶瓷新型无机非金属材料基地、华北知名的进口石材加工基地等五大基地，建材产业产值保持较为平稳发展趋势。

（四）新兴产业发展情况

轨道交通装备、机器人、电子及智能仪表、动力电池、节能环保五大新兴产业倍增崛起，新产业新动能呈现积势蓄能、提速发力的良好态势，连续三年保持13%以上的增长速度。唐山政府深入实施《唐山市战略性新兴产业发展三年行动计划（2018～2020年）》，以领军企业和重大项目为引领，推动五大新兴产业率先突破，以科技成果"唐山产业化"加快新兴产业聚集，紧盯前沿科技发展趋势，抢抓5G商用机遇，加快布局新一代信息技术、第三代半导体、人工智能等先导产业，培育未来经济增长点。通过河北中科军民融合产业示范园等项目建设，推动军民融合创新发展、增效发展。

二 本地区电力消费实绩

（一）负荷电量总量分析

随着经济、社会发展及人民群众生活水平不断提高，唐山电力需求长期以来保持快速增长趋势，"十二五"时期，电量增速有所放缓，2014年完成861.24亿千瓦时，创历史新高；进入"十二五"后期，受经济形势和产业政策等多重因素影响，2015年地区电量大幅回落，进入"十三五"时期，唐山主动适应和把握新常态，开创了唐山经济社会发展新局面，经济逐步回暖，电量增速逐步回升，2019年再次高达861亿千瓦时（见图3）。

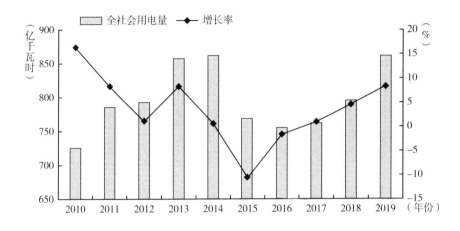

图3　2010~2019年唐山市全社会用电量及增长情况

唐山地区以工业负荷为主的负荷性质决定了宏观经济形势及国家产业政策对负荷曲线有较大影响，"十二五"初期，负荷增速保持在较高值，2013年、2014年在钢材价格上涨的拉动下，电网负荷增长迅速，"十二五"末期，地区长期积累的结构性矛盾集中爆发，同时钢铁企业面临环境治理、淘汰落后产能等考验，工业形势下滑严重，地区整点最大负荷出现负增长。"十三五"初期，随着经济增速放缓，地区负荷增长乏力，电网负荷延续2015年的水平，连续两年保持低位。随后部分钢铁企业经节能改造后逐步恢复生产，唐山负荷水平有所回升，2019年创历史新高，达到11803兆瓦（见图4）。

（二）电量构成及用电需求分析

随着国民经济的快速发展，唐山地区的各产业用电量均较快增长，其中第二产业用电量增长迅猛。"十二五"期间，唐山积极推进产业结构优化升级，社会经济整体发展态势良好，第三产业和居民生活用电量均保持较快增速，第一产业用电量保持小幅增长趋势，第二产业用电量自2010年至2014年稳中有升，但2014年后增速明显下降，第二产业用电份额向三产、城乡居民生活用

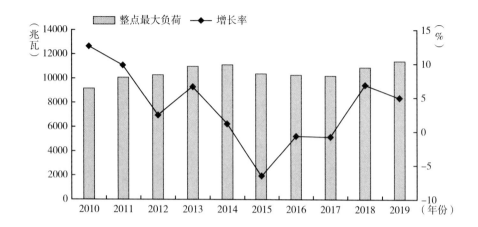

图4　2010～2019年唐山市最大负荷及增长情况

电转移，地区用电结构持续改善，"十二五"末期三次产业用电比值为4.94：86.9：6.66，2019年达到5.86：83.82：8.66（见表1和图5）。

表1　2010～2019年唐山市各产业用电和居民用电情况

单位：亿千瓦时

年份	一产	二产	三产	居民
2010	8.28	657.28	32.43	25.86
2011	9.28	706.37	38.06	27.36
2012	9.51	708.44	41.65	31.42
2013	9.85	762.59	47.94	36.88
2014	10.77	763.68	50.89	35.89
2015	11.55	667.98	51.16	38.01
2016	11.91	649.81	53.43	39.84
2017	13.88	644.52	60.40	42.60
2018	13.76	663.57	71.08	47.12
2019	14.27	722.18	74.59	50.50

　　随着产业结构调整不断深化推进，唐山地区产业结构不断趋近合理，唐山地区的第一产业保持了产值稳定增长和比重持续下降的态势；第二产业在改善工业增长质量和效益的前提下，保持其比重的稳定并出现小幅下降；第三产业

图5 2010～2019年唐山各产业用电和居民用电占比

随着新兴服务业的规模扩张，得到了快速发展，但唐山二产用电量比重大，2019年二产用电量占比仍达到83.82%，说明第二产业用电量在地区用电结构中仍处于主导地位，作为二产用电量主要组成部分的工业用电量对地区用电量的增长具有决定性影响。

根据用电结构特点，现阶段以及未来很长一段时间，唐山作为重工业城市，第二产业用电量将继续直接影响电力需求走势，且呈现以下特点：一是工业用电对地区电量水平起决定性作用。以钢铁、能源、化工、建材等行业为主的重工业用电量在全社会用电量中所占比例最大，远超其他行业。二是第三产业和居民生活用电保持平稳较快增长。2010～2019年，三产用电和居民生活用电占比呈快速增长的态势，第三产业和居民生活用电保持平稳较快增长。总体来看，以农、林、水产、畜牧业为主的第一产业用电量稳中有升，比重保持稳定；唐山产业结构调整不断推进、落后产能不断淘汰、传统高耗能产业整合升级，第二产业用电量出现萎缩，而第三产业中现代服务业和新兴产业的快速发展以及人民生活水平的不断提高，带动第三产业及居民生活用电量快速增长，短时期内用电比重可能上升。但长期来看，以第二产业用电量为基础的用电结构难以改变。

（三）重点行业用电量分析

2010年以来，唐山地区用电量呈现波动性发展，主要原因在于用电量分布较为集中，具有绝对占比的工业用电量受国家政策和经济环境政策影响较大。以黑色金属冶炼及压延加工为首的高耗能重点行业电量呈下降趋势，"十二五"初期，除黑色金属矿采选业外的重点行业均有所增长，进入"十二五"后期，受国家政策和经济环境的影响，高耗能产业受到严重冲击，经济下行压力较大，重点行业电量增长受经济影响尤为明显，随着环保政策的不断收紧和供给侧改革，总体下降趋势在"十三五"时期延续（见表2）。

表2　2010～2019年唐山市重点行业用电情况

单位：亿千瓦时

年份	2010	2011	2012	2013	2014	2015	2016	2017	2018	2019
全社会用电量	725.35	785.14	792.67	857.3	861.2	768.7	754.99	761.4	795.53	861.54
工业	652.85	700.18	702.2	756.0	757.5	662.8	644.62	639.02	657.71	716.11
1.采矿业	67.70	77.03	69.68	76.5	71.8	52.9	50.81	54.97	56.69	55.69
黑色金属矿采选业	42.11	50.62	44.63	52.5	46.5	31.7	28.2	30.55	30.62	33.16
2.制造业	514.35	584.17	558.82	602.4	610.9	538.6	520.39	511.57	523.18	576.76
黑色金属冶炼及压延加工	389.6	435.5	417.0	441.0	431.8	382.0	356.11	350.65	353.09	405.35
化学原料及化学制品制造业	20.31	24.15	27.14	32.02	37.54	34.67	39.59	42.92	43.1	41.72
非金属矿物制品业	45.27	45.50	44.7	46.0	46.8	37.4	41.06	40.16	41.03	40.27
有色金属冶炼及压延加工业	4.6	5.5	6.8	10.0	14.9	9.7	7.84	3.39	4.09	2.72
3.电力、燃气水的生产和供应业	70.8	38.98	73.7	77.1	74.8	71.3	73.42	72.48	77.84	83.66

三　影响电力需求的主要因素分析

（一）唐山市"十三五"经济发展形势

"十三五"时期，唐山全面落实习近平总书记对唐山提出的"三个努力建成"重要指示和省委"两个率先"要求，坚持稳中求进工作总基调，积极应对经济下行巨大压力，2016年GDP增速6.8%，2019年为7.3%，全力以赴稳增长、调结构、促改革、惠民生、防风险，逐步摆脱"十二五"末的增长低谷，开创了唐山经济社会发展新局面，经济增长步入新常态。目前，唐山经济仍然处于筑底恢复阶段，受限产措施和产业政策影响明显，但整体回暖迹象明显。钢铁、建材、化工、装备制造四大支柱产业产值占唐山地区总产值35%左右，随着唐山地区产业结构调整不断推进，产业结构不断趋近合理，支柱产业增加值增速明显放缓。

"十四五"期间唐山将继续深入实施工业转型升级，突出创新与智能、整机与配套、制造与服务协同发展方向，提升产业基础能力和产业链现代化水平，深入推动战略性新兴产业发展，在转型升级中创造优质供给，满足消费升级新需求，加快建设现代化经济体系。预计"十四五"期间唐山GDP年均增速将保持在6.5%左右。

（二）钢铁产业退城搬迁企业用电情况分析

唐山市作为全国的钢铁龙头，经过多年的粗放式发展，钢铁产能分布较为分散，环境综合治理较为困难。唐山市钢铁布局和城市发展规划存在突出矛盾，城市的发展空间受到制约，环境承载压力较大。唐山市区及周边25公里范围内的钢铁、焦化等重污染企业，对市中心区污染物贡献率达70%，城市环境容量几近饱和，导致唐山市环境空气质量排名长期位居全国重点城市后十名。

目前，唐山地区钢铁行业"临港临铁"的占比不高，导致公路运输压力增大，加剧道路破坏、扬尘污染和交通拥堵等问题。同时，部分钢铁企业位于城市（县城）规划区和生态红线控制区，制约城市发展，影响生态环境。而唐山市沿海临港地区仅有4家钢铁企业，曹妃甸区的首钢京唐和唐山文丰、乐亭的唐山中厚板和德龙钢铁，粗钢产能仅占唐山市总产能的12.9%，故依托和利用沿海空间资源、深水大港的比较优势尚未充分发挥。

2018年11月初，唐山市人民政府发布空气质量"退出后十"工作目标责任状。根据环保、能耗、水耗、质量、技术、税收、就业等相关控制指标，对钢铁、电力、焦化、水泥、玻璃五大行业企业进行综合排名，倒逼城市建成区和生态红线控制区重化企业退城搬迁。河北天柱钢铁集团有限公司、河北华西钢铁有限公司、唐山国义特种钢有限公司3家钢铁企业，以及河北天柱钢铁集团古玉煤焦化工有限公司、唐山市汇丰炼焦制气有限公司、河北永顺实业集团有限公司3家焦化企业整合搬迁至唐山东南部沿海区域。在企业退城搬迁中，钢铁企业将通过1.25∶1的置换比例进一步压减产能。唐山金马钢铁集团有限公司、唐山新宝泰钢铁有限公司、唐山建龙特殊钢有限公司将整体搬出唐山市。

1. 退城搬迁钢铁企业的基本情况

（1）河北天柱钢铁集团有限公司

企业现状：公司位于丰润区殷官屯村，炼铁产能327万吨、炼钢产能306万吨，年生产带钢240万吨、型钢120万吨、高速线材120万吨。

搬迁建设：企业搬迁至海港经济开发区，拟建设规模年产钢365万吨，负荷约300兆瓦，计划2021年投产。

（2）河北华西钢铁有限公司

企业现状：公司位于滦南县奔城镇，炼铁产能195万吨、炼钢产能210万吨。

搬迁建设：企业搬迁至海港经济开发区，拟建设规模年产钢182.4万吨，负荷约170兆瓦，计划2021年投产。

（3）唐山国义特种钢有限公司

企业现状：公司是集焦化、烧结、炼铁、炼钢、轧钢于一体的大型钢焦联合企业。炼铁产能312万吨，炼钢产能360万吨，炼焦产能110万吨。

搬迁建设：企业搬迁至乐亭经济开发区，拟建设规模年产钢232万吨，焦化176万吨，负荷约290兆瓦，计划2021年投产。

（4）汇丰、永顺、古玉整合搬迁

河北天柱钢铁集团古玉煤焦化工有限公司、唐山市汇丰炼焦制气有限公司、河北永顺实业集团有限公司3家焦化企业整合为天顺焦化,搬迁至海港经济开发区,拟建设规模年产焦炭248万吨,负荷约48兆瓦,计划2021年投产。

在市政府大力引导和督促下,预计钢铁企业搬迁工作的步伐会进一步加快。由于新厂建设需要时间,从企业关停到新厂投入生产中间可能出现临时空档期,预计到2020年下半年钢铁产能会暂时小幅降低。

2. 钢铁企业退城搬迁对负荷的影响

河北天柱钢铁集团有限公司、河北华西钢铁有限公司、唐山国义特种钢有限公司3家钢铁企业,以及河北天柱钢铁集团古玉煤焦化工有限公司、唐山市汇丰炼焦制气有限公司、河北永顺实业集团有限公司3家焦化企业整合搬迁至唐山东南部沿海区域。上述企业搬迁后,负荷水平基本不变,对唐山整体负荷和电量影响不大。唐山金马钢铁集团有限公司、唐山新宝泰钢铁有限公司、唐山建龙特殊钢有限公司将整体搬出唐山市,参照2019年负荷、电量情况,预计将影响地区负荷20万千瓦、电量13亿千瓦时,但随着纵横、河钢的投产,区域产业链将进一步延伸,预计唐山重点行业用电量将持续小幅增长。

四 "十四五"电力需求预测

(一)"十四五"经济社会发展预测(见表3)

"十四五"时期是推动唐山经济由内向外、动能由旧转新、发展由大到强的关键期,以深化供给侧结构性改革为主线,以构建现代化经济体系为战略目标,以培育强大创新体系、深化市场化改革和扩大高水平开放为根本动力,以打造法治化、市场化、国际化营商环境为主要路径,着力深化京津冀协同发展,着力提高供给体系质量效益,着力促进城乡协调均衡发展,着力推动生态环境持续好转,着力提升基本公共服务水平,着力推进国家治理体系和治理能力现代化,不断增强人民群众获得感、幸福感、安全感,全面加快高质量发展示范区建设,基本实现"三个努力建成"目标,把唐山建设成开放创新包容、宜居宜业宜游的现代化国际滨海城市。

表3 唐山市社会经济发展主要指标

类别		2010 年	2015 年	2020 年	2025 年	"十二五"年均增长率(%)	"十三五"年均增长率(%)	2020～2025年年均增长率(%)
人口总量(万人)		757	780	800	812	0.56	0.30	0.39
经济总量	地区生产总值(亿元)	4469.16	6103.06	7026	9105	8.1	5.32	5.73
	第一产业(亿元)	421.89	568.81	551.2	624.37	6.88	2.52	3.28
	第二产业(亿元)	2595.37	3364.62	3685.3	3825.8	0.32	0.75	1.15
	第三产业(亿元)	1448.9	2169.64	2789.5	4654.83	9.55	10.78	11.14
产业结构	地区生产总值(%)	100	100	100	100	—	—	—
	第一产业(%)	8.7	9.3	7.7	7.8	—	—	—
	第二产业(%)	58.9	55.2	51.8	50.1	—	—	—
	第二产业(%)	32.4	35.5	40.5	42.1	—	—	—

（二）电力需求总量预测

1. 产值单耗法

随着唐山地区产业结构调整的不断推进，二产占比呈下降趋势，一产、三产占比呈稳定增长趋势，依据2011～2019年唐山地区各产业产值增长率平均值，预计二产产值增长速度高方案按6.5%、中方案按4.5%、低方案按2.5%计算，一产产值增长速度高方案按10%、中方案按8%、低方案按6%计算，三产产值增长速度高方案按11%、中方案按8.5%、低方案按6%计算。2020～2025年期间产值预测结果如表4所示。

表4 唐山市产业产值预测

单位：亿元

年份		全市生产总值	第一产业	第二产业	第三产业
2019	实际	6890	531	3613	2746
2020	高	7143	559	3666	2918
	中	7026	549	3612	2865
	低	6926	538	3577	2811

续表

年份		全市生产总值	第一产业	第二产业	第三产业
2021	高	7758	615	3904	3239
	中	7476	593	3775	3108
	低	7217	571	3666	2980
2022	高	8431	677	4158	3596
	中	7957	640	3945	3372
	低	7522	605	3758	3159
2023	高	9163	744	4428	3991
	中	8472	691	4122	3659
	低	7841	641	3852	3348
2024	高	9965	819	4716	4430
	中	9025	747	4308	3970
	低	8177	680	3948	3549
2025	高	10841	901	5022	4918
	中	9615	806	4501	4308
	低	8530	721	4047	3762

随着国家对高能耗产业的宏观调控,第二产业中的高耗企业在政策推动下,进行企业整合重组,加快企业技术改造,促进企业节能减排,不断降低单位产能能耗,预测第二产业产值单耗将呈下降趋势。随着先进工艺和节能技术的进一步推广应用,预测第三产业产值单耗总体呈下降趋势。预计第一产业产值单耗将保持上升并逐步趋于稳定(见表5)。

因此,依据2011~2019年唐山地区各产业产值单耗增长率情况,预测2020~2025年,一产、二产、三产年平均产值单耗增长幅度分别为1%、-1%和-2%。

表5 唐山地区分产业产值单耗预测

单位:千瓦时/万元

年份	第一产业单耗	第二产业单耗	第三产业单耗
2019	264	1998	272
2020	266	1929	266
2021	269	1910	261

续表

年份	第一产业单耗	第二产业单耗	第三产业单耗
2022	272	1891	256
2023	274	1872	251
2024	277	1853	246
2025	280	1834	241

随着人民生活水平的不断提高和产业结构调整的步伐加快，预计未来几年，居民生活用电要快于全社会用电量的增长速度，增长速度高方案按11%、中方案按8.5%、低方案按6%计算，结合新冠肺炎疫情影响情况，唐山2020年1～3月份全社会用电量同比降低7.52%，较2019年减少15.49亿千瓦时。预测结果如表6所示。

表6　产值单耗法预测用电量

单位：亿千瓦时

年份		全社会用电量	第一产业	第二产业	第三产业	城乡居民生活用电
2019	实际	862	14	722	75	51
2020	高	856	15	707	78	56
	中	843	15	697	76	55
	低	833	14	690	75	54
2021	高	908	17	745	85	61
	中	877	16	721	81	59
	低	850	15	700	78	57
2022	高	963	18	786	92	67
	中	914	17	746	86	65
	低	867	16	710	81	60
2023	高	1023	20	829	100	74
	中	952	19	771	92	70
	低	887	18	721	84	64
2024	高	1087	23	874	109	81
	中	992	21	798	97	76
	低	906	19	732	87	68
2025	高	1153	25	921	118	89
	中	1035	23	826	104	82
	低	925	20	742	91	72

2. 人均电量法

表7 唐山地区历年人均用电量统计

项目	全市总人口（万人）	全社会用电量（亿千瓦时）	人均用电量（千瓦时）
2000 年	699.79	147.91	2114
2005 年	714.51	358.8	5022
2010 年	735.00	725.35	9818
2011 年	739.41	785.13	10617
2012 年	741.78	792.67	10686
2013 年	747.40	857.26	11470
2014 年	753.16	861.24	11435
2015 年	755.00	768.70	10172
2016 年	758.78	754.99	9929
2017 年	789.70	761.40	9642
2018 年	794.44	795.53	10014
2019 年	796.42	861.5	10817
"十五"期间年均递增(%)	0.41	19.39	22.08
"十一五"期间年均递增(%)	0.57	15.12	14.35
"十二五"期间年均递增(%)	0.56	1.17	0.71

　　从表7来看，"十二五"期间，国民经济将进入深层次的调整阶段，人均用电量增速趋缓，以消费带动经济增长的发展模式建立尚需时日，经济增长方式仍以固定投资拉动为主。随着唐山市产业结构调整、工业产业链延伸，以原材料加工为主的高耗能产业所占比重将逐步降低，第二产业用电量增速将有所放缓，对人均用电量影响较大。第一产业、第三产业及居民生活用电由于所占比重偏小，对电力负荷及电量增长贡献有限。

　　"十二五"期间，人口出生率控制在每年0.62%以内。2015年十八届五中全会提出全面放开二孩政策，对唐山市人口增长起到积极的促进作用，考虑到唐山总人口基数和二孩政策对人口增长的滞后性影响，2020年以后人口增长率按照年均0.4%进行计算，预测2020～2025年唐山地区用电量如表8所示。

表8 以人均用电量预测全社会用电量

单位：万人，千瓦时，亿千瓦时

年份	人口	人均用电量			全社会用电量		
		高	中	低	高	中	低
2019	796.42	10817			861.50		
2020	800	11196	10979	10871	895	878	869
2021	803	11756	11309	10980	944	908	881
2022	805	12167	11648	11090	980	938	893
2023	808	12593	11998	11201	1017	969	905
2024	810	13034	12357	11313	1056	1001	916
2025	812	13490	12728	11426	1096	1034	928

为分析比较唐山地区人均用电量水平，根据《城市电力规划规范》（GB/50293-1999）提供的参考指标，唐山市的用电水平已经高于规范要求较高城市的上限，出现这样情况的主要原因是作为发展较快的重工业城市，工业用电量增长及在全社会用电量中占有相当大的比重，而人口自然增长比较缓慢，因此造成人均用电量水平较高。

3. 电力弹性系数法

电力弹性系数直接反映电力消费水平与国民经济增长的相互关系。

表9 唐山地区历年电力弹性系数

单位：%

项目	GDP增长率	用电量增长率	电力弹性系数
2001年	10.10	7.00	0.69
2002年	10.30	14.00	1.36
2003年	13.20	29.50	2.23
2004年	14.90	24.23	1.63
2005年	15.10	23.61	1.56
2006年	14.60	20.61	1.41
2007年	15.00	20.71	1.38
2008年	13.10	3.56	0.27
2009年	11.30	16.02	1.42
2010年	13.10	16.14	1.23
2011年	11.70	8.15	0.70
2012年	10.40	0.96	0.09

	GDP 增长率	用电量增长率	电力弹性系数
2013 年	8.30	8.15	0.98
2014 年	5.10	0.46	0.09
2015 年	5.60	−10.75	−1.92
2016 年	6.80	−1.78	−0.26
2017 年	6.50	0.85	0.13
2018 年	7.30	4.48	0.61
2019 年	7.30	8.30	1.14
"十五"期间年均递增	12.70	19.39	1.53
"十一五"期间年均递增	13.40	15.12	1.13
"十二五"期间年均递增	8.10	1.17	0.14

从全国重点城市用电发展来看,"十五"期间各地区电力弹性系数均大于1,这与当时全国经济发展的特点是紧密相关的。在 20 世纪 90 年代中后期经历了短暂的经济发展低潮后,全国经济开始向好的方向发展,特别是工业企业发展势头强劲,在工业中重工业的增长尤其显著。和全国经济形势相呼应,"十一五"期间唐山地区工业特别是重工业用电量的高速增长是唐山地区电力弹性系数较高的重要因素。"十二五"期间,受房地产持续调控效应、铁路建设延缓和节能减排力度加大等宏观政策因素影响,唐山地区经济增长速度趋缓,全市工业用电量增速回落更为明显(见表 9)。

受新冠肺炎疫情影响,预计 2020 年唐山地区 GDP 增长率为 5%,2021 ~ 2025 年唐山地区保持 6% 的经济增长,电力弹性系数也将随着产业结构进一步优化有所降低(见表 10)。

表 10　电力弹性系数法预测用电量

单位:亿千瓦时,%

年份	GDP 增长率	电力弹性系数			用电量增速			全社会用电量		
		高	中	低	高	中	低	高	中	低
2019	7.30	1.06			8.23			861.5		
2020	5.00	1	0.75	0.4	5.00	4.00	2.00	905	871	857
2021	6.00	1	0.75	0.4	6.00	4.80	2.40	959	911	877

续表

年份	GDP增长率	电力弹性系数			用电量增速			全社会用电量		
		高	中	低	高	中	低	高	中	低
2022	6.00	1	0.75	0.4	6.00	4.80	2.40	1016	952	898
2023	6.00	1	0.75	0.4	6.00	4.80	2.40	1077	994	920
2024	6.00	1	0.75	0.4	6.00	4.80	2.40	1142	1039	942
2025	6.00	1	0.75	0.4	6.00	4.80	2.40	1211	1086	965

三种预测方法的结果如表11所示。

表11 唐山市中长期电量需求预测结果汇总

单位：亿千瓦时，%

预测方法	2010年	2015年	2019年	2020年	2025年	"十三五"年均增长率	"十四五"年均增长率
人均电量法				878	1034		3.47
电力弹性系数法		768.7	861.5	871	1086	4.44	3.07
产值单耗法				843	1035		3.00

根据唐山市经济社会产业发展特点，选择合理预测值，考虑新冠肺炎疫情对2020年用电量的影响，"十四五"期间年均增速相较三种预测方法偏高，预测最终结果如表12所示。

表12 唐山市中长期电量需求预测结果

单位：亿千瓦时，%

类别	2010年	2015年	2019年	2020年	2025年	"十三五"年均增长率	"十四五"年均增长率
全社会用电量	—	768.7	861.5	840	1042	1.79	4.4

4. 自然增长 +新增大用户法

根据目前掌握的业扩报装信息，结合企业自身特点分解年度新增用电负荷情况，预计"十四五"大用户新增负荷情况如表13所示。

表13 2020～2025年预计新增大工业用户及用电负荷统计

序号	新增大工业用户名称	供电电压（千伏）	申请容量（兆伏安）	预增终期负荷（兆瓦）	预计用电时间（年）	2020年新增用电负荷（兆瓦）	2021年新增用电负荷（兆瓦）	2022年新增用电负荷（兆瓦）	2023年新增用电负荷（兆瓦）	2024年新增用电负荷（兆瓦）	2025年新增用电负荷（兆瓦）
1	北京铁路局唐山供电段	110	17	11	2020	11					
2	唐山三友化工股份有限公司	110	63	40	2020	40					
3	唐山旭阳化工有限公司	110	100	60	2020	20	20				
7	唐山东日新能源材料有限公司	110	150	132	2020	50	82				
8	唐山东钢金属板材制造有限公司	110	189	130	2020	80	50				
9	河钢乐亭钢铁有限公司	220	1440	220	2020	220					
10	唐山凯源实业有限公司	110	72	70	2020	70					
11	河北华西特种钢铁有限公司	110	189	130	2020	30	100				
12	唐港铁路有限责任公司要庄	110	25	20	2020	20					
13	唐山燕山钢铁有限公司	220	600	450	2020	70	100	100	180		
14	唐山市冀滦纸业有限公司	110	50	30	2020	30					

续表

序号	新增大工业用户名称	供电电压（千伏）	申请容量（兆伏安）	预增期终期负荷（兆瓦）	预计用电时间（年）	2020年新增用电负荷（兆瓦）	2021年新增用电负荷（兆瓦）	2022年新增用电负荷（兆瓦）	2023年新增用电负荷（兆瓦）	2024年新增用电负荷（兆瓦）	2025年新增用电负荷（兆瓦）
4	唐山京唐铁路有限公司	110	40	35	2021		35				
5	唐山京唐铁路有限公司	110	40	35	2021		35				
6	唐山京唐铁路有限公司	110	40	35	2021		35				
15	首钢滦南马城矿业有限责任公司	110	189	130	2021		50				
16	唐山腾龙再生科技有限公司	110	163	110	2021		50	60			
17	唐山永丰轧辊有限公司	110	100	75	2021		6	50	19		
18	唐山国堂钢铁有限公司	220	300	280	2021		20	100	100	60	
19	河北天柱钢铁集团有限公司	220	360	300	2021		100	100	100		
20	唐港铁路有限责任公司曹妃甸工业区	110	25	20	2021		20				
21	河北鑫达钢铁有限公司	220	240	200	2021		100	100			
22	唐山祺远售电有限公司	220	240	190	2021		70	60	60		
23	唐山宏文耐磨材料有限公司	35	12.55	10	2021		10				

续表

序号	新增大工业用户名称	供电电压（千伏）	申请容量（兆伏安）	预增终期负荷（兆瓦）	预计用电时间（年）	2020年新增用电负荷（兆瓦）	2021年新增用电负荷（兆瓦）	2022年新增用电负荷（兆瓦）	2023年新增用电负荷（兆瓦）	2024年新增用电负荷（兆瓦）	2025年新增用电负荷（兆瓦）
24	河北吉诚新材料有限公司	220	240	180	2021		50	130			
25	唐山凯源实业有限公司	220	720	570	2022			60	150	280	80
26	唐山曹妃甸动力煤储配有限公司	110	50	40	2022			20	10	10	
27	京唐城际铁路有限公司	220	80	64	2022			20	20	20	4
28	唐山港陆钢铁集团有限公司	220	360	280	2022			60	70	100	50
29	中海石油（中国）有限公司天津分公司	220	240	190	2022			50	50	70	20
30	唐山东华钢铁企业集团有限公司	220	360	280	2022			60	70	80	70
31	河北钢铁矿业有限公司	220	360	280	2025						280
合计						641	933	970	829	620	504

从表 13 可以看出，2020～2025 年，唐山电网计划新增大工业用户容量为 7086.05 兆伏安，预增负荷约 3252 兆瓦。其中，2020 年计划新增大工业用户容量为 2895 兆伏安，预增负荷约 996 兆瓦；2021 年计划新增业用户容量为 1989.55 兆伏安，预增负荷约 833 兆瓦；2022 年计划新增业用户容量为 1810 兆伏安，预增负荷约 870 兆瓦；2025 年计划新增业用户容量为 280 兆伏安，预增负荷约 504 兆瓦。

由于唐山地区负荷主要是大工业用户负荷，因此，采用新增大用户负荷调查及一般用户负荷自然增长率法对近期最大负荷预测结果进行校验，结合业扩报装情况，对 2020 年预测结果进行校验。新增大用户报装情况如表 14 所示。

表 14 2020 年预计新增大工业用户及用电负荷统计

序号	新增大工业用户名称	供电电压（千伏）	申请容量（兆伏安）	预增负荷（兆瓦）
1	北京铁路局唐山供电段	110	17	11
2	唐山三友化工股份有限公司	110	63	40
3	唐山旭阳化工有限公司	110	100	40
4	唐山东日新能源材料有限公司	110	150	50
5	唐山东钢金属板材制造有限公司	110	189	80
6	河钢乐亭钢铁有限公司	220	1440	240
7	唐山凯源实业有限公司	110	72	70
8	河北华西特种钢铁有限公司	110	189	30
9	唐港铁路有限责任公司聂庄	110	25	20
10	唐山燕山钢铁有限公司	220	600	120
11	唐山市冀滦纸业有限公司	110	50	30
合计			2895	731

从表 14 中可以看出，2020 年唐山电网计划将新增大工业用户容量为 2895 兆伏安，预增负荷约 731 兆瓦，由于河钢乐亭钢铁有限公司、河北华西特种钢铁有限公司等钢铁企业搬迁，需扣减新增负荷约为 270 兆瓦，最大负荷自然增长率取 2%，从而计算出 2020 年最大负荷预计为 12408 兆瓦［（731－270）× 0.8＋11803×1.02＝12408］。

五　结论及建议

（一）主要结论

"十三五"时期前两年经济增长稳定，工业仍处于筑底回升阶段，在工业电量和工业负荷持续下降的情况下，2016 年及 2017 年唐山电网最大负荷并没有下降，最大负荷仍然保持千万以上的高位水平实属不易，三产和居民生活用电快速增长，一定程度上弥补了工业负荷的下降。2018 年，小型钢厂及地条钢的产能出清使得供需形势好转，钢价全年保持高位，大型钢企持续赢利，以纵横钢铁为代表的大型钢企加速落地沿海，电量拉动作用显现。2019 年，经济走势延续上年回暖态势，主导行业效益持续回升，拉动用电量持续上升。2020 年，影响电量增长的利好因素有大型工业项目落地等，不利因素有主城区周边钢铁企业退城搬迁和新冠肺炎疫情，双重作用下，总体来看地区负荷将有所上升，电量同比 2019 年将有小幅下降。由于 2016 年及 2017 年唐山电网负荷没有增长，所以"十三五"时期唐山电网最大负荷年均增长率仅为 3.40%，全社会用电量年均增长 1.79%。

"十四五"作为衔接党的十九大及二十大的关键时期，未来发展方向明确，预计地区 GDP 年均增速 6% 左右。工业快速发展是实现现代化的主要推动力，社会对更高效率、更高质量的电力需求比以往任何时期都要迫切，以工业负荷为主要特征的唐山电网未来增长将和经济发展形势趋势保持一致，预计 2020~2025 年唐山地区负荷及全社会用电量将实现稳定增长。

（二）有关建议

1. 转变经营思路，促进潜在市场转化

国家去产能政策对钢铁行业等主导行业用电量负面影响不断加剧，加上环境治理逐步推进，对高耗能、高污染、高排放企业的限制，将对唐山地区电力市场造成进一步的冲击。

根据对电力市场的分析，下一阶段公司应将全方位地开展增供扩销，一方面，缩短业扩报装接电时间，提高业扩报装工作效率，促进潜在市场有效转化

成现实市场；另一方面，进一步加强客户工程进度的督导和有关工作的协调，以便客户工程尽早投产，实现售电效益。

2. 去产能深入推进，深刻影响公司售电市场

2020 年，炼铁、炼钢压减产能任务依然艰巨。受新冠肺炎疫情影响，环境污染治理条件依然严苛，2020 年采暖季限产成为必然。全球疫情暴发后，经济形势将更加复杂多变，应科学研判电力市场变化趋势。

3. 加强政府战略合作，提升公司经营水平

进一步推进唐山地区电网建设，全面保障唐山地区经济社会发展，深化政企合作。促进互利共赢。公司聚焦绿色发展，营造唐山优质生态环境。认真落实大气污染防治工作要求，坚决配合做好对落后产能、污染企业的关停工作，着力打造特色电能替代服务品牌，把"电代煤"工程作为重大政治任务，提高新能源消纳能力，积极服务电动汽车业务发展，多种途径拓宽电力市场，不断提高公司经营水平。

参考文献

河北省人民政府：《河北省国民经济与社会发展第十三个五年规划纲要》，2016。

唐山市人民政府：《唐山市城市总体规划（2010～2020）》，2013。

唐山市人民政府：《唐山市中央环境保护督察"回头看"及大气污染问题专项督察反馈意见整改暨空气质量"退出后十"工作方案及整改措施清单》，2019。

国家电网有限公司：《110 千伏及以下配电网规划技术指导原则（2016 年版）》，2016。

国家电网有限公司：《城市电力规划规范》，2014。

国家电网有限公司：《城市配电网规划设计规范》，2010。

国家电网有限公司：《配电网建设改造行动计划》（国家电网发展〔2015〕2013 号），2015。

邢台市"十三五"电力需求分析与"十四五"电力需求预测报告

白莉妍　卫　丹　董小虎　关守姝　孙　强[*]

摘　要： 2010～2017 年，邢台经济保持着稳定增长的态势。"十三五"期间京津冀协同发展、"中国制造 2025"等重大战略深入实施，为邢台市建设国家新能源产业基地、产业转型升级示范区和冀中南物流枢纽城市带来重大机遇；供给侧结构性改革，"去产能、去库存、去杠杆、降成本、补短板"政策的不断落地，为邢台市调存量、上增量，实现动能转换带来难得的政策和市场"窗口期"；"十二五"期间，全社会用电量年均增长 2.30%，全社会负荷年均增长 5.58%；2016～2019 年，全社会用电量年均增长 8.25%，全社会负荷年均增长率为 9.93%。2020 年受新冠肺炎疫情影响，电量和负荷预计将会有所下降。

关键词： 邢台　电力供需　产业结构

一　地区经济发展情况

邢台市地处河北省南部、太行山脉南段东麓、华北平原西部边缘，东以

---

* 白莉妍，国网邢台供电公司高级工程师，工学硕士，研究方向为配电网规划、电力需求预测；卫丹，国网邢台供电公司工程师，工商管理学硕士，研究方向为主网规划、线损管理；董小虎，国网邢台供电公司工程师，工学学士，研究方向为配电自动化规划；关守姝，国网邢台供电公司工程师，工学硕士，研究方向为电网规划；孙强，国网邢台供电公司工程师，工学硕士，研究方向为新能源和通信网规划。

卫运河为界与山东省相望，西依太行山和山西省毗邻，南与邯郸市相连，北及东北分别与石家庄市、衡水市接壤。辖区东西最长处约185千米，南北最宽处约80千米，总面积1.24万平方公里。2019年末邢台地区人口达到801.37万人。邢台市辖4个区（信都区、襄都区、任泽区、南和区）、2个县级市（沙河市、南宫市）、15个县，另设邢台经济开发区、邢东新区。

邢台市属温带大陆性气候，四季分明，春季多西南风，干旱少雨；夏季炎热多雨；秋季冷暖适宜；冬季多西北风，寒冷干燥。

邢台市交通便利，京广铁路、京九铁路、石武客运专线、京深高速横穿南北，邢临高速、邢汾高速、邢衡高速及规划中的邢和、邯（邢）黄铁路横穿东西，特别是地处京津冀、环渤海、胶东半岛城市群和中原大经济区的接合部，经济区的迅速崛起，对邢台地区的辐射带动作用也逐渐加强。

（一）经济总量情况

2010～2018年，邢台市GDP整体上保持着增长的态势。其间邢台市GDP由2010年的1212.09亿元增长至2019年的2119.36亿元，年均增长6.41%。"十二五"期间增长率分别为11.5%、9.2%、7.7%、8.1%、10%。近三年增长率分别为10.1%、9.9%、9.1%（见图1）。邢台市人均GDP由2010年的1.72万元增长至2019年的2.43万元。

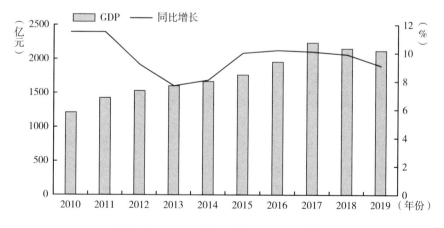

图1　2010～2019年邢台市GDP增长情况

（二）产业结构调整

2016 年邢台市政府出台了《关于邢台市加快产业结构优化升级三年行动纲要》《关于稳增长调结构的若干支持意见》等一系列政策措施，结构调整取得新进展。三次产业比例由 2010 年的 15：56.7：28.3 调整优化到 2019 年的 13.4：39.3：47.3，一产优化农业发展格局，提升农产品质量效益。二产大力加快节能环保、新一代信息技术、生物、高端装备制造等战略性新兴产业项目的引进与建设，推进产业结构转型升级。大力推进服务业，提高服务业经济效益。2010～2019 年邢台市产业结构调整情况如图 2 所示。

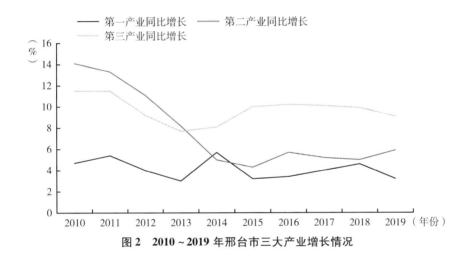

图 2　2010～2019 年邢台市三大产业增长情况

（三）工业及主导产业发展情况

邢台是一个依托工矿企业建起来的城市，传统行业以黑色金属冶炼及压延加工业（如德龙钢铁、龙海钢铁、邢台钢铁厂等）和非金属矿物制品业（如晶牛玻璃、长城玻璃、德金玻璃、金牛水泥能源等）为主。邢台钢铁产业形成钢铁冶炼、板带管线材、高速线材、制钢母材等门类比较齐全的产业体系。2011 年以后，钢铁行业受市场需求下降影响，部分生产线停产。2013 年以后，在大气污染治理的强大压力下，钢铁行业和玻璃行业面对压减产能、环保约束等压力，电量增长率和对工业用电量的贡献率大幅下降。2014 年组织开展钢铁和水泥过剩产能压减活动，全年共压减炼铁产能 1500 万吨、炼钢产能 1500 万吨、水泥 3918 万吨、平板玻璃 2533 万重量箱。钢铁、建材等支柱产业比重呈现持续下降态势。2014 年以后，受产业结构的调整和大气污染治理的影响，黑色金属冶炼及压延加工业和非金属矿物制品业一直呈下滑趋势。非金属矿物制品业年用电量增速由 2011 年的 70.47% 降到 2019 年的 – 2.21%；黑色金属冶炼及压延加工业年用电量增速由 2011 年的 – 0.3% 降低到 2019 年的 – 11.63%。

（四）新兴产业发展情况

2015 年，邢台市政府出台《关于加快新能源汽车发展和推广应用实施意见的通知》，该方案支持邢台红星和中航长征新能源汽车企业，2016 年，邢台建成北汽隆威新能源汽车、御捷新能源汽车和红星新能源汽车等新能源项目，提高研发能力、配套能力和聚集水平，打造从电极材料、电池、配件到整车的全产业链新能源汽车基地。2019 年，深入实施战略性新兴产业三年行动计划，推动战略性新兴产业基地建设，华菱长征新能源中重卡启动四大工艺建设，领途"第三工厂"新能源车下线，昌龙单晶硅二期、晶澳 2GW 太阳能组件扩能项目投产，新建晶龙新能源产业园项目，打造全球重要光伏产业基地。

大力发展清河"羊绒小镇"、临西"轴承产业园"、平乡自行车配件等集群产业园。

二 本地区电力消费实绩

（一）负荷电量总量分析

2010 年以来，随着经济的不断发展，邢台市全社会用电量也不断增加。2010 年邢台市全社会用电量为 180 亿千瓦时，到 2019 年增长到 292.63 亿千瓦时，"十二五"期间年均增长速度仅为 2.30%。2016～2019 年，邢台经济高速发展，年均增长达到 8.24%。从逐年增长速度可以看出，"十二五"期间邢台市全社会用电量缓慢增长，2016 年以后，随着经济转型升级及电价政策的实施，至 2019 年邢台市全社会用电量增长速度较快。2010～2019 年邢台市全社会用电量及增长情况如图 3 所示。

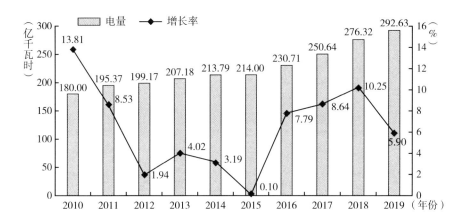

图3 2010~2019年邢台市全社会用电量及增长情况

2010年邢台市全社会最大负荷为3203兆瓦，到2019年增长到5282.2兆瓦，"十二五"期间，年均增长5.58%；2016~2019年年均增长率为9.93%。2010~2019年邢台市全社会最大负荷及增长情况如图4所示。

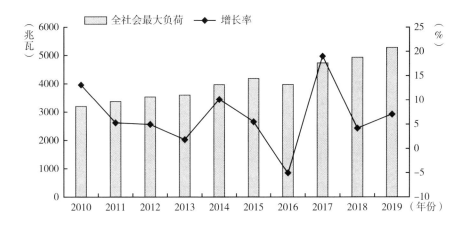

图4 2010~2019年邢台市最大负荷及增长情况

（二）电量构成及用电需求分析

从2010~2019年邢台市全社会分产业及居民用电量构成情况分析，邢台市的产业用电结构有如下特点：一产比例逐渐减少；2013 年后，受国家宏观调控政策和邢台市"还邢台青山绿水、走生态发展之路"战略的影响，高耗能行业用电量逐年降低，二产比例稳步下降，高端装备制造、新能源汽车、新材料等战略性新兴产业成为邢台地区经济发展主要动力；三产蓬勃发展，电量稳步增长，"十二五"期间，三产比例从 2010 年的 5.05% 增长到 2019 年的 17.76%；随着生活质量的逐年提高，居民生活用电占比也在逐渐平稳增长（见表 1 和表 2）。

表 1　2010～2019 年邢台市各产业用电和居民用电情况

单位：亿千瓦时

年份	一产	二产	三产	居民
2010	26.85	116.15	9.09	27.91
2011	16.57	139.17	11	28.62
2012	12.49	143.45	13.17	30.05
2013	8.62	148.32	18.56	31.68
2014	10.76	146.54	23.44	33.06
2015	11.25	141.09	26.62	35.09
2016	10.15	155.16	28.99	36.41
2017	4.51	168.26	38.2	39.67
2018	4.46	179.49	46.46	45.9
2019	4.96	185.83	51.97	49.88

表 2　2010～2019 年邢台各产业用电和居民用电比重

单位：%

年份	一产	二产	三产	居民
2010	14.92	64.53	5.05	15.51
2011	8.48	71.24	5.63	14.65
2012	6.27	72.03	6.61	15.09
2013	4.16	71.59	8.96	15.29
2014	5.03	68.54	10.96	15.46
2015	5.26	65.93	12.44	16.40

续表

年份	一产	二产	三产	居民
2016	4.40	67.25	12.57	15.78
2017	1.80	67.13	15.24	15.83
2018	1.61	64.96	16.81	16.61
2019	1.69	63.50	17.76	17.05

（1）第一产业用电量在"十一五"期间保持了稳定增长，在"十二五"期间，用电量逐渐下降。首先，受当年降水量影响；其次，受农作物国际行情的影响，2016 年，棉花销售价格持续低迷，种植收益下降，棉花种植面积同比减少 21.8 万亩。另外，受政府政策影响，为减少地下水开采，只能种植低耗水作物，这些政策都导致了农业用电量的下降。

（2）随着国家产业结构调整政策的不断出台，邢台市产业结构调整有序推进，大力发展新能源产业，逐步关停资源消耗高的企业。坚持改造提升传统产业和发展新兴替代一起抓，完成邢台经济结构转型与升级。第二产业在邢台市产业结构中一直处于主导地位，在全社会用电中所占比重由 2010 年的 64.53% 下降至 2019 年的 63.50%，呈现下降趋势，但第二产业在制造业、非金属矿物制品业、黑色金属冶炼及压延加工业等大用电行业的带动下，用电量对全社会用电量贡献率依然是最高的。

（3）邢台市第三产业保持较快增长。第三产业用电量所占比重由 2010 年的 5.05% 提高到 2019 年的 17.76%，大力推进生态文化旅游业和现代服务业的发展，第三产业呈现出增速快、贡献率高和拉动力强的特点。

（4）随着居民生活水平的不断提高，邢台市居民生活用电量在全社会用电量中所占比重从 2010 年的 15.51% 增加到 2019 年的 17.05%，主要是各种家用电器进入千家万户，造成了居民生活用电量的增长。居民生活用电量的增长已经成为邢台市全社会用电量增长的重要来源。新时期，不平衡不充分的发展与人民对美好生活的向往之间的矛盾也会更加显现，届时，居民电力负荷应该会继续增加。

从中可以看出，在经济新常态及产业转型升级的背景下，第三产业与居民生活用电增长速度快于二产和一产增长速度，主要由于产业结构的调整与环境治理以及市场供需环境的要求，这也体现了邢台居民生活水平的提高。

（三）重点行业用电量分析

2010 年以后，邢台市工业占比有所减少，占比由原来的 20% 下降到 10% 以下，但仍占据主导地位。2017 年以后，受市场行情和环保压力的影响，全市钢铁业生产经营每况愈下，面临困难的局面。"十二五"期间，受政府宏观调控和环境治理的影响，水泥和玻璃产业用电量逐年下滑。邢台市大力发展新兴制造业，改造提升传统制造业，造成用电量增速较快，从 2010 年的 82.19 亿千瓦时增加到 2019 年的 145.14 亿千瓦时。邢台市重点行业用电情况如表 3 所示。

表 3 2010～2019 年邢台市重点行业用电情况

单位：亿千瓦时

年份	2010	2011	2012	2013	2014	2015	2016	2017	2018	2019
全社会用电量	180	195.37	199.17	207.18	213.79	214.04	230.71	250.64	276.32	292.63
工业	114.66	137.89	141.49	146.08	144.66	139.42	153.1	165.73	179.82	185.44
1. 采矿业	10.76	10.34	11.78	10.84	10.95	9.32	8.87	8.94	10.83	10.55
有色金属矿采选业	0.716	0.85	0.84	0.48	0.51	0.41	0.32	0.32	1.22	1.54
2. 制造业	82.19	104.82	108.96	110.1	107.3	105.67	118.28	129.55	140.45	145.14
黑色金属冶炼及压延加工	36.35	36.24	28.69	25.43	19.75	19.5	20.36	19.26	16.64	14.71
化学原料及化学制品制造业	4.57	4.51	5.15	5.02	5.21	5.81	6.59	6.57	8.13	8.73
非金属矿物制品业	10.42	17.76	20.82	20.86	19.76	16.83	19.2	20.78	20.46	20.01
有色金属冶炼及压延加工业	0.53	0.57	0.43	0.58	0.82	0.76	0.82	0.86	1.22	1.54
3. 电力、燃气、水的生产和供应业	21.71	22.73	20.75	25.14	26.41	24.43	25.95	27.24	28.54	29.75

三 影响电力需求的主要因素分析

（一）邢台市"十三五"经济发展形势

"十三五"时期，邢台市加速崛起，攻坚突破，释放各种比较优势带来广阔空间；鉴于京津冀协同发展、"中国制造 2025"等重大战略的实施，邢台市将建成国家新能源产业基地、产业转型升级示范区和冀中南物流枢纽城市；供给侧结构性改革，"去产能、去库存、去杠杆、降成本、补短板"政策的不断落地，将为邢台市调存量、上增量，实现动能转换带来难得的政策和市场"窗口期"；邢台文化底蕴深厚，交通枢纽地位日渐凸显，后发潜力和市场空间巨大，将为"十三五"高点起步、跨越赶超带来无穷的内生动力。

"十三五"总体目标是"一个全面建成、两个翻番、三个高于、四个明显提升"，即到 2020 年如期全面建成小康社会；生产总值比 2010 年翻一番以上，城乡居民人均可支配收入比 2010 年翻一番以上；经济保持中高速增长，增长速度高于全省平均水平，生产总值年均增长 7.5% 左右，发展迈入中高端，质量效益提升幅度高于周边基础相近地区，公共财政预算收入年均增长 8.5% 左右。环境治理大见成效、空气质量改善程度大大高于以往、PM2.5 平均浓度比 2013 年下降 50% 以上、力争退出全国空气质量后 10 名；城市经济和县域经济实力、产业发展层次和水平、城镇化发展质量和水平、基本公共服务能力和水平明显提升。

到 2020 年，全市生产总值将达到 2500 亿元以上，公共财政预算收入达到 150 亿元以上，城乡居民人均可支配收入分别达到 34000 元和 14000 元以上。先进装备制造业作为第一支柱产业的地位更加突出，战略性新兴产业增加值占规模以上工业的比重达到 20% 以上，努力建设国家新能源示范城市、全省重要的装备制造业基地、新能源汽车生产基地和节能环保产业基地。

（二）典型企业用电情况分析

钢铁行业是邢台市的支柱产业，为邢台市的经济发展做出了巨大贡献。但自 2008 年亚洲金融危机以来，国内钢铁行业受进口铁矿石价格飞涨、产能过剩、能源价格居高不下等众多生产成本升高的影响，生产利润连续降低，再加上国内钢铁行业普遍存在的生产工艺落后、能源和水资源消耗大、污染严重等问题，导致目前钢铁行业经营惨淡。

邢台市不断优化产业结构，采用高新技术和先进适用技术改造传统优势产业，增加技术改造投入，不断提高装备水平，在稳定产能的基础上，抓品种、上质量，提高产品附加值，提升产品技术含量和市场竞争力。推动钢铁产业高端化，努力建设特钢和特钢产品生产基地，使钢铁行业健康发展。

从 2010 年至今，钢铁行业用电量逐年减少，从 2010 年的 25.19 万千瓦时减少到 2015 年的 17.26 万千瓦时，"十三五"期间，用电量继续减少，到 2019 年，钢铁行业用电量仅为 14.58 万千瓦时，历史数据如图 5 所示。

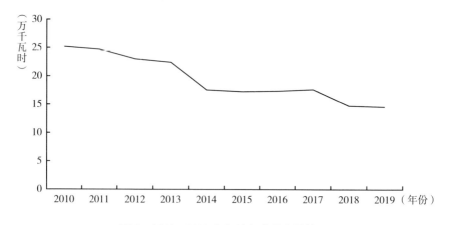

图 5　2010～2019 年钢铁行业用电量情况

（三）分布式电源及其他影响因素分析

在配网规划时，加入分布式电源会导致规划的人员不能够有效地对负荷的增长进行预测，所以在规划上就加大了难度。另外，分布式电源增加了电网公司的运营管理难度，因为小型的分布式电源广泛运用后，系统的拓扑结构产生了一定的变化，电源的馈电潮流特性也发生一定程度的改变，增加了运营的成本。分布式电源接入后可能发生供电闲置的情况，产生了极大的资源浪费，使供电设备的利用率大大降低，造成供电公司的投资达不到更好的收益。

分布式电源接入后，会产生大量的谐波，导致电压的闪变和跌落。

截至 2019 年底，邢台市新能源上网电站（厂）共有 39 座，容量为 177.75 万千瓦，占电源装机容量的 35.96%。其中 220 千伏的有 2 座，容量为 19.9 万千瓦；110 千伏的有 16 座，容量为 114.55 万千瓦；35 千伏的有 16 座，容量为 35.7 万千瓦；10 千伏的有 5 座，容量为 7.59 万千瓦。2019 年新能源累计发电量达 25.87 亿千瓦时。

四 邢钢退城搬迁项目介绍

为了适应邢台市生态建设要求，邢台钢铁有限责任公司主动承担企业社会责任，积极谋求发展，采用最先进的节能减排技术，2018 年就开始进行减量搬迁工作。2020 年初为落实省委、省政府关于邢钢搬迁进一步降低排放的指示精神，对原搬迁工艺方案进行了调整。确定了"熔融还原炉 + 电炉"短流程工艺方案，放弃了"焦化 + 烧结 + 球团 + 高炉 + 转炉"长流程生产工艺方案。邢钢搬迁项目（以下简称项目）建设规模为铁 160 万吨/年、钢 225 万吨/年、线材 213 万吨/年。

该项目计划建设周期 18 个月，于 2021 年底投产。预计 6 月 30 日前完成项目安评、环评、备案、立项等手续，7 月份进行项目招标工作，项目计划 2020 年 8 月份进场施工，临时用电负荷 6000～8000 千伏安；规划 220 千伏变电站 1 座、110 千伏变电站 4 座，变电站送电时间 2021 年 11 月上旬，设备试车调试时间为 2021 年 11 月中旬到 12 月上旬，用电负荷 50 兆瓦左右，2021 年 12 月中旬到 2021 年底进行热负荷试车生产，用电负荷在 420 兆瓦左右；2022 年 1 月开始正式生产，最大负荷需量大约 560 兆瓦。

五 "十四五"电力需求预测

（一）"十四五"经济社会发展预测

"十四五"期间，随着邢台产业结构进一步优化，城镇化率进一步提高，预计到 2025 年人口将达到 757.14 万人，地区生产总值达到 3234.42 亿元，年均增长 7.26%（见表 4）。

表 4　邢台市社会经济发展主要指标

类别		2010 年	2015 年	2020 年	2025 年	"十二五"年均增长率	"十四五"年均增长率	2020～2025年年均增长率
人口总量（万人）		710.41	729.44	742.32	757.14	0.66	0.35	0.40
经济总量	地区生产总值（亿元）	1212.09	1764.7	2278.31	3234.42	9.85	5.24	7.26
	第一产业(亿元)	189.72	275.6	293.85	335.25	9.78	1.29	2.67
	第二产业(亿元)	674.06	793.6	884.9	1181.2	4.17	2.20	5.95
	第三产业(亿元)	348.31	695.5	1099.56	1717.97	18.87	9.59	9.34
产业结构	地区生产总值（%）	100	100	100	100	—	—	—
	第一产业（%）	15.65	15.62	12.90	10.37	—	—	—
	第二产业（%）	55.61	44.97	38.84	36.52	—	—	—
	第三产业（%）	28.74	39.41	48.26	53.12	—	—	—

（二）电力需求总量预测

选取人均电量法、产业产值单耗法、自然增长＋大用户法（或其他方法）三种方法对本地区"十四五"期间电量需求进行预测并校核。

1. 人均电量法

邢台市历史年人均用电量情况如表 5 所示。

表 5　邢台市历史年人均用电量情况

年份	2010	2011	2012	2013	2014	2015
电量(亿千瓦时)	180.00	195.37	199.17	207.18	213.79	214.00
人口（万人）	710.41	715.55	718.86	721.69	725.63	729.44
人均用电量（千瓦时）	2533.80	2730.31	2770.59	2870.71	2946.23	2933.76
年份	2016	2017	2018	2019		
电量(亿千瓦时)	230.71	250.64	276.32	292.63		
人口（万人）	731.99	735.16	737.44	739.52		
人均用电量（千瓦时）	3151.75	3409.33	3747.02	3957.03		

从历年数据中可以看出，受气候原因和环保压力的影响，2014~2015年，邢台市人均用电量年均增速为 -0.42%，2015~2019年年均增长率为7.77%。

根据上述分析，2020年和2025年邢台市电力需求预测结果分别为300.1亿千瓦时和370.16亿千瓦时，具体情况如表6所示。

表6 邢台市电量需求预测（人均电量法）

项目	2016年	2020年	2021年	2025年	"十三五"年均增长率(%)	"十四五"年均增长率(%)
电量(亿千瓦时)	230.71	300.1	315.25	370.16	6.79	4.10
人口(万人)	731.99	742.32	744.13	757.14	0.35	0.43
人均用电量(千瓦时)	3151.75	4042.73	4236.49	4888.92	6.42	3.65

2. 产业产值单耗法

产业产值单耗法是通过对国民经济三大产业单位产值耗电量进行统计分析，根据经济发展以及产业结构调整情况，确定规划期三大产业的单位产值耗电量，然后根据国民经济和社会发展规划指标，计算得到规划期的电量需求预测值。邢台历史数据如表7所示。

表7 邢台2010~2019年产业产值单耗情况

单位：亿千瓦时，亿元，千瓦时/万元

时间	用电量	GDP	单位GDP电耗
2010年	180.00	1212.09	1485.04
2011年	195.37	1426.3	1369.77
2012年	199.17	1532	1300.07
2013年	207.18	1604.6	1291.16
2014年	213.79	1668.1	1281.64
2015年	214	1764.7	1212.67
2016年	230.71	1954.8	1180.22
2017年	250.64	2236.36	1120.75
2018年	276.32	2150.76	1284.76
2019年	292.63	2119.36	1380.75

2020 年至"十四五"期间，考虑到新冠肺炎疫情带来延迟的复工复产和政府出台的节能减排等一系列措施，预计单位 GDP 电耗会降低。2020 年全社会用电量将达到 309.10 亿千瓦时，2025 年达到 380.16 亿千瓦时。预测结果如表 8 所示。

表 8　邢台 2020～2025 年产业产值单耗预测

时间	用电量（亿千瓦时）	GDP（亿元）	单位 GDP 电耗（千瓦时/万元）
2016 年	230.71	1954.8	1180.22
2020 年	309.10	2267.72	1363.05
2021 年	329.19	2426.46	1356.68
2025 年	380.16	2825.99	1345.23
"十三五"年均增长率（%）	7.59	3.78	3.67
"十四五"年均增长率（%）	3.66	3.88	-0.21

3. 自然增长 + 大用户法

根据邢台市经济发展规划和报装大用户情况，"十二五"期间大用户用电量年均增长 - 0.4%。2015～2019 年年均增长 - 0.6%。

根据邢台市历年电量情况，2010～2015 年用电量年均增长率为 5.09%；2015～2019 年年均增长率为 8.14%。

综合考虑邢台实际情况，"十三五"期间，大力推进供给侧结构性改革，扩大新产品和服务供给，以消费升级带动产业转型，以供给创新释放消费潜力，形成先进制造业和现代服务业共同主导、传统产业与新兴产业双轮驱动的发展格局。"十四五"期间，随着产业结构调整的不断深化、环保压力的继续加大，邢台的钢铁、水泥、玻璃等传统行业将受到"去产能"、环保、市场行情等影响。

"十四五"期间，坚持高端起步、质量优先，推进先进装备制造、新能源新材料、汽车及新能源汽车、节能环保等产业加快发展，支持中钢邢机、晶龙、御捷、中航长征、多氟多红星等企业做大做强，加快邢台县龙冈汽车及高端装备、清河汽摩配件等园区建设，预计"十四五"期间，大用户年均增长率取 1.5%、自然增长率取 7.5%。采用自然增长率 + 大用户法预测的电网全社会用电量为：2020 年 320.14 亿千瓦时、2025 年 400 亿千瓦时。自然增长率 + 大用户法预测结果如表 9 所示。

表 9　自然增长率 + 大用户法预测结果

单位：亿千瓦时，%

项目	2015 年	2019 年	2020 年	2021 年	2025 年	"十三五"年增长率	"十四五"年增长率
大用户合计用电量	37.17	29.02	29.31	29.75	31.58	-4.6	1.5
自然用电量	176.83	263.61	290.83	305.48	368.42	10.47	4.79
全社会用电量	214	292.63	320.14	335.23	400	8.39	4.52

三种预测方法的结果如表 10 所示。

表 10　邢台市中长期电量需求预测结果汇总

单位：亿千瓦时，%

预测方法	2010 年	2015 年	2019 年	2020 年	2025 年	"十三五"年均增长率	"十四五"年均增长率
人均电量法				300.1	370.16		4.10
产业产值单耗法	180	214	292.63	309.10	380.16	8.14	3.66
自然增长率 + 大用户法				320.14	400		4.52

随着传统产业调整优化，钢铁、水泥和玻璃传统产业更加绿色化、差异化、高端化。先进装备制造、新能源新材料、汽车及新能源汽车、节能环保等产业加快发展。预计"十四五"全社会用电量增速将减缓，2020 年全社会用电量将达到 309.10 亿千瓦时，2025 年达到 380.16 亿千瓦时。预测最终结果如表 11 所示。

表 11　邢台市中长期电量需求预测结果

单位：亿千瓦时，%

类别	2010 年	2015 年	2019 年	2020 年	2025 年	"十三五"年均增长率	"十四五"年均增长率
全社会用电量	180	214	292.63	309.10	380.16	8.14	4.23

六　结论及建议

（一）主要结论

第一，2010～2019 年，三大产业结构由 2010 年的 15.0∶56.7∶28.3 调整到 2019 年的 13.4∶39.3∶47.3，第一产业稳中有降，第三产业占比的提升和第二产业占比的下降，表明了经济结构得到进一步优化。

第二，邢台全社会用电量由 2010 年的 180 亿千瓦时，增长到 2019 年的 292.63 亿千瓦时，三次产业用电量占比由 2010 年的 14.92∶64.53∶5.05 调整为 2019 年的 1.69∶63.50∶17.76。

第三，"十三五"期间，邢台市全面深化改革开放，以提高发展质量和效益为中心，着力加强结构性改革，大力推进新型工业化、信息化、城镇化和农业现代化。随着京津冀协同发展、"中国制造 2025"等重大战略深入实施，邢台市建设国家新能源产业基地、产业转型升级示范区和冀中南物流枢纽城市迎来重大机遇；"十四五"期间，供给侧结构性改革继续深化，"去产能、去库存、去杠杆、降成本、补短板"政策不断落地。预计 2020 年全社会用电量将达到 309.1 亿千瓦时，2025 年达到 380.16 亿千瓦时，"十四五"期间全社会用电量年均增长率将为 4.23%。

（二）有关建议

第一，重视配网基础数据资料管理，建立数据统计机制，为配网信息系统提供数据支持。加强信息系统总体规划，分步开发，推进各业务领域数据共享与业务融合，提高规划科学性。

第二，在电力体制改革趋势下，配电网建设与资产主体更加多元化，应进一步加强配网规划的顶层设计，密切关注规划执行情况与项目经济效益，防范配电网无序、低效发展。

第三，加强与政府沟通，结合国土空间规划，将电网发展所需变电站站址、线路路径纳入城市控制性详细规划，给予政策保护。

参考文献

邢台市人民政府:《2020 年邢台市政府工作报告》，2020。

邢台市人民政府:《2019 年邢台市政府工作报告》，2019。

邢台供电公司:《邢台"十四五"配电网发展规划报告》（2020～2025 年)》，2020。

邢台供电公司:《邢台电力市场分析预测报告》，2017。

邢台市人民政府:《邢台市 2019 年国民经济和社会发展统计公报》，2019。

张家口市"十三五"电力需求分析与"十四五"电力需求预测报告

林晋 陈军法 周毅 周鑫 赵楠*

摘 要： 受北方地区大气污染治理的影响，张家口境内的采矿、钢铁及附属产业陆续关停，目前正处于产业结构调整的关键时期。未来产业发展的方向主要是旅游产业、康养产业、冰雪产业、可再生能源产业、信息技术产业以及氢能制造。2019年，张家口地区全社会最大用电量为177.09亿千瓦时，近四年年均增速为8.73%，地区最大负荷为252万千瓦，近四年年均增速为6.98%。受大数据及电供暖的拉动，预测2025年，全社会用电量为361亿千瓦时，"十四五"年平均增长率为12.88%。预测地区最大负荷为523万千瓦，"十四五"年平均增长率为13.17%。

关键词： 张家口市 大数据 电量预测

一 地区经济发展情况

张家口市是河北省下辖地级市，地处河北省西北部，京、冀、晋、蒙四省

---

* 林晋，国网张家口供电公司高级工程师，工学硕士，研究方向为企业经营管理；陈军法，国网张家口供电公司高级工程师，工学学士，研究方向为企业经营管理；周毅，国网张家口供电公司工程师，工学学士，研究方向为电网发展规划；周鑫，国网张家口供电公司高级工程师，工学硕士，研究方向为电网发展规划；赵楠，国网张家口供电公司经济技术研究所高级工程师，工学学士，研究方向为配电网规划。

（自治区、直辖市）交界处，是京津冀（环渤海）经济圈和冀晋蒙（外长城）经济圈的交会点。是冀西北地区的中心城市，连接京津、沟通晋蒙的交通枢纽。介于东经113°50′~116°30′，北纬39°30′~42°10′之间。全市南北长289.2千米，东西宽216.2千米，总面积3.68万平方千米。截至2019年，张家口市常住人口442.33万人。

张家口市行政区域内所辖10县（张北、康保、沽源、尚义、蔚县、阳原、怀安、怀来、涿鹿、赤城），6区（桥东、桥西、宣化、下花园、崇礼、万全）和3个行政管理区（经开、察北、塞北）。

张家口市是现行长城最多的地区，素有"长城博物馆"的美称。崇礼、赤城是华北地区最大的天然滑雪场，被誉为"东方达沃斯"。2015年7月31日，国际奥委会主席巴赫宣布北京携手河北省张家口获得2022年冬奥会举办权。

（一）经济总量情况

2010~2019年，张家口全市经济实现了年均5.56%的增长速度。人均GDP由2010年的22770元增加到2019年的35025元。"十三五"前四年，GDP同比增速分别为7.0%、6.7%、7.6%和6.9%，GDP年均增长7.0%（见图1）。

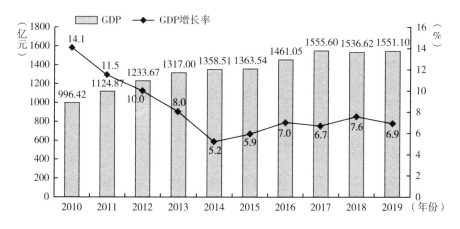

图1 2010~2019年张家口市GDP及增长情况

（二）产业结构调整

张家口"十三五"工业转型升级。以供给侧改革为引领，"以退促进"推动传统产业转型升级。推动装备制造业中高端发展。优先支持矿用机械装备、工程机械装备、液压油缸三大装备制造业加快技术创新和发展，在国内逐步占据行业技术优势。优化提升特色鲜明的食品精深加工业。培育壮大以融入文化创意和品牌带动为依托的日用轻工业。

2010～2019年，张家口市经济稳步发展，产业结构进一步优化，三次产业结构由2010年的19.54：34.58：45.88调整为2019年的15.72：28.72：55.57。一、二次产业比重持续收缩，第三产业（服务业）占比稳步攀升，第三产业规模不断扩大，强力支撑地区经济发展，作用日益增强。由此可见，第三产业正在成为拉动张家口经济增长的重要支撑（见图2）。

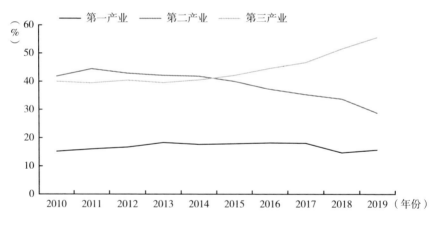

图2 2010～2019年张家口市三次产业占比情况

（三）工业及主导产业发展情况

"十二五"以来，全国经济处于增长速度换挡期、结构调整阵痛期、前期刺激政策消化期三期叠加的特殊时期，工业经济呈现前高后低的发展趋势。张家口市工业经济发展与全国、全省基本保持了相同的轨迹。"十三五"以来，服务业全面快速发展，规模持续增大，经济结构由工业主导向服务业主导转型趋势明显，服务业跃升为第一大产业。特别是现代服务业呈现加快发展态势，表现尤为突出，正在成为促进经济社会持续健康发展，引领经济转型升级的新引擎、新动力。

食品加工产业。张家口市以构建京津地区重要的农副产品加工供应保障基地为目标，引导食品加工产业向"多元化、高端化、特色化、规模化"方向发展，形成大中小企业并举、名优特产品共济的产业集群和产品结构。乳制品业成倍扩张。张家口市巩固发展乳品产业集群，建成察北、塞北、张北等大型现代化奶牛养殖和乳品加工基地。烟草行业升级换挡。随着烟厂综合技术改造的完成，卷烟产品结构进一步优化，做强做优"钻石"品牌，一类、二类、三类烟比重提高。装备制造产业。张家口市依托雄厚的产业基础优势，按照"培育龙头、发展整机、壮大配套、推进聚集"的思路，优化产业结构。以前占主导地位的通用设备制造业和专用设备制造业发展受阻，新兴的金属制品业和汽车制造业以及电气机械及器材制造业等企业发展较快。

张家口市坚持矿产开发与环境保护并重，重新整合煤炭开采企业。张家口市煤炭、钢铁两大行业产能严重下降，大气污染治理日益严苛，供给侧改革深入推进，供需矛盾依旧存在，行业产品产量持续下行。同时，铁矿开采行业受钢铁行业波动影响持续低迷，关闭停产企业较多。另外，以宣钢为代表的钢铁大用户面临产业转型，行业发展有一定不确定性。

（四）新兴产业发展情况

目前，张家口市冰雪产业、可再生能源产业、大数据产业、汽车和工程装备制造产业、绿色食品产业已具有一定规模优势，氢能开发和利用产业、文化和旅游产业、无人机产业已具备发展基础。

冰雪产业独树一帜。已经建成投产冰雪装备制造企业2家，产值1亿元。冰雪运动、冰雪旅游、冰雪装备、冰雪现代服务业发展良好。新能源产业基础扎实。张家口市充分放大可再生能源示范区的带动效应，签约引进了华电等110余家企业，基本涵盖了可再生能源资源开发、可再生能源高端装备制造、智能化输电和多元化应用等领域。大数据产业潜力巨大。全市已逐步形成云计算产业基地等多个核心产业园区，为打造"中国数坝"、建设"京津冀大数据新能源示范区"起到了重要的示范带动作用。高端装备制造产业加速聚集。

全市装备制造业占全市规上工业的比重从 2012 年的 10% 提升到 2018 年的 21% 左右。2019 年规上装备制造业增加值同比增长 26.9%。农牧绿色产业区位优势明显。鲜奶、牛羊肉、肉鸡肉鸭、葡萄、蔚州贡米、塞北马铃薯等绿色食品已具有一定规模优势，鲜食玉米、葡萄、杏扁种植规模均在全省居第一位，奶牛养殖、鲜奶产量在全省名列第三，夏秋淡季错季蔬菜基地已成为全国北方主要供应基地。文化和旅游产业不断壮大。2019 年全市接待游客 8605.06 万人次，总收入 1037 亿元，分别比上年增长 17% 和 20.7%。截至 2019 年底，全市共有 A 级景区 60 家，其中 4A 级景区 11 家、3A 级景区 30 家、2A 级景区 19 家。

二 本地区电力消费实绩

（一）负荷电量总量分析

2010～2019 年，张家口地区全社会用电量呈现波动态势。2008 年、2009 年受全球经济危机影响，全市工业生产受到较大冲击，同时由于北京举办奥运会，作为北京上风口，部分资源型、能耗型企业处于停产或半停产状态，用电量增长速度放缓甚至用电量下降。到 2011 年，经济得到复苏，用电量出现较大增长。到 2012 年，受全球经济萧条以及气候原因的影响，张家口市支柱产业如钢铁、化工行业工业产值减少，所以 2012 年全社会用电量减少。2015 年期间，受京津冀协同发展、大气治霾及成功申办 2022 年冬奥会等影响，第二产业发展限制严重，导致第二产业用电量大幅减少，降幅达到 11.63%，虽然第一、第三产业用电量有所上升，但由于第二产业所占比重较大，全年用电量出现负增长。2016 年第二产业延续上年发展态势，继续走低，随着张家口地区经济转型，第一、第三产业用电量稳定增长。

2017 年与 2018 年，全社会用电量均呈上升趋势，主要原因：一是奥运工程提速建设，助推建筑业用电量增长；二是电采暖增多导致城乡居民生活用电同比近两位数稳定增长；三是以阿里云大数据为代表的典型用户用电量增长显著，拉动信息传输、软件和信息技术服务业用电量大幅增长；四是铁路加速建设使铁路交通运力大幅增强，电铁用电量显著增长（见图3）。

2019 年，以大数据为代表的新兴产业拉动三产用电量增长明显，信息传输、软件和信息技术服务业用电量继续高速增长 104.62%。二产中制造业用电量下滑 9.45%、采矿业下滑 6.62%，是导致二产用电量低增速的主要原因。

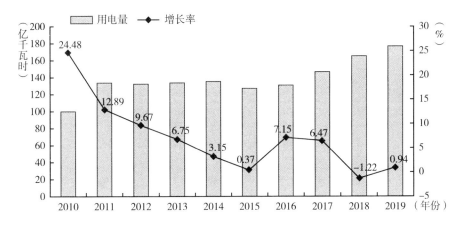

图 3　2010～2019 年张家口市全社会用电量及增长情况

2010～2019 年，张家口地区最大负荷保持着稳定增长的趋势。2012 年受国家节能减排政策影响，高耗能企业的关停，对地区最大负荷水平带来较大影响，出现负增长的情况。2013 年开始情况好转，直到 2014 年末，受京津冀协同发展、大气治霾、环境治理、张家口申办 2022 年冬季奥运会等影响，矿山企业出现大部分关停现象。但由于 2014～2018 年，度夏期间天气干旱少雨，制冷负荷大量增加，地区最大负荷保持了稳定增长。2018～2019 年，电供暖负荷增长迅猛，在 2019 年 12 月地区最大负荷达到了 252 万千瓦，创历史最高，并且在以大数据为代表的新兴产业带动下，地区平均负荷稳定增长，峰谷差进一步缩小（见图 4）。

（二）用电量构成及用电需求分析

2010～2019 年，第一产业用电量年均增长 2.09%；第二产业用电量年均增长 4.60%；第三产业用电量年均增长 16.22%；城乡居民生活用电量年均增长 9.66%。从增速上来看，第三产业用电量增速最快，但体量较小，对全

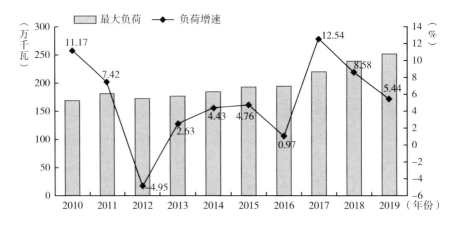

图 4　2010～2019 年张家口市最大负荷及增长情况

社会用电量增长拉动不大；第二产业用电量增长缓慢，年均增速仅为 4.6%，但二产用电量体量最大，占比最大，对全社会用电量水平仍起到决定性的作用（见表 1）。

从用电量占比来看，第二产业占比呈现下降趋势，2019 年二产占比 57.82%，比重为全社会用电量中最大；三产用电量占比呈现逐步增大趋势，2019 年占比增长至 27.21%；城乡居民生活用电量占比趋于稳定，保持在 12%～13%；一产用电量占比 2019 年开始下滑至 2.30%，占比较小，对全社会用电量影响不大。

表 1　2010～2019 年张家口市各产业用电量和居民用电量情况

单位：亿千瓦时

年份	一产	二产	三产	居民
2010	3.46	71.48	14.48	10.73
2011	4.41	100.79	16.33	12.83
2012	4.85	95.41	17.39	14.52
2013	4.34	94.31	19.32	15.55
2014	6.39	93.15	20.59	15.23
2015	6.80	82.32	21.26	16.72
2016	6.71	83.14	23.04	17.47
2017	8.61	94.93	24.42	18.90
2018	3.62	101.05	40.08	20.74
2019	4.08	102.40	48.18	22.43

2010～2019 年张家口市各产业用电量和居民用电量占比情况如表 2 所示。

表 2　2010～2019 年张家口市各产业用电量和居民用电量比重

单位：%

年份	一产	二产	三产	居民
2010	3.45	71.38	14.46	10.71
2011	3.28	75.01	12.15	9.55
2012	3.67	72.18	13.16	10.99
2013	3.25	70.63	14.47	11.65
2014	4.72	68.81	15.21	11.25
2015	5.35	64.77	16.73	13.15
2016	5.15	63.77	17.67	13.40
2017	5.86	64.64	16.63	12.87
2018	2.18	61.06	24.22	12.53
2019	2.30	57.82	27.21	12.67

第一产业：第一产业用电量从 2010 年的 3.46 亿千瓦时，到 2019 年第一产业用电量为 4.08 亿千瓦时，年均增长率为 2.09%。截至 2017 年底，第一产业的比重逐渐上升，随着产业政策的调整和设施农业的推广，农业大棚种植面积在政策的推动下一再扩大，配套实施的农业灌溉设施的健全，使得第一产业的用电量稳步增长，所占比重逐渐增加。随着 2018 年产业调整，第一产业比重下降，未来第一产业的产业结构还会随着政策的落实发生一些变化，进而影响其下游产业的产值和用电量。

第二产业：占比由 2010 年的 71.38% 下降至 2019 年的 57.82%，第二产业用电量在 2010～2019 年呈现波动性增长，由 2010 年的 71.48 亿千瓦时增加到 2019 年的 102.40 亿千瓦时，年均增长率为 4.6%。第二产业的用电量比重呈现一路下降趋势，随着产业政策和环境治理方面的政策限制和新政策的不断出台，产业结构调整还将缓慢持续改变，尤其是高耗能行业的限制和关停对用电量的影响最为明显。

第三产业：占比由 2010 年的 14.46% 上升至 2019 年的 27.21%，用电量由 2010 年的 14.48 亿千瓦时增加到 2019 年的 48.18 亿千瓦时，年均增长率为 14.3%。第三产业的用电量随着经济的发展呈现快速增长的趋势，一是 2018 年产业口径变化的原因，二是 2015 年之后，经济形势好转，人民消费需求逐步恢复，加上城镇化发展不断推进，城镇化率逐步提高，第三产业用电量所占比重持续增加。

城乡居民生活：占比由2010年的10.71%上升至2019年的12.67%，居民用电量在2010～2019年平稳增长，由10.73亿千瓦时增加到22.43亿千瓦时，年均增长率为8.54%。城市建设的快速推进，城市规模和人口增长较快，城镇化率提高，人民生活水平不断提高，智能电器的普及使用，是居民用电量增加的主要原因。近两年电采暖负荷显著增加，助推居民用电量较快增加，"煤改电"成为居民用电的增长点。

（三）重点行业用电量分析

"十三五"以来，铁矿石、钢铁、水泥等本地区主要工业产品市场价格持续低位运行，需求减小，造成工业生产不景气的现状，同时在节能减排、大气污染治理等一系列环保政策的严格落实下，工业用户生产形势走弱，造成大工业用电量同比降低的情况。主要影响行业为采矿业、钢铁行业，电量出现较大波动，其中采矿业呈现出稳步下降趋势，钢铁行业用电量波动剧烈，这和以宣钢为代表的钢铁企业生产情况密不可分，具体如表3所示。

表3 2010～2019年张家口市重点行业用电量情况

单位：亿千瓦时

年份	2010	2011	2012	2013	2014	2015	2016	2017	2018	2019
全社会用电量	100.15	134.36	132.17	133.52	135.37	127.10	130.37	146.85	165.48	177.09
工业	71.48	100.79	95.41	94.31	93.15	82.32	83.14	94.93	101.05	102.40
采矿业	20.36	23.37	27.43	16.29	13.00	8.97	10.05	12.66	12.04	11.24
电气化铁路	6.24	6.88	6.76	6.19	6.47	5.50	6.05	7.33	8.67	9.11
化学原料及化学制品制造业	5.04	5.74	4.66	5.28	4.00	3.71	2.64	3.72	4.17	0.89
水泥制造	2.55	2.38	3.23	1.29	0.91	0.77	1.49	3.00	2.81	2.86
黑色金属冶炼及压延加工业	22.57	18.08	20.91	13.56	17.43	21.09	25.94	18.57	19.29	17.61

三 影响电力需求的主要因素分析

（一）张家口市"十三五"经济发展形势

"十三五"期间，张家口市经济紧紧围绕冬奥会筹办、脱贫攻坚、"首都两区"建设三大历史任务，主动融入京津冀协同发展，经济保持总体平稳运行态势，发展活力和内生动力进一步增强。但地区生产总值、人均地区生产总值、常住人口城镇化率、服务业增加值比重、研究与实验经费投入强度等主要指标预计增速低于预期。

近几年，全市经济虽然实现了稳步增长，但经济规模较小，发展基础依然薄弱。全市工业经济进入了转型关键期和阵痛期，钢铁等传统支柱产业支撑能力下降，传统产业改造升级任务艰巨，可再生能源、冰雪、大数据等新兴产业尚处于起步阶段，还没有形成足够支撑。加上新增企业规模小、数量少和停减产企业及亏损企业仍然较多等众多因素影响，工业生产持续放缓；投资增长后劲不足，虽然奥运项目助力全市投资增长，但高速公路、房地产投资下降幅度较大；主要消费品增势低迷拖累消费增长。主要是汽车类商品销售仍然下滑，石油类商品降幅扩大，全市经济运行存在的主要问题依然突出。

根据政府工作报告，张家口2020年社会经济发展主要目标为：生产总值增长6.5%，一般公共预算收入增长6.5%，规模以上工业增加值增长5.5%，固定资产投资增长6%，社会消费品零售总额增长9%，城乡居民人均可支配收入分别增长7.5%和9%；实际利用外资增长5%，进出口总值增长5%；万元生产总值能耗下降3%；主要污染物减排完成省下达目标任务；居民消费价格指数涨幅控制在3.5%左右，城镇登记失业率控制在4.5%以内。

（二）典型企业用电量情况分析

"十三五"以来，重点行业用电量走势分化，钢铁行业、化学领域用电量呈现明显下降趋势，采矿业用电量低位徘徊，电气化铁路用电量持续增长，水泥行业用电量经历"十二五"低点之后逐步恢复。

采矿业：2018年完成煤炭产能压减860吨，2019年煤炭产能压减605万吨，受去产能影响，产能集中度不断上升，用电量未出现明显下滑。

电气化铁路：在 2016 年随着张唐铁路投运，增加部分运力，用电量涨幅明显，2016～2018 年连续三年高速增长，同比增速分别达到 9.90%、21.17%、18.30%；2019 年同比增长 5.04%。铁路运力明显增强，将进一步拉动张家口电气化铁路用电量快速增长。

化学原料及化学制品制造业：受市场影响，该行业用电量高位回落，用电量水平持续下滑，总体来看，化学原料及化学制品制造业仍处于回暖恢复期。2018 年底盛华化工厂发生爆炸事件，2019 年处于停产状态，是导致 2019 年化学原料及化学制品制造业用电量大幅下降 78.47% 的主要原因。

水泥行业："十二五"期间水泥行业用电量持续下降，由 2010 年的 2.55 亿千瓦时降低至 2015 年的 0.77 亿千瓦时。进入"十三五"，供需形势改善，用电量增长逐步恢复，2016 年及 2017 年恢复增长，同比分别增长 94.27% 和 101.72%，2018～2019 年用电量增幅回落。

黑色金属冶炼及压延加工业：行业用电量走势波动性较大，2015 年行业低谷后，用电量呈现逐渐恢复趋势，2017 年宣钢两座高炉关停导致行业用电量再次大幅下滑 28.42%；2018 年用电量稳定恢复，同比增长 3.88%；2019 年，用电量再次出现 7.89% 的下滑。总体来看，张家口钢铁行业发展受政策性影响明显，未来以宣钢为代表的大型钢铁用户搬迁与否将深刻影响行业用电量增长。

大数据行业：数据中心建设和运维企业达到 16 家，投运数据中心 8 家，服务器规模达到了 50 万台。主要分布在张北县和怀来县两个区域，2019 年总用电量 10.3 亿千瓦时。张北县分 3 个区域建设了 5 个云计算园区，分别位于庙滩园区、小二台镇和中都草原，总用地面积 720 亩，项目总规模 30 万台服务器。怀来县东花园地区、存瑞地区和桑园地区将形成三点互为冗余备用的大型数据中心产业集群，怀来县大数据企业以腾讯、秦淮数据为代表，已投运大数据项目主要在东花园地区。

（三）分布式电源对电网影响因素分析

近年来，张家口分布式电源装机容量始终保持高速增长，尤其是分布式光伏项目增长异常迅猛。截至 2019 年 12 月，张家口电网共接入分布式电源 11484 户，总装机 729.69 兆瓦。

截至目前，10千伏电压等级并网分布式运行中主要存在三个方面问题，一是业主运维力量薄弱，分布式数据质量差，缺陷处理周期较长；二是部分分布式光伏电站所处位置偏僻，移动运营商信号无法覆盖或信号质量差，导致数据刷新慢或刷新异常；三是分布式光伏电站未完全按照技术要求选择设备，导致业主选择设备参差不齐，从而影响数据上送质量。

四　张家口大数据负荷需求分析

大数据产业发展重点及目标。张家口作为京津冀主数据存储中心，大力推进云计算基地向以张北县为龙头的坝上地区聚集，打造超大规模绿色数据中心产业集群。围绕大数据存储、装备制造、技术创新应用等重要环节，高标准建设具有全国领先水平的大数据基地。以"数据河北、服务京津、存储中国"为核心，发展大数据相关电子信息制造业、大数据软件服务业，建立开放共享云平台，开展京津冀大数据创新应用示范，将大数据产业打造成张家口市新一轮经济增长周期的支柱型产业。

现状：张家口地区已累计投运服务器50万台，主要分布在张北县和怀来县两个区域，2019年总用电量10.3亿千瓦时。其中：张北县分3个区域建设了5个云计算园区，分别位于庙滩园区、小二台镇和中都草原，总用地面积720亩，项目总规模30万台服务器。公司建设220千伏变电站1座、110千伏变电站3座。庙滩园区由银沙220千伏变电站及揽胜楼110千伏变电站共同供电；小二台园区由云计算110千伏变电站供电；中都草原园区由元中都110千伏变电站供电。

怀来县东花园地区、存瑞地区和桑园地区将形成三点互为冗余备用的大型数据中心产业集群，怀来县大数据企业以腾讯、秦淮数据为代表，已投运大数据项目主要在东花园地区，终期由在建的18家220千伏变电站供电，现由新怀来220千伏变电站及瑞云观110千伏变电站供电；桑园地区由新怀来220千伏变电站供电；存瑞地区终期由规划建设的王家楼220千伏变电站供电，现由存瑞220千伏变电站供电。

规划情况：张家口市政府印发《张家口市数字经济产业发展规划》，要求构建"一带、三区、多园"的大数据发展格局。计划到"十四五"末，投入服务器 500 万台，同时具备 1000 万台服务器的接纳能力。目前，政府已签约多家数据中心，主要分布在怀来县、宣化区和张北县。预计"十四五"期间大数据项目负荷将成为地区电网主要负荷增长点，用电需求超过 100 万千瓦，约达到地区目前最大负荷的 40%。

报装情况：目前已报装 10 项，申请用电容量 124 万千伏安，分布在怀来县和张北县境内。准备报装 3 项，申请用电容量 48.8 万千伏安。

怀来县已报装 9 项，总用电容量 118 万千伏安，其中：怀来腾讯数码有限公司大数据项目 2 项，分别位于存瑞、东花园镇，每个项目申请容量 36 万千伏安；河北秦淮数据有限公司大数据项目 2 项，分别位于存瑞、东花园镇，每个项目申请用电容量 6.3 万千伏安；怀来云交换网络科技有限公司 1 项，位于东花园镇，申请用电容量 4.6 万千伏安；互联港湾怀来数据服务有限公司 1 项，位于东花园镇，申请用电容量 2 万千伏安；张家口云储数据科技有限公司项目 1 项，位于沙城东，申请用电容量 18 万千伏安；怀来互联云科技有限公司项目 1 项位于东花园镇，申请容量 4.48 万千伏安；怀来智慧云港科技有限公司 1 项，位于东花园镇，申请容量 4 万千伏安。

张北县已报装 1 项，蓉泰数据中心申请用电容量 6 万千伏安。准备报装企业 3 项，均位于张北县庙滩工业园区，申请用电容量 48.8 万千伏安，分别是云联二期申请用电容量 6.8 万千伏安、阿里 2020 扩建项目申请用电容量 30 万千伏安、中国电信申请用电容量 12 万千伏安。

五 "十四五"电力需求预测

（一）"十四五"经济社会发展预测

1. 张家口市"十四五"经济社会发展目标

张家口市"十四五"规划发展目标体系设计重点在以下几个方面：体现经济社会发展的全面性；体现结构、水平、效率、开放、包容、可持续等高质量发展要求；体现与首都"两区"规划的衔接。初步考虑涉及经济、创新、环境、开放、民生五大领域、34 个指标。

GDP 增速保持在 6% 以上。七大主导产业成为拉动经济发展的核心动力，主营业务收入和税收分别在 2019 年的基础上力争增加 50%。服务业增加值占比达到 60% 左右。氢能产业成为全国"排头兵"。民生福祉明显改善。全市常住人口城镇化率达到 60% 以上。城镇居民人均可支配收入增长到 5 万元左右，农村居民人均可支配收入达到 2.2 万元左右。教育、医疗、社会保障、文化、社会治理等公共服务供给质量与水平显著提高。

张家口市转型升级传统产业，大力发展七大主导产业，积极培育发展现代服务业，构建现代化绿色产业新体系，集聚经济社会发展新动能。"十四五"期间，张家口进行产业调整，包括做大做强冰雪经济产业、高标准发展新型能源产业、创新发展数字经济产业、加快发展高端制造产业、打造"全业全时全域"文化旅游产业、积极培育健康养生产业、做精做细做优特色农牧产业。

2.张家口市"十四五"着重开展工作

一是高质量推进冬奥会的筹办工作。一方面加快冬奥项目及市政工程建设；另一方面推动冰雪产业落地生根。加快万全区和宣化区两个冰雪运行装备产业园的建设。二是注重扶贫实效，打赢扶贫攻坚战。一方面以"新型城镇化，绿色产业发展、生态建设、脱贫攻坚"四方联动机制为抓手，促进可再生能源与精准脱贫相结合；另一方面实施乡村振兴战略，创建马铃薯、葡萄等全国特色农产业优势区，实施"互联网＋现代农业"基地建设，推进特色小镇建设。三是更加注重生态保护，加快建设首都水源涵养区和生态环境支撑区。以减排、抑尘、压煤、治车、控秸为重点，开展大气综合治理工作。四是更加注重供给侧体系质量，加快产业新旧动能转换。大力推进传统产业生态化、新型产业高端化、产业发展绿色化，加快建设现代化经济体系。坚决做好去产能工作，坚决完成煤炭去产能任务，支持宣钢利用现有厂区设备和人才技术发展钢后产业和非钢产业，支持矿山企业发展生态经济、工矿旅游等新产业新生态。五是注重精准有效投资，推动经济持续平稳增长。一方面全力推进重点项目建设，发展大数据产业项目；另一方面加快推进综合交通项目，加快京张、张呼、张大、崇礼铁路项目建设进度，推进张保铁路及怀涿城际铁路前期工作。推进二秦、京新三期等高速公路建设。六是注重构建开放体系，深度融入京津冀协同发展。注重创新驱动，加快可再生能源示范区建设（见表4）。

297

表4 张家口市社会经济发展主要指标

类别		2010年	2015年	2020年	2025年	"十二五"年均增长率(%)	"十四五"年均增长率(%)	2020~2025年年均增长率(%)
人口总量(万人)		436	442	447	452	0.27	0.22	0.43
经济总量	地区生产总值(亿元)	966.12	1363.56	1570	2107	7.13	6.06	6.19
	第一产业(亿元)	151.38	243.9	251	316	10.01	4.71	3.97
	第二产业(亿元)	416.45	545.53	408	485	5.55	3.52	5.20
	第三产业(亿元)	398.29	574.13	911	1306	7.59	7.47	7.54
产业结构	地区生产总值(%)	100	100	100	100	—	—	—
	第一产业(%)	15.67	17.89	16	15	—	—	—
	第二产业(%)	43.11	40.01	26	23	—	—	—
	第三产业(%)	41.23	42.11	58	62	—	—	—

（二）电力需求总量预测

1. 用电量预测

（1）人均电量法

人均用电量是指用电量与用电人口的比值，张家口市2010年常住人口为436万人，年人均用电量为2743千瓦时，2019年常住人口为443.3万人，年人均用电量为3994千瓦时，明显落后于发达城市水平，仅能达到发达国家1970年电力消费水平。张家口市常住人口比较稳定，但随着城镇化进程推动，预计未来几年会大幅增加。人均用电量参考全国电力消费水平与增长趋势，采用人均电量预测法得到预测电量。

（2）电力弹性系数法

电力弹性系数是指一定时期内用电量平均增长率与国民生产总值年均增长率的比值。电力弹性系数法是根据预测年限内的国民生产总值的年均增长率与电力弹性系数推算用电量。

通过对历史数据的分析,2012 年、2015 年受国家大气污染治理、节能减排影响,全社会用电量出现下降,不能真实反映国民经济情况与电力消费之间的密切关系,因此在用弹性系数法进行预测时,剔除了 2012 年及 2015 年的影响,2019 年张家口市全社会用电量为 177.09 亿千瓦时,经计算,2010～2019年全社会用电量年均增长率为 7.5%(见表 5)。

表 5　2010～2019 年全社会用电量增长率

单位:%

年份	2010	2011	2012	2013	2014	2015	2016	2017	2018	2019
用电量增长率	14.49	12.80	-1.63	1.02	1.39	-6.12	2.58	12.64	12.69	7.02

2010 年张家口市地区生产总值为 966.12 亿元,2019 年张家口市国民生产总值为 1551.1 亿元,2015～2019 年国民生产总值年均增长率为 6.81%,由于政策原因发展放缓(见表 6)。

表 6　2010～2019 年地区生产总值年度增长率

单位:%

年份	2010	2011	2012	2013	2014	2015	2016	2017	2018	2019
地区生产总值	14.10	11.50	7.30	8.00	5.20	5.80	7.00	6.80	7.60	6.9

经计算,电力弹性系数为 1.1。从国外发达国家的发展历史来看,工业化中期电力弹性系数一般大于 1。随着工业化进程加快,电力弹性系数会逐渐减小。目前我国电力弹性系数略小于 1,张家口地方经济处于产业转型迅速发展期,正处于快速发展阶段,弹性系数为 1.1 在正常范围内。

按照电力弹性系数法测算公式 $En = E_0 (1 + \eta V)^n$,结合张家口 GDP 预计增长速度,计算得出 2019～2025 年全社会用电电量。

(3)自然增长率 + 大用户法

大用户法中考虑《中国数坝·张家口市大数据产业发展规划(2019～2025 年)》所提出的大数据用户电量增长及《张家口地区冬季清洁取暖"煤改电"实施方案(2019～2021)》中的集中供热用户及散户对用电量的影响。

第一,根据张家口 2019 年发布的《中国数坝·张家口市大数据产业发展规划（2019～2025年）》报告，到2021年，张家口大数据服务器规模突破150万台；到2025年，大数据服务器规模将达到500万台。截至2019年底，张家口已经安装50万台服务器，售电量达到10.3亿千瓦时。

大数据行业的负荷特性是比较稳定的，全年最大负荷利用小时在8000小时以上，根据收集到的资料每台服务器的用电负荷在220～280瓦不等，同时需要考虑照明、通风、温控等负荷需求，在计算总体负荷时须测算到每台服务器上，本次测算选取250瓦/台。通过2019年张家口大数据行业的用电量10.3亿千瓦时，可以得出50万台服务器，每台250瓦，则最大负荷利用小时数为8240小时，符合本行业用电特性。

第二，根据《张家口地区冬季清洁取暖"煤改电"实施方案（2019～2021年）》报告，2020～2021年，公司结合电网规划，计划实施农村地区散户为14.858万户，考虑同时率后，以每户新增取暖负荷6.4千瓦进行测算。需用系数按照0.5计算，供暖时间为每年150天（180天坝上）×12小时，暂按2000小时计算。2020年新增负荷475.46兆瓦。

"煤改电"为有规划年限的电负荷情况，在电量预测时按照规划投产年计入基础电量预测结果中。

三种预测方法的结果如表7所示。

表7　张家口市中长期电量需求预测结果汇总

预测方法	2010年（亿千瓦时）	2015年（亿千瓦时）	2019年（亿千瓦时）	2020年（亿千瓦时）	2025年（亿千瓦时）	"十三五"年均增长率（%）	"十四五"年均增长率（%）
人均电量法				198	381	9.27	13.99
电力弹性系数法	100.15	127.10	177.09	183	302	7.56	10.54
自然增长率＋大用户法				197	361	9.16	12.88

张家口地区目前正面临着产业结构调整，属于爬坡过坎阶段，自然增长率＋大用户法相比其他两种预测方法，更多地考虑了张家口宏观经济及结构调整对

中远期用电量的影响，因此认为按照自然增长率 + 大用户法进行预测的结果更接近实际情况，选择自然增长率 + 大用户法作为本次预测的最终方案。按照经济社会产业发展特点，选择合理预测值，预测最终结果如表 8 所示。

表 8　张家口市中长期电量需求预测结果

类别	2010 年（亿千瓦时）	2015 年（亿千瓦时）	2019 年（亿千瓦时）	2020 年（亿千瓦时）	2025 年（亿千瓦时）	"十三五"年均增长率（%）	"十四五"年均增长率（%）
全社会用电量	100.15	127.10	177.09	197	361	9.16	12.88

（三）最大负荷预测

分别采用了最大负荷利用小时数法、同时率法、点负荷 + 自然增长率法。

1. 最大负荷利用小时数法

分析了 2005 ~ 2019 年各产业用电量及最大负荷利用小时数，第一产业占比由 2005 年的 2.10% 升至 2019 年的 2.30%，总体呈现平稳态势；第二产业占比由 2005 年的 78.45% 降至 2019 年的 57.82%，呈持续下降趋势；第三产业占比由 2005 年的 12.46% 升至 2019 年的 27.21%，总体呈上升趋势；城镇居民用电量占比由 2005 年的 7% 升至 2019 年的 12.67%，呈稳步增长趋势。张家口地区第一产业用电量主要以农业排灌为主。因此一产、三产及城镇居民用电量占比的不断增加，必然导致最大负荷利用小时数的不断下降，集中电供暖负荷虽有增加，但难以弥补钢铁、采矿业低迷给第二产业带来的影响，预计最大负荷利用小时数未来仍有下降的趋势。最大负荷利用小时数由 2010 年的 7054 小时下降至 2017 年的 6675 小时，平均每年下降约 54 小时，2018 年最大负荷利用小时数出现反弹，增至 6924 小时。2019 年最大负荷利用小时数出现反弹，增至 7027 小时。根据用电量预测结果，按照最大负荷利用小时数法对最大负荷进行预测如表 9 所示。

2. 同时率法

先分区县预测最大负荷，选取合理的同时率预测全市负荷。

表9 最大负荷利用小时数法预测结果

年份	2020	2021	2022	2023	2024	2025
最大负荷(万千瓦)	272	304	335	378	429	490
用电量(亿千瓦时)	197	219.75	245.02	275.54	300	330
利用小时数(小时)	7225	7228	7303	7275	6989	6726
增长率(%)	7.95	8.65	10.35	12.88	13.33	14.31

表10 各地区最大负荷利用小时数法预测结果

单位：万千瓦，%

年份	2020	2021	2022	2023	2024	2025
宣化区	18	25	32	39	43	50
张北县	25	28	30	33	35	40
康保县	8	8.5	12	15	17	20
沽源县	19	19.5	25	26	27	28
尚义县	8	8.5	9	10	11	12
蔚县	13	15	18	20	22	25
阳原县	8	11	13	16	18	20
怀安县	9	12	15	17	19	20
万全区	17	17.5	19	20	21	22
怀来县	23	33	40	50	60	75
涿鹿县	13	13	13	14	14	15
赤城县	9.5	10	11	11.5	12	13
崇礼区	13	20	30	32	37	45
其他负荷	135	140	145	150	155	160
同时率	0.87	0.87	0.88	0.9	0.93	0.93
全市负荷	277	314	363	408	457	507
增长率	9.96	13.34	15.44	12.57	11.88	11.00

3. 点负荷+自然增长率法

2019～2021年，张家口内外环境显著变化，负荷增长点主要集中在"煤改电"负荷以及大数据负荷，根据政府大数据产业规划以及未来"煤改电"总体布局，结合大数据及"煤改电"专题的详尽分析，至2021年新增444万大数据负荷、176万"煤改电"负荷。另外，预计2022年2月份冬奥会负荷短暂增加5万千瓦。

考虑张家口地区三产和居民用电连续保持近两位数的稳定增长，预计未来张家口地区负荷自然增长率保持在4%。

大数据方面,现阶段张家口大数据产业发展处于起步阶段,后续发展前景巨大,目前有 50 万台服务器投产使用,预计 2025 年发展到 500 万台的规模。

煤改电负荷在冬季发生,大数据全年较为平均,按以往经验同时率按照 0.15~0.4 考虑,计算结果如表 11 所示。

表 11　点负荷 + 自然增长率法预测结果

单位:万千瓦

年份	2020	2021	2022	2023	2024	2025
张家口最大负荷	282	320	373	424	465	523

4. 最大负荷预测结果

表 12　张家口市中长期最大负荷预测结果汇总

预测方法	2010 年 (万千瓦)	2015 年 (万千瓦)	2019 年 (万千瓦)	2020 年 (万千瓦)	2025 年 (万千瓦)	"十三五" 年均增长 率(%)	"十四五" 年均增长 率(%)
最大负荷利用小时数	177	194	252	272	490	6.81	11.75
同时率				277	507	6.82	12.23
点负荷加自然增长率				282	523	6.91	13.17

表 12 显示,根据张家口未来发展情况,考虑到大数据、电采暖及冬奥会负荷对最大负荷带来的影响,点负荷 + 自然增长率法适合张家口实际情况,选择该方法作为本次预测的最终方案。预测最终结果如表 13 所示。

表 13　张家口市中长期最大负荷预测结果

单位:万千瓦,%

类别	2010 年 (万千瓦)	2015 年 (万千瓦)	2019 年 (万千瓦)	2020 年 (万千瓦)	2025 年 (万千瓦)	"十三五" 年均增长 率(%)	"十四五" 年均增长 率(%)
张家口市最大负荷	168.98	193.78	252	282	523	6.91	13.17

（四）电力需求总量分年度预测结果（见表14）

表 14　张家口市中长期电力需求分年度预测结果汇总

年份	2021	2022	2023	2024	2025
最大负荷(万千瓦)	320	373	424	465	523
负荷增长率(%)	13.40	16.50	13.60	9.70	12.40
用电量(亿千瓦时)	215	230	267	300	361
电量增长率(%)	9.14	6.98	16.09	12.36	12.88

六　结论及建议

（一）主要结论

通过对张家口地区"十二五"以来相关经济数据分析与电网数据分析，结合张家口地区产业结构比例、重点行业形势、重要用户发展等方面研究，考虑国际金融形势、国家相关政策（节能减排等政策）、产品价格走势（主要指钢铁价格）、张家口所处的地理位置、天气（降水、高温、高寒）等多方面因素影响，利用多种预测方法，对张家口地区 2020～2025 年全社会用电量及最大负荷进行预测。

第一，预测 2020 年，张家口地区全社会用电量为 197 亿千瓦时，"十三五"年平均增长率为 9.16%。预测 2025 年，全社会用电量为 361 亿千瓦时，"十四五"年平均增长率为 12.88%。

第二，根据当前张家口区域一产、二产、三产及居民用电的分配比例来看，张家口区域经济转型对电力市场造成较大的影响，去产能产业用电量持续下跌，而新的产业发展虽然发展前景巨大，但尚未形成规模，对电力市场需求的扩展并未形成强力的带动力量，电力市场波动可能性较大。

第三，张家口市成功入围国家清洁能源取暖试点城市，计划在 3 年时间内（2018～2021 年）全面建成清洁能源取暖试点城市。计划到 2021 年，主城区实现清洁取暖率 100%、所辖县实现清洁取暖率 70% 以上、农村实现清洁取暖率 40% 以上的目标。电供暖将在一定程度上拉动地区用电量增长。

第四，大数据产业的迅速发展将对张家口地区负荷和用电量增长起决定性作用。张家口市政府印发《张家口市数字经济产业发展规划》，要求构建"一带、三区、多园"的大数据发展格局。计划到"十四五"末，投入服务器 500 万台，同时具备 1000 万台服务器的接纳能力。目前，政府已签约多家数据中心公司，主要分布在怀来县、宣化区和张北县。预计"十四五"期间大数据项目负荷将成为地区电网主要负荷增长点，用电需求超过 100 万千瓦，约达到地区目前最大负荷的 40%。

（二）有关建议

信息技术产业是张家口产业转型升级后的新兴产业，建议产业发展紧密结合现状电网情况，优先引导产业聚集在电网容量富裕地区，在具备电力保障的区域优先开展项目建设。同时电网公司与政府、企业之间加强沟通，分阶段制定电力保障方案，既保证项目用电，又合理解决产业发展及电网建设时序不同期的问题。争取得到理解和支持。做到产业发展形势与电网建设时序结合，保证强产业带动电网发展、强电网引导产业聚集，确保网荷协同发展。电网规划项目应纳入政府相关规划，为后续变电站选址、线路走廊预留足够空间。

参考文献

《河北省国民经济与社会发展第十三个五年规划纲要》，2016。
《张家口市数字经济发展规划（2020～2025 年)》。
《张家口氢能城市规划》。
《张家口氢能城市三年行动计划》。
《张家口市冬季清洁取暖试点城市实施方案》。
《张家口市政府工作报告》。
《国家电网有限公司关于印发冬奥场馆保障工作方案》（国家电网营销〔2019〕643号）。
《城市电力规划规范》，2014。

专题研究篇

Special Studies

冀北农村地区清洁取暖及用能情况分析

董少峤　吕昕　赵敏　杨敏　赵国梁　全璐瑶*

摘　要： 为全面贯彻落实国家、省委省政府关于打赢蓝天保卫战的指示精神和决策部署，国网冀北电力有限公司以发展绿色经济、建设绿色城市为目标，持续深入开展大气污染防治攻坚行动，推进清洁能源取暖工作。本报告在总结冀北地区"煤改电"工作实施情况的基础上，对农村电供暖用能情况进行了分析，并结合冀北电网"煤改电"项目运行存在的问题，提出了下一步"煤改电"工作的意见与建议。

关键词： 清洁取暖　"煤改电"　配套电网

---

* 董少峤，国网冀北电力有限公司经济技术研究院工程师，工学硕士，研究方向为配电网规划；吕昕，国网冀北电力有限公司经济技术研究院工程师，工学硕士，研究方向为配电网规划；赵敏，国网冀北电力有限公司经济技术研究院高级工程师，工学博士，研究方向为配电网规划；杨敏，国网冀北电力有限公司经济技术研究院工程师，工学学士，研究方向为配电网规划；赵国梁，国网冀北电力有限公司经济技术研究院高级工程师，工学博士，研究方向为配电网规划；全璐瑶，国网冀北电力有限公司经济技术研究院，工学硕士，研究方向为配电网规划。

一 "煤改电"工作实施情况

截至 2019 年底，冀北电力有限公司累计完成 1381 个村、24.78 万户农村地区"煤改电"任务及 1139 家企事业单位集中电供暖改造任务，每年可减少散煤燃烧 120 万吨，为助力打赢蓝天保卫战做出了重要贡献。

二 "煤改电"有关政策情况

冀北地区各地方政府为贯彻落实河北省委、省政府《关于强力推进大气污染综合治理的意见》，最大限度减少散煤燃烧造成的环境污染，持续改善空气质量，按照省住建厅、省发改委要求，结合各地市实际，均先后印发了气代煤、电代煤工作实施方案等相关文件，并对各县（区、市）进行了指标分解。

按照市政府相关文件精神，在 2017～2019 年"煤改电"工作中，各地市公司领导均多次和市政府主管领导汇报沟通，地市发展部均及时和市双代办进行协调，确保按时完成确村确户及配套电网建设工作。

冀北地区电价及补贴政策如下。

1. 运行补贴

用户可自愿选择执行峰谷分时电价政策，可向当地供电企业提出申请。供暖期居民采暖用电价格执行阶梯电价一档标准，非供暖期用电按现行居民阶梯电价执行。供暖期居民采暖用电谷段时间延长 2 小时，即谷段 20 时至次日 8 时，峰段 8 时至 20 时，峰谷电价和非供暖期居民用电峰谷时段仍按现行政策执行，即峰段电价为每千瓦时 0.55 元，谷段电价为每千瓦时 0.3 元（冀发改价格〔2017〕1376 号）。

据表 1 可知，廊坊市（禁煤区）给予采暖期居民用电 0.2 元/千瓦时补贴，由省、市、县各承担 1/3，每户最高补贴电量 1 万千瓦时；唐山、承德、秦皇岛地区给予采暖期居民用电 0.12 元/千瓦时补贴，由省、市、县各承担 1/3，每户最高补贴电量 1 万千瓦时。张家口市建立了"四方交易"机制，纳入本机制的用户全部执行谷段电价 0.1524 元/千瓦时政策（冀政字〔2016〕58 号、冀代煤办〔2018〕30 号）。

表 1 冀北地区运行补贴

地市	居民用电补贴
廊坊（禁煤区政策）	电价执行 0.2 元/千瓦时补贴，每户最高补贴电量 1 万千瓦时，取暖季可选择执行峰谷电价
唐山、承德、秦皇岛	电价执行 0.12 元/千瓦时补贴，每户最高补贴电量 1 万千瓦时，取暖季可选择执行峰谷电价
张家口	纳入"四方交易"机制的用户，全部执行谷段电价 0.1524 元/千瓦时

2. 设备补贴

设备购置补贴，由市、县根据取暖设备不同类型，分类制定当地补助标准。省级仍按原标准及负担比例给予补助，即按设备购置安装（含户内线路改造）投资的 85% 给予补贴，每户最高补贴金额不超过 7400 元，由省和市县各承担 1/2，其余由用户承担（冀政字〔2016〕58 号、冀代煤办〔2018〕30 号）。

聚能电暖气投资补贴参照电代煤、石墨烯电暖投资补贴户均 3000 元，不给予运行补贴（冀代煤办〔2018〕29 号）。

3. 节能保温补贴

支持房屋保温修缮，由各县（市、区）政府根据农户需求，申请节能示范、危房改造、美丽乡村建设、移民搬迁等专项资金，统筹给予一定补贴支持（冀政字〔2016〕58 号）。

三 2020 年"煤改电"工作计划

2020 年，河北省将继续坚持不懈地开展散煤整治和清洁替代攻坚，加快实施气代煤、电代煤工程，8 个传输通道城市平原地区将基本实现散煤清零。预计 2020 年冀北地区"煤改电"总户数为 19.97 万户，其中唐山 11.36 万户、张家口 7.11 万户、秦皇岛 1.5 万户。

四 农村电供暖用能情况

（一）唐山

1."煤改电"典型村分析

（1）遵化市山里各庄村

山里各庄村"煤改电"794户，安装16台配变，配变容量6200千伏安，户均配变容量7.8千伏安。取暖设备为直热式，一户一组，每组功率8千瓦。

山里各庄村2017年11月供电量14.13万千瓦时，2018年11月供电量19.83万千瓦时，同比上升40.34%；2017年12月供电量17.88万千瓦时，2018年12月供电量35.86万千瓦时，同比上升100.56%；该村以生态旅游产业为主；取暖设备安装率100%，配变平均最大负载率达30%左右。

（2）玉田县姚辛庄村

该村电代煤改造113户，安装2台配变，配变容量600千伏安，户均配变容量5.3千伏安。该村采用的是蓄热式电锅炉（北京天韵），锅炉功率为12千瓦。

200千伏安变压器最大负荷发生在12月7日20点45分，最大负荷148.34千瓦，最大负载率74.17%。400千伏安变压器最大负荷出现在12月6日20点15分，最大负荷238.98千瓦，最大负载率59.75%。采暖设备主要集中在每天18点到23点。配变平均最大负载率40%。

2."煤改电"典型县情况

（1）迁西县

迁西县"煤改电"涉及4个乡镇12个行政村，共2728户。迁西县在"煤改电"确村确户工作中经过充分调研，选取供电能力充裕的地区实施配套电网改造。12个行政村净增配备容量14575千伏安，户均配变容量由0.98千伏安提高到6.35千伏安。

迁西县为山区县，森林覆盖率达65%，县域内广泛种植板栗及核桃等果树，居民习惯于用春季修剪下来的大量果树枝条及煤炭取暖。电采暖虽然洁净方便，但增加的电费对农村居民来说是一笔不小的开支，因此电采暖多作为辅助取暖方式。除商店等公共场所，农村居民只在传统节日或极端天气时使用电采暖设备，设备利用率不高。从配备负载率来看，迁西县新增43台配变全部轻载，12月配变最大负载率分布在2.38%~27%。

从售电量来看，2018年12月"煤改电"村总售电量43.3万千瓦时，户均158.7千瓦时。同比增售电量18.7万千瓦时，户均增售电量68.5千瓦时，增长率为75.88%。

迁西县共采用三类电采暖设备，分别为空气源热泵热风机、蓄热式电锅炉（储水罐蓄热）及蓄热式电暖气（耐火砖蓄热）。其中，采用蓄热式采暖设备的村用电量增长幅度较大，利用率相对较高。

根据实地调研，蓄热式电锅炉由于需要安装储水罐，占地面积较大，且蓄热效果不理想，不少村民为了节省空间已将储水罐拆除，相关采暖设备已无蓄热功能，与直热式采暖设备无异。该类设备额定功率为5~7.8千瓦。综合来看，空气源热泵热风机制暖效果优于另两种蓄热式采暖设备，且单台设备功率相对较低，为3千瓦左右。

（2）丰润区

丰润区"煤改电"工作涉及3197户，用户主要采暖设备为直热式电锅炉。2018年采暖季以来，各"煤改电"村用电负荷与上年同期持平，由于2019年初低温天气较少，个别村负荷水平甚至低于往年同期。根据实地调研，由于电费负担等问题，村民应用柴火或煤炭取暖依旧较为普遍。村民家中电采暖设备单台功率为6千瓦，利用率不高，新增配变负载率很低。

（二）张家口

1. "煤改电"典型县分析

（1）尚义县

尚义县电代煤计划用户398户，2018年政府侧采暖设施费用共计555.67万元。其中，马莲小镇265户"煤改电"采暖设施费用共计316.67万元，平均每户投资1.19万元；纳岭村133户"煤改电"采暖设施费用共计239万元，平均每户投资1.8万元。采暖设施安装情况及运行情况如下。

纳岭村村内规划电采暖用户133户，2018年无人入住。纳岭新村安装采暖设备133套，采暖设备（不含循环泵）容量共计1182千瓦。采暖设备安装明细如表2所示。

表2 纳岭村采暖设备安装明细

地址	户型	单机功率（千瓦）	用户数量（户）	小计千瓦
纳岭村	两间房	6	21	126
纳岭村	小三间房	8	48	384
纳岭村	三间房	10	14	140
纳岭村	小四间房	10	34	340
纳岭村	四间房	12	16	192
合计	—	—	133	1182

马莲小镇村内规划电采暖用户 265 户，2018 年已入住约 80 户，入住率 30.2%。马莲小镇安装采暖设备 265 套，采暖设备容量（不含循环泵）为 1386 千瓦。采暖设备安装明细如表 3 所示。

表3 马莲小镇采暖设备安装明细

地址	户型	单机功率（千瓦）	用户数量（户）	小计（千瓦）
马莲小镇	一间房	4	31	124
马莲小镇	两间房	4	110	440
马莲小镇	三间房	6	88	528
马莲小镇	四间房	8	34	272
马莲小镇	五间房	10	1	10
马莲小镇	六间房	12	1	12
合计	—	—	265	1386

2018 年 12 月尚义县最高平均气温为 −7.09℃、最低平均气温为 −20.8℃。整月气温数据如图 1 所示。

2018 年 12 月 17 日至 2018 年 12 月 23 日按照采暖设备厂家推荐运行模式运行，采集用户用电量情况如表 4 所示。

单机 8 千瓦蓄热式供暖设备谷段运行，日均耗电量约为 85 千瓦时（日均费用约为 32 元），谷段日均耗电量为 61 千瓦时（谷段费用约为 18 元/日）。

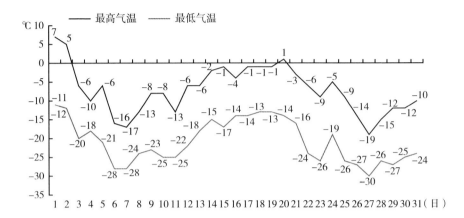

图1 尚义县12月气温

表4 用户用电情况

用户设备容量	日期	峰（千瓦时）	平（千瓦时）	谷（千瓦时）
8千瓦	12月23日	27.37	0	65.47
	12月22日	25.99	0	56.24
	12月21日	24.42	0	42.83
	12月20日	26.72	0	90.05
	12月19日	24.32	0	95.93
	12月18日	13.75	0	33.83
	12月17日	22.89	0	39.41
合计		165.46	0	423.76
日均		23.64		60.54

2018年底马莲小镇入住及正在装修的用户约80户，12月份该村最大负荷约为600千瓦，用户设备容量为670千瓦，设备使用同时率约为0.89%。

2018年12月马莲小镇村网负荷曲线如图2所示。

（2）怀来县

以河北名郡新城为例，分析集中式电供暖的使用情况。该用户供热面积35万平方米，报装容量16500千伏安。根据气象资料显示，怀来县1月份整体最高温度在-5℃~5℃，最低温度在-14℃~-6℃。名郡新城1月8日谷段平均功率7.983兆瓦，峰段平均功率0.658兆瓦，全天平均功率4.330兆瓦；1月27日

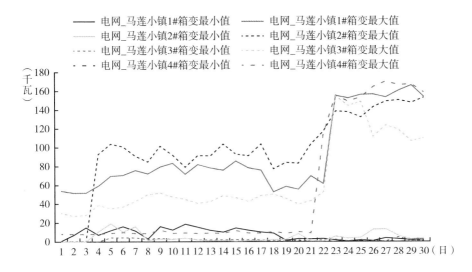

图 2　马莲小镇村网负荷曲线

谷段平均功率 6.737 兆瓦，峰段平均功率 0.117 兆瓦，全天平均功率 3.427 兆瓦。同时，该用户建筑保温措施良好，蓄热罐最高水温 90℃，用户室内温度维持在22℃左右。2020 年 1 月份，名郡新城用电量 428.3640 万千瓦时，电费为 112.9 万元，实现售电均价 0.264 元/千瓦时。月曲线和典型日曲线如图 3 所示。

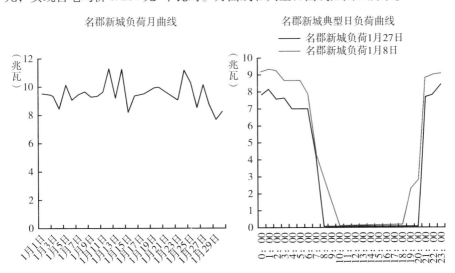

图 3　怀来县名郡新城电供暖项目月负荷曲线和典型日曲线

名郡新城集中供暖采用夜间谷段（20：00～次日8：00）蓄热方式，并执行峰谷优惠电价，其蓄热式电供暖可以有效地抬高谷段时间负荷曲线，有利于电网削峰填谷。

2. "煤改电"典型村分析

（1）涿鹿县大西庄村

基本情况：大西庄村涉及"煤改电"用户22户。其中，16户采用蓄热式电采暖设备，每户均安装3组供暖设备，每组供暖设备2.4千瓦，共计7.2千瓦；6户采用直热式（水暖）电采暖设备，每户1组，功率为5千瓦。

运行情况：大西庄村共有4台配变，其中200千伏安配变2台、160千伏安配变2台，配变容量共计720千伏安，0.4千伏线路均为JKLGYJ－120绝缘导线，下户线型号为BLVV－25。大西庄村2017～2018年11月和12月配变最大负载率对比数据如图4和表5所示。

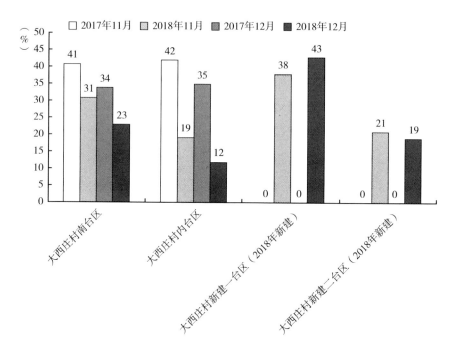

图4 大西庄村配变负载情况对比

表5 大西庄村"煤改电"用户用电量

单位：千瓦时

序号	户名	2017年11月用电量	2017年12月用电量	2018年11月用电量	2018年12月用电量	备注
1	程××	66	71	1062	1411	
2	王××	80	78	130	389	
3	张××	203	166	168	163	
4	张××	95	101	892	1309	
5	陈××	182	182	705	884	
6	梁××	0	0	751	972	2017年无人居住
7	牛×	48	57	1256	1160	
8	任××	82	82	1118	2137	
9	陈×	43	20	162	279	
10	许××	144	139	1349	1383	
11	张××	15	26	243	105	
12	张×	82	64	521	364	
13	郭××	72	74	211	211	
14	陈×	83	123	227	256	
15	陈×	46	53	247	457	
16	陈×	422	139	462	1838	
17	陈×	0	11	0	0	两年无人居住
18	任××	116	142	99	582	
19	张××	159	231	58	58	
20	郭××	145	147	138	149	
21	张××	38	23	31	35	
22	任××	92	85	164	3168	

从表5可以分析出，采用蓄热式电采暖设备后，居民用电量增长较为明显，由于设备的开启时长不同，用电量增长幅度不同；但通过典型家庭入户分析，一般在晚间20：00至次日8：00间开启取暖设备，单组取暖设备的用电量每月将为800千瓦时左右，用电量同比增幅为5～15倍。结合"煤改电"电费补贴，用户接受和满意程度较高。大西庄村采用直热式（水暖）电采暖设备的6户，设备需要全天开启才能维持取暖标准，即5千瓦的用电负荷。在表

5 中，单月用电量在 1000 千瓦时以上的，均为直热式（水暖）电采暖设备的用户，用电量增幅为 10 ~ 30 倍，由于经济和供热效率原因，居民满意度较低。

通过入户调查分析，大西庄村的 16 户蓄热式电采暖设备用户，由于平时家庭成员均在外打工或者在校读书，居住人口较少，一般只开启 1 组或者 2 组电采暖设备，即负荷在 2.4 ~ 4.8 千瓦，但腊月二十至正月十五这段时间内，由于在外打工人员返乡，且在外读书的孩子放假，大部分用户会将 3 组电暖气全部开启，即 7.2 千瓦，这段时间达到用电高峰。

（2）怀来县老营洼村（见表 6）

基本情况：位于怀来县土木镇，改造户数 247 户，现有配变台区 4 座，容量 4×630 千伏安，散户电采暖设备为蓄热式，每户采暖锅炉为 8 千瓦。

运行情况：该村出 4 台变压器进行供电，选取其中 1 台变压器运行情况进行分析。

表 6　老营洼村采暖一台区 11 ~ 12 月份日负荷

单位：千瓦

日期	1 日	2 日	3 日	4 日	5 日	6 日	7 日	8 日	9 日	10 日
11 月份	—	—	—	—	—	19.58	19.72	19.36	19.28	62.64
12 月份	302.58	291.84	273.06	270.02	286.42	292.38	302.4	312.06	298.48	282.46
日期	11 日	12 日	13 日	14 日	15 日	16 日	17 日	18 日	19 日	20 日
11 月份	72.88	88.38	124.98	125.6	186.64	224.82	233.96	227.48	244.04	231.38
12 月份	281.42	277.78	263.2	272.64	264.76	248.5	235.7	227.32	210.4	227.3
日期	21 日	22 日	23 日	24 日	25 日	26 日	27 日	28 日	29 日	30 日
11 月份	285.84	281.88	295.3	281.9	275.64	289.42	290.96	280.9	303.08	295.07
12 月份	202.4	234.08	240.46	240.9	250.78	242.6	259.8	256.02	275.54	272.8

老营洼供暖一台区为 630 千伏安变压器，供电户数 63 户，面积 5006 平方米。通过分析老营洼村采暖一台区 11 月、12 月负荷曲线可以得出，老营洼村整体用电负荷从 11 月 1 日至 11 月 15 日由 0 持续增长至 186.64 千瓦。选取 11 月 23 日和 12 月 8 日作为典型负荷日进行分析。从 11 月 23 日和 12 月 8 日负荷曲线均可看出，用电高峰出现在 20 点至第二天早 8 点，负荷基本突然出现，持续后又突然消失，与"四方交易"中供暖优惠电价政策的谷段要求时间基本吻合，晚间时段村民将电暖气开启，进行低谷蓄热，白天时段将电暖气关

闭，从负载率曲线可以看出，采暖设备同时率较高。白天时段基本没有用电，负荷趋于零（见图5、图6和图7）。

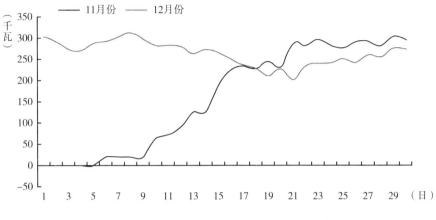

图5 老营洼村采暖一台区11~12月份负荷曲线

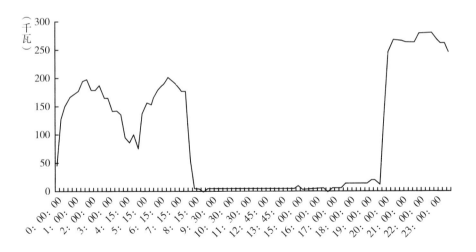

图6 老营洼村采暖一台区12月8日负荷曲线

（三）廊坊

2017年10月底廊坊"煤改电"地区电网设备全部投入运行，采暖季期间

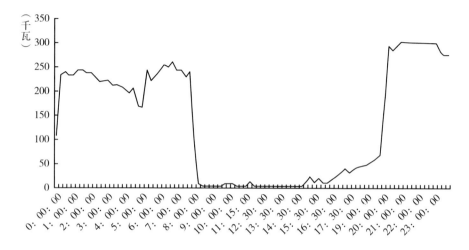

图 7　老营洼村采暖一台区 12 月 8 日负载率曲线

电网运行平稳，电网各项指标提升明显。

1. 总体情况

廊坊地区"煤改电"居民 2017～2018 年采暖季总用电量为 15436.49 万千瓦时，相比 2016～2017 年采暖季 3861.09 万千瓦时增长 299.80%；4 个月用电量环比中，最高用电量为 2018 年 2 月的 4303.46 万千瓦时，最低用电量为 2018 年 3 月的 3588.87 万千瓦时。

2018 年 12 月"煤改电"电量为 2531 万千瓦时，同比 2017 年 12 月降低了 31%，原因为 2018 年禁煤政策不严，使用燃煤取暖的用户增多（见表 7）。

表 7　采暖季用电量分析

项目	12 月	1 月	2 月	3 月	合计
2016～2017 年（万千瓦时）	877.87	999.38	1134.28	849.56	3861.09
2017～2018 年（万千瓦时）	3691.92	3852.24	4303.46	3588.87	15436.49
同比增长率（%）	320.6	285.5	279.4	322.4	299.80

2. "煤改电"典型县分析

香河县"煤改电"配套电网运行情况。

（1）负荷情况

2017～2018年采暖季全县最大负荷331.2兆瓦，同比增长25.9%；2018年夏季最大负荷388.9兆瓦，同比增长24.6%。

（2）电量情况（见表8）

表8　香河县"煤改电"用户用电量

项目	12月	1月	2月	3月	合计
2015～2016年（万千瓦时）	616	634	595	543	2388
2016～2017年（万千瓦时）	1366	1418	1162	1174	5120
2017～2018年（万千瓦时）	908	1550	—	—	—

2017～2018年取暖季，由于气温、政策等原因，居民用户用电取暖比较彻底，电采暖电量比同期增加50%以上。

2018～2019年采暖季，12月电采暖用电量较第一年"电代煤"用电量同比降低50.46%，远低于与全县居民用电降幅（22.59%），与没施行"电代煤"工程时用电量基本持平（增长2.93%）。1月正值严冬，但采暖季用电量增长9.23%，与全县居民用电增长基本持平（9.1%），取暖用电量仍呈下降趋势。

主要原因是，由于政府提供的采暖器经2018年冬季验证取暖效果不佳，且当前政府禁煤措施执行不严，"煤改电"村街居民纷纷改为原有燃煤取暖方式，造成2019年冬季取暖用电量大幅减少。

（3）设备负载情况

香河县"煤改电"村庄集中在顾家屯、北运河及西园三座110千伏变电站供电范围内，顾家屯站带"煤改电"专用配变163台，容量58.4兆伏安，占比58.4%，采暖季最大负载率72.91%（顾家屯站带综合负荷较大）；北运河站带"煤改电"专用配变93台，容量33.2兆伏安，占比33.2%，采暖季最大负载率20.24%；西园站带"煤改电"专用配变146台，容量53兆伏安，占比53%，采暖季最大负载率13.81%；其他96台配变分布在香河、姬庄、金辛庄三座110千伏变电站供电范围内。

香河县"煤改电"工程共新增配变498台，现选5台配变进行分析，采暖季配变负载率平均值为26.2%，夏季为16%，采暖季"煤改电"配变利用率高于夏季。

3. "煤改电"设备情况

廊坊地区采用分散式电采暖设备，例如政府统一采购的蓄热式电采暖器（含储能砖）、直热式碳晶电热板（又称壁挂式碳纤维发热电缆）、移动式油汀取暖器，以及用户自己购买、安装或改装的简易版家用蓄热式电锅炉、直热式电暖气片等。以廊坊地区第一个"无煤村"三河市冯白塔村（2016年完成整村"煤改电"）为例，政府统一采购的直热式碳晶电热板使用一年后采暖效果迅速变差，且设备老化严重，直接熏黑墙面，当地居民2018年已经纷纷弃用甚至自行拆除，条件好的家庭自行安装简易版家用蓄热式电锅炉采暖，或者自行购置直热式电暖气片采暖。从实际入户走访的情况来看，政府统一采购的电采暖设备实际利用率极低，且当地居民对此有不少意见。

五　现状总结分析

（一）配套配变及下户线建设方式

在10千伏配变及低压层面，"煤改电"配套电网工程主要有三种建设方式：一是小容量配变换为大容量配变＋新建或者切改下户线，二是新增配变＋新建或者切改下户线，三是新增配变＋新建下户线＋新设电表（即"煤改电"的"专线专变专表"）。例如，廊坊地区已完成的配套电网工程主要采用第二种和第一种方式；张家口正在建设的分散式电采暖主要采用第三种方式。

从投资角度平均来看，第一种最节约投资，第二种次之，第三种费用最多，但从整体来看，相差不大。第二种方式与第一种方式相比，以某"煤改电"村原200千伏安配变容量不够，"煤改电"之后需新增400千伏安配变容量为例，采用第二种方式比第一种方式在配变投资上省约15000元。第三种方式与第二种方式相比，如果第二种方式也需要新建下户线，则第三种方式比第二种方式仅多电表的投资；如果第二种方式不用新建下户线（即原有下户线截面等合适，仅需切改），则第三种方式比第二种方式多了下户线及其配套再加上电表的投资，以某"煤改电"村200户、下户线平均25米带3户为例进行估算，共计多出1.67千米下户线及其配套加上200个电表的投资。对于之前已经进行过低压线路升级改造的地区（例如张家口市怀来县），第三种方式的"煤改电""专线"可采用原低压线路的杆（即同杆并架），可进一步节约投资。

从电网资产角度，需对如何处置第一种方式替换下来的小容量配变进行安排，第二种方式和第三种方式因采用新增配变而非替换配变的方式，更加有效地实现了电网资产合理配置。

从运行管理角度，前两种方式下，同一台配变上，既有"煤改电"负荷，又有居民原有用电负荷；第三种方式下，"煤改电"负荷有专用配变，原有配变还是带着居民原有用电负荷，可分开进行运行管理。例如，前两种方式下在非采暖季容易出现配变轻载的情况，在第三种方式下，计划来年非采暖季停运"煤改电""专变"，以提高设备利用率和运行经济性。当然，由于第三种方式为2018年新建的示范项目，尚未实际开展来年非采暖季停运"煤改电""专变"和来年采暖季再次运行"煤改电""专变"等相关工作，实际操作有可能遇到一些问题，还需积累运行管理经验。

从营销计量角度，前两种方式下每户使用电表情况与"煤改电"之前相同，"煤改电"负荷和居民原有用电负荷难以分开计量，故进行"煤改电"电量补贴时其实会给每户多补贴一些。第三种方式下每户新增1个电表，"煤改电"负荷和居民原有用电负荷分开计量，"煤改电"电量补贴更为精准。当然，第三种方式下，如果采暖季用户在家中将原有用电负荷接入"煤改电""专变专线专表"所对应插头，电网公司也是无法控制的。同时，第三种方式下，由于一户居民实际使用了多个电表，增加了营销的户表管理工作量，也加大了电表户数和实际居民户数的差异，在一系列统计上报和规划测算时需尤其注意。

整体来看，第一种方式适用于配变站址比较紧张、投资预算极其有限的情形；第二种方式比较传统和常规，投运后给运行管理和营销管理都不会带来大量新增工作量，适用范围比较广泛；第三种方式目前适用于先行示范项目，投资预算较为充裕，并且相关的运行管理、营销管理部门比较支持。对于第三种方式，建议解除招标中配变容量与无功补偿容量的绑定，可根据实际需求，对"煤改电""专变"所需要的无功补偿容量进行测算，合理节省无功补偿投资。如果第三种方式实际运行和管理效果良好，可根据运行管理经验改进后进一步推广应用。

（二）宜气则气，宜电则电，宜煤则煤

政府虽然主导了"煤改气"（又称"气代煤"）、"煤改电"（又称"电代煤"）、使用洁净型煤（又称"清洁型煤"）的地区范围确定工作，电网公司也需要对"宜气则气，宜电则电，宜煤则煤"进行思考，提出合理建议。

从目前已开展的"煤改气""煤改电"工作来看，"煤改气"施工和调试周期长，对天然气的存储量、存储和管道运输安全性等要求较高。2017年冬季由于天然气气量不够、前期"煤改气"工程进度偏缓等原因，政府后期允许居民沿用过去的燃煤取暖方式或其他替代方式（详见环保部2017年12月4日下发的《关于请做好散煤综合治理，确保群众温暖过冬工作的函》特急文件）。由于采用一次能源，从供热角度，通常燃烧天然气供暖和燃煤供暖的能量转换效率均高于电采暖。相对于"煤改气"，"煤改电"施工和调试周期较短，配套电网建设环境要求不如"煤改气"配套工程严苛，因而适用范围更广，但由于能量转换层级较多，总的能量转换效率较低。在《河北省人民政府办公厅关于推进全省城镇供热煤改电工作指导意见（征求意见稿）》中，对2019～2020年市场化运行阶段明确提出，"对集中供热不能覆盖、不宜实施煤改气、电力充足的区域全面实行煤改电"。

对于既不适合"煤改气"，也不适合"煤改电"的地区，例如山区地形的唐山市迁西县，政府允许采用洁净型煤。唐山市政府2016年印发了《唐山市2016年清洁型煤推广工作方案》（唐政字〔2016〕89号），对洁净型煤的推广使用做出了整体部署。2017年11月，迁西县政府办印发了《迁西县洁净型煤推广工作实施方案》，明确指出，"对采暖季暂不具备清洁能源替代条件的农村地区、城市建成区，积极推广使用型煤、兰炭等洁净煤进行替代"。

当然，除了"宜气则气，宜电则电，宜煤则煤"，还有其他治理散煤污染方式。从成本上测算，"煤改电"的电采暖成本约为散煤的4倍，煤改气所产

生的成本是使用散煤的 2~3 倍。

对电网公司而言，由于目前政府尚无政策对电网公司承担的"煤改电"配套电网建设投资进行补贴，加上"煤改电"部分电价机制使得电网公司售电不再获利，电网公司开展"煤改电"配套工作整体上是赔钱的。从大局来看，大气污染防治、"煤改电"等是国家策略、政府行为，国家电网有限公司作为国企，履行了社会责任，彰显了国企担当。我们需要思考研究的是，如何在开展"煤改电"工作、担当社会责任的同时，进一步优化方案和节省投资，同时及时向政府有关部门建言献策。

在建议划定"煤改电"区域方面，除了前面提到政府层面考虑进行"煤改电"的因素外，还需将"煤改电"配套电网建设与区域电网规划相结合，统筹考虑。主要有两种思路：一是建议选择地区电网容载比较大的地区，这样"煤改电"配套建设工程量较小，比较节省投资；二是考虑以"煤改电"为契机，驱动地区电网建设，可以选择电网现状相对薄弱的地区，"花一份钱办多件事"，既完成了"煤改电"配套工作，又完善了地区网架结构，大幅提升电网供电能力和供电可靠性，虽然单次投资较大，但是从长远来看，节省了日后相当长一段时间内的电网常规升级改造投资。除此之外，电网公司也可参照"煤改气"有关补贴政策，向政府争取其对电网公司目前承担的"煤改电"配套建设的政策支持或者补贴。

六　存在问题

（一）居民"煤改电"运行费用较高

改造前农户以煤、秸秆、树枝为取暖材料，费用一次支出后无后续消费，同时可满足烧炕、做饭、烧水等日常需求。改造后由于河北省"煤改电"财政补贴力度有限且有下降趋势，居民供暖成本提高，经济条件一般的家庭较难接受先缴纳电费、采暖季结束后结算补贴的方式，导致部分地区电供暖设备使用率较低。此外，部分地方政府在实施"煤改电"工作的过程中，并未统一拆除或回收原燃煤锅炉和散热片，部分居民在电价补贴不及时、煤炭购买不监管等情况下重新使用燃煤锅炉进行取暖。

（二）"煤改电"推进工作技术路线不统一

冀北农村地区"煤改电"工作主要分为整村推进和多村分散两种方式，整村推进方式对电网建设改造投资较大，但建成后将大幅提升电网供电能力，改善网架结构，较长时间内避免电网重复建设改造。多村分散方式是各村选取经济条件和改造意愿较好的居民开展"煤改电"工作，但同村内居民供暖方式长期不一致将会由于某种供暖方式的优越性出现趋同化：电供暖补贴力度持续下降、居民理念不转变，将会导致"煤改电"居民采暖方式出现"返煤化"；居民经济条件改善、电供暖优势普及力度更大，将会让更多燃煤供暖居民选择采用电供暖方式，导致局部地区电网供电能力不足，常规电网需要重复进行建设改造。

（三）改造规模频繁调整，影响规划方案和工程进度

近年在"煤改电"工作实施过程中，部分地市"煤改电"改造范围迟迟无法确定，导致电网建设前期工作无法开展。若改造范围在电网建设过程中发生重大调整变化，原定的电网规划布局方案将受到严重影响，进而造成工程整体进度滞后。唐山地区 2018 年"煤改电"实施期间，临时提出取消六个村改造任务，调减两个村规模，新增三个村改造任务，极大影响了既定的电网规划方案和整体施工进度。

（四）村内确户数与实际情况不符

确村确户数与实际有效户数存在较大差异，部分"煤改电"村为"空心村"，村内常住人口较少，同时存在一宅多户拆分，未建设的宅基地、蔬菜大棚配套居住屋纳入"煤改电"补贴范围，均领用了电供暖设备的情况，但配套电网建设仍按照满足全村确户数的需求考虑，可能造成电网设备使用率低于预期，影响电网投资效益。

（五）电供暖设备性能参差不齐

冀北地区电供暖设备以蓄热式电暖器为主，各县区政府采购的电供暖设备品牌较多，性能参差不齐，而供暖设备的制热效果直接影响了"煤改电"居

民的使用意愿，例如2016年廊坊市冯白塔村完成"煤改电"工作后，政府采购的直热式碳晶电热板出现设备老化问题，制热效果较差，导致居民普遍更换电供暖设备或重新采用燃煤取暖，影响电供暖设备使用率。从实际入户走访的情况来看，居民对性能较差的电供暖设备使用率极低。

七　意见建议

（一）提早明确改造范围及户数

电网规划具有系统性，地市公司和市双代办应加强沟通协调，尽快确定改造范围，在当年"煤改电"配套电网建设计划下达前，促请属地政府充分征求村民意愿，取得全部用户的改造协议，不再进行调整。地市公司应协调市双代办对县级财政和个人需要承担的费用比例进行核实，对符合补贴政策的条件进行细化，确保村内改造户数不再进行较大调整。建议营销部明确"煤改电"新增装表条件，并组织各供电所分析确户数和电表数的差异，和乡（镇）政府、村委会共同核实、确定村内的改造户数。

（二）合理选择电供暖设备

各政府招标采购的供暖设备品牌较多，性能参差不齐，大部分居民在设备选择时存在盲目性，地市公司应建议各地方政府缩小设备选择范围，主推几种性能较好的设备，避免因设备性能问题造成利用率较低。

（三）"煤改电"配套电网建设与配电网规划有效衔接

将"煤改电"配套电网建设与区域配电网规划统筹考虑，地市公司应主动引导政府在电网供电能力较强、网架结构条件较好的地区开展"煤改电"工作，充分利用原有设施，加强设备梯次利用，改造与新建相结合，避免投资浪费与重复建设，提高投资效益。对电网现状相对薄弱的地区开展"煤改电"工作时，建议以"煤改电"为契机，驱动地区电网建设，既完成了"煤改电"配套工作，又完善了地区网架结构，大幅提升电网供电能力和供电可靠性，单次投资较大但较长时间内将节省电网常规升级改造投资。

（四）加强农村地区电采暖科普宣传工作

农村居民早已习惯以燃煤为主的传统采暖方式，对新型采暖方式的接受程度较低，加上农村地区居民获取信息资讯的渠道有限、能力不强，导致农村居民对电采暖缺乏了解，部分用户对电采暖的性能仍持怀疑态度。对此，应采用多样化的形式及宣传手段，有计划有组织地向用户普及电采暖知识，开展全民科普活动，让用户充分认识到将电能融于采暖的巨大优势。

参考文献

国家发展改革委：《北方地区冬季清洁取暖计划（2017～2021年）》（发改能源〔2017〕2100号），2017。

河北省发改委：《河北省2018年冬季清洁取暖工作方案》，2018。

河北省气代煤电代煤工作领导小组办公室：《河北省气代煤电代煤工作领导小组办公室关于下达2019年农村地区冬季清洁取暖改造任务预安排第一批计划的通知》，2019。

河北省气代煤电代煤工作领导小组办公室：《河北省气代煤电代煤工作领导小组办公室关于下达2020年农村地区冬季清洁取暖改造任务预安排第一批计划的通知》，2020。

河北省电力企业推进新型
基础设施建设的路径与思考

田 广 王 尧 宋佳玮 刘兆雄 张 康 田 诚*

摘　要： 电力行业既是"新基建"的参与者，也是"新基建"的保障者，是推动"新基建"的先行军。围绕"怎么看"和"怎么办"，报告首先对"新基建"概念内涵以及中央、地方各层面政策情况进行全面梳理，在此基础上结合其他省的政策和先进做法调研，结合河北省具体省情，重点研究并针对性提出了适用于河北省电力企业的、推进新型基础设施建设的"八大智慧应用场景"，以期对河北省电力企业及上下游行业提供决策参考。

关键词： 河北省　新基建　电力行业

一　"新基建"概念内涵

"新基建"与传统"铁公基"相对应，是结合新一轮科技革命和产业变革特征，为经济社会的创新、协调、绿色、开放、共享发展提供底层支撑的具有

* 田广，国网河北省电力有限公司高级工程师，工程硕士，研究方向为计算机及信息处理技术；王尧，国网河北省电力有限公司信息通信分公司工程师，工程硕士，研究方向为电力信息通信；宋佳玮，国网石家庄供电公司工程师，工学硕士，研究方向为电力营销服务；刘兆雄，国网河北省电力有限公司信息通信分公司工程师，工程硕士，研究方向为电力信息通信；张康，国网石家庄供电公司工程师，工学硕士，从事配网规划管理工作；田诚，国网河北省电力有限公司物资分公司工程师，工程硕士，从事物资管理工作。

乘数效应的战略性、网络型基础设施。"新基建"主要包括信息基础设施、融合基础设施、创新基础设施三个方面。其中，信息基础设施包括以5G、物联网、工业互联网、卫星互联网为代表的通信网络基础设施，以人工智能、云计算、区块链等为代表的新技术基础设施，以数据中心、智能计算中心为代表的算力基础设施等；融合基础设施包括智能交通基础设施、智慧能源基础设施等；创新基础设施则包括重大科技基础设施、科教基础设施、产业技术创新基础设施等内容。"新基建"谱系如图1所示。

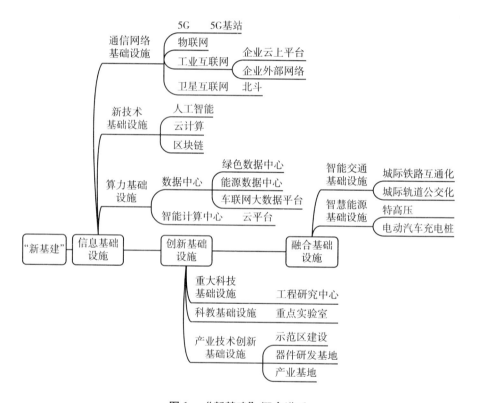

图1　"新基建"概念谱系

根据国网能源院数据，2020年全国"新基建"总投资额将达到2.3万亿元。其中，国家电网2020年特高压投资约1800亿元、充电桩建设投资27亿元，占比7.9%；南方电网特高压投资约244亿元、充电桩建设投资约12亿元，占比1.1%。"新基建"对上下游行业投资带动效应明显，工信部预测到

2025 年，各领域将累计带动投资超过 17 万亿元。其中，5G 可带动投资 5 万亿元，大数据中心可带动投资 3.5 万亿元，特高压可带动投资 1.2 万亿元，人工智能可带动投资 0.4 万亿元，电动汽车充电桩可带动投资 0.27 万亿元。

二 相关政策梳理

（一）中央层面

2020 年以来，中央关于推进 5G、工业互联网、工业大数据等"新基建"政策陆续出台，总体有四个方面政策导向。

一是强调多要素和多行业的协调联动、共建共享。2020 年 3 月工信部发布《关于推动 5G 加快发展的通知》，提出各行业在站点共享、先导应用、供电设施改造等方面应配合 5G 推广。①加快开放共享电力、交通、公安等公共设施和社会站址资源。②积极开展网络绿色化改造，加快先进节能技术应用推广。③加快垂直领域"5G + 工业互联网"的先导应用。④支持基础电信企业加强与电力企业对接，对具备条件的基站和机房等配套设施加快由转供电改直供电。⑤加强与地方住建、交通、电力等主管部门的协调配合，合力推进 5G 建设发展各项工作。

二是鼓励发达省市先行先试，发挥示范引领效应。2019 年 2 ~ 10 月，科技部先后复函北京、上海、杭州、深圳、天津建设国家新一代人工智能创新发展试验区。明确北京依托人才和技术优势，发挥在推动京津冀协同发展、示范带动全国人工智能创新发展方面的重要作用；天津整合人工智能创新资源，壮大智能科技产业集群。

三是倡导投资市场化、建设多元化以及政府的服务化。国务院常务会议指出，创新投资建设模式，坚持以市场投入为主，支持多元主体参与建设，鼓励金融机构创新产品强化服务，为投资建设提供更多便利。2020 年 3 月工信部发布《关于推动工业互联网加快发展的通知》，鼓励各地将工业互联网企业纳入本地出台的战疫情、支持复工复产的政策支持范围，将基于 5G、标识解析等新技术的应用纳入企业上云政策支持范围，将 5G 电价优惠政策拓展至"5G + 工业互联网"领域。鼓励各地引导社会资本设立工业互联网产业基金。

四是坚持以应用为导向，发挥"新基建"对新消费的支撑作用，从基础层面提升消费者体验感。2020 年 3 月，国家发改委等 23 个部门联合下发《关于促进消费扩容提质加快形成强大国内市场的实施意见》，提出完善"互联网＋"消费生态体系，鼓励建设"智慧商店""智慧街区""智慧商圈"，促进线上线下互动、商旅文体协同。鼓励有条件的城市和企业建设一批线上线下融合的新消费体验馆，促进消费新业态、新模式、新场景的普及应用。

（二）河北省层面

2020～2021 年，河北省"新基建"相关工程拟开工和在建设项目约 140 项，总投资达 1744 亿元，2020 年计划完成投资 32 亿元。根据工信部赛迪研究院分析报告，河北省"新基建"项目在重点基础设施建设中占 43.5％，在 26 个省（自治区、直辖市）中排名第一。河北省新型基础设施建设，在政策导向上有五个方面趋势。

一是充分发挥数字经济优势，壮大发展新动能。4 月 19 日，河北省发布《河北省数字经济发展规划（2020～2025 年)》，将河北数字经济发展摆在全国、全球的大格局下研究布局，系统地提出了河北数字经济发展的总要求、区域布局和主要任务，突出特点是注重发挥数据资源的关键生产要素作用，推动全社会各领域数据资源的采集、汇聚、整合、存储和利用，开启数据驱动发展新模式；注重把握数字经济发展的数字化、网络化、智能化特征，推动大数据、互联网、人工智能与实体经济的深度融合。二是强化"云、AI 和 5G"三要素建设。5 月 18 日，河北省政府与华为签署《鲲鹏计算生态产业战略合作协议》，基于鲲鹏计算产业生态构建了河北省新型基础设施的"算力底座"，下一步鲲鹏将为河北省提供安全充裕可持续性的算力，成为数字经济质量发展的"基石"。三是多区域共建共享，加速 5G 生态形成。河北省政府印发的《加快 5G 发展行动计划》中明确指出，2020 年底，雄安新区、冬奥会张家口赛区、石家庄市主城区实现 5G 网络覆盖，5G 基站 1 万个。2022 年，实现 5G 网络覆盖面和建设水平位居全国前列，雄安新区力争成为全球 5G "先行城市"，形成 5G 产业优势。四是以京津产业转移为机遇，加快推动大数据产业发展。持续深入京津冀大数据综合试验区建设，全面承接京津产业，打造区域性大数据产业全要素支撑、全链条发展集聚区。建设"石家庄—京津冀大数据应用示范区",规划建设正定数字经济产业园,将其打造成为具有核心竞争力的"中国数字新城"。五是聚焦行业发展和业务转型,推动工业互联网和新能源产业建设。河北省工信厅《关于进一步加快工业互联网发展的通知》明确要积极推进省级县域特色产业集群与海尔等工业互联网企业对接,打造雄安绿色智能创新中心,力争每个设区市至少培育一个面向行业或产业集群的工业互联网平台。《2020 年河北省新能源汽车发展和推广应用工作要点》明确加快住宅小区充电设施建设与改造,到 2020 年底建成充电站 1970 座、充电桩65625 个。

(三)其他省市

在中央号召下,各地方政府行动迅速,陆续出台"新基建"落地行动方案,梳理总结各省市相关政策,主要有以下三个特征。

一是结合资源禀赋、发展基础和区域特点,实施各有侧重的发展规划。浙江省依托数字基础设施建设快、数字技术创新主体多和数字应用场景丰富三大优势,以数字经济为"一号工程",着力打造杭州 5G 第一城。山东省基于在量子通信、超级计算机以及智慧交通、智能电网等领域的产业优势,提出培育根植山东、覆盖全国、辐射全球的超算互联网,全力打造"中国算谷"。广州市基于良好的营商环境和雄厚的产业基础,重点实施 5G 发展"头雁"行动、人工智能场景构建行动、工业互联网融合创新行动、充电基础设施提升行动四大专项行动。

二是围绕政府需求、产业发展和居民生活,探索重点应用领域扩大信息消费。北京、上海、杭州等地分别提出依托冬奥会、进口博览会、亚运会等重大属地活动,打造"5G + 4k"的超高清视频创新应用。重庆市围绕国家物联网产业高地目标和"万物互联"的城市基础设施数字体系构建,提出发展"物联网 + 智慧排水""物联网 + 智慧路网""物联网 + 智慧管网"等方面应用场景。青岛市统筹建设"城市云脑"体系,推动"一网通办"提升公共服务水平,推进"一网通管"提高社会治理能力,建设"智慧社区"夯实城市管理基础,发展"数字经济"赋能产业升级。

三是通过优化营商环境、政企合作和标准引领等举措,加大政策扶持力度。北京市在 5G 方面充分整合现有塔(杆)资源,鼓励公共空间开放,逐步完成存量优化、补足短板，实现 5G 基础设施与城市建设协调发展。江苏省、广东省提出对符合条件的 5G 基站实施电力直接供电，制定执行 5G 基站峰谷电价政策，全面清理规范转供电环节加价行为。贵州省支持将 5G 基站用电纳入电力市场直接交易，简化 5G 基站报装流程，在用电申请、电力增容和直供电改造上建立 5G 基站用电绿色通道。

三 国家电网公司相关政策分析

（一）政策特点

国家电网公司高度重视"新基建"工作，国网公司董事长毛伟明在两次"新基建"领导小组工作会议上先后做出"三个加快、一个加强"和"四抓四强化"等工作指示；辛保安总经理对电网和新型数字基础设施建设做出"两手抓，两促进，两融合"的工作要求。4 月印发的《国家电网有限公司关于加快推进新型数字基础设施建设的意见》对新型数字基础设施建设进行了统筹安排。随后，国网先后印发大数据、人工智能、区块链、电力北斗四个专项工作方案，出台新能源汽车充电桩、省级智慧能源服务平台、客户侧新型数字基础设施等四个建设指导文件，进一步落细落实了相关任务部署。总体上看，有四个方面特点。

一是高标准顶层规划设计，引领"新基建"建设。提高政治站位，将公司工作与落实中央和国家要求相结合，强化顶层设计，统筹资源配置，统一谋划布局，明确公司 2020 年数字"新基建"4 个方面、14 类、24 项重点任务，以高质量规划引领公司"新基建"建设和发展。二是结合公司发展和业务需求，注重应用落地实效。聚焦服务公司改革发展和转型，以满足业务创新需求、解决实际问题和业务痛点为导向，以实用化应用落地为目标，加强试点应用成果的迭代升级，促进"新基建"建设与公司和电网转型发展深度融合。三是鼓励因地制宜发挥能动性，多方位挖掘综合价值。充分调动发挥各单位积极性，分层细化建设任务，因地制宜开展建设应用，挖掘彰显地方特色，全力提升建设效率和实用化水平，在能源、金融、政务等领域主动对接和服务国家、地方和人民需要。四是强调多方协同合作创新，共建共赢发展生态。加强政企联动，加强对外合作、队伍建设、技术跟踪和自主创新，实现基础设施的互联互通与协同建设，提升对上下游全产业链发展的拉动力，打造共建共赢的产业生态圈。

（二）国网下属各级电力公司工作梳理

各网省公司陆续出台推进"新基建"工作的举措，探索公司数字化转型的深层次价值，推动能源发展与新型基础设施的深度融合，全面加快数字"新基建"建设步伐。

一是将"数字化"作为电网与"新基建"的重要结合点。江苏公司完成全省中压线路与低压台区数据迁移和校验，实现电网资源业务中台全面应用及资源同源维护。甘肃公司多站融合数据中心站 172 面数字化机柜已交付甘肃电信使用。天津公司完成五层机房 194 面机柜建设工作。重庆公司建成两座提供计算、存储服务的云边协同、联网运营的多站融合数字化变电站。

二是注重对新型基础设施的运营管理。"新基建"作为唤醒经济社会复苏、促进可持续发展的新动力，其重点在于设施建设完成后的运营管理。各网省公司在大力推进"新基建"的同时，更加注重对大数据中心、充电桩、车联网等平台和设施的运营，为未来公司拓展新业态、实现新利润增长点打好基础。浙江公司自主建设并运营新能源汽车物联网平台"永易充"，实现支付模式由 B2C 向 B2B 转变。北京公司将 10kV 充电桩外电源建设纳入"三零"服务，以市场思维建设运营充电业务，吸引更多社会资本进入充电市场。山东公司积极推动省能源局出台充电设施建设运营规范政策，规范充电设施建设补贴领用方式。

三是注重业务生态化，加强与外部企业的合作共建。"新基建"代表了一系列高新技术的融合发展趋势，是对科技前沿领域和发展方向的引领，需要发挥各个行业的力量。先进网省公司充分利用外部社会优势资源，发挥不同领域内的优势力量，共建"新基建"生态圈。天津公司联合华为公司，率先建成基于鲲鹏生态的电网云和电网数据中台。浙江公司与铁塔公司、运营商成立 5G 网络建设电力专项联合工作组，协调推进 5G 基站供能优先采用直供电方式。信产集团推进与金山云、百度、字节跳动等客户合作，挖掘公司数字资源潜力。部分网省公司做法梳理如图 2 所示。

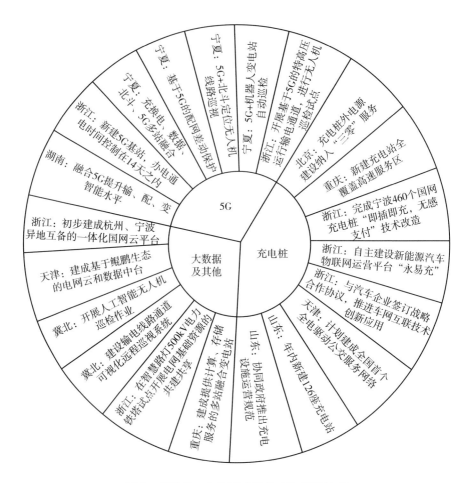

图 2　部分省、市公司"新基建"举措梳理

四　河北省电力企业推进新型
基础设施建设的路径研究

通过对中央、省、国网等层面的政策研究，充分吸收借鉴其他省份电力公司先进做法，结合河北省的省情和网情，河北省电力公司可在以下"八大智慧应用场景"方面推进新型基础设施建设。

（一）建设基于5G的全感知"智慧台区"

一是基于5G技术实现电网侧、用户侧电力物联数据信息全面监测，对台区基础数据和运行数据进行全面、详细、实时采集，实现电能质量智能监测、停电事件精准感知。二是打造全面数字化的智慧台区管理系统，实现台区低电压综合分析、拓扑关系自动识别、负荷自动均衡等非计量功能应用，辅助精益化客户能效管理、智能化绿电实时消纳，有效提供高耗能诊断和节能意见推送指导。三是推进铁塔基站、路灯、监控、电力等各类资源数据双向开放，推动具有"一杆多用"功能的台区智慧杆塔建设和改造，实现功能融合、数据共享、分口应用，打造新型智能化基础设施的"末梢神经元"。

（二）建设基于"5G＋人工智能"的变电站"智慧巡检"

综合利用5G、物联网、人工智能、大数据技术，将变电站打造成为无人化智能运维终端。一是推进5G电力巡检机器人应用，使其支持全自主和遥控巡检，具备一键任务下达、红外测温、可见光摄像、仪表读数、油位读数等功能，进一步提升巡检效率。二是建设智能运维平台系统，利用图像识别技术、人工智能和大数据分析技术，对海量的巡检图片进行甄别和分析，快速、精准地查找变电设备存在的缺陷，自动生成巡检报告。三是提高无人化检修能力，通过应用程序化操作或智能检修机器人，代替操作人员开展倒闸操作或带电作业，降低人员安全风险。

（三）建设适应能源互联网发展的"智慧调控"体系

一是围绕典型业务场景，依托知识图谱、自然语言处理和语音识别等技术手段和调度控制业务规约，综合处理电网运行、检修计划、发电计划和电网拓扑信息数据，实现设备故障智能辨识、停电范围智能计算和负荷精准预测。二是通过人工智能技术在调度控制领域的应用，替代人工自主完成计划检修编制、故障警告、故障抢修指挥、发停电策略编排等工作，提高计划的合理性，最大化压减停电时间，保障调度高效稳定运行。三是打造"未来化"调度运行新模式。采取调控一体、主配一体、分区分组调控、多专业联合值班模式，加快推进实现"一张电网，一个调度"，促进专业高效协同；建设监视控制分布、分析决策集中、智能互动高效的雄安能源互联网智慧运行控制系统，支撑泛在柔性电网调度，打造新型城市电网智慧调度示范引领工程。

（四）建设"智慧社区"能源大数据中心

一是整合社区能源大数据，优化融合社区内资源调配，有效提升各类能源的个性化服务能力。二是推进社区能源大数据与其他社区数据融合，推动综合性共享数据平台建设，通过"互联网＋大数据"加强社区用能数据的采集、挖掘和利用，实现社区与相关部门统一标准、便捷即时、精准联动的数据共享。三是试点推进物联管理平台和省级智慧能源服务系统的融合应用，提升物联管理平台的终端管理、数据采集、设备控制能力，实现客户设备级采集信用。

（五）构建"智慧用能"服务支撑体系

一是推广非侵入式终端、智能控制终端和智能家居设备等终端应用，为用户提供负荷深度感知、用电安全监测、用能分析、故障定位、场景管理等服务，提升用能体验水平。二是建立智能配变终端、新型 HPLC 智能电表、智能表下开关多级用户信息采集通道，实现客户用电数据的细粒度采集和深度分析，构建客户用电行为画像，及时发现潜在的停电故障风险，开展主动上门服务，提升用能服务水平。三是与主流家电平台开展云对接，探索开展电网与家庭间安全、可靠、高效的实时双向互动模式，引导用户主动参与电网需求响应及辅助服务市场，实现居民用户与电网的友好互动。四是探索基于边缘物联代理技术的居民用户家庭能源路由器应用，构建智慧家居对接养老、育婴等社会服务企业的数据接口，着力打造智慧养老、育婴等服务新业态。

（六）建设"智慧扶贫"平台

一是构建贫困户电力消费评估体系，基于用电用能信息，甄别真正贫困户和贫困县情况，评估扶贫措施效果，辅助政府部门决策，防止出现盲区和死角，实现数据驱动精准扶贫。二是构建光伏扶贫智能服务体系，融合设备企业、施工企业及金融机构等多类主体，提升光伏扶贫信息化、可视化水平，与扶贫办等政府机构开展数据对接，助力精准脱贫。三是搭建区域消费扶贫电商平台，依托国网商城客户资源，输出区域农副产品价值。同时持续优化平台功能和配套服务，带动农副产业链上下游中小企业融通发展，实现脱贫攻坚持续发力。四是推进多元数据融合，打造综合扶贫平台。以扶贫电商平台为基础，拓展平台功能，提供在线科普教育、就业创业、便民服务等多功能模块。沟通协调全社会资源参与扶贫工作，全面打赢脱贫攻坚战。

（七）建设多维高效的"智慧人资"平台

一是开展"5G + 智慧培训"。探索 5G + VR/AR 沉浸式实操体验，基于高清视讯、远程协同实现多场景远程连线互动、远程实训现场同步，共享优质培训资源，提升培训质量水平。二是打造数字化绩效评价模式。基于"大数据 + 人工智能"技术、数据库和方法库，在绩效完成状况的考核上，用人工智能系统自动分析计算，有效避免出现"能者多劳，多劳不多得"等现象，以数据提升绩效考核结果科学性。

（八）构建"智慧融媒体"舆情管控平台

一是新闻智慧采集。通过智能主题识别等技术，实现数据实时采集及人工智能判断，及时捕捉热点新闻及舆论声音。二是数据智慧分析。围绕融媒体舆情典型业务场景，基于人工智能自然语言处理、图像识别等技术，实现异构内容关键信息的汇集分析整理，强化舆情风险点梳理排查。三是舆情智慧发布。加强舆情跟踪监控，掌握舆论发展动向，第一时间做好处置。利用传播力分析，实现内容渠道的精准及时投放。

五　工作建议

一是统筹做好组织、资源和人才保障。成立新型数字基础设施项目推进的组织机构，强化内部沟通协调，形成高效运转的工作机制。做好人力、科技、物资等资源保障工作，开展重大项目需求政策分析和投入产出分析，确保"新基建"项目投资的精准、高效。

二是加强对外战略合作。强化与华为、BAT（百度、阿里、腾讯）等互联网企业的战略合作，以"能源互联网生态圈"赋能"新基建"催生的新模式、新业态。加强与高校、科研机构的合作，充分利用外部资源培养复合型专业技术人才。

三是积极争取外部良好环境。宣传省级电力企业带动能源互联网产业发展的经验做法，多元、多维、多态地向行业上下游、政府、社会、大众传递价值，为推进新型基础设施建设争取良好外部形象，提升公司品牌美誉度。

参考文献

工信部：《关于推动 5G 加快发展的通知》，2020。

工信部：《关于推动工业互联网加快发展的通知》，2020。

国家发改委等：《关于促进消费扩容提质加快形成强大国内市场的实施意见》，2020。

河北省人民政府：《河北省数字经济发展规划（2020~2025 年)》，2020。

河北省工信厅：《关于进一步加快工业互联网发展的通知》，2020。

河北省氢能产业发展现状、问题及建议

胡梦锦　李嘉恒　刘钊　郭捷*

摘　要： 加快发展氢能产业，是应对全球气候变化、保障国家能源供应安全和实现可持续发展的战略选择，是贯彻落实党的十九大精神、构建"清洁低碳、安全高效"能源体系、推动能源供给侧结构性改革的重要举措，是探索以能源变革带动区域经济高质量发展的重要实践。我国氢能产业发展如火如荼，京津冀、长三角、珠三角等地区已经形成了区域产业集群。作为京津冀一体化的核心区域，氢能市场发展潜力巨大，河北省有望成为国内氢能发展高地，发挥地区辐射带动作用。目前，河北省氢能产业发展与广东、上海等领先地区还有一定差距，进步空间很大。河北省需要在加快区域协同、完善全产业链条、培育优势企业、突破关键技术四个方面加大扶持力度，实现弯道超车，促使河北省氢能产业达到全国领先水平。

关键词： 河北　氢能产业　能源变革

---

* 胡梦锦，国网河北省电力有限公司经济技术研究院工程师，工学硕士，研究方向为能源经济与能源供需；李嘉恒，国网河北省电力有限公司石家庄供电分公司工程师，工学硕士，研究方向为电力系统运行控制分析与综合能源数据分析；刘钊，国网河北省电力有限公司经济技术研究院高级经济师，管理学硕士，研究方向为能源经济与能源供需；郭捷，国网河北省电力有限公司电力科学研究院高级工程师，工学博士，研究方向为电力系统运行控制、新能源技术。

一　河北省氢能产业发展现状

（一）氢能产业全国发展，各地政策规划提速

据不完全统计，截至目前，国内至少有 36 个地方（省、市级）出台了扶持氢能和燃料电池产业的相关政策。中央关于氢能相关的政策文件超过 10 个，同时有 17 个省份 22 个城市及地方发布了氢能相关的地方政策。其中，河北、广东、山西等省份将发展氢能写入政府工作报告。

从各地目前出台的规划来看，各地产业规划总体具有一致性，多数都提及阶段发展目标，包括产业产值、投用车辆数、加氢站建设、企业培育等。但由于各地区的宏观环境以及自然条件约束，各省份之间氢能产业发展规划差异明显。产值方面：2016 年我国氢能产值已经达到 1800 亿元，未来氢能将成为能源结构的重要组成部分，氢能产业成为我国产业结构的重要组成部分。车辆方面：燃料电池汽车将是氢能最先实现突破的领域，各地政府公交车的采购将是行业实现降成本从而商业化的关键。加氢站方面：加氢站是氢能发展最重要的基础设施，其投资强度大、技术壁垒高，目前我国加氢站数量为 49 座，目前共有 8 省 11 市发布了加氢站数量规划，省级 2020 年和 2025 年数量分别为 60 个和 400 个，市级为 88 个和 168 个。补贴层面：车辆补贴与国家补贴配套，各地的补贴大部分是配到 0.8～1 倍，在目前国补不明朗的情况下，车辆补贴存在一定不确定性。

1. 全国氢能产业预估值高，将成为产业结构的重要组成部分

氢能已经纳入我国能源战略，成为我国优化能源消费结构和保障国家能源供应安全的战略选择。2016 年，我国氢能产业总产值已达到 1800 亿元，同时以能源形式利用的氢气产能为 700 亿立方米/年。进入 2019 年，氢能产业发展速度显著加快。

各省市氢能产业发展规划三阶段布局，近期目标产值过百亿元。各地政府加快出台氢能产业发展规划。在省政府出台相关规划的基础上，加紧制定市一级的地方氢能发展规划，将氢能产业的发展布局落到实处。氢能产业发展大致规划为近中远三个发展目标（见图 1）。各地方具体的时间规划有差异，但

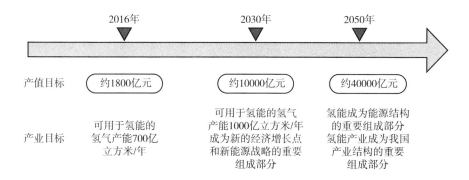

图1 中国氢能产业基础设施发展路线

资料来源：《中国氢能产业基础设施发展蓝皮书2016》。

基本按照全国氢能产业的发展进程安排布局。各地方目标产值因地理区位以及省市发展水平稍有差异，其中氢能发展基本上近期目标都突破百亿元，远期目标突破千亿元（见表1）。

表1 各省氢能产业目标产值

单位：亿元

省份	市区	2020年	2021年	2022年	2025年	2030年
广东	佛山（南海）	200	—	—	300	1000
	茂名	—	—	30	100	300
江苏	全省	—	500	—	—	—
	如皋	100	—	—	300	1000
	苏州	100	—	—	500	—
	张家港	100	—	—	500	—
	常熟	—	—	—	100	—
上海	—	—	150	—	1000	3000
浙江	全省	—	—	100	—	—
	嘉兴	—	—	—	300	1000
河北	全省	—	—	150	500	2000
	张家口	—	60	260	850	1700
天津	—	—	—	150	—	—
山东	—	—	—	—	1000	—
四川	成都	—	—	500	—	—
湖北	武汉	100	—	—	1000	—

2. 各省市进一步推广氢能源汽车，加快形成示范路线

各地方政府的氢能源汽车推广首先在公共交通领域开展，并积极建设示范运营区。从国内汽车企业的市场布局来看，布局客车与专用车领域的企业也居多。目前，氢燃料电池客车还停留在示范运行的阶段。氢燃料电池汽车仍处于研发试行阶段，预计车辆产业化及快速推广要到2020~2025年，市场普及预计要到2025~2030年（见表2）。

表2　部分省市氢燃料电池汽车规模目标

单位：辆

地区	目标		
	近期	中期	远期
广东茂名	240	600	1200
江苏	2000	10000	—
上海	3000	30000	—
浙江	1000	—	—
河北	2500	10000	50000
天津	800	—	—
山东	—	50000	—
山西	700	7500	—
重庆	1000	2000	—

3. 合理规划布局加氢站，完善政策配套

加氢站建设分布有明显的产业集聚效应。结合我国氢能产业整体布局，长三角地区也是我国最早进行燃料电池研发与示范的地区，该区域现有加氢站12座。珠三角地区依托燃料电池及燃料电池汽车的大规模示范，氢能产业链逐步完善，共有规模以上企业40多家、加氢站9座。相比长三角、珠三角，京津冀地区基础设施相对薄弱，目前只有2座加氢站（见表3）。

表3　部分省市加氢站建设规划

地区		2020年	2025年	2030年
上海市		—	5~10座	50座	
江苏省	苏州市	近10座	近40座	—
浙江省	宁波市	10~15座（2022年）	20~25座	—
湖北省	武汉市	5~20座	30~100座	—

地区		2020 年	2025 年	2030 年
广东省	佛山市	28 座	43 座	57 座
	茂名市	7 座	10 座	20 座
山东省	—	20 座	200 座	500 座（2035 年）
山西省	—	3 座	10 座（新增）	20 座（新增）
河北省	—	20 座（2022 年）	50 座	至少 100 座

4. 多数省市补贴支持产业发展，并配套企业培育措施

氢能产业属于政策主导型产业，为推进氢能产业的发展，以及新能源汽车的推广使用，各地方政府都积极研究制定有关财政补贴扶持政策，补贴政策主要聚焦在购置、加氢站建设、研发三个方面。购置补贴帮助推广氢能源汽车应用，加氢站建设补贴保证加氢站日常运营及氢能源汽车使用便利性，研发补贴推进产业创新能力提升，企业培育以提升产业聚集度，完善产业链建设（见表4）。

表4　各省市补贴政策标准发布情况

地区	氢能源汽车购置补贴标准		加氢站补贴标准		研发补贴标准
	省	市	省	市	省
广东	√	√		√	√
江苏		√		√	√
上海				√	
浙江			√	√	
安徽	√			√	
河北	√				√
北京	√				
天津			√		
山东	√	√		√	√
山西	√	√	√	√	
重庆	√		√		
河南	√		√		

各地方政府结合本地氢能产业实际发展情况，发布各项政策措施帮助构建完善产业链，扶持从事氢能产业的企业建设发展。

（二）氢能产业由单城市转为区域竞争，京津冀产业群需加快区域协同速度

1. 三大城市群氢能产业现状对比

综合来看，国内氢能产业主要集中在经济发达的东南沿海地区，如制氢企业、加氢站等主要分布在长三角地区、珠三角地区等沿海地区。京津冀地区对标长三角、珠三角经济圈，需要在地方政策、产业园、重点城市及代表企业方面寻找突破口（见表5）。

表5 京津冀、长三角、珠三角地区氢能发展情况

	珠三角	长三角	京津冀
政策	9	12	4
产业园	6	14	3
代表企业	32	68	11
加氢站	15	14	2

对标长三角与珠三角地区，两个地区引领了国内氢能产业的发展，政策数量占比55%，京津冀地区氢能产业扶持政策仅占10%（见图2）。

目前我国拥有超过30个氢能产业园区①。从区域上看，主要分布在沿海城市，其中江苏、浙江、广东产业园区数量最多，均达到了6座，河北3座。京津冀、长三角、珠三角产业园占比分别为10%、47%、20%。京津冀地区产业发展空间很大（见图3）。

中国的加氢站布局和建设仍处于缓慢起步阶段。截至2019年11月，我国已建成加氢站49座。从地域分布来看，主要集中在广东、江苏、上海、湖北、河北等地，并没有实现全国范围的覆盖，未来加氢站的建设数量有待提高，地域分布还有待完善。京津冀、长三角、珠三角加氢站占比分别为4%、29%、31%（见图4）。

---

① 数据来源：TrendBank 数据库。

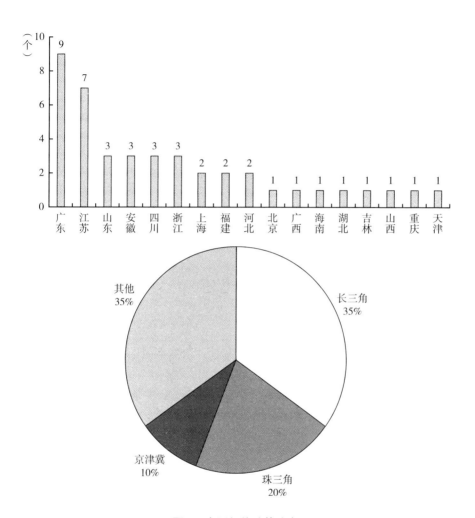

图 2　全国氢能政策分布

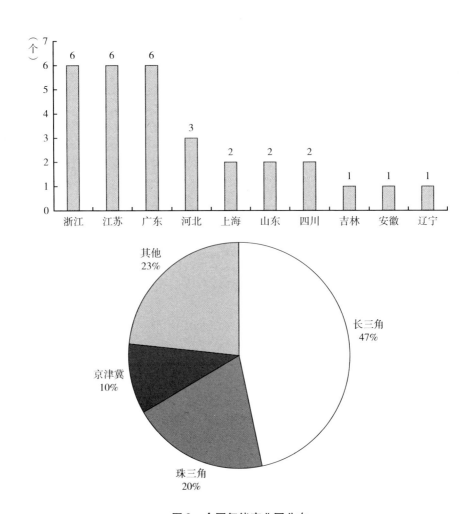

图 3　全国氢能产业园分布

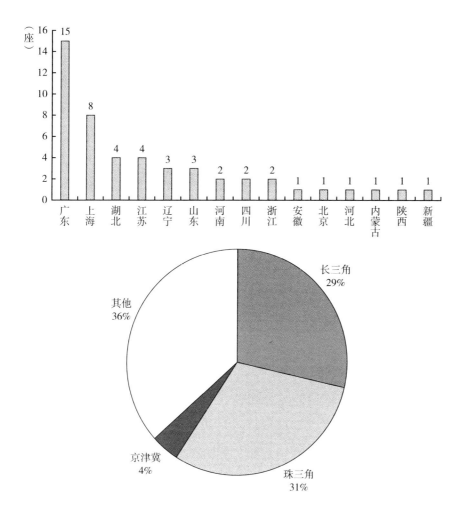

图4 全国各省份加氢站分布

2. 氢能产业竞争进入集群竞争阶段

随着布局氢能城市的增加，氢能产业已经有单点城市向区域发展的条件，但目前城市单打独斗的情况仍普遍存在，区域性发展仍有待推动。长三角、珠三角、京津冀地区具有较强的先天优势，包括区域优势、交通优势和产业基础优势。单个城市发展无法与区域发展相比，京津冀地区要与长三角、珠三角在氢能领域进行竞争，必须同样走区域联盟合作的路线，才能在规模上达到与长三角、珠三角相当的程度（见表6）。

表6 长三角、珠三角、京津冀发展特征对比

	长三角	珠三角	京津冀
城市群数量	16个城市	9个城市	10个城市
相同点	在区位优势上，三大区域经济体均处于东部沿海经济发达地区，地域宽广，资源丰富，有良好的人力物力基础 在交通优势上，三大区域经济体都拥有众多的港口，与内陆腹地有大量铁路公路相连，水陆空交通极为便利 在产业基础上，长三角、珠三角和京津冀地区工业化起步早，产业基础比较雄厚，发达的产业集群和完整的产业链形成了对投资的强大吸引力		
不同点	腹地城市群实力不同。珠三角和长三角城市群的实力相当，均具有较强的综合经济实力。京津冀地区城市之间差距很大，中小城市不发达，这是京津冀经济圈与珠三角和长三角很明显的一个差别		

表7 长三角、珠三角、京津冀氢能协同发展情况

	长三角	珠三角	京津冀
相同	核心城市氢能源产业不如周边 各地区协调性不足 均有强大的汽车产业基础		
不同	核心城市重视程度不同，长三角核心城市上海对氢能产业重视程度高于珠三角核心城市广州、深圳以及京津冀核心城市北京 区域协同规划阶段不同。长三角地区已经开始实施氢能走廊规划，有助于建立区域间氢能供应体系的实践 氢能产业群集差异。长三角、珠三角均有4~6个氢能发展知名城市，各地开花，更容易形成产业集群，而京津冀地区只有张家口一地发展迅速 产业规模差异。政策数量、产业现状、加氢站、产业园、高技术企业，京津冀明显落后于长三角、珠三角 氢能产业优势、劣势不同。上游制氢，氢气资源分布不均衡是制约珠三角、长三角氢能持续发展的主要因素。京津冀地区在氢源方面具有一定优势。在燃料电池和燃料电池车上，珠三角优势非常明显，且发展迅速		

　　京津冀与珠三角、长三角在氢能布局上的差异，决定了包括河北在内的京津冀地区目前的发展现状。一是由于发展氢能产业地区少，难以开展地区间协作，氢能汽车只能围绕当地的加氢站运营。二是由于城市群核心区域缺乏主动性，氢能产业区域协作缺少领头羊。若京津冀不加快氢能区域协同发展，京津冀地区很可能在氢能产业链上丢掉张家口构建的先发优势（见表7）。

（三）制约河北省氢能产业发展的因素

1. 国家层面专项规划和政策体系尚未形成

国家层面尚未形成引领氢能和燃料电池发展的政策体系。缺乏系统、健全的支持车用氢能相关技术产业化和规模化的示范应用政策，以及氢能发展的中长期目标、路线图和可操作性的实施细则。另外，政府仍将氢气归为危化品气体管理，相应主管部门不明确，也使加氢站的审批等难度加大，极大制约了我国氢能产业的发展。

2. 基础设施建设不足

与广州、上海相比，河北省实际运营加氢站数量偏少。推广燃料电池汽车等应用端，加氢站是关键。由于目前燃料电池汽车尚处在起步阶段，运营车辆较少，赢利较困难，加氢站的建设运营无法通过加氢规模效应平衡收支，导致加氢站数量较少，加氢站建设运营模式不够成熟，加氢设备产业化能力不足、成本偏高等诸多问题。而基础设施不足，又反向导致用户难以选用氢燃料电池汽车。

3. 氢燃料电池车辆商业化推广模式没有建立

从制氢环节看，由于技术成本原因，利用可再生能源则存在效率低、综合成本高等问题；从储氢环节来看，虽然加压压缩储氢、液化储氢、有机化合物储氢等技术均取得了较大进步，但储氢密度、安全性和储氢成本之间的平衡关系尚未解决，离大规模商业化应用还有一段距离；从用氢环节来看，燃料电池汽车仍发展缓慢，技术尚不成熟。建设加氢站所需关键零部件没有量产的成熟产品，导致其建设成本过高。以上诸多问题极大制约了河北省氢能汽车的商业化运行进程。

4. 关键材料和核心技术制约瓶颈

我国发布政策引导鼓励氢能产业发展，在关键零部件和技术开发方面已有所突破。例如，液氢储罐已经可以完全国产化，最大容积可达 300 立方米；氦制冷循环设备方面中科院理化所已掌握核心技术。但与发达国家相比，我国在燃料电池技术发展、氢能产业装备制造等方面相对落后。氢能技术标准中关于氢品质、储运、加氢站和安全标准内容较少，难以满足国际技术通则以系统为实验对象的要求。另外，高精度氢气品质检测和高灵敏度氢气泄漏等重要测试装备欠缺，权威检测认证机构仍未形成（见表8）。

表8　氢能应用环节国内技术水平情况

	国内技术水平
车用氢燃料电池（乘用车、商用车、叉车）	国内技术与国际形成代差，国内企业以引进国外技术为主
便携式氢燃料电池	与国际先进水平存在一定差距
家用热电联供系统	与国际技术存在差距，国内应用较少
氢能分布式电站	与国际水平存在一定差距
氢燃料电池关键零部件	与国际先进水平存在一定差距

二　河北省氢能发展主要关注点

从氢能产业全产业链角度分析河北省氢能发展需要重点关注制氢电解水技术、加氢站基础设施建设、氢燃料电池的推广应用三个方面（见图5）。

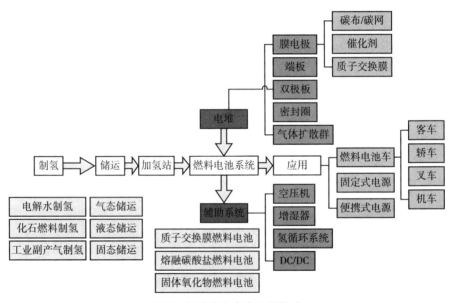

图5　氢能产业全产业链构成

（一）电解水制氢将成为氢能供给侧主要生产方式

化石能源制氢二氧化碳排放量大，未来利用可再生能源制取低成本氢气是业界普遍共识。一是电解水制氢效率大幅提升，长期来看有望达到 70%（PEM）至 90%（SOEC），相关设备的成本、寿命将在未来 10 年内逐步进入合理区间，带动氢能用能成本下降。二是可再生能源制氢成本下降，随着光伏、风电平价上网进程加速，部分地区富余清洁能源电价目前已接近化石能源制氢成本。中国氢能联盟数据显示，2030 年、2050 年我国可再生能源电解制氢产能占比可达 15%、70%。

现阶段电解水制氢产能低（产能占比 4% 左右）、成本高（电价成本占70% 以上），尚不能满足工业化制氢需求；且按照目前中国电力平均碳排放强度计算，现阶段电解水制氢的碳排放量是化石能源重整制氢的 3~4 倍，减排效果不理想。但电解水制氢具有气体纯度高、制取灵活和不依赖化石能源的优点，随着未来电能的生产结构逐步清洁低碳化，加之电解水制氢技术进步和成本下降，氢能产业将逐步具备规模化应用潜力。一般认为，若制氢电价不超过 0.3元/千瓦时，则可以使电解水制氢成本接近化石能源制氢的平均成本（见表9）。

表 9　主要制氢方式比较

制氢工艺	我国年产能(万吨)	生产成本(元/千克)
电解水制氢	100	30~40
煤制氢	1000	8.85
煤制氢(CCS 技术*)	—	15.85
天然气制氢	300	9~15

资料来源：《中国氢能源及燃料电池产业白皮书（2019 版）》。

*碳捕集与封存（Carbon Capture and Storage，CCS）技术，指收集碳排放源产生的二氧化碳，将其运输至存储地点并长期与空气隔离的技术。CCS 与煤炭等化石能源制氢相配合，能有效降低生产过程中的碳排放。

P2X 电转其他能源技术[1]近期受到广泛关注，除电转热、电转冷外，其他各类（电转氢、电转甲烷、电转甲醇、电转氨等）均以电解水制氢为基础。

---

[1] 电转其他能源（Power to X，P2X）技术，指电能向热、冷、气等终端能源品类的一系列转换技术，充分体现了电能的能量枢纽价值。未来随着 P2X 技术进步和成本降低，能源利用清洁性和系统调节能力将发挥效益，前景可观。据国网能源院预测，到 2025 年、2035 年、2050 年，我国 P2X 用电市场规模将达 1.1 万亿千瓦时、2.1 万亿千瓦时、4.0 万亿千瓦时，对电力系统发展具有重要战略价值。

P2X目前尚处在技术研发和示范阶段，经济性缺乏竞争力，但随着新能源发电成本下降和PEM电解水技术（可适配波动性电源）的成熟，低价可再生能源电制氢将逐步具备商业价值；此外，电能转化为氢能后可以长时间、大规模存储，有望成为未来电力系统跨季节储能的可行方案，提升系统调节能力，并为综合能源服务提供有力支撑（见图6）。

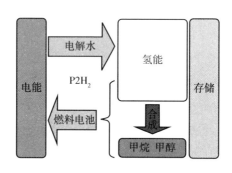

图6　围绕氢能开展P2X应用的能源循环

（二）国内加氢站基础设施建设尚不完善，但规划加快

河北未来加氢站的建设数量及地域分布还有待完善。同时，加氢站还存在建设运营成本高、服务容量低、设备国产化率低等问题。

加氢站成本短期内可降空间有限，补贴政策是促进加氢站建设布局的关键。从近几年各地区发布的加氢站建设补贴政策来看，补贴范围100万~900万元不等，其中对于单个加氢站补贴力度最大的是广东佛山南海区，政策规定新建固定式加氢站按800万元/个的标准进行补贴。以建设成本为1100万元的加氢站来说，400万元的政府补贴可使初始投资下降36.36%，氢气单位成本下降23.57%。补贴政策的扶持降低了加氢站建设的门槛，对支持氢能发展发挥着关键作用（见表10）。

未来规模化建设可降低加氢站成本，降本空间在30%~40%。除去土建成本和管阀外，加氢站成本占比较大的主要是一些核心设备，如压缩机、加注设备和储氢罐，由于国内缺少成熟量产的加氢站设备制作厂商，进口设备抬高了加氢站的成本。对加氢站最核心的三大部件进行规模化估计：压缩机需求量

表10　加氢站主要成本构成

	项目
固定成本	设备及安装费用(万元)
	加氢站土地、土建、审批费用(万元)
变动成本	每年折旧(万元/年)
	人工成本(万元/年)
	管理运营费用(万元/年)

增加到100套/年时，部件总成本能够较目前下降56%，核心部件直接生产成本有望降低82%；储氢系统年需求量达到100套时，成本大约可降低8.5%；加氢系统年需求量达到500套时，成本可下降30%～35%。由此，我们推算，未来加氢站降本空间在30%～40%（见图7）。

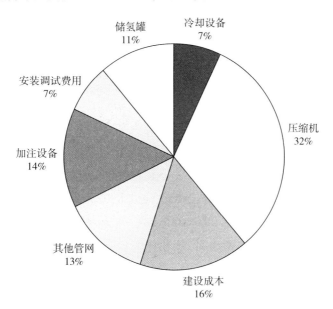

图7　加氢站成本结构

（三）氢燃料电池系统有望在消费侧大规模应用

从各级政府和行业政策出台情况看，推动氢能消费、以需求拉动产业成长是落实产业政策的重要抓手。除作为化工原料使用外，氢燃料电池将是氢能消费最重要的途径，主要包括氢燃料电池汽车和氢燃料电池发电系统。

首先，氢燃料电池汽车10年内应用规模将达到100万辆左右，根据工信部《节能与新能源汽车技术路线图》规划，未来10年氢燃料电池汽车规模将持续增长，2030年实现百万辆氢燃料电池汽车的商业化应用，建成1000座加氢站；中国氢能联盟预测2035年氢燃料电池汽车制造规模达到130万辆，2050年将达到500万辆（见图8）。

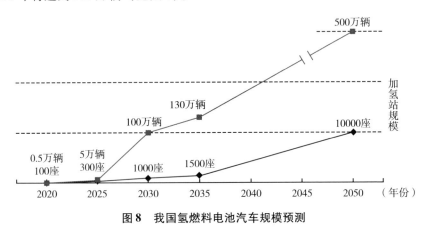

图8　我国氢燃料电池汽车规模预测

安全性和经济性是当前制约氢燃料电池汽车发展的主要因素。其中，安全风险主要是氢燃料泄漏导致爆燃，但可随车载储气系统、保护装置的技术进步和相关法规标准的完善得到有效控制；经济性近年来有较大提升，随着氢能产业国产化、自主化的速度加快，氢燃料电池成本10年来已降低近80%，据国际能源署预测，整车成本将在2030年和2050年分别下降44%和55%，并接近燃油汽车成本，市场占有率达到3%和15%。综合技术和成本因素，预计未来新能源汽车仍将以电动汽车为主，氢燃料电池汽车与电动汽车并存，并有望在高端汽车、大型及载重汽车等领域广泛应用（见表11）。

表11　燃料电池汽车、锂电池汽车、燃油汽车的部分性能对比

性能指标	燃油汽车	纯电动汽车	燃料电池汽车
充满时间（分钟）	1~3	>30	3~5
续航里程（公里）	>500	300~500	>500
百公里能耗	8~10升	10~15千瓦时	1千克
百公里成本（元）	57~76	6.2~14.7	60~70
整车成本（倍）	1.0	1.3	2.1

资料来源：华金证券研究所、国网能源院。

其次，燃料电池热电联供系统有望应用，家用燃料电池热电联供系统已成功在日本开始商业应用，累计安装规模近 30 万台。我国北方地区冬季清洁供暖受到能效和成本的双重压力，对高效的热电联供综合能源服务有较强需求。小型燃料电池热电联供具有较大发展前景。在 2016 年之前，固定式电源占全球的燃料交付量一直是三大主要应用领域之首。其中，分布式电站一直是其中最大的市场；家用热电联供系统主要市场在日本，其他国家的开发与市场推广并不顺利；备用电源是一个传统行业，但由于成本问题，燃料电池备用电源主要还是集中于通信市场，在其他方向的发展并不顺利。小型燃料电池热电联供技术综合效率高、供电可靠、灵活清洁，近年来发展迅速，并在日本实现了家庭领域商业应用（商用名 ENE – FARM）[①]，累计安装规模达到 29.26 万台。ENE – FARM 以天然气为主要能源，通过燃料处理器重整制氢，氢气进入燃料电池发电，并将余热收集后用于生产热水，余热不足时通过市电补热，综合能源效率高达 95%。目前，ENE – FARM 在日本已具备商业价值，并在节能、灾备等方面具有较强优势，政府补贴已成功退出。ENE – FARM 并不直接利用氢能，而是将其作为一系列能源转换的中间环节，对燃料电池的商业化应用仍具有示范推广作用。在我国，由于目前居民用能成本较低，ENE – FARM 尚不具备商业开发条件，但随着设备成本继续降低和清洁取暖需求增加，有望在家用热电联供领域实现初步应用。

三 河北省发展氢能建议

（一）加快区域协同规划

1. 加快京津冀氢能产业协同规划，发挥区域经济中心龙头作用

长三角和珠三角经济发展的经验表明，积极开展京津冀地区氢能产业协同规划，才能跟上氢能发展时代步伐，推动河北省经济社会快速发展。建议：一是通过布局氢能产业示范区与产业中心，推动河北全省乃至京津冀地区氢能应

---

① ENE – FARM 主要参数：发电功率 1 千瓦，供热功率 1.43 千瓦，储水罐容量 200 升，整机重量 250 千克，底面积小于 1 平方米，整体综合能源效率高达 95%，设计寿命 10 年。

用的普及；二是加快统一规划京津冀地区氢能制取基地和加氢基础设施布局，降低用氢成本，探索氢能在能源、交通、工业、建筑、农业等领域的应用，逐步培育京津冀区域氢能消费市场；三是结合京津冀地区现有的装备制造基础，逐步建成氢气提纯、储输、燃料电池汽车应用全产业链体系，优化区域经济结构，实现能源供给和消费革命。

2. 扩大氢能汽车运营范围，密切省内各城市间的合作

尽管河北多地进行了氢能源汽车的示范运营，总的来看，目前氢能源汽车运营普遍存在车队规模小，车辆行驶范围小，各城市乃至各单位间缺乏协作、单打独斗等问题，氢气的跨地域组织协调、氢能汽车跨地运营、加氢站高负荷运营等情况难以得到实践，问题也难以暴露。建议：借鉴长三角地区氢能走廊发展理念，在省内规划氢能走廊，扩大氢能汽车的运营半径，为氢能物流车的推广创造条件。产业布局建议：张家口作为氢源核心，借助当地丰富的风电、光电资源打造零碳制氢基地，可供北京、天津地区使用。

（二）完善氢能全产业链条

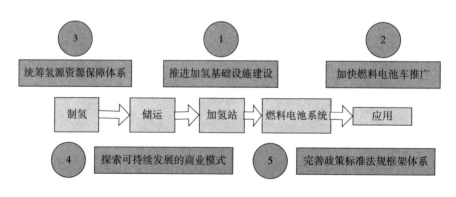

图 9　完善氢能产业链关键措施

一是加快推进基础设施建设，为满足氢能车辆的加氢需求，结合氢能公交路线规划和加氢站的可行性，合理规划氢能示范应用城市（园区）的加氢站点，优先考虑布局独立选址的加氢站，加快加氢站建设步伐；同时要求新建、迁建加油站必须合建加氢站，"十四五"及以后的加油站布点规划优先向有条件的独立选址加氢站倾斜。结合物流园区和专业市场的现状和规划分布情况，

优先在物流集中的地区布局加氢站，为氢能物流车的推广创造条件。具体选点应考虑以下因素：结合铁路货场、港口布局（沧州），具有较大的物流需求；协调京津冀物流业发展规划，规划物流加氢站点。二是加快燃料电池车推广应用，突破电堆和整车技术，出台补贴政策。三是统筹氢源资源保障体系，探索建立"化工副产集中式供氢＋水电解分散式制氢"供氢模式。四是探索可持续发展的商业模式，超前谋划氢能公交示范路线。五是完善政策标准法规框架体系。研究完善氢能作为能源的体系标准，尽快破除制约氢能和燃料电池汽车发展的标准检测障碍和市场准入壁垒，打通交通、工业等多场景应用标准。

（三）企业培育突破关键技术

从上海及广东培育氢能产业成功经验来看，河北政府有必要扶持一批氢能高技术企业，提升自主研发能力。要加强关键材料研究，实现核心材料和部件的工业化和本土化，建立生产线，尽快完成产业链。河北省目前已经在氢能和燃料电池产业链中部署了整车、系统和电堆，但燃料电池零部件的相关公司仍然很少，尤其是基本关键材料和部件，如质子交换膜、碳纸、催化剂、空气压缩机、氢气循环泵等。

参考文献

河北省发改委等部门联合印发《河北省推进氢能产业发展实施意见》。

张同林：《日本新型氢燃料电池汽车及其产业发展前景》，《上海节能》2016 年第 2 期。

张志芸、张国强、刘艳秋等：《我国加氢站建设现状与前景》，《节能》2018 年第 6 期。

中国氢能联盟在山东潍坊潍柴集团发布的《中国氢能源及燃料电池产业白皮书》。

邵志刚、衣宝廉：《氢能与燃料电池发展现状及展望》，《中国科学院院刊》2019 年第 4 期。

河北省垃圾焚烧发电市场浅析

胡梦锦 李嘉恒 庞凝 吴鹏 张雯 周波*

摘　要： 2019 年，我国垃圾焚烧市场强势发展，全国有 600 个大中小型生活垃圾焚烧发电厂项目拟在建。垃圾焚烧发电已成为人口较多的县城及以上行政区生活垃圾无害化处理的主要方式。河北省作为一个大规模兴建垃圾焚烧发电厂的省份，专门出台垃圾处理设施方案及垃圾焚烧发电中长期规划，以保证垃圾焚烧发电项目的顺利实施。本报告从政策分析、项目分析、并网效益三个方面，对河北省垃圾焚烧发电市场进行分析。

关键词： 河北省　垃圾焚烧发电　无害化处理

一　垃圾焚烧发电产业链现状分析

垃圾焚烧发电具有占地小、减量效果明显、余热资源可利用等显著特点，是解决"垃圾围城"的重要手段，已逐步取代传统卫生填埋成为主流。随着城镇化快速推进，科学发展生活垃圾焚烧发电行业，已成为我国现实国情的迫切需要。垃圾焚烧发电项目建成运营将大大推进城乡生活垃圾处理的无害化、

---

* 胡梦锦，国网河北省电力有限公司经济技术研究院工程师，工学硕士，研究方向为能源经济与能源供需；李嘉恒，国网河北省电力有限公司石家庄供电分公司工程师，工学硕士，研究方向为电力系统运行控制分析与综合能源数据分析；庞凝，国网河北省电力有限公司经济技术研究院工程师，工学硕士，研究方向为电力系统工程；吴鹏，国网河北省电力有限公司经济技术研究院工程师，工学硕士，研究方向为电网工程设计新技术；张雯，国网河北省电力有限公司经济技术研究院工程师，工学硕士，研究方向为变电站水暖、环保技术；周波，国网河北省电力有限公司经济技术研究院工程师，管理学硕士，研究方向为电力技术经济。

减量化和资源化，有较强的经济、社会和环境效益，能够不断提升河北省城乡经济社会绿色、环保和可持续发展。近年来，随着垃圾焚烧发电行业的快速发展，我国在引进吸收国外先进技术的基础上开发出满足中国及发展中国家城市生活垃圾特点和环保要求的焚烧处理设备，行业技术水平不断提升，为我国垃圾焚烧处理行业快速发展奠定了坚实的基础。从国内垃圾焚烧发电行业发展情况来看，产业上下游所涉及关键技术正在趋于成熟，市场规模逐步扩大，示范应用取得较大进展，产业链贯穿垃圾清运、分类、焚烧设备制造、垃圾焚烧发电厂、发电上网等方面（见图1）。

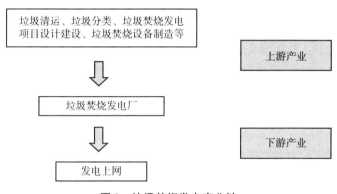

图1　垃圾焚烧发电产业链

二　垃圾焚烧发电行业特点

就发展速度与规模而言，我国目前垃圾焚烧发电装机容量、发电量和垃圾处理量均居世界第一；就发展质量而言，我国当前垃圾焚烧发电的焚烧炉、烟气处理、渗滤液处理和固废处理等工艺和环保最新技术，已达到国际先进水平；就区域分布而言，垃圾焚烧发电的分布与经济发展水平基本一致，主要分布在沿海经济发达地区、内地省会城市以及部分大型城市；就垃圾焚烧发电装机及垃圾处理能力而言，近5年来，我国垃圾焚烧发电装机单机容量规模、单位垃圾处理能力、处理单位垃圾产生的发电量均大幅增加；就发展空间而言，随着我国经济进入高质量发展阶段，以及增长动力转换、推动动力变革，垃圾焚烧发电发展空间仍然巨大。

（一）周期性

垃圾焚烧发电项目主要以 BOT 特许经营的方式运营，客户主要为当地政府部门和电网企业，具有收益稳定、收益期长等特点。

此外，随着我国经济社会的快速发展，人们对美好环境的需求日益迫切，垃圾"无害化、资源化、减量化"处理已逐步成为我国社会发展，尤其是城市发展的刚需。

近年来，在国家政策的大力支持下，垃圾焚烧发电行业呈现出良好的发展势头，整体受国家宏观经济周期的影响较小。

（二）地域性

垃圾焚烧发电项目主要依靠财政补贴（垃圾处置费收入）和上网电价收入赢利，且项目涉及的环保投资等固定成本较高，属于典型的规模经济行业，因此垃圾焚烧发电项目落地实施受地方经济水平、人口密度、垃圾供应量等因素的影响较大。

整体来看，我国垃圾焚烧发电产业主要集中在东部沿海等经济发达地区。

近年来，随着人口逐渐向中西部地区回流，广大中西部地区省会城市或经济发达城市在国家"生态文明"建设快速推进中的垃圾焚烧处理需求日益增长，行业发展逐步呈现由东部沿海地区向广大中西部地区辐射发展的区域格局。

（三）季节性

目前，我国城市生活垃圾处理仍以填埋为主，绝大部分地区垃圾焚烧发电项目处理规模仍然小于当地垃圾清运规模，且特许经营协议中一般有垃圾保底供应条款，因此项目投产运营后的垃圾接收量及处理量较为稳定，垃圾焚烧发电厂不存在显著的季节性波动。

但垃圾焚烧发电项目建设容易受春节假期停工、北方地区冬季低温停工、南方夏季高温停工等因素影响，具有较为显著的季节性。

2019 年，我国垃圾焚烧市场强势发展，全国有 600 个大中小型生活垃圾焚烧发电厂项目拟在建。垃圾焚烧发电已成为人口较多的县城及以上行政区生活垃圾无害化处理的主要方式。河北省作为一个大规模兴建垃圾焚烧发电厂的省份，专门出台垃圾处理设施方案及垃圾焚烧发电中长期规划，以保证垃圾焚烧发电项目的顺利实施。

河北省发改委发布《河北省生活垃圾焚烧发电中长期专项规划（2018～2030年）环境影响评价第二次公示》（以下简称《公示》），《公示》明确：河北省全省自规划发布之日至2020年为近期规划，将新增垃圾焚烧发电项目64项，新增垃圾焚烧处理能力61800吨/日，设市城市全部建成垃圾焚烧发电项目，实现城区原生垃圾"零填埋"，全省城镇生活垃圾焚烧处理能力占无害化总处理能力的60%以上。

2020～2025年为中期规划，要新建垃圾焚烧发电项目14项、其他焚烧类项目6项，新增垃圾焚烧处理能力13500吨/日。全省平原地区实现垃圾焚烧发电处理全区域覆盖，山区城区部分实现垃圾焚烧发电全覆盖，全省城镇生活垃圾焚烧处理能力占无害化总处理能力的80%以上。

2025～2030年为远期规划，要保障已建成垃圾焚烧项目的正常运行，完善偏远地区垃圾分类收运体系，启动已填埋垃圾的二次处理任务，有序处理现有填埋场存量垃圾，实现全省垃圾减量化、资源化、无害化的目标。

相较于其他省份，河北省不仅专门出台垃圾处理设施方案，而且有保证项目顺利实施的具体措施。方案中还指出，一方面省政府相关部门应强化政策支持，确保生活垃圾处理设施建设用地供应，拓宽垃圾无害化处理设施建设的资金渠道，推广PPP模式，通过公开招投标引进社会资本参与垃圾处理设施建设和运营。另一方面还建立考核问责制。按照"季督导、年考核"的方式，对推进垃圾处理工作中表现突出的单位和个人按照有关规定予以表彰奖励，对工作不重视，协调、配合、落实工作不力的，要追究责任。

三　河北省垃圾焚烧发电产业分析

（一）河北省垃圾焚烧发电产业政策分析

随着我国经济发展和居民消费结构不断调整，生活垃圾产生量逐年增加。作为城市生活垃圾处理的重要技术工艺，近年来焚烧产业快速发展，设施数量和处理能力逐年增长，目前垃圾焚烧已为我国生活垃圾处理的主流工艺。国家发布了多项利好政策予以刺激和扶持，《"十二五"全国城镇生活垃圾无害化处理设施建设规划》（国办发〔2012〕23号）和《"十三五"全国城镇生活垃圾无害化处理设施建设规划》（发改环资〔2016〕2851号）相继发布，垃圾焚烧行业发展增速惊人。除国家规划外，全国近20个地区相继推出了该地区的生活垃圾设施建设规划，对焚烧设施的建设、任务目标等方面做出规定。

河北2020年4月份下发的《2019年全省城乡生活垃圾处理设施建设工程实施方案》（以下简称《方案》）显示，2019年是河北垃圾焚烧处理设施建设集中的攻坚年，开工建设生活垃圾焚烧处理设施51座，其中建成9座，并建成其他处理设施7座，全面提升全省城乡生活垃圾处理水平。

河北省12月份发布《河北省生活垃圾焚烧发电中长期专项规划（2018～2030年）环境影响评价第二次公示》（以下简称《公示》）。《公示》提出，至2020年，新增垃圾焚烧发电项目64项，新增垃圾焚烧处理能力61800吨/日。到2025年，新建垃圾焚烧发电项目14项、其他焚烧类项目6项，新增垃圾焚烧处理能力13500吨/日。

（二）河北省产业布局分析

2019年河北省生态环境厅共受理36项垃圾焚烧发电项目环评报告，其中拟批准32项，不予批准3项，月平均受理3～4个垃圾焚烧发电项目，平均处理时间40天左右。2019年是河北省生活垃圾处理设施快速建设的一年，吸引了卡万塔、光大国际、锦江环境、康恒环境等垃圾焚烧发电龙头企业入驻河北。随着2020年"十三五"规划节点将至，2020～2021年度将成为投产大年。下面从项目审批时间、受理速度、分布区域、处理规模、中标单位等多个方面进行分析（见表1）。

1. 下半年释放垃圾焚烧发电项目占全年90%以上

垃圾焚烧项目大面积出现主要集中在下半年，占全年受理总数的92%，第四季度项目批复情况占全年批复总数的84%（见图2）。

表 1 2019 年河北省垃圾焚烧发电项目受理情况汇总

单位：吨/日，万元

地区	数量	项目名称	受理时间	批复时间	日处理量	中标单位	投资金额
石家庄	4	晋州华融清润环保能源有限公司 2×12MW 生活垃圾焚烧发电特许经营项目	2 月 27 日	4 月 9 日	600	晋州华融清润环保能源有限公司	33733.72
		赵县生活垃圾焚烧发电项目	10 月 29 日	12 月 6 日	1200	卡万塔（石家庄）新能源科技有限公司	74481.52
		灵寿县生活垃圾焚烧发电项目	10 月 29 日	12 月 6 日	800	石家庄绿新能源发电有限公司	45034
		行唐县生活垃圾无害化处理设施建设项目	10 月 9 日	11 月 29 日	500	中节能（行唐）环保能源有限公司	59855.43
保定	2	中节能定州环保能源有限公司生活垃圾发电一期工程项目	8 月 21 日	9 月 12 日	600	中节能定州环保能源有限公司	30062.19
		满城区生活垃圾焚烧发电项目	11 月 13 日	12 月 30 日	1000	保定粤丰科维环保电力有限公司	54290.56
邯郸	7	邯郸中电环保发电有限公司邯郸市永年区生活垃圾焚烧发电厂项目	5 月 29 日	9 月 23 日	1200	邯郸中电环保发电有限公司	60468
		曲周县垃圾综合处理发电项目	10 月 21 日	11 月 29 日	800	曲周县城市管理和综合行政执法局	41873.11
		邯郸市资源循环利用基地生活垃圾焚烧发电 PPP 项目	10 月 9 日	11 月 29 日	1500	邯郸市城市管理综合行政执法局	73023
		邯郸市东部静脉循环产业园项目	10 月 9 日	11 月 29 日	750	邯郸市肥乡区城市管理和综合行政执法局	47633
		馆陶县生活垃圾焚烧发电项目	10 月 9 日	11 月 29 日	500	馆陶县住房和城乡建设局	30990

续表

地区	数量	项目名称	受理时间	批复时间	日处理量	中标单位	投资金额
邯郸	7	磁县生活垃圾焚烧发电项目	11月15日	12月30日	750	磁县住房和城乡建设局	43900
		大名县生活垃圾焚烧发电项目	11月15日	12月30日	500	大名县康恒再生能源有限公司	27776.15
		宁晋县生活垃圾焚烧发电项目	8月29日	10月8日	1000	河北惠尔信新材料有限公司	49433.66
		柏乡县生活垃圾焚烧发电项目	10月10日	11月29日	1200	河北锦宝石循环资源开发集团有限公司	55000
邢台	5	威县生活垃圾焚烧发电项目	11月8日	11月29日	800	威县深能环保有限公司	47234
		巨鹿县生活垃圾焚烧发电二期项目	11月22日	不予批准2019年12月30日	500	巨鹿县聚力环保有限公司	17901.98
		沙河市生活垃圾焚烧发电项目（一期）	11月22日	不予批准2020年1月2日	1000	沙河海创环保科技有限责任公司	69423
		盐山县生活垃圾焚烧发电项目	9月12日	11月8日	800	中节能（盐山）环保能源有限公司	45770
沧州	6	献县生活垃圾焚烧发电项目	9月12日	11月8日	600	献县城市管理行政执法局	35000
		东光县生活垃圾焚烧发电特许经营项目	9月12日	11月8日	1500	中节能（东光）环保能源有限公司	72000

续表

地区	数量	项目名称	受理时间	批复时间	日处理量	中标单位	投资金额
沧州	6	黄骅市生活垃圾焚烧发电项目	11 月 21 日	12 月 6 日	600	中节能（黄骅）环保能源有限公司	37166
		任丘市生活垃圾焚烧发电项目	9 月 2 日	10 月 14 日	1000	任丘市深能环保有限公司	59775
		河间市垃圾综合处理发电项目	11 月 22 日	12 月 6 日	1000	沧州京投环保科技有限公司	64875
唐山	6	乐亭县固废综合处理厂生活垃圾焚烧发电项目	1 月 10 日	2 月 28 日	500	乐亭县锦环新能源有限公司	18235.78
		曹妃甸区生活垃圾焚烧发电项目	8 月 20 日	10 月 8 日	500	中交未名（唐山）环保电力有限公司	25199.08
		遵化市生活垃圾焚烧发电（PPP）项目	8 月 19 日	10 月 8 日	600	遵化泰达环保有限公司	29120.62
		玉田首创环保能源有限公司玉田县生活垃圾焚烧发电项目	9 月 4 日	10 月 21 日	600	玉田首创环保能源有限公司	35101.48
		滦州市生活垃圾综合处置工程	10 月 24 日	11 月 29 日	500	滦州雅新环保能源有限公司	25380
		唐山市丰润生活垃圾焚烧发电二期扩建项目	11 月 20 日	12 月 27 日	500	唐山嘉盛新能源有限公司	15687

续表

地区	数量	项目名称	受理时间	批复时间	日处理量	中标单位	投资金额
廊坊	4	三河市生活垃圾焚烧发电 PPP 项目	7 月 23 日	8 月 30 日	2000	三河康恒再生能源有限公司	141699
		香河县新建垃圾焚烧发电项目	10 月 11 日	12 月 17 日	750	香河县环境卫生管理局	45709.8
		大城县生活垃圾焚烧发电一期项目	10 月 10 日	11 月 29 日	600	中节能（大城）环保能源有限公司	35234
		固安县生活垃圾焚烧发电厂项目	11 月 22 日	不予批准 2020 年 1 月 2 日	1200	固安恩菲环保能源有限公司	74481.52
秦皇岛	1	中节能（秦皇岛）环保能源有限公司生活垃圾焚烧项目扩建工程	8 月 27 日	10 月 8 日	500	中节能（秦皇岛）环保能源有限公司	22489.51
张家口	1	张家口生活垃圾焚烧发电项目	8 月 2 日		1800	张家口市城市管理综合行政执法局	114410.18

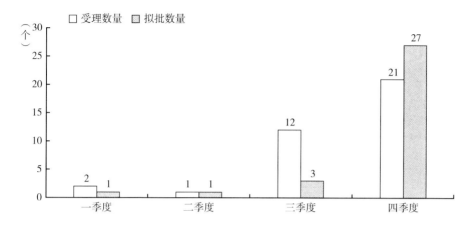

图 2　2019 年各季度垃圾焚烧发电项目受理、批复情况

2. 垃圾焚烧发电项目从受理到拟批，时间短、速度快

根据《公示》，到 2020 年，河北建成垃圾焚烧发电项目 65 项。河北对解决垃圾"围城"问题动了真格，引入社会资本方参与垃圾焚烧项目兴建，尽快补齐生活垃圾终端处理设施能力不足的短板。通过对河北省环境保护厅公开资料整理发现，2019 年下半年河北释放的垃圾焚烧项目，从项目公开受理到拟批准项目环评文件公示，时间之短、速度之快令其他省份难以企及。以河间市垃圾综合处理发电项目为例，11 月 22 日项目公开受理，12 月 6 日拟批准，12 月 19 日批复，历时 27 天；黄骅市生活垃圾焚烧发电项目亦是如此，从项目受理到拟批准平均处理时间在 40 天左右。

3. 选址较为集中，超一半的项目位于沧州、唐山和邯郸

邯郸、沧州、唐山三地市垃圾焚烧发电项目占 53%（见图 3）。

4. 考虑相邻县市共建共享

从日处理规模来看，36 座垃圾焚烧项目，处理量在 500～2000 吨，日处理量 1000 吨以上有 13 个项目，相比河南县域多为 600 吨/日的处理量，河北县域垃圾处理设施设计规模要大得多。

相比其他县域，总体来看，河北垃圾焚烧发电项目总体规划的日处理能力较大，但一期建设的规模比较合理，符合当地的人口考量。比如，廊坊大城项目，大城县总人口 52 万，项目总规模 1200 吨/日，但一期建设规模是 600 吨/

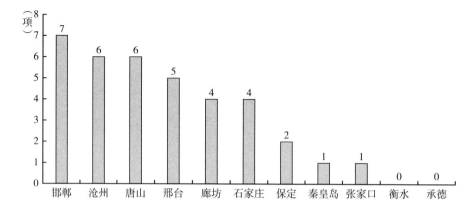

图3　2019年河北省各地市垃圾焚烧发电项目受理数量

目，按照每人每天1~1.2千克的垃圾产生量，符合当地所需；再比如邢台威县项目，威县常住人口60万，项目总规模虽然有2000吨/日，但实际一期建设规模只有800吨/日，基本符合人口考量（见图4）。

有的县市规划较大垃圾焚烧项目，一是考虑到远期城市发展，垃圾量的增加，二是接受邻近地区垃圾外送，比如东光县垃圾焚烧厂规划日处理能力1500吨，覆盖东光县、吴桥县和泊头市三个地区；再比如盐山县垃圾焚烧厂规划的日处理能力1000吨，也接受盐山县、孟村回族自治县和海兴县三地垃圾。相邻地区跨区域合作、共建共享也是河北垃圾焚烧市场的一大特色。

（三）垃圾焚烧发电产业存在的环保问题及相关思考

1. 产业政策持续利好，市场秩序逐步规范

垃圾焚烧发电行业具有高度的社会敏感性，政策支持与引导规范是行业发展的关键。随着相关政策的出台和落实，我国垃圾焚烧发电行业有望继续保持快速发展。与此同时，近年来国家逐步加大对垃圾焚烧发电行业的监管力度，行业监管制度建设取得了重大成就。

各级政府部门先后制定或修订了一批环境保护和垃圾焚烧发电的法律法规，加强行业准入与监管，进一步规范行业内企业的生产经营行为，为我国垃圾焚烧处理行业的发展营造了良好的市场环境。

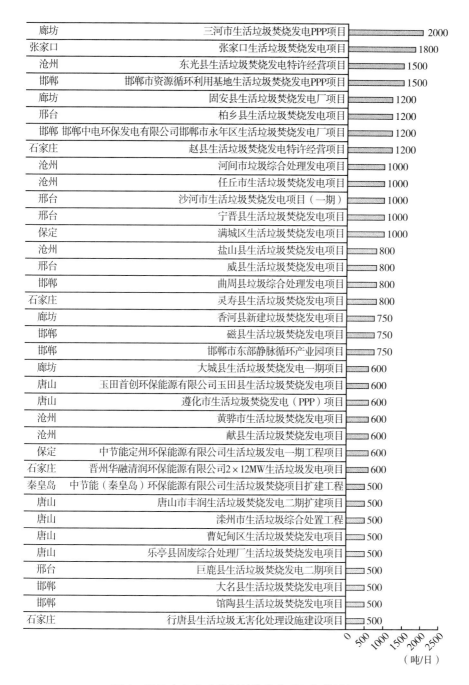

图 4　2019 年河北省垃圾焚烧发电项目规模排行

2. 垃圾清运量不断提高，焚烧处理需求稳步增长

近年来，我国城市生活垃圾快速增加与垃圾处理相对滞后的矛盾日益凸显，大量垃圾未能得到合理处置，引起社会广泛关注。

相较于卫生填埋、堆肥等无害化处理方式，垃圾焚烧处理具有处理效率高、无害化彻底、减容效果好、资源可回收利用、对环境影响相对较小等优势，是垃圾处理行业的主流发展方向，市场需求将随着垃圾清运量的不断提高而稳步增长。

3. 焚烧处理占比较低，行业增长空间较大

目前，我国城市生活垃圾无害化处理仍以填埋方式为主。垃圾填埋分解过程中会逐步释放细菌、病毒等有害物质，并容易发生垃圾渗滤液渗漏，对周边环境造成二次污染。

同时，垃圾填埋分解缓慢，将长期占用大量的土地资源，而我国"人多地少"的基本国情将长期存在，城市化进程中垃圾处理需求快速增长与城市土地资源紧张的矛盾将日益凸显，通过焚烧实现垃圾"无害化、减量化、彻底化"处理已成为社会共识。

4. 技术水平不断提升

近年来，随着垃圾焚烧发电行业的快速发展，我国在引进吸收国外先进技术的基础上开发出满足中国及发展中国家城市生活垃圾特点和环保要求的焚烧处理设备，行业技术水平不断提升，为我国垃圾焚烧处理行业快速发展奠定了坚实的基础。

四 河北省垃圾焚烧发电行业发展意见建议

（一）结合物联网贯彻落实垃圾分类

目前，物联网发展迅猛，5G 时代已到来，人们对垃圾的具体分类并不完全清楚，所以可以结合数字化、物联网的技术提醒人们该如何分类垃圾。此外，要向居民普及垃圾分类的知识和益处，还要建立起垃圾分类和垃圾焚烧发电间的完备体系和制度。要实现垃圾发电，垃圾分类是关键一步。

（二）政府应学习德国完备的垃圾分类、发电条例

德国是第一个对"垃圾经济"立法的国家。在垃圾分类方面，一开始就从源头治理，通过了《废弃物分类包装条例》等法律，并有严格的垃圾分类标准，如"黄袋子体系"——将标有绿点的废弃包装装进黄袋子。完善的收费政策，如押金制、对再生资源行业进行补贴，对不同的居民住宅的垃圾分类管理也不同。在生活垃圾焚烧发电方面，必须遵循优先顺序五步架构。德国与我国处理垃圾最大的不同是，德国首先从源头避免产生垃圾，之后对垃圾进行回收利用，然后利用一部分垃圾发电，剩余小部分填埋。我国刚好相反，源头控制不明显，回收利用不到位，一部分进行垃圾发电后，大部分垃圾填埋。

（三）研发先进的垃圾焚烧发电的技术设备

研发的技术要有长久的战略眼光，未来人们对环境的要求会更高，大气污染物的排放量会更少，并且产生的生化垃圾热值会更高。这就要求更精密、更先进的技术设备，维修周期短，安全可靠，垃圾焚烧效率高。同时，制定完善的垃圾发电厂规章制度，包括安全、管理、操作技术等。

（四）积极处理好"邻避效应"

"邻避效应"出现主要是因为：人们对垃圾焚烧发电的操作流程、技术设备和益处不了解。政府应该大力宣传垃圾发电的益处和我国现有的技术，也可组织人们去已建好的垃圾发电厂参观。应积极处理"邻避效应"，不能因为出现此现象就放弃垃圾发电厂的投建。

河北省被动式超低能耗建筑
形势分析与展望

赵贤龙 孙铁良 程 楠 吴海亮*

摘 要: 本报告梳理了河北省被动式超低能耗建筑的发展现状,分析
了河北省被动式超低能耗建筑的发展需求及问题,给出了相
关发展建议。

关键词: 河北 超低能耗建筑 绿色住房

一 河北省被动式超低能耗建筑的现状和意义

(一)国内外被动式超低能耗建筑发展的现状

被动式超低能耗建筑相关概念起源于 20 世纪 80 年代,由瑞典隆德大学阿
达姆森教授提出,1990 年,德国的第一座被动房建成,该试点项目(被动房
克莱尼斯坦,达姆施塔特,德国,1990 年)成为欧洲第一座实现供热能耗低
于 12kWh/m²a 的多户住房(经过多年详细监测确认),1996 年 9 月,被动房
研究所在德国达姆施塔特市成立,该研究所由菲斯特博士主持。2015 年 1 月 1
日,比利时规定所有新建建筑将按被动式房屋标准建造,使得比利时成为世界

---

* 赵贤龙,国网河北省电力有限公司经济技术研究院高级工程师,注册咨询师,研究方向为能
源供需和能源经济;孙铁良,国网河北省电力有限公司经济技术研究院高级工程师,工学硕
士,研究方向为建筑环境及节能降耗;程楠,国网河北省电力有限公司经济技术研究院工程
师,工学硕士,研究方向为建筑环境与能源应用;吴海亮,国网河北省电力有限公司经济技
术研究院工程师,工学硕士,研究方向为建筑结构设计。

上最早在全国范围内实施只建造被动式房屋的国家。2009 年 12 月 18 日，欧盟决议要最大限度地利用建筑潜在的能源，自 2020 年起，所有新建建筑必须达到近零能耗建筑标准。目前，德国、挪威、加拿大、美国、日本等国家在相关领域形成了领先的技术优势。

我国在 2011 年与德国能源署开展"中国超低能耗建筑示范项目"合作，首次借鉴德国被动房技术体系，成功建设了河北秦皇岛"在水一方"等符合我国国情的超低能耗建筑示范项目；2013 年与美国合作开展了近零能耗、零能耗建筑节能技术的研究，建成中国建筑科学研究院近零能耗建筑示范工程；2017 年，住建部建筑节能与绿色建筑"十三五"规划中首次明确提出大力发展被动式超低能耗建筑；我国对超低能耗建筑的发展给予极大支持，7 个省及自治区，共 13 个城市纷纷出台关于超低能耗建筑项目未来目标规划和奖励措施的政策共 28 项。2018 年初，在德国慕尼黑举办的第 22 届国际被动房大会上，高碑店列车新城项目获得了中国首个 PHI 区域预认证。截至 2019 年 10 月，我国在建及建成被动式超低能耗建筑项目超过 700 万平方米，其中大部分项目分布在北京市、河北省、河南省和山东省，这四个省市累计在建及建成被动式超低能耗建筑示范项目 164 个，总面积 567.02 万平方米。其中，河北省建设被动式超低能耗建筑 67 个，建筑面积 316.62 万平方米，其中竣工 22 个项目共计 55.52 万平方米，在建 45 个项目共计 261.1 万平方米，在建及建成被动式超低能耗建筑占全国总量的 45.23%，处于全国领先的地位。

河北省住房和城乡建设厅在 2020 年 3 月下发了《关于印发 2020 年全省村镇建设工作要点的通知》，在各市选择一个县（市、区）开展农房建设试点工作，发挥示范带动作用。支持指导有条件、有意愿的农户建设被动式农房，拉开了农村地区被动式超低能耗建筑建设的序幕。

（二）被动式超低能耗建筑推广的意义和社会影响

建筑能源消耗总量已占全国的近 1/3，建筑业能耗呈现出总量大、能效低、污染重的特点，而在人均住房建筑面积增长、建筑舒适性要求提高等因素的影响下，建筑能耗总量还在继续增长，从而造成大气污染问题十分突出。燃煤排放是主要污染源，燃煤产生的飞灰和炭黑等粉尘、氮氧化物、二氧化硫、烟尘、Hg 和 CO 等污染大气的物质，造成了严重的空气质量恶化及环境污染，一到冬季，雾霾十分严重。另外，建筑围护结构保温差、供热系统效率低，加上输配环节热量损失，带来大量的能源损失，且对于能源消耗大省来说，如何降低建筑能耗是十分迫切和重要的问题。

被动式超低能耗建筑是相对于主动式的建筑节能技术而言的，是国际认可的全新节能建筑概念。被动式房屋是将自然通风、自然采光、太阳能辐射和室内非供暖热源得热等各种被动式节能手段与建筑围护结构高效节能技术相结合建造而成的低能耗建筑。被动式房屋不仅适用于住宅，还适用于办公建筑、学校、幼儿园、超市等。被动房不仅是建筑节能发展的必然趋势，也将是建筑发展的必然趋势。

1. 被动式超低能耗建筑可大幅减少能耗

被动式房屋可在没有采暖设施的条件下，为人们冬季提供温暖的室内环境，因此可大大降低房屋采暖、制冷的能耗需求，可比普通建筑节能90%，在很大程度上可以缓解缺乏能源的情况。化石燃料的燃烧量减少了，一些由化石燃料燃烧带来的环境问题也就会得到很大缓解，从而实现建筑领域的节能减排，推动建筑节能发展。

2. 夏季电力的使用强度和城市热岛效应，通过被动节能技术改善很大

通常住宅的空调使用量是被动式住宅的4~10倍。河北省中南部许多地区的夏天都十分炎热，人们对于空调的需求极为强烈，空调的使用量也非常大，为满足人们对空调的使用需求，就要有充足的电力保障，而大部分时间大量的电力并未满负荷使用，这就造成了能源的浪费。部分城市为让居民能够拥有充沛的电力以供空调正常使用，来削减工厂电力能源的使用量，被动式建筑及其技术若得到推广，或在既有建筑改造中应用，能够大大促进城市的电力使用效率。

伴随着城市住房建设规模的不断扩大，城市热岛的影响愈演愈烈。大型城市的城市热岛明显，地区间温差可达9℃。如果用被动式建筑代替大范围的普通建筑，热岛效应将会得到明显改善甚至消除。

3. 延长建筑的使用寿命

被动式超低能耗建筑被称为"永不破损的居所"。其整体防护结构可抵挡风、霜、雨、雪的侵蚀，室内温度稳定控制在20℃~26℃。推动被动房在我国广泛普及，将有效改善我国建筑使用寿命的短板，提升社会可持续发

展动力。

4. 推动建材行业升级换代和产业发展

建筑材料行业存在乱象，大量的低劣产品涌向市场，严重排挤质量过硬的产品，使整个行业水平难以提升，由此造成整个社会的资源和能源浪费。被动式超低能耗建筑的兴起，给建材市场带来了新的机遇，各建材商家只有能够拿出质量过硬的产品才能在市场上拥有竞争力。为了给被动住房市场提供建材产品，企业必将努力提升产品质量，从而推动建材产业蓬勃发展。

5. 为居住者营造健康、安全、舒适的生活环境

被动房配备有新风系统，能够有效净化室内空气，将室内污染物指标降到最低。在雾霾天气，外界空气严重污染时，新风系统还能够自动对室内空气进行净化，保证室内空气的清新。

新风系统中，配有运用纳米技术研制而成的过滤装置，可高效过滤水蒸气与空气中的污染物，可减少水蒸气的流失，并回收全部热量，创造一年四季保持室内恒温、恒湿、恒氧、低噪、健康的舒适环境。

二 河北省发展被动式低能耗建筑的内在需求及潜在优势

（一）河北省发展被动式低能耗建筑的内在需求

河北省是个能源消费大省，建筑业是主要的能耗大户，清华大学建筑节能研究中心研究结果显示，近年来建筑能耗在能耗总消耗量中所占比例已从 20 世纪 70 年代末的 10% 上升到 27.45%，约占全社会商品用能的1/3，大量的能源消耗不但使资源难以为继，所带来的污染后果也已成为人们不愿接受的事实。河北省大气污染问题十分突出，燃煤排放是主要污染源，燃煤产生的飞灰和炭黑等粉尘、氮氧化物、二氧化硫等污染大气的物质，造成了空气质量的恶化及环境污染。不节能建筑保温差、耗热量大，带来了大量的能源损失。因此，建筑节能是节能潜力最大的用能领域。不论是从能源安全、治理雾霾，还是应对气候变化来看，发展被动房都符合河北省发展的要求，是建筑节能发展的必经之路，它将改变人们的室内外环境，

改变建筑对传统能源的依赖，改变我们的生活和生态环境，成为未来主流建筑的一场革命。

（二）河北省发展被动式低能耗建筑的潜在优势

1. 被动式低能耗建筑节能效果显著

河北省地域辽阔，跨越了寒冷 A、寒冷 B 以及严寒 C 三个气候区。根据《民用建筑供暖通风与空气调节设计规范》（GB 50736—2012），河北省的冬季采暖期室外温度平均值在 −4.1℃ ~ 0.5℃，严寒和寒冷地区主要房间的供暖室内设计温度为 18℃ ~ 24℃，采暖需求很大。除采暖需求外，河北省寒冷 B 区夏季炎热，大多时间处于 35℃ 以上，制冷需求和能耗也很大。与德国的被动房相比，我们不仅需要在冬季取暖，还要在夏季对制冷和除湿做更多的考虑，因此被动式超低能耗建筑在河北省会有显著的节能效果。

2. 在国内较早制定了较为全面的政策和标准

河北省决策层较早将被动房技术引入河北，通过与德国签署合作协议，积极与被动房技术发展成熟的欧洲交流来为被动房打开市场，2019 年 10 月，第 23 届国际被动房大会暨第五届中国（高碑店）国际门窗博览会在河北高碑店开幕。这是国际被动房大会第一次走出欧洲。本届大会汇聚了 50 多个国家和地区的约 700 名行业精英和 1000 余家展商。大会就中国被动房公建项目、气密性与质量保证、通风系统规划、国外既有改造项目、中国被动房项目实施、被动房建造系统研讨等 30 个题目发表演讲、进行探讨。

河北省制定了《被动式低能耗居住建筑节能设计标准》，是我国第一部被动式低能耗建筑设计标准，并先后编制实施超低能耗居住建筑、公共建筑节能设计、施工、验收、评价、检测 5 部标准，在全国处于领先水平，填补了国内标准空白，基本构建了全省超低能耗建筑标准体系。

在省内积极推动拟定被动房相关法规、标准及导则，为被动房在河北的发展铺路。截至目前，河北省对被动式超低能耗建筑补助资金已达 1.2 亿元，石家庄、保定、张家口、衡水、承德、沧州等市，均出台了被动式超低能耗建筑相关支持政策（见表 1）。

表 1　河北超低能耗相关政策

省市	发布机构	发布日期	名称
1	河北省人民政府	2016 – 2 – 26	关于化解房地产库存促进房地产健康发展的若干措施
2	河北省住建厅	2017 – 3 – 16	2017 年全省建筑节能与科技工作要点
3	河北省住房和城乡建设厅、河北省财政厅	2017 – 12 – 20	关于省级建筑节能专项资金使用有关问题的通知
4	河北省第十三届人民代表大会常务委员会第七次会议	2018 – 11 – 23	河北省促进绿色建筑发展条例
5	河北省住房和城乡建设厅	2018 – 12 – 21	河北省推进绿色建筑发展工作方案
6	河北省住房和城乡建设厅	2019 – 05 – 25	关于印发河北省绿色建筑和超低能耗建筑评价工作要点的通知
7	河北省住房和城乡建设厅	2020 – 03 – 02	2020 年全省建筑节能与科技和装配式建筑工作要点
8	河北省住房和城乡建设厅	2020 – 03 – 04	关于印发 2020 年全省村镇建设工作要点的通知
9	河北省住房和城乡建设厅	2020 – 04 – 08	加强被动式超低能耗建筑工程质量管理二十条措施（征求意见稿）
10	河北省工业和信息化厅、住房和城乡建设厅和科学技术厅	2020 – 01 – 13	被动式超低能耗建筑产业发展专项规划（2020 ~ 2025 年）
11	河北省工业和信息化厅	2020 – 02 – 21	河北省被动式超低能耗建筑产业发展专项规划实施方案（2020 ~ 2025 年）
12	石家庄市住房和城乡建设局	2017 – 04 – 13	石家庄市建筑节能专项资金管理办法
13	石家庄市人民政府	2018 – 02 – 14	关于加快被动式超低能耗建筑发展的实施意见
14	石家庄市住房和城乡建设局、发展和改革委员会等七部门	2018 – 05 – 25	关于落实被动式超低能耗建筑优惠政策工作的通知
15	石家庄市推动被动式超低能耗建筑工作领导小组、装配式建筑发展领导小组	2018 – 06 – 11	关于被动房和装配式建筑有关工作的通知
16	石家庄市住房和城乡建设局	2019 – 03 – 12	关于开展被动房项目质量排查工作的通知

续表

省市	发布机构	发布日期	名称
17	石家庄市住房和城乡建设局	2019 – 04 – 24	2019 年全市建筑节能、绿色建筑与装配式建筑工作方案
18	石家庄市住房和城乡建设局	2020 – 03 – 18	2020 年全市建筑节能、绿色建筑与装配式建筑工作方案
19	衡水市住房和城乡建设局	2018 – 03 – 27	关于加快推进被动式超低能耗建筑发展的实施意见（试行）
20	保定市人民政府	2018 – 06 – 09	保定市人民政府关于推进被动式超低能耗绿色建筑发展的实施意见（试行）
21	保定市住房和城乡建设局、发展和改革委员会等八部门发布	2020 – 02 – 12	加快推进绿色建筑发展实施方案
22	承德市人民政府	2018 – 08 – 22	关于加快推进建筑产业现代化的实施意见
23	张家口市住建局	2018 – 06 – 22	关于做好装配式和被动式超低能耗建筑推进工作的通知
24	张家口市住建局	—	加快推进绿色建筑、装配式建筑和被动式超低能耗建筑工作的通知
25	沧州市人民政府	2019 – 09 – 03	关于加快推进超低能耗建筑发展的实施意见

3. 已经形成了较完善的被动式超低能耗产业

河北省发展了以高碑店被动式超低能耗建筑集成系统技术产业集群，被动式超低能耗建筑具有其专有的部品部件、建造过程及运维服务。专有部品部件包括保温材料、防水材料、被动门、被动窗、外遮阳系统、能源环境一体机和新能源材料等。除防水透气膜、隔水透气膜依赖进口外，其他均自主生产，高碑店市被动式超低能耗建筑集成系统技术产业集群，是河北省唯一具备生产上述产品能力的产业集群。截至 2019 年 11 月底，满足被动式超低能耗建筑标准的产品销售收入为 7.7 亿元，占全国销售总额的 61%，居主导地位。被动式超低能耗建筑的兴起带动了关联产业快速发展，一大批行业龙头企业快速成长，为河北省发展被动式超低能耗建筑产业奠定了较好的基础。

三　被动式超低能耗建筑的发展问题

河北省的被动房发展还面临着许多问题和挑战，主要如下。

1. 认识问题

对于一般人来说，基本上还不知道什么是被动房，即便是听说过，也不知道这是建筑领域的革命，是新一代建筑的代表，同时还存在着对被动房认识的误区。

2. 政策支持不足

被动房发展的相关政策覆盖面不全，河北省在用地、财政补贴、容积率、办事流程等方面给予支持，后续应在国土空间规划、环保监管、开发销售等方面加大支持的力度。标准制定上虽形成了被动式超低能耗居住建筑、公共建筑节能设计、施工、验收、评价、检测5部标准，但标准制定还不完善，还需不断修编。河北省建材产业发展得很好，但缺少被动房相关产品认证标准和政策支持，如果都采用河北省建筑材料减少进口，将降低被动房的建造成本。目前，缺少用户侧金融激励举措，现有金融政策主要针对房地产商，如果对购买被动房的用户在金融信贷上给予激励，可以鼓励用户购买。

3. 建设成本问题

向人们介绍被动房的好处时，大家都认为不错，一提到价格比普通房每平方米高1000元左右时，除了少数人认为这是节能产品应该贵点外，多数人都感觉太贵。成本障碍不仅体现在客户购买被动房上，还体现在开发商开发被动房上，增加了开发的风险，也意味着政府在被动房的推广上需要增加更多的工作量和财政投入；因此成本障碍也是被动房发展的一个重要障碍因素。

4. 技术障碍

被动房的实践经验少，想要造出性能好、价格便宜的被动房不太容易，这需要不断地实践才能找到建造中的问题，进而解决它。鼓励企业研发依赖进口的材料，例如防水透气膜、隔水透气膜等。

5. 被动房运维问题

被动房的发展确实给人民生活带来了益处，但不同的被动房实际能耗强度差别很大，偏大的原因包括室内环境温度设置不合理、风机系统能耗不同、未实施有效监控等。被动式超低能耗建筑系统复杂、设备多、风险点多，应加强全过程管理。

四 被动式超低能耗建筑的发展建议

1. 加大宣传力度，推进绿色住房发展

被动式超低能耗建筑作为新兴建筑形式，社会认知度还有待提高，可以通过建设单位或政府在各大宣传阵地展示被动式房屋的优点，普及被动房建设知识，树立正确科学的住房消费观。同时，通过一系列展览会普及被动房知识体系，让消费者第一时间了解和亲身体验到与自身住房利益切身相关的信息及感受。

2. 政策方面

政策支持除了定性资金的鼓励发展政策外，在项目审批、土地供应、信贷、税收、教育和培训、宣传和引导、城市规划、验收、施工、设计、标准制定、节能奖励、面积核算和销售等一系列环节上，政府都要有强有力的政策支持措施。对被动房的长期发展而言，应加大政策支持力度，减少执行摩擦，加强对既有示范项目的第三方设计评价、运行评价和售后评估，推动从单体示范走向区域示范。根据发达国家的经验，任何新技术的推广，没有政府的强力推动和政策支持，仅靠民间和市场的力量，进展都是十分缓慢的。

降低购房者购买被动房的增量成本，现有的金融政策主要为对被动房地产开发商的优惠信贷，尚未出台针对被动房的金融信贷优惠政策，政府可以通过降低购买被动房的首付、贷款利息和提升贷款额度的优惠政策，从而降低购买者的购买压力；适当降低被动房的物业管理费以减少使用成本，从而推动被动房的发展。

3. 成本方面

被动式超低能耗建筑的成本较高，这是由于被动房尚处于起步阶段，其建设成本相对较高，但随着技术创新的不断提高与经验的累积，其原材料的全部国产化、规模化生产，材料设备价格将随之降低，被动房的成本将会呈逐步递减的趋势。

从被动式超低能耗建筑全寿命周期的角度看，其具有极高的密封性能及高效的保温性能，它的结构体系处在保护层当中，免受各种外界天气的影响，四季处于20℃～26℃，具有比普通建筑较高的使用寿命，其采用的门窗、遮阳、环境一体机等配套系统质量与寿命较传统建筑有显著提升,基本达到与建筑同寿命,减少了维修成本。虽然初期投资较普通建筑大,但使用寿命长,并从能耗上看超低能耗建筑节能率可达90%以上,为住户每年节省不少开支。

4. 被动式超低能耗建筑可再生能源清洁利用

可再生能源技术在建筑物设计的应用中具有强大的节能和环保效果。因为大部分太阳能、风能和地热能等都可以转化为建筑物所需的电能或热能。研究发现,逐步采用可再生能源替代严重污染环境的传统能源,可以使建筑行业成为可持续发展的一个重要领域。

在被动式超低能耗建筑供冷供热能耗大幅下降的情况下,研究使用可再生能源系统可抵消一部分被动式超低能耗建筑照明、厨房等能源消耗。可利用光伏发电或光热系统、地源热泵等可再生能源。

5. 被动房运维管理模式

推进"互联网+"被动式超低能耗建筑,实现楼宇智能控制、智慧照明、房间自动化等智慧建筑关键环节,加大智慧建筑推进力度,打造智慧建筑新样板。

研究用户用能需求和被动房设备出力及储能设备构建被动房能源系统。分析被动房冷、热、电、气等能源系统的运行特征,包括不同能源系统的能源技术特性、技术经济特性、负荷特性等,实现被动房能源运行优化,智能控制。发展智慧被动房智能能源管理,使得可再生能源的生产、传输、存储和使用有了系统化和精细化的运行和管理,涵盖供电、供热、供冷、供气等多方面,使人民生活更舒适、节能、安全和高效。

英国大停电事故分析及对河北省新能源发展和电网安全的启示

岳 昊 杨金刚 史智萍 何成明 石少伟*

摘 要： 2019 年 8 月 9 日，英国东电网发生大规模停电事故。事故造成阿根廷与乌拉圭全国停电，巴西、巴拉圭和智利部分地区也受到影响，影响人数约 4800 万。本文介绍了事故前英国电网运行和新能源装机情况，依据事故调查报告梳理了事故的起因、经过、恢复等情况，分析了风电机组和分布式电源涉网性能不足、系统备用容量不足、极端天气影响等事故原因，并结合河北新能源发展及电网运行实际，提出保障高比例新能源电网安全稳定运行、防止大停电事故发生的启示。

关键词： 大停电事故 新能源 电网安全

一 英国大停电事故过程及影响

当地时间 2019 年 8 月 9 日 17 时左右，英国发生了大规模停电事故。大停电开始于英格兰的中东部地区及东北部海域，最终造成英格兰与威尔士大部分地区停

* 岳昊，国网冀北电力有限公司经济技术研究院高级工程师，工学博士，研究方向为能源电力经济、电网规划；杨金刚，国网冀北电力有限公司经济技术研究院高级工程师，工学博士，研究方向为能源电力经济、电网规划；史智萍，国网冀北电力有限公司经济技术研究院高级工程师，工学硕士，研究方向为电网规划、电网诊断；何成明，国网冀北电力有限公司经济技术研究院高级工程师，工学博士，研究方向为电网规划与仿真；石少伟，国网冀北电力有限公司经济技术研究院工程师，工学硕士，研究方向为电网规划与仿真。

电。停电发生后约 1.5 小时，英国国家电网宣布电力基本得到恢复。根据 9 月 6 日英国能源监管机构公布的事故调查技术报告，事故的发生过程如下。

（一）事故发生前

事故发生前，英国电力系统运行正常，频率 50 赫兹，一次调频备用容量 100 万千瓦。英国气象局发布英格兰和威尔士大部分地区黄色暴雨预警。英国发电总装机约为 8000 万千瓦，事故前各类型电源即时出力结构为：新能源发电 40%、天然气发电 25%、核电 19%、周边国家直流互联受电 7%（与英国电力互联的国家和地区有法国、爱尔兰、荷兰、北爱尔兰和比利时），另有 9% 来自生物质发电、水电、抽蓄、煤电（见图 1）。

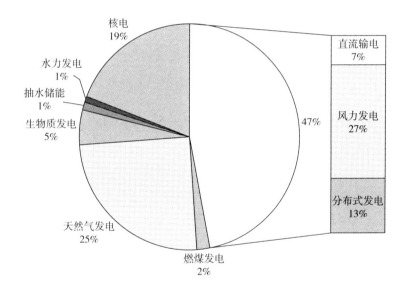

图 1　事故前英国各类型电源即时出力

（二）事故发生过程

第一阶段（16：52：33～16：52：53）：雷电击中一处 400 千伏输电线路导致单相短路故障，约 15 万千瓦分布式电源脱网，80 毫秒内线路保护立即正确动作切除故障。

受扰动影响，一座海上风电场出力突降 73.7 万千瓦，同时一座燃气电厂汽轮机跳闸损失 24.4 万千瓦，约 35 万千瓦分布式电源脱网。系统一次调频启动增加约 65 万千瓦备用电源出力以稳定系统频率。在故障切除 20 秒后线路重合闸成功。

第二阶段（16：52：53 ~ 16：54：20）：由于一次调频动作，系统频率跌落被阻断在 49.1 赫兹。一次调频继续增加备用电源出力至 90 万千瓦，英国电力辅助服务市场短期运行备用机制（STOR）启动提供 40 万千瓦支持，系统频率恢复至 49.2 赫兹。但燃气电厂另一台机组由于气压过大保护动作损失 21 万千瓦出力，此时系统电源总损失达到 169.1 万千瓦。频率继续下降至 48.8 赫兹，超过低频减载阈值，低频减载装置动作在全网范围内切除约 93.1 万千瓦的用电负荷（占全网负荷的 3.2%）。调控室启动指令调度更多的电源出力。

第三阶段（16：57：15 ~ 17：37）：由于一次调频增加的 100 万千瓦备用电源和调控增加的 124 万千瓦出力，电网频率得到恢复至 50 赫兹，电力系统恢复正常稳定状态，配电系统运营商开始恢复给用户供电。

（三）事故影响

本次大停电集中在英格兰与威尔士地区，约有 100 万人受到停电影响。停电发生后，英国包括伦敦在内的部分重要城市出现地铁与城际火车停运、道路交通信号中断等现象；市民被困在铁路或者地铁中，居民正常生活受到影响；部分医院由于备用电源不足无法进行医事服务。这是自 2003 年"伦敦大停电"以来，英国发生的规模最大、影响人口最多的停电事故。

二 停电原因分析

1. 风电机组涉网性能不足

在雷击致线路单相短路期间，海上风电机组经受了低电压穿越（80 毫秒），但故障切除后，海上风电场对系统发生了某种频段的振荡，导致机组过电流保护启动切除机组，风电场出力骤降，进一步加剧了系统功率缺额，使得频率跌落到了 48.8 赫兹（见图 2）。

位于上游的海上风电场和下游的燃气电站电气距离并不远，二者间同步耦合强度较大，采用交流传输方式的海上风电场会受到陆上电网因燃气电站跳闸而引起振荡的影响。在正常情况下，风电场的设计足以承受这样的系统振荡，但据调查，风电场出现了"技术性故障"，从而导致了不必要的脱网。该风电场采用的直驱风电机技术，其换流器端口对低频振荡在特定频率点可能存在"负阻尼"效应，不仅不会抑制谐振频段的振荡，还会放大振荡效果，造成电压发散式振荡而最终导致风电机脱网（见图3）。

2015年7月1日，在我国新疆哈密就发生过直驱风电场因次同步振荡而导致切机的事故。相比于与主网直连的哈密风电场，120公里长距离海底电缆并网的英国海上风电场，由于海底电缆的电容效应，离岸电网电压将更加不稳定，更容易受到陆上电网电压振荡的影响。

2. 分布式电源涉网性能不足

事故燃气电站坐落于分布式光伏发电安装密集的区域，事故发生当天至少有200万千瓦以上的分布式光伏在网运行。燃气电站的跳闸，造成频率急速下降，频率变化率超过0.125赫兹/秒的阈值，进而引起周围大量分布式光伏发电防孤岛保护动作跳闸脱网，加重了频率的持续下降。

英国配电网公司为了防止电力孤岛发生后分布式光伏仍然持续向配网供电，规定所有分布式光伏电站需配置防孤岛保护，当配网频率变化率高于阈值0.125赫兹/秒时立即动作，使光伏电站停机脱网，保障配电网孤岛安全重合。防孤岛的设置在分布式光伏装机较少的情况下不会产生问题，但当大量光伏并入配电网时，输电网发生主要故障或大量发电损失，高的频率变化率会触发分布式光伏的防孤岛保护而导致大量分布式光伏脱网。因此，英国国家电网公司在2016年完成了5兆瓦以上光伏电站防孤岛保护触发阈值的更新，从最初的0.125赫兹/秒提高到了1赫兹/秒。然而对于5兆瓦以下的分布式光伏电站，由于其输出功率较小且数量繁多，还未完全将防孤岛保护阈值更新，因此对系统运行存在着不可忽视的安全隐患。

3. 系统转动惯量偏低

事故当天，英国煤电等大转动惯量机组出力占比不足1/4，缺乏转动惯量和无功输出能力，而对系统稳定性支持较弱的电力电子并网型非同步电源（包括高压直流送电、风电和光伏）占比为47%。此次事故中系统中同步机开机不足，致使系统惯量大幅降低，在风机、燃气机组发生N-1跳机后，电网频率急剧下降。

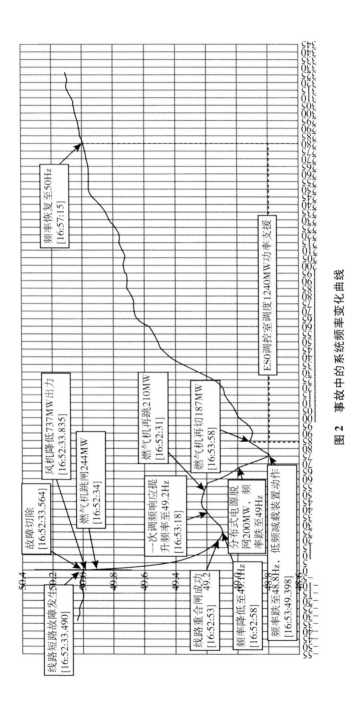

图 2　事故中的系统频率变化曲线

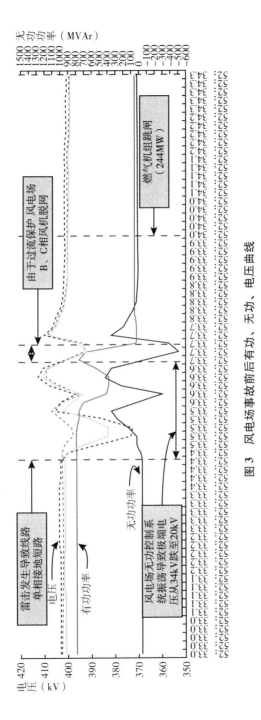

图 3 风电场事故前后有功、无功、电压曲线

近年来，英国加速推进"去碳化"，持续关停燃煤电站，目前英国仅剩 6 个在役的燃煤电厂，其中 2 座即将关停。英国 2020 年 5 月首次实现连续 7 日"无煤"运行，与中国青海"绿电 15 日"相比，英国的燃煤发电机在此期间一直处于停运状态，而青海煤电机组保持开机并发电。

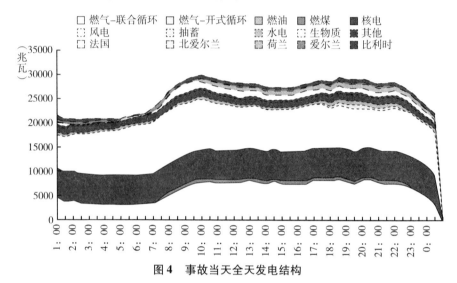

图 4　事故当天全天发电结构

4. 系统备用容量不足

在系统接连出现扰动时，电网 100 万千瓦的旋转备用机组明显不足，未能及时弥补功率缺额维持系统频率稳定，致使低频减载装置启动，切除了部分负荷，最终导致停电事故。

5. 极端天气影响

据英国气象部门统计，8 月 9 日当天英国共发生了 12370 次雷击，在事故发生前的 2 小时内，共发生了 2106 次雷击。事故发生时，有 3 次雷击，几乎同时事故线路出现单相接地短路，其中最大一次雷击的电流高达 33.7 千安。雷雨天气在英国是常见的自然现象，英国电力系统已有成熟的保护措施和应急预案来应对雷击故障，因此雷击并非这次事故的根本原因。

三　对河北省新能源发展和电网安全的启示与建议

在电力系统中新能源大规模接入、设备电力电子化、系统惯量持续降低的背景下，英国"8·9"停电事故对我国电网的安全稳定运行具有深刻的警示作用。

河北省在供电面积、供电人口、装机规模、新能源接入比例方面与英国较为相似（见表1），尤其冀北电网的新能源占比高于英国。从冀北电网来看，虽然新能源装机占比较高，但由于频率稳定是交流同步电网的整体稳定性问题，冀北电网所在的交流同步电网是华北、华中两大区域电网，该同步电网负荷约3.89亿千瓦，转动惯量较大的火电、水电装机容量约4.9亿千瓦。当冀北电网因某种故障发生功率缺额时，在机电暂态过程中是由华北、华中两大区域电网来共同承担功率缺额。此外，在调度安排电网运行方式时，根据安全稳定要求，要留有一定的旋转备用和事故备用，备用容量一般取系统发电负荷的10%左右。按照这个原则，两个大区的备用容量约4000万千瓦，远高于英国大停电时的备用容量。因此，当发生单个输电通道、单个大型电厂故障时，在机电暂态过程中冀北电网基本不会出现低频减载问题；在事故恢复过程中，根据华北电网保京津唐、京津唐电网保北京的策略，冀北电网不会出现大面积限电问题，仅在局部时段、局部区域会出现临时限负荷问题（见图5）。

表1 英国电网与河北/冀北电网对比

项目	英国	河北全省	冀北地区
供电面积(万平方公里)	24.41	18.88	10.41
供电人口(万人)	6649	7556	2375
装机规模(万千瓦)	8000	7427	3382
新能源装机比例(%)	40	35	49
分布式光伏装机(万千瓦)	200*	378	131
最大负荷(万千瓦)	5700	5984**	2327
全社会用电量(亿千瓦时)	3350	3666	1573
主网电压等级(千伏)	400/175	500/220	500/220
频率允许范围(赫兹)	49.5~50.5	49.8~50.2	49.8~50.2
周边联络线	4条直流联络线	46条500千伏交流联络线、1个直流背靠背	32条500千伏交流、1个直流背靠背

注：*该值是英国当天事故前数值。

**因缺少该统计口径值，河北省最大负荷值取为冀北最大负荷与河北南网最大负荷之和。

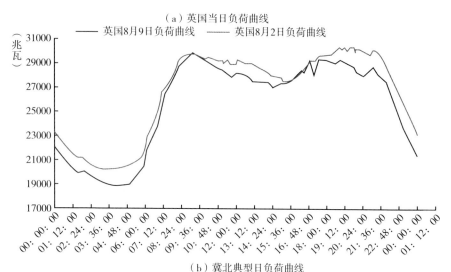

图5　英国电网与冀北电网负荷曲线对比

电网安全关系国家安全和社会稳定，通过分析此次事故过程和原因，冀北电网应在以下几方面加强研究与管理。

1. 加强含高比例新能源电网的频率特性研究

新能源大量替代同步机后，新能源的不确定性及事故脱网、调节能力差、调节速度慢等都不利于系统频率稳定性，将导致系统惯量水平下降，恶化频率响应特性，削弱系统抵御功率差额的能力。

目前，我国风电、光伏发电接入电网技术规定对频率适应性做了要求。系统频率在 48 ~ 49.5 赫兹频率范围内，风电场应具有至少运行 30 分钟的能力，光伏发电应具有至少运行 10 分钟的能力。

截至 2019 年底，冀北电网新能源装机容量 2070 万千瓦，其中风电装机 1372 万千瓦，光伏发电装机 698 万千瓦，新能源装机占比 56.5%，居省级电网之首。随着未来冀北地区新能源占比的进一步增加，频率问题尤为突出，是目前新能源发展中遇到的重要技术障碍。应当深入研究含高比例新能源电网受扰后频率响应的时空分布特性，并校核其扰动是否会触发其他设备二次脱网。

2. 加强新能源接入管理，确保新能源机组涉网性能达标

在本次事故中系统出现频率/电压扰动之后，海上风电机组出力骤降导致系统频率进一步恶化。在风电大发期间，风电机组耐受异常电压/频率的能力会极大影响电网在故障期间的频率特性。为了防止故障期间风电机组脱网及出力骤降导致事故扩大，应加强对风电机组涉网性能的核查，不满足要求的应加快性能改造和检测认证。对于大容量风电场并网，要求具备抑制低频/次同步振荡的能力，加强并网点附近地区的电压支撑能力，提高该地区系统的阻尼比，必要时加装类似同步机的 PSS。

3. 加强对电力系统转动惯量的评估与应用

研究科学实用的电力系统转动惯量评估方法，建立转动惯量评估与应用体系，制定合理的应用标准和评估指标。调度部门进行方式安排时应留有必要的旋转备用容量，保障具有转动惯量和频率调节能力电源的合理比例，满足电网频率稳定。在电网稳定输送限额的限制下，调度部门优化系统运行方式，合理选取电网的备用容量，控制各主要输电断面的输送潮流。研究建立相应的管理制度，明确调度运行人员可根据实时或预测转动惯量水平调整机组运行方式。

4. 加强对虚拟同步机技术的推广应用

2019 年 8 月 31 日，冀北电网在国家风光储输示范电站完成了针对此次英国"8·9"大停电事故的重现，属国内外首次，并且完成了真实电网故障下的虚拟同步机功能测试，验证了虚拟同步机技术的有效性和必要性，为我国新能源设备的并网功能测试提供了最有力的技术支撑。2017 年 12 月 27 日，世界首个具备虚拟同步机功能的新能源电站在国家风光储输示范电站建成投运。虚拟同步发电机技术是一种通过模拟同步发电机组的机电暂态特性，使采用变流

器的新能源电源具有同步发电机组的转动惯量、系统阻尼、一次调频、无功调压等并网运行外特性的技术，可以实现新能源的友好接入，能够有效提高新能源接入系统的频率稳定性。建议在冀北其他高比例新能源接入地区推广应用虚拟同步机技术。

5. 对配网内分布式新能源脱网问题给予重视

根据光伏系统并网技术要求，加强分布式光伏电源涉网参数的整定，防止保护勿动。大量安装在配网内的分布式新能源使传统的低频减载方案不能适用，因为低频减载动作时会同时切除分布式电源，达不到预期效果。可考虑将低频减载装置（新型小装置）下放到 10 千伏及以下用户配电柜，直接监视和执行低频切除负荷馈电线路，做到在保留分布式电源的前提下，频率降低时精准切负荷。另外，可考虑利用泛在电力物联网的数据，在 220 千伏变电站设减载分区主站，依据下属物联网的数据，计算需要切除的线路，利用专网无线遥控通道，进行远方切负荷控制，避开分布式新能源。

四 结论

通过对英国"8·9"大停电事故的分析，有必要对含高比例新能源电网的频率特性、新能源机组涉网性能、电力系统转动惯量评估、虚拟同步机技术等方面开展相关研究工作。以提高系统应对新能源大规模接入及大容量功率缺额下的频率稳定问题。

从事故发展时序来看，从雷击故障发生到低频减载装置动作只用了大约 2 分钟，处于机电暂态的后期、中长期动态的初期，电网主要依靠系统转动惯量和一次调频能力来确保系统稳定性。而从英国的实际来看，由于英国加速推进"去碳化"导致煤电等大转动惯量机组占比不足，系统备用容量不足导致一次调频能力有限，二者的叠加导致大停电事故的发生。

参考文献

National Grid ESO：*Technical report on the events of 9 August 2019*，2019. 09.

National Grid ESO：*Appendices to the Technical Report on the events of 9 August 2019*，2019.08.

朱介北、洪启腾：《英国"2019.8.9"大断电事故全析》，《全球能源互联网期刊》，https：//mp. weixin. qq. com/s/15immI1iH5L8HUSUaGv0KA，2019.08.18。

河北省碳排放影响因素研究及政策建议

王雨薇 杨洋 丁荣*

摘　要： 传统粗放型的经济发展方式在给河北省带来经济效益的同时，也带来了日益严峻的环境问题。目前，"碳减排"已经越来越成为世界各国所关注的重点问题，河北省作为"京津冀协同发展规划"中的重要组成部分，对其进行碳排放现状分析是非常有必要的，有助于优化生产力布局、提升发展质量效益，方便相关工作的进一步开展。本报告基于 2000～2017 年《中国统计年鉴》《中国能源统计年鉴》《河北经济年鉴》等河北省相关能源数据，首先，采用对数平均迪氏分解指数法对河北省"十五"以来的碳排放现状及驱动因素进行了研究分析；其次，在此基础上构建了随机森林－神经网络碳排放预测模型，对影响碳排放的因素进行量化分析；最后，本报告围绕分析结果，有针对性地给出政策建议。

关键词： 河北省　碳排放　量化分析

一　碳排放问题由来

对于"二氧化碳碳排放"问题的研究，起源于由温室效应引起的全球气候

---

* 王雨薇，国网河北省电力有限公司经济技术研究院初级工程师，工学硕士，研究方向为能源电力经济；杨洋，国网河北省电力有限公司经济技术研究院工程师，工学博士，研究方向为电力系统分析、综合能源及大数据；丁荣，国网河北省电力有限公司经济技术研究院中级工程师，管理学硕士，研究方向为电力技术经济。

变暖现象，其中，二氧化碳对温室效应的贡献率高达60%。第二次工业革命后，随着人类活动规模的不断增大以及二氧化碳排放量的急剧增加，全球平均气温呈现出一个逐渐上升的趋势，尤其是20世纪80年代后。据统计，2003年全球二氧化碳排放已比1990年高出16%，21世纪北极平均气温已上升了1.6℃以上。全球气候变暖引发的一系列问题：全球降水量重新分配、冰川和冻土消融、海平面上升等，不仅危害自然生态系统的平衡，还威胁人类的生存。

最早认识到潜在的全球气候变化问题的是西方发达国家。1988年，世界气象组织（WMO）和联合国环境规划署（UNEP）建立了政府间气候变化专门委员会（IPCC），用以对气候变化对社会、经济的潜在影响以及如何适应和减缓气候变化的可能对策进行评估。据IPCC统计，全球化学工业每年使用二氧化碳约为1.15亿吨，而人类活动主要燃烧化石燃料引起的每年全球二氧化碳变化为237亿吨。如今大气中的二氧化碳水平比过去65万年高出了27%，若不加以控制，到2100年全球平均臭氧浓度将增加50%，这会给植物生长带来无法预计的影响。同时，二氧化碳的过量排放也给人类的生命和生活带来了一定的威胁。据估计，每年有大约500万人死于由气候变化及二氧化碳过度排放引起的空气污染、饥荒和疾病，如果不采取措施，到2030年死亡人数将会上升到600万人。

全球气候变暖是当今国际社会共同面临的重大挑战，近30多年来，国际社会为保护全球环境、应对气候变化共同努力，不断加深认知、不断加深共识、不断应对挑战。1997年第三届联合国气候变化大会在日本京都召开，其间149个国家和地区的代表在大会上通过了《〈联合国气候变化框架公约〉京都议定书》。它规定从2008年到2012年，主要工业发达国家的温室气体排放量要在1990年的基础上平均减少5.2%，其中欧盟平均削减8%，美国削减7%，日本、加拿大削减6%，东欧各国削减5%～8%。

目前，《联合国气候变化框架公约》和《京都议定书》下的谈判进程已经成为国际社会应对气候变化的主渠道。2009年12月，《联合国气候变化框架公约》第15次缔约方会议暨《京都议定书》第5次缔约方会议（哥本哈根世界气候大会）在丹麦首都哥本哈根召开，经过各方艰苦磋商，会议达成了《哥本哈根协议》，它维护了《联合国气候变化框架公约》及其《京都议定书》确立的"共同但有区别的责任"原则，坚持了"巴厘路线图"的授权，是继

《京都议定书》后又一具有划时代意义的全球气候协议书。2015 年在巴黎举行的《联合国气候变化框架公约》第 21 次缔约方会议则将目标聚焦到能够在《联合国气候变化框架公约》下达成一个适用于所有缔约方、具有法律效力的协议。会议期间，与会各成员国都表达了自己碳减排的目标与决心。作为巴黎气候大会协定的制定者，欧盟承诺排放峰值不晚于 2020 年前达到。美国提出的减排目标为，到 2025 年较 2005 年减少 28% 的温室气体排放。

作为负责任的发展中国家，中国始终高度重视气候变化问题，并为应对气候变化做出了不懈努力和积极贡献。2015 年 6 月，中国如期正式向联合国提交"国家自主决定贡献"：二氧化碳排放 2030 年左右达到峰值并争取尽早达峰、单位国内生产总值二氧化碳排放比 2005 年下降 60% ~ 65%，非化石能源占一次能源消费比重达到 20% 左右，森林蓄积量比 2005 年增加 45 亿立方米左右。同时，中方还将气候变化的行动列入"十三五"发展规划中。

二 研究现状

（一）国际现状

1. 美国

作为世界上最大的发达国家，美国将碳减排重点首先放在了发电厂上。目前，煤矿业仍是美国重要产业，由燃煤发电而产生的二氧化碳占美国二氧化碳排放总量的 40% 左右。美国环境保护署负责人表示，发电厂的碳排放量是美国碳污染的最大来源，占到美国国内温室气体排放量的大约 1/3。2013 年 6 月，时任总统奥巴马就宣布了一揽子计划，用以限制美国发电厂的碳排放量。2014 年 6 月，美国环境保护署公布了一项重大的减排计划，预计到 2030 年将美国发电厂的二氧化碳排放量在 2005 年的基础上减少 30%，这是有史以来美国在对抗全球变暖问题上做出的最大举动。然而，尽管部分燃煤电厂的关闭在一定程度上减少了电力部门的二氧化碳排放量，但是由于汽车、卡车、飞机等交通工具排放的温室气体更多，因此，减少交通所带来的碳排放对应对气候变化至关重要。近年来，随着碳减排形势愈加严峻，美国交通部门也相继展开了一系列相关措施。2018 年底，美国东北部九个州和华盛顿承诺，要构建交通部门碳排放限额交易体系来减少碳排放，这一举措掀开了美国应对气候变化的新篇章。

2. 英国

英国承诺到 2010 年二氧化碳的排放量比 1990 年减少 20%，并制定了一系列的实现措施，包括能源领域的能源结构调整、竞争市场机制建立、鼓励清洁能源使用，在制造业和商业领域推行工业企业能源税、碳排放交易等，实施欧洲工业污染综合预防与控制制度等。

3. 日本

日本作为 1997 年京都会议的东道主，在碳减排方面表现了相对灵活的积极态度，主要从"限制战略""协定战略""原子战略""呼吁战略"四个方面切入控制二氧化碳的排放量。其中，"限制战略"从法律层面出发，加大节省能源法的执行力度。"协定战略"和"原子战略"从政府层面出发，通过政府和经团联间达成协议来实现企业自我限制，同时鼓励支持建设几乎不产生温室气体的核电站。"呼吁战略"从社会层面出发，引导社会大众控制石油等大排放源头能源的使用。

4. 欧盟

欧盟作为一个欧洲经济政治共同体，经济发展基本处于一个较为成熟的状态，人民环保意识较强，政府环保态度也比较积极。欧盟主张对灵活性机制的运用予以严格限制，强调发达国家应将主要精力放在本土的碳减排上，强烈反对允许以参与灵活机制来替代降低排放指标的建议。具体的碳减排措施可以分为三类：第一类主要针对资助、法规、标准、标记、培训和信息宣传等；第二类则围绕生态税展开，促进能源结构由燃煤向燃气转化，同时辅助实施其他的一些减排激励措施；第三类则是在交通、建筑和能源等合适领域采取具有中长期效果的积极减排措施。

（二）国内现状

作为世界第二大经济体，中国在发展的过程中高度重视气候变化问题，并为应对气候变化做出了不懈努力和积极贡献。国际上，从 2009 年哥本哈根世界气候大会到 2015 年巴黎气候大会，中国一向致力于推动公约和议定书的实施，认真履行相关义务。在国内，党的十八大以来，我国加快推进生态文明顶层设计和制度体系建设，大力推动绿色发展，发布《中国落实 2030 年可持续发展议程国别方案》，实施《国家应对气候变化规划（2014～2020年）》，推动生态环境保护。2012年，"美丽中国"的生态文明建设目标在党的十八大第一次被写进了政治报告。将生态文明建设纳入中国特色社会主义事业总体布局，使生态文明建设的战略地位更加明确。2017年，十九大对统筹推进"五位一体"总体布局的战略目标做了全面部署，明确提出坚持人与自然和谐共生，着力解决突出环境问题，打赢这场21世纪的"蓝天保卫战"。

1. 江苏省

江苏省囊括了苏州和无锡两大新兴工业城市，是名副其实的制造业大省，也是温室气体排放大省。近年来，江苏省统筹推进应对气候变化的综合性举措，着力夯实低碳发展工作基础，初步明确了争取2030年实现总体达峰，为中西部发展预留空间的目标，并针对这一目标进行了路径安排。对于高耗能产业，争取在"十三五"期间达到峰值，有效推动煤炭减量行动。"十四五"期间推动工业整体达峰，适度控制建筑和交通领域碳排放增长，确保2030年后碳排放总量逐步削减，最终实现经济增长与碳排放完全脱钩。

考虑到减排对经济增长产生的影响，江苏省将从绿色低碳新经济点入手，通过提升产业技术创新能力、加强低碳投融资支持能力、打造低碳创新合作载体、培育低碳领军骨干企业、引进培养高端领军人才等手段积极打造绿色低碳的新增长点，推动实现全省产业结构、能源结构和区域结构的低碳化变革，推动新能源、储能、智能电网、绿色新材料、新能源汽车等逐步发展成为地方标志性产业，从而形成万亿级低碳新经济体量。

2. 浙江省

浙江省在"十三五"规划纲要中明确提出，要建立区域性要素交易综合平台，推动碳排放权自由交易和市场化配置，加快推进供给侧结构性改革。2016年，浙江省出台了《浙江省碳排放权交易市场建设实施方案》，明确了该省碳排放权交易市场建设的总体要求、主要目标、重点任务和保障措施。按照我国统一碳市场建设的工作部署，并结合省情和工作实际，浙江省碳市场建设工作划分了两大阶段性目标：①准备启动阶段。主要目标是完成碳排放权交易的基础准备工作，通过建立重点企（事）业单位碳排放监测、报告和核查制度，完善工作体系，启动碳交易。②运行完善阶段。主要目标是完善体制机制，建立比较成熟的碳交易市场体系。完善碳排放监测、报告和核查体系，健全配额分配、管理和履约机制，建立碳排放抵销机制，鼓励自愿减排项目开发和交易。

首批碳交易纳入企业 400 家左右，涵盖电力、化工、石化、建材、钢铁、有色、造纸、航空八大行业。其后，根据碳市场运行情况，适时扩大交易主体，逐步扩大到其他行业。最终形成重点排放行业碳排放得到有效控制，碳金融、咨询等相关服务业蓬勃发展，产业结构不断优化，能源结构持续改善，碳汇能力显著增强的绿色低碳可持续发展模式。

3. 上海市

上海市围绕国家和本市关于建设生态文明、坚决打好污染防治攻坚战的部署要求，指出节能减排和应对气候变化工作重点主要体现在强化责任落实、加快建立健全促进绿色低碳循环发展的经济体系、围绕目标聚焦发力于主要短板和关键环节三个方面。

能源方面，持续优化能源结构，保障能源安全。一方面，印发《上海市2018～2020 年煤炭消费总量控制工作方案》，严格实施重点用煤企业煤炭消费总量控制制度，加强清洁高效能源利用。另一方面，推进低碳能源重大项目和设施建设，着力推进光伏、风电建设项目，推动临港、奉贤海上风电基地建设，加强储能和智能电网建设，增强电网调峰和需求侧响应能力。产业结构方面，上海市继续推进结构深度调整，瞄准产业价值链高端，通过大力发展先进制造业和战略性新兴产业，促进绿色发展。交通方面，上海市既着力抓好交通环境治理，加大老旧车辆治理力度，严格实施已明确的限行政策，又优化交通运能布局与能源结构，促进新能源汽车在更大范围内推广应用。在建筑行业，推行绿色建筑和装配式建筑，提升建筑能效，着力发挥绿色建筑的集约发展优势，推进绿色生态城区试点，实现以点带面推进本市绿色生态城区建设。

4. 广东省

作为国家低碳试点省和碳排放权交易试点省，目前广东省六成以上的化石能源碳排放已通过建立重点行业企业碳交易制度纳入强制管控范围，并取得良好成效。近年来，随着城镇化快速发展和城乡居民生活水平的提高，人均碳排放水平快速增长，城市小微企业和社区居民的生活、消费领域也逐渐成为广东省能源消耗和碳排放增长的重要领域之一，基于此，广东省提出了"碳普惠"机制，期望通过以政府引导、市场运作、全社会参与的方式，鼓励社会公众践行低碳行为，实现减排。

三　河北省二氧化碳排放现状

河北省东临渤海，内环京津，横跨华北、东北两大地区，是中国重要粮棉产区，工业生产也在中国居重要地位。但是，与京津两地相比，河北省仍存在区域经济发展不均衡、资源配置不合理、生态环境差等问题。京津冀协同发展战略就是在这个节点上提出的，京津冀协同发展，对于北京来说有助于疏解非首都功能，缓解北京"大城市病"；对于津冀地区来说，则意味着产业转型升级瓶颈的突破。

三面环绕北京城的特殊地理位置决定了河北省碳减排将会对京津冀地区的大气污染联防联控产生重大影响。因此，河北省碳减排需要在诸多方面统筹考虑，综合规划，稳步实施，特别是要处理好其与京津地区的关系，优化三地的减排联动效应。"十三五"以来，河北省的一些地区和产业已经通过结构调整，实现了区域经济和产业结构的优化升级。但对于河北省来说，工业转型升级和环境治理还只是开端，仍需要继续努力，砥砺前行。

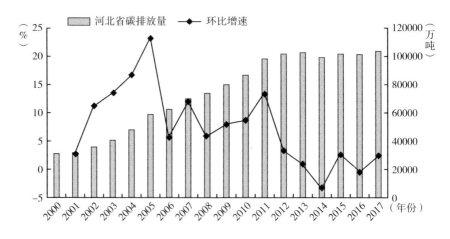

图1　2000～2017年河北省碳排放量及环比增速

图1给出了"十五"以来河北省碳排放量以及环比增速。从整体来看，河北省近20年的碳排放量呈现显著上升趋势，从2000年的31587.52万吨到2017年的103869.15万吨，年平均二氧化碳排放量为73906.53万吨，年均增

长率6.84%。其中，碳排放量增长最快的是"十五"期间，环比增速呈直线上升趋势，2005年增速达到最高23.17%。"十一五"以后，2005~2006年增速有一个明显下降，从此便没有再突破过15%，还有两年（2014年和2016年）增长率为负值，最低为2014年的－3.26%，究其原因是随着社会的发展，低碳经济开始受到越来越多的瞩目。但是，从另一个角度来看，2000~2017年河北省碳排放量环比增速波动较大，范围从－3.26%到23.17%，波动超过25%。在测量范围内环比增速为负的年份仅有2014年和2016年，除此之外，其他年份增速虽然时有下降趋势，但是均为正值，映射到碳排放量上则表现为持续增长的总量。这也说明，未来河北省在如何切实有效推进碳减排这一关键问题上，仍有很长的路要走。

首先，本报告在经典IDA框架下，通过LMDI方法从能源消费结构、能源强度、经济规模、人口规模四个方面入手对河北省碳排放总量驱动因素进行分解分析，结果可见表1，同时图2更加直观地给出了2000~2017年每年各因素对碳排放量的贡献值。在LMDI分解模型中，若得到的贡献值为正数，则说明该因素对碳排放的增加具有驱动作用，反之，则代表该因素抑制碳排放量的增加。

表1 2000~2017年各影响因素对河北省碳排放量的贡献值

单位：万吨

年份	能源消费结构效应	能源强度效应	经济规模效应	人口规模效应
2000~2001	236.2445	－2132.87	2753.11	119.8871
2001~2002	134.0106	532.2556	2804.263	184.0705
2002~2003	199.3767	－663.246	5201.485	194.3557
2003~2004	87.42328	－2261.52	8759.917	262.0767
2004~2005	452.7099	1799.239	8541.334	327.8327
2005~2006	1066.641	－5996.72	7808.485	414.1851
2006~2007	－1270.3	－2535.62	10833.77	428.0355
2007~2008	－479.957	－7177.58	11209.98	474.1416
2008~2009	－530.995	737.5927	5159.656	492.6685
2009~2010	－410.367	－6631.86	12120.41	1869.86
2010~2011	－206.529	－5116.08	16409.08	601.8307
2011~2012	－1146.44	－3672.86	7415.549	646.7243
2012~2013	－476.742	－5442.11	6308.594	628.6332
2013~2014	－1013.6	－5745.74	2712.121	699.2281

续表

年份	能源消费结构效应	能源强度效应	经济规模效应	人口规模效应
2014～2015	－2371.65	3574.596	749.4727	556.1163
2015～2016	195.0611	－8052.56	6824.185	613.7881
2016～2017	－2356.83	－1203.84	5353.886	683.7761
合计	－7891.94	－49988.9	120965.3	9197.21

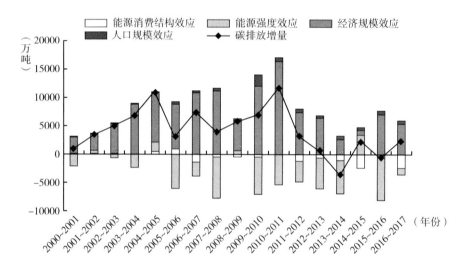

图2 2000～2017年河北省碳排放增量以及各因素贡献

从图2可以看出，河北省碳排放量的驱动因素主要是经济规模效应，制动因素则主要由能源强度效应来体现。结合表1，总体上能源消费结构效应和能源强度效应在对碳排放量增加的贡献上起到了抑制作用，分别贡献了－7891.94万吨和－49988.9万吨碳减排量，说明河北省近年来能源结构优化调整取得了一定成效，技术进步也越来越体现出对碳减排的贡献作用。但是，同时我们也应该看到经济规模和人口规模对碳排放量增加的促进作用。其中，经济规模对河北省碳排放量增加的正向促进效应最大，表现为120965.3万吨，说明河北省经济增长和碳排放量之间仍存在相关关系，远远没达到碳排放脱钩标准。人口规模整体上也表现为驱动影响，说明人类活动与碳排放之间存在相互关系。

更具体的，本报告基于五年计划，以五年为周期对河北省最近的三个五年计划（"十五"至"十二五"）期间各因素的贡献值以及变化情况进行了分析。

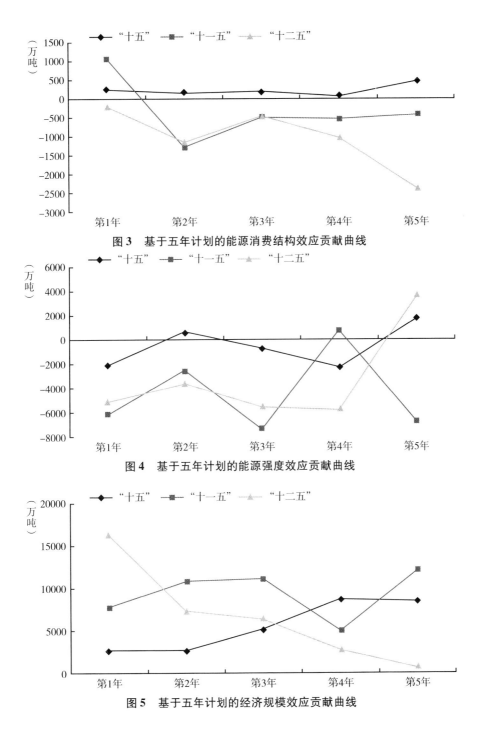

图3 基于五年计划的能源消费结构效应贡献曲线

图4 基于五年计划的能源强度效应贡献曲线

图5 基于五年计划的经济规模效应贡献曲线

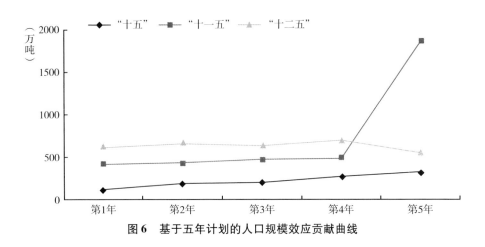

图6　基于五年计划的人口规模效应贡献曲线

图3至图6分别给出了能源消费结构、能源强度、经济规模和人口规模四个效应在三个五年内对碳排放量贡献值的变化情况，其中横轴为每个五年计划的时间，纵轴为各个效应对碳排放量增加的贡献值。从图中可以看出，能源消费结构和能源强度贡献值始终围绕横轴（0）上下波动。"十五"期间，能源消费结构贡献曲线在横轴上方，表现为对碳排放量的促进作用，但是波动较小，基本保持在［0，500］区间内。这一阶段，虽然能源消费结构仍然以高排放的传统能源为主，但是由于经济发展仍处在起步阶段，因此表现为虽有正向驱动，但是效果较为不明显特征。"十一五"初期，贡献值呈现为一个短暂的"激增"，但是随着能源消费结构不断优化调整，其对河北省碳排放量的影响由促进转为抑制，并一直持续到"十二五"末期，表明调整优化能源消费结构能够有效地降低碳排放量，早日实现碳减排目标。

作为一个评价性指标，能源强度表示的是单位GDP一定时间内所消耗的能源量。单位GDP的能耗越小，表明技术水平越高，因此，该指标在一定程度上也反映了技术进步水平对碳排放量的影响程度。从图4可以看出，"十五"期间能源强度效应的曲线围绕横轴整体呈现为一个"正弦"波动趋势，说明该阶段技术进步对碳排放量的影响并没有引起重视。"十一五"和"十二五"期间，曲线基本在横轴（0）以下进行波动，偶尔会突破表现为驱动正值，说明该阶段技术进步影响越来越受到关注和重视，但是由于技术进步创新是一个长期投入，因此短时间内仍表现为偶尔的正向波动。因此，在"十四五"期间，仍要加强对技术进步创新的重视。

经济规模效应和人口规模效应在三个五年计划期间均在横轴（0）之上波动，说明经济和人口在该阶段始终对碳排放量起驱动作用。两者的波动形势大致相似，"十五"期间，经济和人口所表现的促进作用均表现为缓慢稳定增长趋势。"十一五"期间，为了实现"翻两番，三步走"的第二步战略目标，河北省以经济建设为中心，把发展作为第一要务，经济综合实力明显增强的同时，经济规模对碳排放量增长的促进也出现了一个小峰值（第 3 年：2007 ~ 2008 年）。并且，人口规模对碳排放量的驱动作用在"十一五"末期也达到了"局部峰值"。"十二五"期间，随着科学发展观的提出，河北省提出了"以科学发展为主题，以加快转变经济发展方式为主线"的指导思想，在保持经济平稳较快发展的基础上，实现科学可持续发展。因此"十二五"期间，经济规模和人口规模对碳排放量的驱动效应整体呈现为下降趋势，尤其是经济规模效应贡献值，在"十二五"末期达到了阶段内最低，说明河北省的经济增长与碳排放量正在向实现两者脱钩发展。

四　河北省碳排放分析

LMDI 方法从能源消费结构、能源强度、经济规模、人口规模四个宏观方面对河北省碳排放驱动因素进行了整体分析，为了更加深入地挖掘影响河北省碳排放量的具体因素，本报告通过构建基于随机森林算法和人工神经网络（飞蛾扑火算法优化极限学习机）碳排放预测模型，对碳排放影响因素进行了进一步的分析研究。

对于影响因素的选择，本报告基于能源消费结构、能源强度、经济规模、人口规模，从第一产业、第二产业、第三产业、能源和居民生活五大方面切入，选取了包含第一产业产值、化肥数量、有效灌溉面积、第二产业产值、钢材产量、水泥产量、第三产业产值、建筑业总产出、公共交通车辆运营数、运营线路总长度、煤炭消费量、火力发电量、一次电力及其他能源、人均 GDP、城镇化水平、民用汽车拥有量在内的 16 个潜在影响因素，具体可见图7。

鉴于上述 16 个潜在影响因素的选取具有较强的主观性，并且过多地输入维数不利于人工神经网络的学习和训练，本报告应用随机森林的 Gini 系数

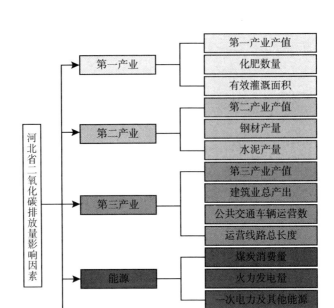

图7   河北省二氧化碳排放量影响因素

对预选因素影响二氧化碳排放量的重要性进行了量化，结果如图8所示。

随机森林能够通过节点不纯度来对变量的重要性进行度量，Gini系数就是节点不纯度的量化指标。简单来说，Gini系数值越大，代表节点不纯度越高，表明该自变量对因变量的重要性越强。图8给出了本报告所选因素的Gini系数，从图中可以看出所有因素的Gini系数值均大于1，说明本报告中的16个影响因素与河北省的二氧化碳排放量存在一定关系，也在一定程度上证实了本报告所选影响因素的正确性和科学性。另外，不同的Gini系数值代表了各影响因素对二氧化碳排放量不同的重要程度。我们可以看出，化肥数量的影响程度最高，说明河北省农业是影响二氧化碳排放总量不可忽视的重要因素。紧随其后的钢铁产量、水泥产量、火力发电量、煤炭消费量、民用汽车拥有量、城镇化水平等也对河北省二氧化碳排放量存在较大影响。除此之外，一次电力及其他能源、建筑业总产出、公共交通车辆运营数和运营线路总长度的重要性也

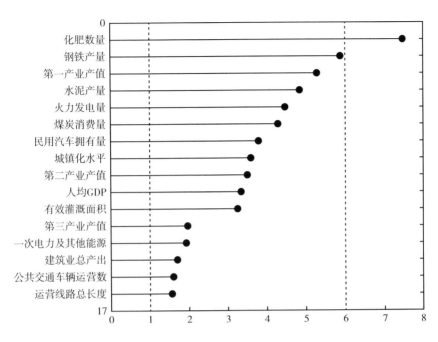

图8　16个影响因素的 Gini 系数

是不可忽略的。

　　更具体地，图9给出了基于一产、二产、三产、能源、居民生活5个方面的各因素 Gini 系数值。从图中我们可以看出，首先，Gini 系数最高的影响因素在第一产业范围内，化肥数量的 Gini 系数高达7.47，有效灌溉面积的 Gini 系数也有3.27。河北省作为一个农业大省，农业生产过程所导致的二氧化碳排放主要来自农用物资投入、作物生长发育和畜禽养殖三个方面，其中，土地的利用不当和化肥使用过量都会导致大量二氧化碳的产生。从第二产业角度看，作为河北省的"三高"行业，钢材产量和水泥产量的 Gini 系数也分别超出了5，说明这两者对河北省二氧化碳排放量的影响不容忽视。能源电力方面，煤炭消费和火力发电过程中所产生的大量温室气体是河北省二氧化碳排放总量中的重要组成部分。随着经济的发展和居民生活水平的提高，越来越多的民用汽车走入千家万户，人们出行频繁的汽车使用率加剧了二氧化碳排放量的增长。第三产业方面，则是建筑业和交通运输行业对二氧化碳排放量的影响较大，因此建筑业总产出、公共交通车辆运营数和运营线路总长度也被考虑在内。

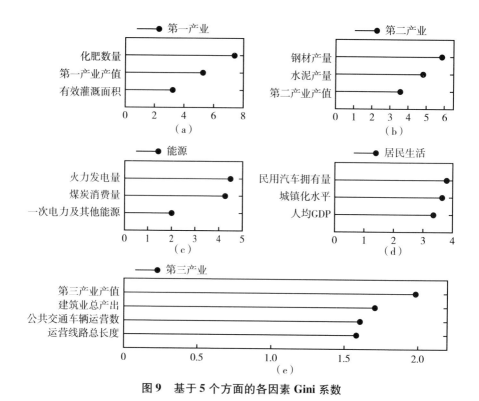

图9　基于5个方面的各因素 Gini 系数

五　政策建议

河北省作为"京津冀协同发展规划"的重要组成部分，担负着"疏解非首都功能，调整优化城市布局"的重责，战略位置十分重要。随着生态文明建设战略地位越来越明确，对河北省的碳排放现状进行研究势在必行。本报告从第一产业、第二产业、第三产业、能源和居民生活5个方面出发，选取16个影响因素，在对河北省碳排放进行预测的前提下，对影响碳排放的因素进行了分析。基于分析结果，提出的建议如下。

（一）着眼绿色科技，促进农业绿色发展

对于二氧化碳排放量的研究，人们总是着眼于第二产业和重工业，而往往容易忽略第一产业生产消费过程中所产生的二氧化碳。农业上二氧化碳的排放

源主要有三个：一是农用物资投入引发的排放，即化肥、农药、农膜、农用柴油直接使用以及农业灌溉耗费电能所导致的碳排放；二是农作物生长发育过程中所产生的温室气体排放；三是畜禽养殖所引发的碳排放。河北省作为我国农业大省，担负着保卫我国粮食安全的重任，因此在农业碳减排问题上，因噎废食，通过降低农业产量来减少二氧化碳排放量是不可取的。

实现农业碳减排，应着眼绿色科技，以提升农业碳排放效率指数为目的，促进农业绿色发展。在生产方面，通过建设绿色基地来落实生态防控措施，推进清洁生产。据估计，截至2022年河北省将建成100个建设标准化种养基地，肥料利用率将从38%提高到41%，绿色防控覆盖率由30%提高到31%以上，畜禽养殖废弃物综合利用率达到75%以上。在品牌方面，培育高端农产品，打造特色农业亮丽名片。严格控制产品质量，致力于构建突出地域特征的特色产业标准体系，有标可依，标准控制，引领打造高端特色产品。在销售方面，延伸产业链条，推动特色农业融合发展。统筹各类农业园区建设，推动特色农产品全产业链打造、全产业链提升。

（二）加快产业提质增效，积极推动产业结构优化升级

河北省的产业结构以资源依托型工业为主，钢材、水泥、汽车等高污染高耗能产业是温室气体大量排放的源头之一。因此，要实现"碳减排"目标，就要加快对"三高"产业的整改，培育和鼓励高新技术产业，积极推动产业结构优化升级，实施科技节能战略。

第二产业是河北省GDP的主要组成部分，那些高耗能、高污染的行业也同时带来了高利润，推行低碳经济，不能以大幅度降低经济产值为代价。因此，对于上述行业，应该通过大力鼓励和支持引进高技术和先进适用技术的企业，逐渐引导和推动高耗能、高污染等领域企业的兼并重组。除此之外，当今社会，科技是第一生产力，而创新则是科技的灵魂所在，应该始终将增强自主创新能力作为调整产业结构的关键环节，大力提高原始创新能力、集成创新能力和引进消化吸收再创新能力，提升产业整体技术水平。应该努力掌握核心技术和关键技术，大力开发对经济社会发展具有重大带动作用的高新技术，尤其是大型清洁高效发电装备、精密数控机床等关键领域，要具备能够制定重要技术标准、构建自主创新的技术基础的能力，要着重推进重大装备、关键零部件

及元器件自主研发和国产化，加快高技术产业从加工装配为主向自主研发制造延伸。对于高端高新产业，聚焦大数据与物联网、信息技术制造、人工智能与智能装备、生物医药健康、高端装备制造、新能源与智能电网装备、新材料、新能源汽车与智能网联汽车、先进环保、未来产业10个重点领域，应给予优先项目建设支持。符合省战略性新兴产业发展专项要求的，应安排专项资金予以支持。

实现产业结构优化升级，离不开第三产业的崛起。2018年，河北产业结构调整取得新突破，服务业比重首超第二产业，跃升至河北国民经济的"第一产业"。产业结构的这一变化，实现了由工业主导向服务业主导的转变，标志着全省的经济发展出现新格局。发展服务业应遵循"统筹兼顾，突出重点，分类指导，梯次推进"的原则，优化服务业结构。首先应重点发展生产性服务业，如增长潜力大、发展条件好的物流、文化、信息服务、旅游业、金融、设计等行业，通过采取放宽市场准入、深化体制改革、强化品牌建设、完善税费管理等措施，推动企业做大、品牌做响、项目做大，推进服务业改革，加快市场化、产业化、社会化进程。

（三）加强电网建设，调整电力能源结构

传统火电发电过程中大量煤炭燃烧所产生的废气也是引起温室气体排放过多的"元凶"之一，因此，实现"碳减排"就要加强电网建设，大力发展清洁型新能源与分布式能源，调整电力能源结构。但是，从我国目前的能源发展现状来看，直接取缔火电是非常不现实的。因此，对于煤电来说，提高机组效率，降低机组能耗应该是其发展方向，要坚决淘汰那些小容量、高耗能机组，重点优化大型高效机组。对于清洁型新能源，要充分利用区域内资源，在保护生态的前提下有序开发水电，积极发展核电、风电、太阳能等，加强"三型两网"电网建设，优化电网结构，扩大西电东送规模。

（四）完善相关法律法规，构建碳排放权交易市场

碳排放作为一个环境问题同时也是一个经济问题，而其本质实际上是企业生产经营中的一种负外部性。而通过对碳排放权市场的建立，我们就可以借助市场手段将碳排放这种负外部性内部化，从而减少企业对环境的影响。作为京

津冀协同发展中的重要部分，河北省应把握京津冀协同发展战略机遇，加快构建碳排放权交易市场，促进河北省各市尽快融入京津冀碳交易体系。

构建碳排放权交易市场可以遵从"以点带面"原则，首先从试点出发，借鉴其他各先进省经验，将电力、交通、化工、石化、建材、钢铁、水泥、玻璃、造纸九大行业涵盖在内，并结合河北省实际情况，将农业考虑在内，通过建立重点企（事）业单位碳排放监测、报告和核查制度，完善工作体系，启动碳交易。其后，根据碳市场运行情况，适时扩大交易主体，逐步扩大到其他行业，最终建成比较成熟的跨区域碳交易市场体系。

（五）构建"碳惠大众"机制，引导全民参与到碳减排行动中来

随着经济的快速发展和城镇化水平的不断提高，城市小微企业和社区居民的生活、消费领域逐步成为河北省能源消耗和碳排放的增长领域之一。因此，我们应从居民大众实际需求出发，通过将"碳减排"和日常生活联系在一起，构建商业激励、政策鼓励相结合的正向引导机制，鼓励全民参与到碳减排行动中来。例如，从与居民日常生活息息相关的用电、用水、用气、低碳出行、购买新能源汽车、废弃物回收等方面着手，将个人的低碳行为折算成碳积分来换取"碳币"，可直接享受商家的消费优惠。一系列以政府引导、市场运作、全社会参与的"碳惠大众"政策，可以充分调动全社会践行绿色低碳行为的积极性，树立低碳、节约、绿色、环保的消费观念和生活理念，从而达到扩大低碳产品生产和消费，拉动低碳经济和产业发展的目的。

河北省用能结构及能效分析研究报告

杨洋　张然　张凯　胡梦锦　刘钊*

摘　要： 2015～2017年河北省终端能源消费总量呈现"倒V"形变化，受经济形势及环境污染治理政策的影响，终端能源消费平均增长率为0.36%。2020～2025年，河北省终端能源消费将稳步增长，煤炭终端消费逐年减少，并且被其他能源所替代，终端能源消费朝"少煤化"演变。全省整体单位能耗将呈现下降趋势，节能空间较大。其中，工业潜在节能空间最大，五年将累计节能4894.9万吨标准煤；第三产业中的其他行业次之，累计节能量为680.0万吨标准煤；交通运输/仓储和邮政业累计节能量为59.7万吨标准煤，三个产业累计节能5634.6万吨标准煤。

关键词： 河北省　终端能源消费　单位能耗

一　河北省经济增长及产业结构

从经济总量上看，2015～2018年河北省GDP不断提升，由2015年的29686.2亿元增长至2018年的36010.3亿元；从经济增速上看，河北省2015

---

* 杨洋，国网河北省电力有限公司经济技术研究院工程师，工学博士，研究方向为电力系统分析、综合能源及大数据；张然，国网河北省电力有限公司高级工程师，工学硕士，研究方向为电力系统及其自动化；张凯，国网河北省电力有限公司高级工程师，工学硕士，研究方向为综合能源服务及电能替代；胡梦锦，国网河北省电力有限公司经济技术研究院工程师，工学硕士，研究方向为能源经济与能源供需；刘钊，国网河北省电力有限公司经济技术研究院高级经济师，管理学硕士，研究方向为能源经济与能源供需。

年 GDP 增速为 6.8%，而 2018 年为 6.6%，河北省 2015～2018 年经济增速呈下降趋势。2018 年，河北省经济增速与周边省份相比处于中等水平。

从产业结构上看，河北省三次产业结构比例在 2015 年为 10.44∶48.3∶40.2，2018 年为 9.3∶44.5∶46.2，产业结构在不断优化调整，第三产业所占比重也在不断提升。相比之下，全国 2015 年与 2018 年产业比例分别为 9.4∶43.7∶46.9 与 7.0∶39.7∶53.3，说明河北的第二产业占比较重，第三产业所占比重仍存在上升空间。

从重点行业上看，钢铁行业运行保持整体平稳、稳中向好的发展态势，供给侧结构性改革深入推进，"三去一降一补"均取得实质进展。金属制品业处于发展调整期，环保压力导致铸造企业产能持续下降，企业转型升级的过程仍在持续。化学原料及化学制品制造业基本保持平稳。河北化工业受宏观政策调控影响，落后产能不断退出，市场环境不断优化，供需矛盾逐步缓解。2018年河北化工行业完成销售产值同比增长 6.5%，出口交货值同比增长 25.2%；产销率为 96.9%，保持较好水平。

二 终端能源消费分析及预测

（一）终端消费现状分析

从总量上看，2015～2017 年河北省终端能源消费总量呈现"倒 V"形变化，受经济形势及环境污染治理政策的影响，2015～2017 年终端能源消费平均增长率为 0.36%，增长较为缓慢。

从消费结构上看，煤炭消费逐年减少，天然气和电力消费逐年增加，终端能源消费整体呈现"少煤化"和"清洁化"的趋势。具体来说：①煤炭消费总量呈现逐年递减的趋势。2017 年比 2015 年减少 800 万吨标准煤，终端能源消费占比从 2015 年的 67.1%下降到 2017 年的 63.4%，降幅近 4 个百分点。②天然气消费量快速增长。2017 年消费 1316 万吨标准煤（约 99 亿立方米），比 2015 年增加38.9%，年均增长 17.8%，终端能源消费占比从 2015 年的 3.8%增加到 2017 年的 5.2%。③电力消费量快速增加。2017 年消费 4148 万吨标准煤（3375 亿千瓦时），比 2015 年增加 13.2%，年均增长 6.4%，终端能源的消费比例由 2015 年的14.7%增加到 2017 年的 16.5%，涨幅达 1.8 个百分点（见图 1 和图 2）。

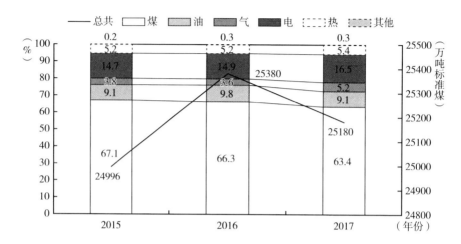

图 1　河北省 2015～2017 年终端能源消费情况

资料来源：《中国能源统计年鉴 2018》。

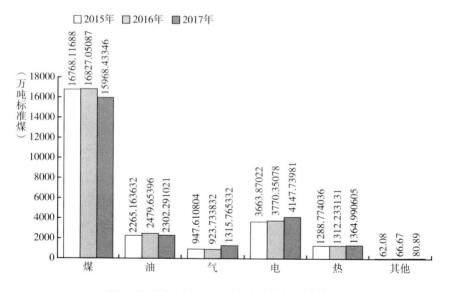

图 2　河北省 2015～2017 年各类能源消费情况

资料来源：《中国能源统计年鉴 2018》。

分部门来看，第二产业能源消费稳步减少，居民生活终端能源消费稳步增加，在总量占比中，能源消费由工业向居民生活转移。具体来说：①第一产业终端能源消费基本稳定，消费占比稳定在1.8%左右。②第二产业终端能源消费量稳步减少，主要体现在工业消费量的减少。2017年终端能源消费19493.19万吨标准煤，比2015年减少0.95%，其在终端能源消费占比从2015年的78.7%减少到2017年的77.4%，其中，工业消费从2015年的19446.2万吨标准煤减少到2017年的19247.9万吨标准煤。③第三产业消费变化与总量变化趋势基本相同，批发、零售业和住宿、餐饮业能源消费增长较快。第三产业消费占比一度增加到9.4%，然后在2017年回落到8.8%。批发、零售业和住宿、餐饮业的终端能源消费持续增加，由2015年的482.4万吨标准煤增加到2017年的701.2万吨标准煤，年均增长20.6%。④居民生活终端消费稳步增加。2017年居民生活消费2997.47万吨标准煤，比2015年增加300.98万吨标准煤，占比从2015年的10.8%增加到2017年的11.9%，增加1.1个百分点（见图3）。

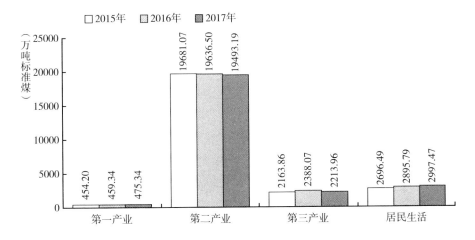

图3 河北省2015～2017年各部门能源消费总量变化情况

资料来源：《中国能源统计年鉴2018》。

分重点行业看，黑色金属冶炼及压延加工业，电力、燃气水的生产和供应业，化学原料及化学制品制造业的能源消费总量占全省50%以上（合计超过15000万吨标准煤），属于核心支柱产业。具体来说：①黑色金属冶炼及压延加工业能源消费量规模较大且相对稳定。2017年能源消费10732.4万吨标准煤，比2015年微增0.4%，在全省能源消费中占比减少约1个百分点。②电力热力的生产和供应业能源消费量稳步增长。2017年能源消费4100.9万吨标准

煤，比 2015 年增加 5.9%，年均增长 2.9%，在全省能源消费中占比增加 0.3
个百分点。③化学原料及化学制品制造业能源消费量持续减少。2017 年能源
消费 1104.5 万吨标准煤，比 2015 年减少 14.3%，年均减少 7.4%，占比累计
减少 0.7 个百分点。三个行业能源占比减少量如图 4 所示。

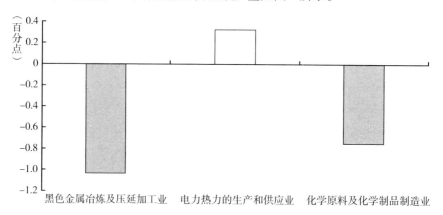

图 4　2017 年支柱行业能源消费占比变化量

在其他行业中，能源增长幅度较大和在总消费量中占比变化较大的五个行
业分别如表 1 和表 2 所示。

在以上产业中，化学纤维制造业的能源消费增幅和能源消费占比增幅均较
高，表明该行业处于上升发展阶段，无论在产业规模还是能源消费都将持续增
长；电力热力的生产和供应业在能源占比上的增加与近年来河北省电力和热力
消费需求相关。

表 1　能源增幅较大的五个行业

单位：万吨标准煤，%

产业	能源消费变化幅度	能源占比变化量
化学纤维制造业	1067.9	0.689
其他制造业	163.5	0.016
印刷和记录媒介复制业	35.5	0.014
水的生产和供应业	34.1	0.007
废弃资源综合利用业	24.2	0.007
占比变化累计	—	0.73

表2　能源占比增长较大的五个行业

单位：万吨标准煤，%

产业	能源消费变化幅度	能源占比变化量
化学纤维制造业	1067.9	0.689
电力、燃气水的生产和供应业	5.9	0.324
专用设备制造业	13.8	0.024
食品制造业	11.8	0.021
汽车制造业	10.7	0.018
占比变化累计	—	1.08

资料来源：《河北经济年鉴2018》。

在其他产业中，能源消费降幅和占比变化较大的五个行业分别如表3和表4所示。

表3　能源消费降幅较大的五个行业

单位：万吨标准煤，%

产业	能源消费变化幅度	能源占比变化量
金属制品、机械和设备修理业	− 55.8	− 0.003
家具制造业	− 43.8	− 0.022
铁路、船舶、航空航天和其他	− 37.9	− 0.036
非金属矿采选业	− 36.2	− 0.029
木材加工和木、竹、藤、棕、草制品业	− 25.1	− 0.038
占比变化累计	—	− 0.13

表4　能源占比降幅较大的五个行业

单位：万吨标准煤，%

产业	能源消费变化幅度	能源占比变化量
黑色金属冶炼及压延加工业	0.4	− 1.034
化学原料及化学制品制造业	− 14.3	− 0.748
煤炭开采和洗选业	− 12.0	− 0.471
石油加工、炼焦及核燃料加工业	− 9.1	− 0.313
黑色金属矿采选业	− 17.2	− 0.143
占比变化累计	—	− 2.7

资料来源：《河北经济年鉴2018》。

除电力、燃气水的生产和供应业以外，河北其他高耗能行业在能源消费中的占比均呈现下降趋势，这与近年来河北产业结构调整以及能源消费"双控"政策实施有关。

（二）终端消费影响因素分析

从以上分析中可总结终端能源消费的三个主要影响因素。

一是经济增长因素。经济增长对终端能源需求的总量具有较大的影响。从图5可以看出，在2010～2013年经济高速发展阶段，终端能源消费总量也呈现高速发展态势，但随着近年来经济增长趋缓，终端能源消费总量的增速也明显"换挡"，增速整体降低甚至负增长。

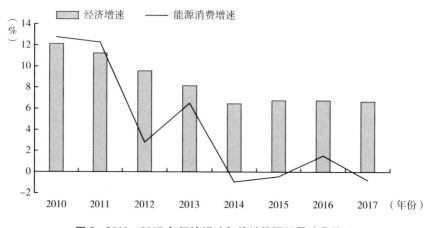

图5 2010～2017年经济增速与终端能源总量消费关系

二是用能政策因素。河北省不断加强节能减排体制、机制和能力建设，推进工业、建筑、交通等重点领域节能降耗。根据河北省天然气"十三五"规划和优化能源结构调整意见（2019～2025），减少煤炭消费、促进天然气消费和推进电能替代将是河北省终端用能清洁化的主要方式，天然气和电力消费将持续增加。

三是节能技术因素。河北省推进工业、建筑、交通等重点领域节能降耗，节能技术不断深化应用。2017年，全省单位GDP能耗为0.876吨标准煤/万元，同比下降6.45%，降幅超过全国平均水平2.8个百分点。

（三）终端能源消费预测

1. 总量预测

基于单位 GDP 能耗建立预测模型，采用灰色预测法对终端能源消费总量进行预测。根据预测结果，2020 ~ 2025 年河北省终端能源消费将稳步增长，到 2025 年能源消费总量将达到 28286.9 万吨①，比 2020 年增加 2515.5 万吨，累计增幅 9.76%，年均增幅 1.6%。总量及各部门预测结果如表 5 所示。

表5　河北省终端分部门2020~2025年能源消费量（考虑经济后预测）

单位：万吨标准煤

| 年份 | 一产 | 二产 | | 三产 | | | 居民 | |
	农/林/牧/渔业	工业	建筑业	交通运输/仓储和邮政业	批发/零售业和住宿/餐饮业	其他	生活消费	总计
2020	526.7	18827.1	242.4	1173.2	1230.0	262.2	3509.8	25771.4
2021	545.1	18688.9	241.4	1229.6	1483.4	212.4	3699.3	26100.1
2022	564.0	18551.7	240.5	1288.6	1789.0	172.0	3899.0	26504.8
2023	583.7	18415.5	239.5	1350.4	2157.5	139.4	4109.6	26995.6
2024	604.0	18280.4	238.6	1415.2	2602.0	112.9	4331.5	27584.6
2025	625.0	18146.2	237.7	1483.2	3138.0	91.4	4565.4	28286.9

2. 终端能源分品种及消费结构预测

分品种看，煤炭终端消费逐年减少，并且被其他能源所替代，终端能源消费朝"少煤化"演变。五年煤炭消费累计降幅 22.0%，预计 2025 年煤炭终端消费占总消费比重为 37.1%。电力消费相对稳步上升，五年累计增幅 25.9%，预计 2025 年占比为 21.7%。天然气消费快速增加，五年累计增幅 106.8%，预计 2025 年占比为 14.0%，成为仅次于煤炭和电力的第三大终端能源。热力消费较快增加，五年累计增幅 65.8%，预计 2025 年占比为 11.0%；石油消费稳步上升，五年累计增幅 28.3%。其他能源消费快速增加，五年累计增幅 256.3%，预计 2025 年占比为 2.2%（见表 6 和图 6）。

---

① 采用的电力折煤系数为 1.229 万吨/亿千瓦时。

表6 河北省终端分品种能源2020～2025年消费量预测

单位：万吨标准煤

年份	煤	油	气	电	热	其他
2020	13667.0	3121.5	1944.0	4956.9	1905.0	177.0
2021	13015.7	3290.0	2235.5	5215.4	2114.9	228.5
2022	12367.8	3451.9	2572.6	5477.2	2340.7	294.6
2023	11563.5	3669.3	3003.6	5718.0	2667.6	373.7
2024	11066.8	3791.6	3435.7	5937.8	2868.4	484.3
2025	10501.3	3945.9	3960.2	6146.3	3112.1	621.1

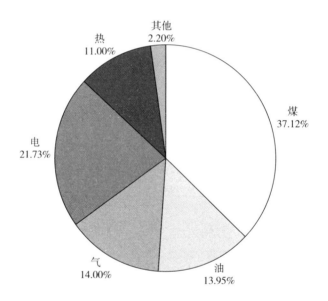

图6 2025年河北省终端能源消费结构

三 能效现状分析及预测

（一）整体能效情况分析

2015～2017年，河北省单位GDP能耗逐年下降。2017年，河北省单位

GDP 能耗为 0.74 吨标准煤/万元，比 2015 年下降 0.1 吨标准煤/万元，降幅 11.9%，年均降幅 6.0%。单位 GDP 能耗具体变化如图 7 所示。

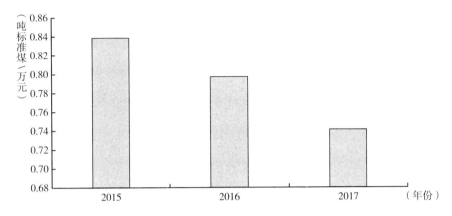

图 7　2015～2017 年单位 GDP 能耗变化

2015～2017 年，河北省单位 GDP 电耗整体呈下降趋势。2016 年比 2015 年较大幅度下降后，在 2017 年有所抬升，2017 年电耗为 994 千瓦时/万元，比 2015 年降低 6 千瓦时/万元。单位 GDP 电耗具体变化如图 8 所示。

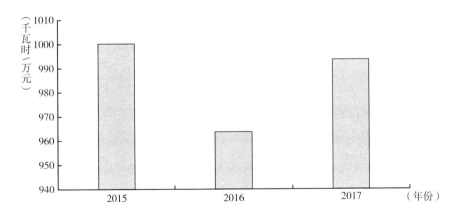

图 8　2015～2017 年单位 GDP 电耗变化

（二）分部门能效情况

第一产业单位增加值能耗相对稳定，略微减少，2015 年、2016 年均为

0.15 吨标准煤/万元，2017 年为 0.14 吨标准煤/万元。单位增加值电耗呈增加趋势，2015 年为 317 千瓦时/万元，2016 年减少到 314 千瓦时/万元，2017 年增加到 323 千瓦时/万元。

第二产业单位增加值能耗逐年递减，2017 年，河北省第二产业单位 GDP 能耗为 1.25 吨标准煤/万元，比 2015 年下降 0.12 吨标准煤/万元，降幅 8.8%，年均降幅 4.5%。单位 GDP 电耗相对稳定，略有上升。2015 年为 1486 千瓦时/万元，2016 年小幅下降到 1429 千瓦时/万元，2017 年回升到 1516 千瓦时/万元，比 2015 年增加 30 千瓦时/万元，增幅 2%。

第三产业单位增加值能耗相对稳定，略微减少，2015 年、2016 年均为 0.18 吨标准煤/万元，2017 年为 0.15 吨标准煤/万元，减少 0.03 吨标准煤/万元。单位增加值电耗逐年增加，2015 年为 311 千瓦时/万元，2017 年增加到 320 千瓦时/万元，增幅 2.9%。

居民生活人均能耗逐年增加，2017 年人均能耗为 0.40 吨标准煤/人，比 2015 年增加 0.04 吨标准煤/人，增幅 11.1%，年均增幅 5.4%。居民生活人均电耗逐年增加，且速度较快，2017 年人均电耗为 581 千瓦时/人，比 2015 年增加 80 千瓦时/人，增幅 16.0%，年均增幅 7.7%。各部门单位能耗及电耗如图 9 和图 10 所示。

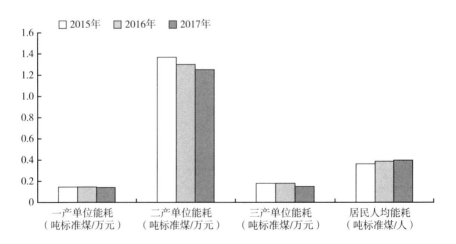

图 9　河北各部门 2015 ~ 2017 年单位能耗

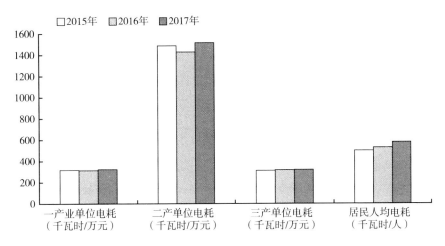

□2015年　□2016年　■2017年

图10　河北各部门2015～2017年单位电耗

（三）分行业及典型产品能效情况

1. 黑色金属冶炼及压延加工业

吨钢综合能耗从2015年起整体呈上升趋势，2015年单位能耗为544.41千克标准煤/吨，2016年上升为560.63千克标准煤/吨，2017年小幅回落到552.26千克标准煤/吨，相比2015年增加7.85千克标准煤/吨，但比2010年减少10.23千克标准煤/吨，因此从长期来看单位能耗应处于下降趋势。吨钢耗电从2015年起整体呈上升趋势，2015年单位电耗为404.4千瓦时，2016年略微下降为404.2千瓦时，2017年大幅上升到410.5千瓦时，相比2015年增加6.1千瓦时，比2010年增加5.4千瓦时，因此从长期来看单位电耗应处于上升趋势。

2. 电力、燃气水的生产和供应业

河北省火力发电标准煤耗逐年递减，2017年为294.94克标准煤/千瓦时，比2015年减少5.51克标准煤/千瓦时，比2010年减少19.54克标准煤/千瓦时。尽管如此，相比国内平均水平（292克标准煤/千瓦时）、国际先进水平（287克标准煤/千瓦时），仍分别存在2.94克标准煤/千瓦时、7.94克标准煤/千瓦时的差距。发电厂用电率逐年减少，2017年为6.21%，比2015年和2016

年减少 0.01 个百分点。

3. 化学原料及化学制品制造业

以氨碱法纯碱生产为例，2016 年单位能耗为 369.91 千克标准煤/吨，比 2015 年（371.76 千克标准煤/吨）降低 1.85 千克标准煤/吨，综合能耗呈现逐年降低的趋势。2016 年单位电耗为 71.40 千瓦时/吨，比 2015 年（70.74 千瓦时/吨）增加 0.66 千瓦时/吨，比 2010 年（57.73 千瓦时/吨）增加 13.67 千瓦时/吨，单位电耗呈现逐年增加的趋势，电力在纯碱生产中的消费比重也在稳步增加。横向对比，2016 年全国纯碱综合能耗为 336 千克标准煤/吨，世界先进水平综合能耗为 255 千克标准煤/吨。相比之下，河北纯碱生产能耗高于全国平均水平 33.91 千克标准煤/吨，高于世界先进水平 114.91 千克标准煤/吨。纯碱生产能效具有较大的提升空间。

（四）能效提升潜力评估

2020～2025 年，河北省整体单位能耗将呈现下降趋势，其中工业能源消费量较大并且单位能耗将进一步下降。工业潜在节能量最大，为 4894.9 万吨标准煤；第三产业的其他行业次之，为 680.0 万吨标准煤；交通运输/仓储和邮政业节能量为 59.7 万吨标准煤。三个产业累计节能量为 5634.6 万吨。

四 政策建议

一是持续大力推动工业领域深度替代和能效提升。河北省工业能效提升明显，相比电能替代领域，其潜在的节能市场规模更为巨大。一方面针对工业煤锅（窑）炉重点工作，开展深度电能替代；另一方面重点关注钢铁、水泥等高耗能行业的节能改造。

二是大力推进第三产业节能和替代工作。批发/零售业和住宿/餐饮业热力替代潜力大，第三产业中的其他行业节能空间大，交通运输/仓储和邮政业的节能和替代空间兼备。针对不同行业确定不同的工作重点。针对批发/零售和住宿/餐饮业，应重点关注酒店、洗浴中心、商业泳池的热水供应；针对第三产业中的其他行业如政府、学校、医院等企事业单位和商业综合体，应重点关注建筑节能改造，推广使用热泵系统、蓄能系统和区域供热、供冷系统，并开展能源管理服务；针对交通运输/仓储和邮政业，重点推广专属电动车辆应用，推动公交、环卫、出租、网约车等专用车电动化，并对电动汽车业务推出充电服务套餐，进一步降低电动车用户的用能成本。

三是积极营造良好的节能政策环境。①出台更加严格的环保约束政策，对电锅炉、电窑炉等电气设备出台专项补贴。②为工业、第三产业等大用户和电动汽车充电业务推出绿电交易和直购电政策。③加大节能宣传力度，营造节能降耗良好氛围。

参考文献

河北省人民政府办公厅：《河北省优化调整能源结构实施意见（2019～2025年)》，2019年4月。

《中国能源统计年鉴2018》。

《河北经济年鉴2018》。

河北省第十二届人民代表大会常务委员会：《河北省节约能源条例》，2017。

河北省人民政府办公厅：《河北省"十三五"能源发展规划》，2017。

以电为枢纽的能源体系清洁化研究

杨洋 杨鹏 魏孟举 罗蓬*

摘　要： 近年来，河北省加快产业结构升级，严格执行能源消费总量
和单位 GDP 能源消费量"双控"政策，能源消费强度持续下
降，清洁能源利用快速增长，电力消费比例显著提升，但河
北省也面临产业结构对能源消费锁定效应明显、能源供给偏
紧与综合利用效率偏低并存等诸多问题亟须破解。本报告首
先分析了河北省能源资源禀赋及能源产业发展情况，然后对
各类能源利用方式进行了综合性评述，最后对以电为枢纽的
能源清洁化转型发展路径进行了探讨，以期对河北省能源结
构转型升级提供路径参考。

关键词： 河北　能源消费　清洁能源　能源产业

一　河北能源消费现状

近年来，河北省加快产业结构升级，严格执行能源消费总量和单位 GDP
能源消费量"双控"政策，在能源消费方面呈现三方面特征。

一是能源消费总量低速增长，能源强度持续下降。2017 年，全省能源消
费总量 3.04 亿吨标准煤，比上年增长 2.0%（见图 1）。2013～2017 年均增长

---

* 杨洋，国网河北省电力有限公司经济技术研究院工程师，工学博士，研究方向为电力系统分
析、综合能源及大数据；杨鹏，国网河北省电力有限公司高级工程师，工学学士，研究方向
为能源科技发展；魏孟举，国网河北省电力有限公司经济技术研究院高级政工师，工学学士，
研究方向为能源经济政策；罗蓬，国网河北省电力有限公司电力科学研究院高级工程师，工
学博士，研究方向为新能源及输变电技术。

0.6%，比上个五年回落 3.4 个百分点，能源消费总量得到有效控制。2017
年，全省单位 GDP 能耗为 0.876 吨标准煤/万元，同比下降 6.45%，降幅超过
全国平均水平 2.8 个百分点。2007~2017 年能源强度累计下降 51.1%。

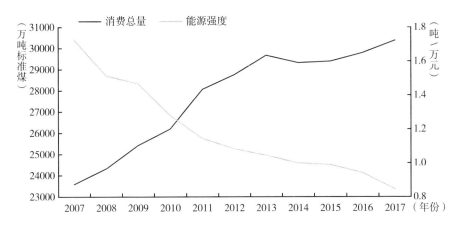

图 1　2007~2017 年河北省能源消费情况

二是能源消费结构加快优化，清洁能源利用快速增长。原煤和石油消费量
比重稳步下降，2017 年消费量比重分别为 83.71% 和 7.97%，比上年消费量比
重分别下降 1.3 个和 0.66 个百分点。煤炭消费 2012~2017 年累计压减实物消
费量 4300 万吨左右，总量、占比实现双下降。天然气及一次电力和其他能源
消费量比重持续上升，2017 年消费量比重分别为 4.23% 和 4.09%，比上年消
费量比重分别提高 1.09 个和 0.87 个百分点，天然气消费近五年由 45 亿立方
米增加到 100 亿立方米。2017 年和 2018 年全省完成居民"双代煤"431 余万
户，减少散煤燃烧 1000 万余吨，对空气质量改善的贡献率达到 30% 以上。
2017 年河北省一二次能源消费转化情况如图 2 所示。

三是电能消费占终端用能消费比例持续提升。电能占终端用能消费占比由
2013 年的 14.8% 提升到 2017 年的 15.4%，累计提升 0.6 个百分点。尤其自
2016 年以来，在供给侧"去产能、调结构"政策影响下，河北省产业结构转
型加快，进一步与电能替代、清洁能源消纳、"煤改电"等终端能源政策形成
叠加，有效促进了电能消费，其中，第三产业（主要包括各类服务业、交通
运输业）增幅最高，由 21.5% 增加到 26.1%，增幅 4.6 个百分点，反映出第

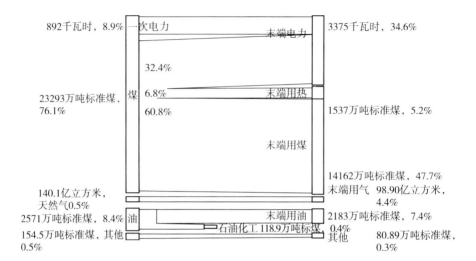

图 2　2017 年河北省一二次能源消费转化情况

三产业电气化水平增长的强劲势头。根据预测，到 2025 年全省电气化水平将达到 19.4%。

当前，河北能源消费主要存在以下四方面的问题。一是偏重的产业结构对能源消费锁定效应明显。煤炭消费比重高于全国平均水平（60.4%）22.7 个百分点，天然气、非化石能源消费比重分别低于全国 2.8 个和 9.8 个百分点，"一煤独大"成为河北能源消费的显著特征。二是河北能源供给偏紧与综合利用效率偏低现象并存。单位 GDP 能耗较全国平均水平（0.54 吨标准煤/万元）高 62.2%。煤炭消费不仅总量大，而且利用方式落后，河北电煤比重 33%，低于全国 16.7 个百分点，散煤直燃直排大量存在，成为大气污染的重要源头。三是河北农村地区生物质能存量较大但利用效率偏低。河北省农村生活用能总量约为 1400 万吨标准煤，经测算，河北省生物质可利用资源量 3004 万吨标准煤，理论上讲河北省生物质资源总量能够满足农村地区全部生活用能，但河北省生物质能源化利用率仍处于低位。四是河北用电量较大，但人均生活用电较少。2018 年河北省电力消费 3366.88 亿千瓦时，居全国第 6 位，但人均生活用电较少。2017 年河北省人均生活用电 340 千瓦时，不及全国平均水平（654 千瓦时/人）的一半，仅约为北京、上海的 1/3，居民的生活电气化水平具有较大提升空间。

二　河北能源资源状况

（一）区域内能源资源分布及开发

河北一次能源省外依存度高且逐年扩大。2017年全省能源对外依存度达到57.6%，煤炭、石油、天然气需求大部分依靠外供解决。天然气输入通道建设滞后，燃气及热力管网、天然气调峰设施建设不足，安全保障的不稳定因素增多。2013年以来，全省的外受电比例逐年递减，但仍有20%左右电力需要外部供给，冀南区"硬缺电"的现象存在，城乡电网发展不均衡，电力调峰短板明显（见图3）。

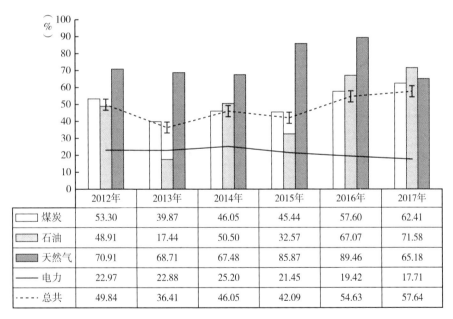

	2012年	2013年	2014年	2015年	2016年	2017年
煤炭	53.30	39.87	46.05	45.44	57.60	62.41
石油	48.91	17.44	50.50	32.57	67.07	71.58
天然气	70.91	68.71	67.48	85.87	89.46	65.18
电力	22.97	22.88	25.20	21.45	19.42	17.71
总共	49.84	36.41	46.05	42.09	54.63	57.64

图3　河北省2012~2017年各类能源外部依存占比

河北可再生能源资源丰富。风能资源技术可开发量1亿千瓦以上，目前已开发14%，有较大的开发利用潜力。太阳能资源在全国处于较丰富地带，仅次于青藏及西北地区。地热田分布广泛，地热资源丰富且埋藏浅，全省各地市均有分布。同时，河北省是农业大省，人口基数大，具有丰富的生物质能资源，生物质能具有广阔发展空间。

1. 风能资源现状

河北省属于风能资源丰富的省份之一。距地面 70 米高度风能资源可利用区（≥200 瓦/平方米）的技术可开发量为 7567 万千瓦，技术开发面积为 21252 平方公里；风能资源丰富区（≥300 瓦/平方米）的技术可开发量为 4188 万千瓦，技术开发面积为 11870 平方公里。截至 2018 年底，全省风电累计装机容量 1391 万千瓦，同比增长 17.8%，装机容量继续保持全国第三位。风电新增装机容量 210 万千瓦，是 2017 年新增装机的近 5 倍，增速同比提高 14 个百分点。风电装机占全部电力装机的 18.55%，同比提高 1.37 个百分点。张家口、承德百万千瓦级风电基地，风电装机容量达到 1200 万千瓦以上。

2. 光资源现状

光资源方面，河北省大部分地区位于太阳能 1 级可利用区，年太阳总辐射 4600～5400 兆焦/平方米，年晴天日数在 135～195 天。光资源总体分布呈由南向北、由东向西递增趋势。截至 2018 年底，全省光伏发电累计装机容量 1234 万千瓦，同比增长 42.1%，装机容量由上年的全国第五位升至第三位，其中集中式光伏电站装机 856 万千瓦，分布式光伏装机 378 万千瓦。新增装机容量 366 万千瓦，其中集中式光伏电站新增装机 198 万千瓦，同比减少 22%；分布式光伏新增装机 170 万千瓦，新增量与上年持平。2018 年全省光伏发电装机占比 16.46%，同比提高 3.83 个百分点。

3. 生物质能资源现状

河北省生物质能分布具有以下特点。一是从构成上看，各地市生物质能构成中，农作物秸秆占主要部分。冀北地区除承德 30% 外，其他四个地市农作物秸秆占 50%～70%，冀南地区各地市秸秆占比则均超过 70%。二是从分布上看，冀南地区生物质能资源在总量上高于冀北地区，各地市平均值约为冀北平均值的两倍，且各地市分布均匀，便于就地消纳。三是从互补性上看，生物质能的"南强北弱"与风光资源的"北强南弱"呈现较强的互补性，这为河北南北地区能源互济以及发展地方特色能源利用形式提供了有利条件。2018 年，河北省生物质发电量 38 亿千瓦时，同比增长 14.6%。

4. 地热能资源现状

河北省地热资源分布广泛、储量丰富，水热型地热资源分布具有明显的规律性。其中，山区已发现地热异常区（点）45处，大部分以温泉形式出露于地表，部分以地热井形式开发利用，呈点状或带状分布，温度一般40℃～60℃，最高可达97℃。年可开采量1260.32万立方米，其热量相当于11.22万吨标准煤。平原区地热资源主要分布在保定、沧州、衡水、石家庄、邢台、邯郸、廊坊和唐山等地，分布面积6.02万平方公里，占平原区面积的82%。

5. 水能资源现状

河北省可开发利用的水能资源不多，但因水势由山区流入平原，具有河床比降变化大、坡陡流急的特点，具备开发抽水蓄能电站的条件，抽水蓄能电站的可开发量1600万千瓦以上。2018年发电量结构中，水电发电量占全部发电量的0.59%。

6. 煤炭资源

河北煤炭资源丰富，品种齐全，开发时间早，技术成熟。截至2017年底，累计探明煤炭资源238.4亿吨，保有资源储量203.6亿吨，分布在唐山、邯郸、邢台、张家口、承德、秦皇岛、保定、廊坊、沧州9市。基本储量43.3亿吨，占全国1.7%，居全国第12位。按目前年产煤炭6000万吨左右计，省内煤炭资源可采年限72年。截至2017年底，河北省煤炭去产能效果显著，2017年，省内原煤产量6010万吨，同比下降6.4%，比2012年减产2000万吨；洗精煤（用于炼焦）3705.5万吨，下降35.1%；焦炭产量4813.8万吨，下降7.2%。原煤入洗率达到80%，精煤比重比2012年提高约10个百分点。

7. 工业余热余能

全省能源回收利用率较高的行业主要集中在黑色金属冶炼和压延加工业以及非金属矿物制品业。全省工业回收利用水平不断提高，成为工业企业能源高效利用的重要节能手段和补充。2017年全省规模以上工业能源回收利用3306.2万吨标准煤，能源回收利用率8.1%，比上年提高0.2个百分点。其中回收高炉煤气2268.8亿立方米，回收转炉煤气137.0亿立方米，回收余热余压9883.8万百万千焦。

（二）区域外能源网络利用情况

2017年全省能源对外依存度达到57.6%，煤炭、石油、天然气需求大部分依靠外供解决，外受电比例在20%左右，大量能源需求需通过外部能源输送网络供应。

1. 煤炭

随着我国供给侧结构性改革推进，煤炭产量向"晋陕蒙"地区集中，包括河北在内的中东部地区落后产能不断退出。2018 年，河北省煤炭产量为 5505.30 万吨，相比 2015 年下降 2878.61 万吨，下降幅度达到 34.33%。2018 年，河北煤炭消费量为 27764.44 万吨，有 22259.14 万吨煤炭需要从外省调运，煤炭的对外依存度达到 80.17%。河北省主要通过大秦（大同—秦皇岛）、朔黄（山西神池—黄骅）、蒙冀/张唐（鄂尔多斯—曹妃甸）三条"西煤东运"通道将山西和内蒙古的煤炭输送入省。

2. 石油

近十年来，受河北省华北和冀东等油田产量递减的影响，河北省原油产量呈下降趋势，2017 年省内原油生产 539.1 万吨，较 2007 年下降 120.91 万吨，下降 18.32%；从外省输入各类油品合计 1203.69 万吨，占石油消费总量的 71.08%。河北主要利用华北原油管网和华北成品油管网将原油和成品油输送进省。从地理位置看，输入河北的外省原油主要来自东北的辽河油田、华东的胜利油田和华中的中原油田。

3. 天然气

省内天然气管网建设情况。截至 2015 年底，全省已建成运营国家气源干线和省内支干线 25 条，总长度 3264 公里，设计年输气能力 500 亿立方米；城镇管网总长度 4000 公里，81% 以上的县实现了管道通气。省外天然气管网方面，京津冀区域天然气管网主要由陕京天然气管道系统、大港—永清天然气管道系统、永清—唐山—秦皇岛天然气管道、冀—宁线、大唐煤制气管道、北京天然气管网和在建中俄东线天然气管道组成，供气能力约 1100 亿立方米/年，可接收中亚、俄罗斯等进口天然气，也可接收新疆地区、长庆油田等国产天然气，并配套建设有 LNG 接收站、华北储气库群等储气调峰设施。

4. 电力网络

目前，河北南网特高压交流电网建成"两站两通道"；500 千伏电网在"四横三纵"大格局下，局部形成石家庄双环网、保定"C"形双环网、石保衡沧环网、邯邢环网等结构；220 千伏电网分成 6 个供电区（慈云、保定北部、保定南部和石家庄、衡沧、邯郸分区、邢台分区）；110 千伏、35 千伏电网大部分形成双侧电源供电模式。

冀北电网 500 千伏主网架结构与受电方向维持不变，初步形成唐承秦"三纵三横"网架结构，并与北京、天津紧密联系形成 500 千伏大环网。220 千伏电网保持原 8 个分区运行方式，廊坊北部电网通天津联络运行。

（三）河北省能源产业资源

1. 洁净煤产业

截至 2017 年，河北省洁净型煤生产线已建成 200 余条，基本上每个县有 1 ~ 2 家型煤生产企业，总体设计产能约 2000 万吨/年，单条线设计产能基本在 10 万 ~ 30 万吨/年。受设备产能和供应季节的影响，单条生产线实际产量为 1 万 ~ 2 万吨/年。影响河北型煤行业发展的因素主要有三个方面。一是市场因素。晋城、大武口、朔州、榆林、鄂尔多斯、神木以及山东等周边型煤生产具有较大的原料优势，在一定程度上影响了河北产能释放。二是价格因素。2016 年河北省型煤产品的出厂价格为 800 ~ 900 元/吨，运费和配送费总计约为 100 元/吨，而政府制定的终端消费价格为 950 元/吨左右，诸多企业无利可图，未有效组织生产。三是政策因素。迫于政策导向和舆论压力，具体政策制定部门出台的举措不符合当地实际情况，导致诸多企业亏损和民众采暖成本偏高。

2. 生物质固体成型燃料产业

河北具备生物质固体成型燃料技术研发和设备生产制造优势。石家庄、廊坊等市聚集了 20 多家生物质固体成型机械生产企业，产品供应全国市场，成为我国最主要的生物质成型机械生产区之一，秸秆成型装备整体技术水平和设备加工能力处于全国领先地位。

3. 分布式光伏产业

河北省光伏产业企业自"十二五"新能源规划实施后一直保持着向上的发展趋势。晶龙、英利是河北省光伏产业发展龙头，主要从事太阳能电池组件的生产，总生产量已达到 1200 万千瓦，是世界级光伏生产商。此外，河北省依据本省及国家政策，实行低碳冬奥会、光伏扶贫等项目，推进光伏产业。在低碳冬奥会方面，河北省打造百万千瓦奥运迎宾光伏廊道，实现太阳能发电 155 万千瓦，于 2020 年整体完成建设。在光伏扶贫方面，按照国家发布的《光伏扶贫电站管理办法》要求，河北省对燕山至太行山地区 45 个国家级贫困县采用光伏扶贫产业模式，建立集中式地面与屋顶分布式光伏发电于一体的村级电站。

4. 分布式光热

2018 年，河北省人民政府印发《关于〈河北省战略性新兴产业发展三年行动计划（2018~2020 年）〉的通知》（以下简称《通知》）。《通知》指出，未来三年要加快实施尚义、张北、察北管理区等光热发电示范工程，建设水工质菲涅尔式太阳能热发电、水工质塔式 5 万千瓦光热发电等一批项目，开展后续光热发电工程前期工作，到 2020 年力争建成投产 20 万千瓦以上光热发电项目。根据该行动计划，河北省将在光热发电等可再生能源领域，依托龙头企业和科研单位新建 30 家省级以上创新平台。

三　各种用能技术方案的综合比较

（一）各类特性能源评价

1. 分布式特性能源

（1）太阳能

太阳能是河北省的优势可再生能源，也是具备大规模开发的能源资源。限于地理条件，未来河北光伏资源的开发将以分布式为主要特征。在农村地区，通过安装屋顶光伏组件，采用"自发自用、余电上网"的方式，可以产生较为可观的经济和扶贫社会效益；结合地方实际，也可催生农、林、牧、渔光伏互补的特色分布式光伏产业模式。在城镇地区，通过在建筑外墙安装节能幕墙，在节省能源开支的同时也获得了美观的效果，光热的使用也可作为冬季采暖的有效补充。

然而，太阳能的分布式应用可能带来一些技术和政策问题。对电网公司而言主要有三个层面问题。第一个是技术层面问题，涉及电网运行的安全稳定性。作为间歇性和波动性电源，分布式光伏在电网末端的大规模接入会降低电网安全裕度，减少电网转动惯量，影响电能质量，为电网的调度、运维和保护整定带来挑战。第二个是经济层面问题。分布式光伏的应用会减少电网的售电量，短期内会影响电网的售电收益，从长期来看，随着低电压侧分布式光伏用户的普及，用户之间的"隔墙交易"将不可回避，将对传统能源运营模式带来影响。第三个问题是分布式光伏大规模应用后带来的"能源自治"问题。这种"能源自治"体现为用户对电网依赖性的降低，当用户仅依靠太阳能就能解决能源需求后，将考虑与电网断开进行"孤岛"运行，这种现象将首先在地理位置较远的个别用户身上发生并逐渐蔓延到村落、社区直至整个城镇。

（2）风能

限于开发地理条件和开发成本，风能在河北省不会呈现出类似太阳能的分布式趋势。在现今以及未来较长时间内，风能开发都会以集中式的方式呈现。尽管集中式风电并网降低了管理成本，但是需要警惕由于次同步等原因造成的大规模风机脱网给电网运行带来的连锁反应。

（3）生物质能

河北生物质资源丰富，生物质能将是解决河北农村地区空气污染的颇有前景的解决方式。从生物质能的分布特点看，河北南部更适合发展生物质能。目前，影响生物质能发展的主要因素还是政策和机制。一是生物质的收储运机制尚未建立，田间秸秆得不到充分收购。二是生物质供热管网等配套设施建设不充分，生物质热电联产的效能没有充分发挥。三是生物质能补贴政策不到位，难以调动社会资本的积极性。

在未来，生物质能可以作为乡村能源的有效替代。一方面，秸秆经过处理之后可以作为乡村炊事能源，替代散煤的直燃；另一方面，在县镇建立小型的生物质热电联产项目，在非采暖季通过生物质发电获得发电和补贴收益，在采暖季就地向附近乡、村进行供暖，获得热力收益，解决农村散煤替代的问题。对于一些具备剩余产能的生物质热电联产项目，也可以鼓励其参与附近城镇的集中供暖。

2. 集中式特性能源

（1）煤炭

限于我国和河北省的能源禀赋，煤炭在河北省一次能源老大的地位难以撼动。在未来，煤炭仍是河北的主力能源，但河北省可以在煤炭的清洁和高效利用方面下功夫。一是提高电煤在煤炭利用中的比例，通过实施电能替代降低工业、居民对煤炭的直接需求。二是加大对农村散煤的治理力度，在山区等不适合"煤改电""煤改气"的地区推广洁净型煤。三是通过"煤制气"等方式将煤炭转化为更为清洁的能源利用形式。

（2）电能

电能在未来能源利用中将起到不可替代的枢纽作用。在能源的供给侧，太阳能、风能、生物质能等新能源需要通过转化为电力供人们使用。在能源的消费侧，电动汽车、虚拟电厂等新型的能源消费形式有赖于电力进行驱动。此外，电力还具有清洁性、便利性以及安全性等诸多优点。

分析能源消费的趋势，有两个基本观点。一是能源消费总量是在不断下降的，单位 GDP 能源消耗也是不断减小的，但电力消费总量以及人均电力消费是在不断上升的。二是第一产业、第二产业用电趋于饱和，但第三产业和居民用电却是大斜率上升的。带动电力消费的马车正处于由工业牵引到第三产业和居民牵引的换挡期，发电侧新能源上网的平价化和用电侧电动汽车的发展将加速这一换挡过程。

（3）集中供热

集中供热可以减少对环境的污染，具有清洁、便利、经济、美观等优点。目前限于热力管网铺设，集中供热还只是面对城镇居民，对于广大的农村地区集中供热短时还不能实现。从长期看，通过建设热力管网给农村地区进行集中供热既无必要也不经济。未来河北农村地区可以考虑以下几种模式进行供热，一是在平原地区等便于管网铺设的开阔地带，建设小型的生物质热电联产项目，以乡、镇为单元进行相对的集中供热；二是在地热资源较好的冀北、冀西山区和其他平原地带，利用地热资源和太阳能资源，采用"光热＋地热"的方式进行集中或分散式供热；三是利用太阳能结合电、热储能装置，采用"光伏／光热＋储能"的方式进行供热；四是综合利用洁净型煤和生物质能进行供热。

（4）工厂废热

工厂废热的利用限于行业特定地理位置和管网铺设条件，可首先满足本行业的生产，通过技术手段加强废热的回收利用和梯级利用。然后满足园区办公所需的冷热需求。在有余力的情况下可根据实际情况向附近的居民区、写字楼提供冷热服务。

（二）能源耦合配置方案

根据河北省的区域特点和能源禀赋，将河北省划为四类地区，进行能源耦合方案配置。

第I类是张家口和承德地区。这类地区风、光资源尤其丰富，具有一定的生物质资源。这类地区采用"太阳能＋风能＋生物质能"进行耦合。供电需求以风电和光伏发电为主。供气需求以LNG为主。供热需求以光热和电制热为主。

第Ⅱ类是唐山、秦皇岛、廊坊、沧州地区。这类地区风、光资源相对丰富，具有地热资源和一定的生物质资源，相对临海，具备煤炭和天然气的转运条件。这类地区采用"太阳＋风能＋地热能＋生物质能"进行耦合。供电主要以煤炭为主，风能和太阳能作为补充。供气主要以LNG为主。供热以地热、光热相结合的方式进行，在农村地区考虑生物质热电联产。

第Ⅲ类是石家庄、保定、衡水地区。这类地区光伏资源相对丰富，具有较大规模的生物质资源，具有地热资源。这类地区采用"太阳能＋地热能＋生物质能"进行耦合。供电主要以煤炭为主，太阳能作为补充。供气以LNG为主，以生物质天然气为辅。供热在城市主要为集中供热，在农村则以生物质能、光热、地热相结合的方式进行。

第Ⅳ类是邯郸、邢台地区。这类地区光资源相对丰富，有较大规模的生物质资源，具有地热资源，工业基础好。这类地区采用"太阳能＋地热能＋生物质能＋工业余热"的方式进行耦合。供电主要以煤炭为主，太阳能作为补充。供气主要以LNG为主，以生物质天然气为辅。供热在城市以集中供热为主，工业余热作为补充；在农村则以生物质能、光热、地热相结合的方式进行。

四　电能在能源体系中的定位和技术替代潜力

（一）定位

电能作为清洁、高效的二次能源，在能源变革大趋势下，将处于未来能源转型的核心位置，在能源转换利用和能源资源优化配置中发挥基础平台作用。

（二）电能技术替代潜力

电能替代是在终端能源消费环节，使用电能替代散烧煤、燃油的能源消费方式，如电采暖、地源热泵、工业电锅炉（窑炉）、农业电排灌、电动汽车、靠港船舶使用岸电、机场桥载设备、电蓄能调峰等。当前，河北省电煤比重与电气化水平偏低，大量的散烧煤与燃油消费是造成严重雾霾的主要因素之一。电能具有清洁、安全、便捷等优势，实施电能替代对于推动能源革命、落实国家能源战略、促进能源清洁化发展意义重大，是提高电能比重、控制煤炭消费总量、减少大气污染的重要举措。稳步推动电能替代，有利于构建层次更高、范围更广的新型电力消费市场，扩大电力消费，提升河北省电气化水平，提高人民群众生活质量。同时，带动相关设备制造业发展，拓展新的经济增长点。

（1）农业

随着农业发展趋于稳定，电能替代主要领域为农机自动化、农业电排灌等，电能替代的空间也会趋向饱和。根据预测，到2030年河北省第一产业用电量将达到155亿千瓦时，比2020年增加16.5%，第一产业终端电气化水平将达到29.3%，电能替代潜力约22亿千瓦时。

（2）工业

从短期看，电锅炉、电窑炉等工业用能环节具有一定电能替代空间。在2030年前，主要发展传统工业生产中的电能替代技术，如电锅炉替代燃煤工业锅炉、电窑炉替代燃煤、燃气工业窑炉等；研究工业余热梯级利用和冷热供应技术；推进燃煤高效发电和超低排放技术、清洁高效微粉燃煤锅炉、燃气热电冷联供系统、高效太阳能利用、大功率和低风速风机等技术。随着传统制造业的转型升级和数字技术的不断创新，到2050年工业智能化水平将大幅提升，电气化逐渐向各行业渗透。

根据预测，到2030年河北省第二产业用电量将达到3474亿千瓦时，比2020年增加24.7%，电气化率达到20.5%，电能替代潜力约741亿千瓦时。

（3）交通业

交通用能将保持较快增长，电动汽车将更为普及，电气化铁路比例将不断提高，交通部门用电量会大幅增加。

推进交通业电能替代关键在于全方位推进"陆、海、空"的电能替代技术发展。2030年前，重点发展电动汽车、电气化铁路和城市有轨轨道，完善并推广应用需求侧互动技术、虚拟电厂（VPP）及电动汽车入网（V2G）技术，提升电网系统调节能力；试点电动汽车动力电池梯级利用；深入开展风能、太阳能等清洁能源及交换电配套设施在交通基础设施建设中的应用。研发示范高功率、长寿命、低成本氢燃料电池技术。随着电气化技术经济性提高，2050 年陆上交通中长途运输、重型货运等接续发力，全面发展船舶高压岸电、机场空港陆电等，海上交通电气化和空中交通电气化，扩大氢能在货运领域应用规模。

根据预测，到 2030 年河北省包括交通业在内的第三产业用电量达到 1078 亿千瓦时，比 2020 年增加 46.9%，电气化率达到 27.5%，电能替代潜力约为 344 亿千瓦时。

（4）生活及服务业

伴随居民收入和生活水平提高，建筑和居民用能必将稳步增加。"智慧绿色建筑"的兴起将推动电气化水平快速提升。2030 年前，重点发展蓄热式电锅炉电供暖、电蓄冷技术和光储一体化技术，促进电力削峰填谷；研究利用可再生能源发电实现建筑供热（冷）、炊事、热水；研究发展多能协同供应、源网荷储协调控制与能源综合梯级利用技术，构建智慧能源平台，发展电力增值服务；推广高效电制热电蓄冷设备在综合能源系统中的应用；结合河北农村地区特点，研发生物质热电联产、地热能梯级利用和光热供暖技术；随着物联网、大数据、人工智能等各种新技术的融合发展，2050 年电气化将为新一代"智慧绿色建筑"提供高效、安全、清洁的居住用能保障。

根据预测，到 2030 年河北居民生活用电量将达到 1272 亿千瓦时，比 2020 年增加 47.6%，电气化率达到 23.8%，电能替代潜力约为 410 亿千瓦时。

到 2030 年总共可进行电能替代约 1517 亿千瓦时。工业领域的电能替代占据半壁江山，居民和第三产业平分秋色。由于居民和第三产业点多面广，需要注意配电网络供应能力的建设。

（三）以电为枢纽的能源耦合利用形式

以电为枢纽的能源耦合利用如图 4 所示。通过耦合元件，可以将电、气、热三类能源进行转换。各地区结合不同特点，选取特定的能源类别与电力进行耦合利用，以达到降低用能成本的目标。

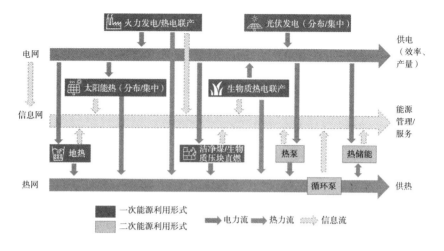

图4 以电为枢纽的能源耦合

五 相关建议

报告分析了河北省能源资源禀赋及能源产业发展情况，对各类能源利用方式进行了综合性评述，最后对以电为枢纽的能源清洁化转型发展路径进行了探讨，下一步建议：

一是研究构建适用于河北省的能源—经济—环境系统模型，对河北省经济社会发展趋势进行定量分析，提高经济社会发展预测的科学性和准确度。在经济社会预测的基础上对河北省"十四五"能源和电力需求、污染物和碳排放进行量化分析，为省政府提供有利于能源行业发展的政策建议。

二是在四类能源耦合方案的基础上，开展各类能源耦合应用方案的经济分析和技术比较，优选适合地方实际的能源利用形式，开展以电为枢纽的能源利用典型示范应用。

参考文献

河北省统计局：《河北经济年鉴（2018）》，2018。

《中国能源统计年鉴（2018）》，中国统计出版社，2018。

张国斌：《河北省地热资源分布特征、开发利用现状、存在问题与建议》，《中国煤田地质》2006 年第 18 卷增刊。

许永兵、黄礼龙：《京津冀农村能源消费结构研究》，《河北经贸大学学报》2015 年第 3 期。

张富强、李凡：《河北省发展生物质能产业的资源困局与对策》，《时代经贸》2019 年第 23 期。

刘明锐：《京津冀民用洁净型煤产业发展思考及建议》，《煤炭加工与综合利用》2018 年第 1 期。

黄维和、沈鑫、郝迎鹏：《中国油气管网与能源互联网发展前景》，《北京理工大学学报》（社会科学版）2019 年第 1 期。

新形势下电网企业数字化
转型的模式与路径探讨

丁健民　岳云力　沈卫东　单体华　聂文海*

摘　要： 当前，数字化转型正深刻影响国际国内经济发展格局与社会
治理形态，数字革命和能源革命呈现融合发展的新趋势。本
文概述了国内外数字化转型的新趋势，分析了电网企业在此
形势下面临的机遇与挑战，提出了以"产业数字化"和"数
字产业化"为特征实施数字化转型的典型模式，初步探讨了
坚持战略引领、实施数字驱动、创新商业模式、拓展合作共
享、重塑客户价值等推动电网企业数字化转型发展的路径。

关键词： 数字化转型　产业数字化　数字产业化

近年来，全球经济进入深度调整和结构变革新时期，数字经济迅速发展，
为经济复苏和社会进步提供了巨大的能量，各国纷纷出台相应政策，推动传统
产业向数字化转型。当前，我国经济已由高速增长阶段转向高质量发展阶段，
正处在转变发展方式、优化经济结构、转换增长动力的攻关期，迫切需要发展
数字经济以促进产业升级和结构优化。习近平总书记在党的十九大报告中强
调，要加快推动大数据与实体经济的深度融合，加快推进科技创新，建设

---

* 丁健民，国网冀北电力有限公司经济技术研究院工程师，工学硕士，研究方向为能源经济与
电力供需；岳云力，国网冀北电力有限公司经济技术研究院高级工程师，工学硕士，研究方
向为能源电力经济、电网规划；沈卫东，国网冀北电力有限公司经济技术研究院高级工程师，
工学硕士，研究方向为能源战略与企业管理；单体华，国网冀北电力有限公司经济技术研究
院高级工程师，工学硕士，研究方向为能源电力经济、电网规划；聂文海，国网冀北电力有
限公司经济技术研究院高级工程师，工学硕士，研究方向为电网规划、项目评审。

"数字中国"。数字化逐渐成为经济社会增长的动力引擎，也成为企业创新发展的推动力量。在此背景下，如何把握数字化发展机遇，推动数字化转型，成为电网企业需要思考和解决的问题。

一 国内外数字化转型的发展趋势

数字化转型就是利用大数据分析、人工智能等先进技术手段，根据不同的业务需求，实现数据驱动业务、流程和经营决策，驱动企业生产、经营、服务业态的变革。当前，数字化转型正在深刻影响国际国内经济发展格局与社会治理形态，并呈现出四大发展趋势。

数字技术成为新一轮产业革命的重要引擎。每一次产业革命都同技术革命密不可分。当前，新一轮产业革命正在蓬勃兴起，以"大云物移智"[①] 为代表的数字技术已成为新一轮产业革命的重要驱动因素。2016 年，杭州 G20 峰会[②] 上发布了《G20 数字经济发展与合作倡议》，标志着以数字经济作为国家经济发展的新引擎已经成为各国共识。

数据资源成为经济社会发展的新关键生产要素。数据的充分挖掘和有效利用，优化了资源配置和使用效率，提高了全要素生产率，已成为与劳动力、资本、土地等并列的关键生产要素，为国民经济社会发展提供充足的新动能。习近平总书记在 2017 年中共中央政治局第二次集体学习时强调，"要构建以数据为关键要素的数字经济"。截至 2018 年底，我国数字经济规模达到 31 万亿元，居全球第二位，约占 GDP 的 1/3。

国家和企业核心竞争力延伸至数字领域。全球各个国家和地区的核心竞争力构成要素呈现数字化发展趋势，博弈的重心逐步从土地、人力的数量质量转移至数字化发展水平，从物理空间延展到信息空间。欧盟出台了"欧洲工业数字化战略"，德国和英国先后发布并出台了"数字战略 2025"和"数字经济战略（2015～2018）"，俄罗斯发布了"数字经济规划"。

数字革命和能源革命呈现融合发展新趋势。能源产业与数字化技术深度融

---

①　"大云物移智"：大数据、云计算、物联网、移动互联网和人工智能技术。

②　G20：二十国集团，包括中、美、日、英、法等国。

合，推动传统能源业务加速朝着智能化、数字化的方向发展。据预测，增加存储和数字化需求响应可以在2040年将欧盟的太阳能光伏发电和风力发电的弃电率从7%降至1.6%。全球1000个大企业中67%已将数字化转型变成企业级战略。电网、水利、公路、铁路等传统能源基础设施也正在逐步开展与新一代数字技术的深度融合，向数字化、互联化、共享化转型升级。

二 数字化转型背景下电网企业面临的挑战

当前，电网企业面临着来自经济周期性、结构性的压力，能源革命与数字革命融合发展，数字化转型时代已经到来，电网企业面临着四个方面的挑战。

现代电网形态发生变化，电网安全运行压力加大。社会对电的依赖，要求供电可靠性更高，电网越来越复杂，接入设备类型和数量越来越多，电力设备网络化、数字化特征愈发明显，电力安全风险将更多体现在金融风险、技术风险等方面。2015年末，乌克兰电网发生世界首例因遭受黑客网络攻击而造成的大规模停电事故，网络安全、数字安全已成为电力安全的重要组成部分。

社会经济形态发生变化，对传统电力业务带来挑战。互联网经济、数字经济等社会经济形态发生变化，通过平台对接供需双方，打造多边市场，对传统电力行业带来巨大挑战。在电改深入推进、电量增长减速的背景下，传统电网营销业务将面临更激烈的市场竞争。依靠数字化创建公正透明的运作机制、及时响应的决策机制势在必行。

行业矛盾形态发生变化，企业发展要素亟待拓展。当前，我国社会主要矛盾已经转化为人民日益增长的美好生活需要和不平衡不充分的发展之间的矛盾。我国电力行业的重心也正从"保障供应"转向"满足用户多样化的用能需求"。电网企业创新发展的要素仍以传统物质形态为主，依赖设备、人力、资本的"有形"要素增长模式已面临困境，充分挖掘数据、服务等无形要素的潜力巨大。

企业组织形态发生变化，"大公司病"亟待破除。市场重心转移、经济形态转变等发展环境的变化使得传统企业组织模式弊端凸显，孤立的、僵化的、封闭的企业组织模式已无法满足数字经济时代生产协作网络化、产品服务个性化、市场响应及时化等需求。电网企业作为规模庞大的公用事业企业，存在惯性思维强、决策执行链条长、横向协调能力弱、精益化管理水平不高等问题，制约了企业发展活力。数字化与业务融合程度不足，基层减负、提效仍存在较大空间。

三 电网企业数字化转型的典型模式

电网企业数字化转型，可以从"产业数字化"和"数字产业化"两种典型模式实施，具体在"一旧""一新""一引领"三个方面发挥"枢纽"、"平台"和"共享"作用。

（一）以产业数字化推动电网企业"旧"的传统业务优化升级，更好发挥电网资源配置的枢纽作用

产业数字化是指将数字技术应用于传统业务，促进传统业务的效率提升，以挖掘新的价值增长，将从三个方面优化升级电网企业的核心业务。

以电力物联提高电网的资源配置能力。电力是未来终端能源的主要形态，预计到 2035 年、2050 年，中国电能占终端能源消费比重将达到 35%、40% 左右。电网是能源生产消费的枢纽，利用数字技术依托电网实现电力物联，将实现能源汇集、传输、转换、利用各环节设备、客户的状态全感知、业务全穿透，提升电网的安全经济运行水平，促进清洁能源消纳。

以数据驱动提升企业的精益管理能力。产业数字化推动电网企业生产组织和管理关系出现新的变化，不断提升企业的认知能力，从简单"经验驱动"转变为"数据驱动"，实现运营管理精益化。依托信息的实时共享打破内外部壁垒，提升企业内外部沟通能力，提升运营管理协同性。依托数字化技术为员工赋能，有效提升员工"双创"潜力，激发企业创新活力。

以全面感知提升电网的用户服务能力。企业的数字化转型，使传统自上而下的服务模式逐步向以用户需求为主要驱动力的服务模式转变，通过加强对用户的全面感知，拉近了企业和用户之间的距离，提升了对用户需求全面理解的能力，同时也为个性化用能服务创造了手段。

（二）以数字产业化推动电网企业拓展新业态、新业务新模式，打造数字化生态平台

数字产业化是指通过利用数字技术，挖掘管理大量数据资产，建立数字化生态平台，将从三个方面拓展电网企业的发展新空间。

以开放共享发展平台经济新业态。在数字革命时代，平台是价值创造和价值汇聚的核心，推动产业组织关系从线性竞争到生态共赢转变。数字产业化将推动电网企业发展开放共享的数字化平台，实现政府、设备商、能源生产商、配售电商、能源增值服务商、终端用户等多方共赢。

以多能耦合发展综合能源服务新业务。数字技术将源网荷储各类设备紧密耦合，将电力用户、电网企业、设备供应商、服务商等各类主体有机连接，有效降低能源设备集成成本，有助于发掘客户深层次能源需求，快速组织各方资源形成定制化解决方案，激发服务模式创新。

以数据应用发展数据资产运营新模式。电网企业拥有庞大的用户规模和可观的真实的电力数据，这些用户和数据是具有稀缺性的战略性资源，会成为外界竞争合作的关键资源，也是促进跨界合作的重要纽带。将这些数据资源产业化将推动电网企业由过去的"高投资、抢项目、上规模"的重资产建设运营模式，转向"数字化、物联网化、智能化"的数据资产建设运营模式，让数据产生价值，成为企业新的利润增长点。

（三）以数字化转型推动电网企业更好发挥央企引领作用，带动全产业链共享发展成果

习近平总书记在全国国有企业党的建设工作会议上用"六个力量"[①] 对国有企业做出了新的历史定位，党的十九大报告对培育具有全球竞争力的世界一流企业提出了明确要求。电网企业作为保障国家能源安全的"国家队"，作为党和人民信赖依靠的"大国重器"，在新形势下率先推动数字化转型，将为我

---

① "六个力量"：成为党和国家最可信赖的依靠力量；成为坚决贯彻执行党中央决策部署的重要力量；成为贯彻新发展理念、全面深化改革的重要力量；成为实施"走出去"战略、"一带一路"建设等重大战略的重要力量；成为壮大综合国力、促进经济社会发展、保障和改善民生的重要力量；成为我们党赢得具有许多新的历史特点的伟大斗争胜利的重要力量。

国其他企业数字化积累丰富经验、培育专业服务机构，发挥央企的重要标杆作用；将吸引更多的社会资本和各类市场主体参与到数字化建设中，聚合产业动能，推动整个产业链转型升级，与全社会共享发展成果。

四 电网企业数字化转型的实施路径

新一轮产业革命正在兴起，数字化转型正成为促进电网企业高质量发展的重要推动力。坚持战略引领、实施数字驱动、创新商业模式、拓展合作共享、重塑客户价值，是推动电网企业数字化转型发展的重要路径。

（一）坚持战略引领，推动企业数字化转型

习近平总书记"四个革命、一个合作"能源安全新战略和关于"加快建设数字中国"的重要论断是习近平新时代中国特色社会主义思想的重要组成部分，为新形势下推动电网企业数字化转型提供了科学理论指导和行动指南。一是深入贯彻落实能源安全新战略，充分发挥电网在能源汇集传输和转换利用中的枢纽作用，促进清洁低碳、安全高效的能源体系建设，促进能源生产和消费革命，引领能源行业转型发展。二是深入贯彻落实"数字中国"战略，全方位提升对数字化转型的认同感，建立数字化思维方式，推动能源革命和数字革命融合发展，推动信息化和工业化深度融合发展。三是充分发挥央企作用，担负起"国家队"的职责使命，打破旧有惯性思维，在落实国有企业改革部署中推动数字化转型，建立起完善的现代企业制度和灵活高效的经营管理机制。

（二）实施数字驱动，支撑企业管理体系变革

一是打破专业壁垒，实现业务协同和数据共享，提高业务数字化和线上化水平，实施管理、业务、文化、组织全方位的数字化变革，打造数据驱动型企业。二是围绕电网规划建设、调度控制、运维检修、营销服务四大业务主要环节中的实际问题，以数字化的全方位感知、网络化连接、一体化融合、大数据分析等能力为手段支撑管理模式变革，提升公司运营效率，增强公司风险承受能力。三是确立企业数字化转型组织模式，从企业总部开始转型，然后逐步过

渡到全企业数字化；从企业下属成员单位开始试点，再全面推广至企业整体；从业务模块或功能单元开始，再向企业其他条线推广。四是激发各层级活力、发挥基层智慧，在决策审批、考核激励、数据服务等环节开展机制创新，使全体员工在企业数字化转型中产生获得感。

（三）创新商业模式，推动业务转型升级

习近平总书记指出，要把握数字化、网络化、智能化融合发展的契机，以信息化、智能化为杠杆培育新动能。一是充分应用移动互联、人工智能等现代信息技术和先进通信技术，实现电力系统各个环节万物互联、人机交互，打造状态全面感知、信息高效处理、应用便捷灵活的电力物联网。二是发挥电网企业海量用户资源优势，大力培育综合能源服务等新兴业务，建设智慧能源综合服务平台和企业能效服务共享平台，打造企业新的利润增长点，推动构建互利共赢能源生态。三是挖掘海量数据价值，由支撑内部管理拓展至提供外部服务，将数据资产作为产品或服务进行增值。研究电力、政务及企业等数据资源运营模式，为政府和相关行业提供专业化能源电力大数据分析与咨询服务。

（四）拓展合作共享，带动跨领域全产业链技术进步

一是加强基础性、前瞻性和关键技术攻关与基础支撑，突破电力物联网发展技术瓶颈，大力研制先进器件和装备，推动芯片、人工智能、传感器、边缘计算、安全系统等共性技术和智能终端、能源路由器等专用设备取得突破，提升核心技术和设备的国产化水平。二是构建全产业链共同遵循，支撑设备、数据、服务互联互通的标准体系，建立各方紧密合作的科研成果转换体系，推进产品的规模化应用、产业化发展。三是实施科技创新开放合作"八大举措"①，整合利用各种创新资源，构建多种形式的创新共同体，实现大中小企业融通创新、共同发展。

---

① 国家电网公司科技创新开放合作"八大举措"：开放共享实验研究资源、开放合作科技项目研究、开放实施科技示范工程、开放应用全社会新技术，合作共建能源电力创新共同体、合作共建国家双创基地、合作共享科技服务平台、合作共营科技创新企业。

（五）重塑客户价值，满足多样化个性化用能需求

坚持"以人民为中心"的发展思想是习近平新时代中国特色社会主义思想的核心内容，"人民电业为人民"是"以人民为中心"的思想理念在国网公司的集中体现。电网企业要重新定义客户价值，建立起"以用户为中心"的企业价值创造模式。一是以数据全面感知提升对客户的全面理解，开展基于电力物联网的营销服务系统建设，实现数据全面共享、业务全程在线，提升客户感知能力、交互能力和参与深度。二是以智慧化的服务提升用户消费体验，以促进客户侧新兴业务发展为目标，提高用户服务业务数字化和线上化水平，改善服务质量，提升用户的参与度和满意度。三是应用大数据预测实现敏捷的服务能力，融合配电抢修、采集运维、营销移动应用等终端，提升市场需求快速响应能力，增强服务的敏锐度和客户体验感，减少服务断点。

结　语

本文概述了国内外数字化转型的新趋势，分析了电网企业在此形势下面临的挑战，提出了实施数字化转型的两种典型模式，初步探讨了坚持战略引领、实施数字驱动、创新商业模式、拓展合作共享、重塑客户价值等推动电网企业数字化转型发展的路径。

参考文献

习近平：《在中国共产党第十九次全国代表大会上的报告》，人民出版社，2017。

刁柏青：《从四个视角看"三型两网"》，《中国能源报》2019年5月6日。

国际能源署：《世界能源展望2018》，2018年11月。

国网能源研究院有限公司：《国内外企业数字化转型分析报告》，中国电力出版社，2018。

李永红、黄瑞：《我国数字产业化与产业数字化模式的研究》，《科技管理研究》

2019 年第 16 期。

国网能源研究院有限公司：《中国能源电力发展展望 2018》，中国电力出版社，2018。

习近平：《积极推动我国能源生产和消费革命》，新华网，2014 年 6 月。

习近平：《实施国家大数据战略加快建设数字中国》，新华网，2017 年 12 月。

区块链关键技术及在电网中的应用

王云佳　胡　珀　马国真*

摘　要： 区块链技术是一系列现有成熟技术的有机组合，因其多方写入、共同维护，公开性，去中心化和难以篡改的特点，可很好地解决传统交易环境中数据在系统内传播过程中的造假行为，打造较为可信的交易环境。在电网企业运行和经营中，通常需要多个信息用户和用能方之间互相配合，共同处理信息，对各个系统处理能力提出了更高的要求。区块链技术的应用为电网业务提供了一种基于技术维度的治理模式革新，对参与电网业务主体之间的关系带来颠覆性的影响。本文主要对区块链技术、国内外区块链技术发展现状、区块链在电网中的典型应用场景及应用对策建议进行了研究，以期为推进区块链在电网中的应用和河北省区块链技术应用提供参考。

关键词： 区块链技术　电网业务　应用场景

区块链技术是一种崭新的分布式数据构架，其通过"块链式"数据构型验证存储数据、分布式节点共识算法形成刷新数据、密码学原理保证数据安全传输、智能合约编程操控数据。"他山之石，可以攻玉"，各行各业都在探究

---

* 王云佳，国网河北省电力有限公司经济技术研究院初级工程师，工学硕士，研究方向为能源经济分析；胡珀，国网河北省电力有限公司经济技术研究院高级经济师，工学硕士，研究方向为能源技术经济；马国真，国网河北省电力有限公司经济技术研究院高级经济师，工学硕士，研究方向为能源技术经济。

这种崭新的技术在本行业中的应用实践，这也为今后电网的发展提供了一种全新的思路和视野。

一 区块链技术概述

区块链技术最早在 1992 年由英特尔公司高级专家蒂姆梅提出，不过直到 2008 年才作为一种独立技术出现——比特币系统诞生。区块链具有多方写入、共同维护，公开性，去中心化和难以篡改的特点，可很好地解决传统交易环境中数据在系统内传播过程中的造假行为，打造较为可信的交易环境。

（一）区块链技术内涵

区块链技术从狭义上讲，是一种将数据构成的区块按照时间顺序排列组合成的链式数据构型，其以密码学基础保证数据不可篡改和不可伪造。从广义上讲，区块链技术是一种崭新的分布式数据构架，其通过"块链式"数据构型验证存储数据、分布式节点共识算法形成刷新数据、密码学原理保证数据安全传输、智能合约编程操控数据。

在典型的区块链系统架构中，以区块为单位产生和存储数据，以时间顺序连成链式结构，以全部节点为范围验证，存储和维护区块链数据。全网多数（数量取决于不同的共识机制）节点经过确认后才可产生新的区块，之后向所有节点广播，以防止其他节点对区块链的更改和删除。

（二）区块链技术原理

客户端用户在发起交易后会向全网广播等待确认，全网系统中的节点把若干等待确认的交易信息和上一块的 hash 值（经过哈希算法后的一组 256 位数）导报共同打包，放入块中，经过审查交易的真实性后生成一个备选区块；随后系统中的其他节点开始寻找一个随机数，可使该候选区块的 hash 值小于某一特定值（即满足哈希算法后的 256 位数的前 n 位数值皆为 0），找到该数后全网系统判定该区块合法，节点便可向全网广播，其他节点对区块验证合格后公认该区块合法；最终可添加该区块至链上，含在该区块中的全部交易也会被判定合法。之后发生的其他交易以此类推链在新区块之后，逐步形成一个不断堆叠历史交易记录的链条。任何对链条上某一细微的改动都会导致该块 hash 值发生变化，进而会使后续块的 hash 值发生变化，与原有账本对接失败，因此篡改难度极高（见图1）。

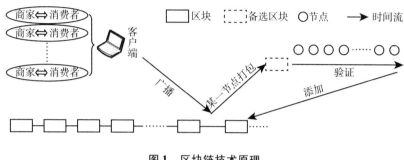

图1 区块链技术原理

区块链技术是以现阶段加密技术为基础，通过分布式账本和共识机制，可在数据传输过程中防止他人篡改和盗取的一种障碍机制。区块链技术因其采用的是分布式账本技术，故无法独立于其他数据库单独使用；同时，区块链若是脱离网络、大数据参与者、数据库技术等环节，也不会形成完整的技术架构。因此，区块链技术在之后的应用往往是"X + 区块链"的态势。

（三）区块链技术特征

区块链网络中全部节点会各自保存整个数据库全部数据，这也就导致了区块链剩余存储容量较小、写入效率较低。面向不同用户范围开放的区块链，可以相对平衡区块链的优缺点，比如有公有链、联盟链和私有链，其中联盟链和私有链通过部分"去中心化"可提升区块链存储效率。区块链系统大致有以下特征。

多方写入、共同维护：参与区块链的记账方由众多利益不一的实体构成，各记账周期不主导发起记账，且轮换方式由不同的共识机制决定，其他参与方则共同配合发起方进行记账信息验证。

公开性：在区块链上仅交易各方信息被加密，其基础源代码开源，这也就导致任何人都可通过开放的接口查询交易数据，进而使整个系统高度透明。

去中心化：区块链技术无须第三方管理机构支撑，没有必不可少的硬件设施和中心管制，区块链上各节点自成一体，通过分布式核算和存储实现信息管理、验证和传递。

难以篡改性（安全性）：这是区块链最为显著的特征，其难以篡改性基于密码学中的散列算法，以及多方共同维护的特征。从理论上来说，只要无法掌控全部数据区块的51%，就可保障某一节点无法肆意修改网络数据内容，这也就避免了人为变更区块数据，达到区块链本身的相对安全。

二　国内外区块链技术应用与发展现状

区块链技术本质上是一种去中心化的分布式记账技术，其在交易和数据存储方面有着突出优势，引起了包括政府、金融领域、制造业等各行各业的广泛关注。以下主要介绍国内外及河北省内区块链技术相关政策支持、企业分布、应用落地及市场规模。

（一）国外区块链技术应用与发展

1. 各国政府积极出台区块链政策

2019年，国外部分国家政策中涉及区块链的信息条数如图2所示，其中区块链政策信息的高频词为加密货币、金融、央行、交易所。

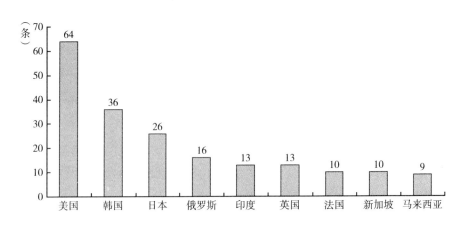

图2　2019年国外部分国家区块链政策信息数

2. 前百区块链企业中国占比最高

从前百区块链企业地域分布情况看，前百名企业主要来自 10 个国家和地区，中国占比 63%，美国占比 19%，日本占比 7%，德国和韩国分别占比 3%，瑞典、安提瓜和巴布达、爱尔兰、芬兰和加拿大各占比 1%（见图 3）。

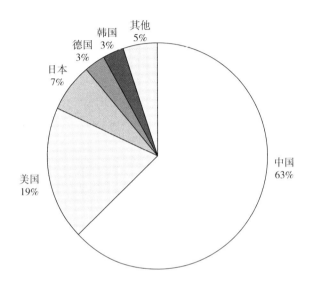

图 3　2019 年全球前百区块链企业分布

3. 全球区块链应用场景涉及面广，市场规模增长稳定

全球有相当一批发达国家已经开始围绕区块链技术部署多个维度的应用，给经济发展和社会进步带来新的动力。在众多区块链应用中，金融依然与支付和交易相关，但已经脱离了炒作虚拟货币和发起在线集资的小众领域；供应链管理是各国产业效益改进、能力提升的重点领域，是全球主要经济体重塑核心竞争力的关键着力点；健康医疗、能源区块链、慈善案例和公共设施等与社会福利的增加和实体经济的发展等公众需求紧密结合在一起，未来多行业、多专业的区块链系统跨链交互与协同将成为趋势。

2013 年以来，区块链应用场景由最初的数字货币、矿机制造向供应链、金融、医疗等多个领域持续渗透，为区块链产业发展提供充足动力。全球区块链产业规模高速增长，应用场景持续拓展。据统计，2018 年，全球区块链市场规模整体呈现稳定增长，2018 年达到 122.6 亿元。其中，美国市场规模最大达 44.1 亿元，中国占全国区块链市场规模 0.7%（见图 4）。

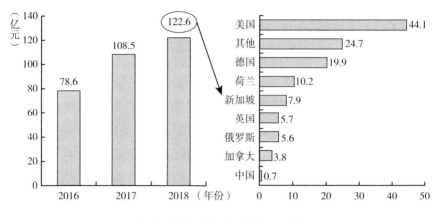

图 4　全球区块链行业市场规模

资料来源：《中国区块链发展报告（2019）》。

（二）国内区块链技术应用与发展

1. 国内区块链政策利好不断

2016～2019 年，国家不断出台支持区块链行业发展的各项政策，鼓励区块链技术在各行业应用，并被写入《"十三五"国家信息化规划》，国家政策的支持为区块链行业的发展提供了充足的动能。此外，2016 年以来，国内主要省、直辖市也相继出台了支持区块链产业发展的指导意见或区块链专项扶持政策，涉及技术应用和平台搭建、产业培育和扶持、人才吸引和培养、发展环境、企业经营补贴等相应内容，为各地区块链产业园区的成立及可持续发展注入了新动能。尤其是在 2020 年信息基础设施中，加大了对以人工智能、云计算、区块链等技术为代表的新技术基础设施建设力度（见图 5）。

2. 区块链企业以北上广深为核心聚集

根据《中国区块链发展报告（2019）》统计，全国区块链企业近 28000 家，其中以北上广深为核心聚集地，广东省区块链注册企业占全国区块链注册企业的比例超 50%，共计 16353 家。长三角地区（上海、浙江、江苏、安徽）区块链相关企业共计 3242 家。海南省为政策导向地区，共有 902 家相关公司。

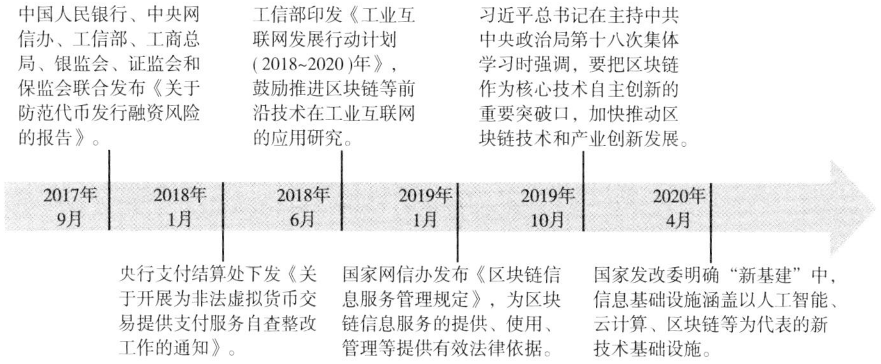

中国人民银行、中央网信办、工信部、工商总局、银监会、证监会和保监会联合发布《关于防范代币发行融资风险的报告》。

工信部印发《工业互联网发展行动计划（2018~2020）年》，鼓励推进区块链等前沿技术在工业互联网的应用研究。

习近平总书记在主持中共中央政治局第十八次集体学习时强调，要把区块链作为核心技术自主创新的重要突破口，加快推动区块链技术和产业创新发展。

| 2017年 9月 | 2018年 1月 | 2018年 6月 | 2019年 1月 | 2019年 10月 | 2020年 4月 |

央行支付结算处下发《关于开展为非法虚拟货币交易提供支付服务自查整改工作的通知》。

国家网信办发布《区块链信息服务管理规定》，为区块链信息服务的提供、使用、管理等提供有效法律依据。

国家发改委明确"新基建"中，信息基础设施涵盖以人工智能、云计算、区块链等为代表的新技术基础设施。

图5 国内区块链政策态度趋势

据"2019中国区块链企业百强榜"显示，中国区块链前百企业中，以北京企业最多，占比40%，深圳和杭州随后，分别有14家和11家，然后依次是上海8家，成都5家，贵阳4家，广州、南京、济南、西安均有2家企业上榜。

3. 国内区块链应用落地增多，市场逐渐成熟

回顾区块链在中国的发展路径，2014年区块链概念兴起，2017年行业掀起激烈的竞争，到了2018年迎来洗牌，优质的技术将逐渐沉淀，市场、用户、环境发生了变化，这种结构上的改变可能会带来一些前所未有的机会。2019年，中国成了全球区块链应用落地最多的国家，达到了400项，占总数的47%。2020年及之后，中国将会在联盟链底层技术及其应用场景发力，迎来新一波的高增长。

2015年中国区块链市场规模几乎为零，但随着近年来国内资本对于区块链技术的投资力度不断加大，区块链在国内的商业模式逐步成熟。2018年，中国区块链市场从爆发式增长逐渐回归理性增长。整体市场规模达到6840.7万元，同比增长109.4%。预计到2020年，中国区块链市场规模将达到5.12亿元，2016~2020年复合增长率达到115.6%。

（三）河北省区块链技术应用与发展

1. 政策支持逐渐显现

近年来，区块链技术发展越来越引起河北省内各地重视，陆续推出区块链

相关政策，或是在规划中提到区块链发展，或是给出了资金具体扶持细节，或是产业应用指向（见图6）。

图6　河北省区块链政策态度趋势

2. 区块链企业分布集中于石家庄和保定

根据国家企业信用信息公示系统（河北）统计，河北省内区块链企业62家，其中省会石家庄区块链企业有20家；保定市受雄安新区影响，区块链企业仅次于石家庄，有19家；唐山市、邢台市、张家口市、沧州市分别有区块链企业8家、4家、3家、3家，承德市、秦皇岛市、廊坊市、衡水市、邯郸市各占1家（见图7）。河北省内区块链企业数量较少，且在中国百强区块链企业中尚无一席之地。

3. 区块链应用逐步落地

随着河北省支持区块链技术研究及应用政策的出台，各地市、雄安新区及自贸区逐渐开始尝试将区块链技术应用在政务、金融、供应链管理等方面，为今后区块链技术聚焦政府职能和产业应用提供了宝贵经验。其中雄安新区作为新时代推动高质量发展的全国样板，在建设初期便尝试将区块链技术应用在城市建设各个领域，不断尝试金融交易、智慧森林和政务等领域，取得了较好的成绩。河北自贸区自2019年成立以来，不断在政务和金融方面取得进展。相信各地市在之后的政府效率提升和产业升级等方面会不断尝试区块链技术的融入和完善（见表1）。

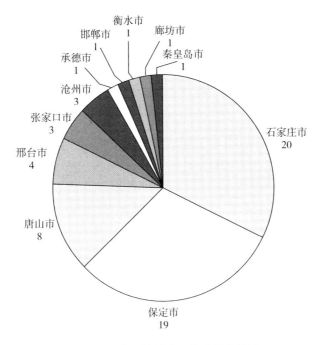

图7 河北省区块链企业各市分布数量

表1 区块链技术在河北省不同领域应用场景

领域	区域	案例
政务	雄安	各政府部门建立数据调用互信共认机制;区块链非对称式加密技术、公私钥机制,确保公众及政府部门数据资产安全
	雄安	运用区块链、大数据等高科技建立智能平台,对每棵树的种植等可追溯全生命周期监控管理
	河北自贸区(正定)	对所有涉企经营许可事项开展"证照分离"改革全覆盖试点,积极探索大数据、物联网、区块链等新技术监管创新模式
金融	雄安	中国银行对接"数字雄安",运用区块链技术参与新区的土地补偿、"智慧森林"供应链融资等核心业务,代理发放补偿款
	雄安	农行与雄安集团合作开发区块链电子票据系统,支持该集团在区块链资金管理平台推行电子银行承兑汇票业务,用于新区项目整个链条的支付结算
	河北自贸区	推进基于区块链、电子身份确权认证等技术的大数据可信交易

续表

领域	区域	案例
供应链管理	石家庄	利用区块链、人工智能等新兴技术,建立基于供应链的信用评价机制
	承德	河北承德露露股份有限公司运用区块链技术"慧链"打造区块链应用场景,采用一罐一码防伪溯源技术,供消费者查验产品
健康医疗	邢台	以区块链技术作为底层技术支撑的疫情防控大数据管理平台,为该县疫情防控管理提供高效、透明、准确的整体解决方案
数据存储	沧州	渤海公证处采用基于区块链的电子证据生成、存储、提取、验证体系对电子数据进行存储,从而保证电子数据存证行为的真实性与法律有效性

4.曹妃甸大数据区块链产业园建设有待提高

2018年10月,曹妃甸大数据产业园升级成为曹妃甸大数据区块链产业园,是京津冀地区首个区块链产业园。产业园由曹妃甸新城和北京创到科技有限公司合力打造,对入驻园区的企业提供租金、用地、研发创新、人才等方面的扶持。现阶段曹妃甸大数据区块链产业园区盈利主要来源于政府补贴、租金、物业管理。不过在区块链产业聚集和企业入驻方面还有待提高,目前虽有华为等几家大数据公司入驻,但下游应用产业支撑方面仍显薄弱,未能形成强有力的集聚。目前,在国内区块链产业园综合竞争力评估结构中,未能崭露头角,还需进一步加大对产业园政策支持和基金支持力度,提升产业园入驻区块链企业数量和质量。

三 区块链技术在电网中的典型应用

区块链技术的应用为电网业务提供了一种基于技术维度的治理模式革新,对参与电网业务主体之间的关系带来颠覆性的影响。通过区块链的共识机制、激励机制和计算能力,可大规模协调交易主体参与电力及能源交易,同时提高能源互联网计算速度,降低计算成本。根据区块链的特点,可考虑在以下电网业务中搭建区块链各个应用场景。

（一）区块链在电网中的典型应用

1.新能源云

与传统能源相比,新能源具有类型多样化、分布范围广、产业链条长的特点，各专业间互联互通不足，管理效率较为低下。基于区块链技术的新能源云，可有效实现电网企业、新能源企业、用户端、监管部门等参与方的数据贯通，为解决新能源存在的成本高、效率低和数据存储不安全等问题提供思路。

国网电商公司牵头建设的新能源云平台已在 14 家省级公司实现试点应用，目前已完成 20 多万座新能源电站的并网签约、交易结算等信息数据的上链存证。国网河北电力在 2020 年加快推进"智慧绿色能源服务云平台"建设，预计年底前可完成相关数据和平台的建设。

2. 电力交易

随着分布式能源发电的快速发展，余电上网的点对点能源交易劲头强势。基于区块链技术的电力交易，将电表发电数据通过区块链记录，利用区块链的共识机制和智能合约技术，通过分布式计算系统验证交易过程，实时批准能源交易，实现电力生产者、销售者和消费者的"直连"，在降低电力交易成本的同时提升了交易效率。

目前，国网陕西电力作为试点单位，服务各类电力交易主体 2000 余家，参与双边协商交易 600 余家，承担了分布式电力交易市场近 80% 的交易量，有效降低了电力交易过程中的人力和沟通时间等成本。国网山东电力多个园区已开展分布式能源交易平台试点应用。通过构建区块链分布式能源交易平台，实现了微网内光伏发电、储能、风电、电网等不同主体之间的购售电交易，使充电桩设计容量降低 57%，综合用电成本下降 7%，光伏收益增加 12%，并减少了电网设备投资，提高了透明度，降低了能源交易成本。

3. 物资采购

"物资采购＋区块链"，可在线完成招标采购和供应环节。通过与金融机构、司法机关、质检机构跨链交互与数据链上共享，可有效掌握物资采购全过程的订单、运输、库存、销售、质量评价等所有环节的细节，实现物资采购全流程交易可信存证和智能履约，为用户提供实时可靠的信息数据，以便实现产品质量追溯。

目前，国网商城上链 450 多万条订单、合同数据，通过区块链技术，将主要商品库存周期缩短 20%，供应链流转效率提升 30%，在确保货物质量的同时，降低了物流成本。

4.安全生产

基于区块链技术，在数字化工作票、安全准入、网络安全等安全监督业务方面开展应用设计，将设备配置信息、日志数据等上链存证，确保安全事件可监测、可追溯；还可以使用区块链的私有链技术，将电力企业内不同部门、电厂数据通过区块链进行共享和记录，同时还可通过燃料企业、电网公司、售电公司、监管机构、金融机构构建联盟链，实现发电业务上下游协作。

在网络安全领域，国网电商公司将网络安全设备、安全系统的数百万条日志数据上链存证，打造了系统告警机制。当日志数据被破坏或者是篡改时，系统立即报警，降低了潜在的安全风险和隐患。同时，国网甘肃电力和国网电商公司协同合作，依托区块链技术研发了安全生产管理系统，进一步提升了安全管理、规范化作业、风险防范等方面的治理能力，并在春检中实现了首次试点应用。

（二）区块链在金融领域中的应用

1.智慧财务

通过应用区块链技术，优化电网公司内部财务管理，开展电子合同、交易数据、电子发票、资金监管等关键数据的上链试点应用。利用区块链技术的加密算法、智能合约等技术优化财务业务流程，加快信息在各个部门间的流转速度。

2.线上产业链金融

开展线上产业链金融业务试点应用，利用区块链实现信用传导——电网企业在链上为上下游企业背书，缓解中小企业融资难题。

在2020年新冠肺炎疫情中，国网电商公司的区块链线上金融服务平台，借助区块链多方协同机制，携手各大银行推出收账款保理融资、物资电商化采购融资、票据直贴等综合性解决方案；借助区块链多方信任机制，为接入平台的多家中小企业提供了"一对一"精准化数字金融服务，保障企业资金链良性循环。

（三）区块链在政务领域中的应用

1.智慧法律

利用区块链技术实现电网企业与公证机构、法院、律师事务所等权威机构的对接，破解了电子证据易篡改、易伪证、易消亡、保障唯一性低等难题。

国网电商公司作为北京互联网法院"天平链"节点，将交易数据、电子合同、知识产权等重要数据上链存证，实现由事后取证向同步存证方式转变。目前，已实现各类合同全程线上签约，累计上百万条数据上链，节约合同签署成本达95%，合同流转时间由2周缩短至1天。

2. 征信

利用区块链技术的公开透明、防篡改的技术特性，创建叫信共享数据账本，提升信用评价数据的真实性，提高面向政府、企业的征信服务水平，以信用建设推进治理现代化。

国网电商公司征信平台以国家电网全域、海量、实时的电力数据为基础，会集公安、税务、司法等多方外部数据资源，可有效评估企业财务风险与信用风险，优化营商环境。目前，向金融机构提供的征信数据达10万条，有效支撑中小企业融资贷款业务。

四 河北省区块链技术应用对策建议

区块链的去中心化、公开透明、安全可信特点，在电力市场和能源互联网时代背景下，可提高能源交易效率，降低能源交易成本，促进管理经营效率提升，但依然存在很多不确定性。从政府层面的推动监管，到技术层面的核心研发，再到电网企业的推进和河北省内区块链人才的培养，都需要逐步攻破。

（一）发挥政府能动作用，建立新型产业协作体系

一是充分发挥组织协调能力，建立新型产业协作体系。区块链行业将更加注重于联盟链技术，而联盟链应用场景，则需要多方企事业单位良好平等地开展合作关系。此时政府相关部门可以承担起中间牵线人和组织协调人的责任，通过政策扶持、场景搭建、资源对接等手段，最大限度推进可组成联盟链的单位同区块链技术服务公司的协作，联合推动应用项目的落地。

二是加强上链资格审查，发挥政府审查监管作用。区块链是交易的历史记录，并且是网络的唯一真实来源，在上链数据不能更改的环境下，更应该确保上链数据的真实准确性。而确保数据真实准确的前提则是上链资格审查严谨，

对各区块链上链企业进行严格资格审查和监管。

三是逐渐完善监管体系，推动区块链体系标准化。目前，区块链国家标准在筹划中，河北省在规范标准出台前，需严格完善省内区块链技术应用规定和细则，推动省内区块链产业市场规范化、标准化发展。

（二）加强底层技术研发，加快行业标准体系完善

一是务实推进和鼓励区块链核心底层技术的创新发展。加快推进包括共识机制、密码学算法、跨链技术、隐私保护等在内的区块链核心关键技术研发。同时，鼓励企业沉下心来，下苦功夫钻研区块链技术和实体经济的融合，做出真正有底层核心技术和原创设计的产品。

二是加强区块链与物联网、人工智能等技术的融合。随着科技发展和信息技术的进步，数据信息的流转可以涉及诸多技术领域。因此，在加强区块链底层核心技术创新发展的同时，还应加强其与"云大物移智"等相关技术的研究和融合，促进区块链技术和"云大物移智"相关技术的结合、产业融合。

三是积极谋划电力领域和能源领域以及全行业的区块链标准体系建设。提升产业内数据共享效率，保证电力、能源资产可确权、可溯源，提高资产流通效率，降低资产流通过程中的成本预算，最终实现物理流、信息流、资金流的"三流合一"。

（三）优化区块链应用深度，拓宽区块链应用范围

一是攻坚克难，充分挖掘区块链应用场景。在电网企业内部，持续深化区块链应用场景研究和落地，根据区块链技术在电网中能源、金融和政务领域方面的应用场景，提出针对性"区块链＋"各主体应用场景及试点示范项目。

二是搭建能源"联盟链"，拓宽区块链在能源领域的应用。电能是一种规模性经济，规模越大，成本就会越低。但从消费者角度来看，对能源的去中心化需求较低；相反，中心化的发输电在保证电力供应充足的同时，还可以减少运输过程中的损耗，提供专业运营管理服务，防范系统风险，这些正是区块链点对点方式短缺的。因此，可考虑搭建由合格参与者共同运行的半中心化"联盟链"运行体系，即建立电力、石油、燃气等多个能源中心共存的联盟链，实现多功能系统运行区块链，以更好发挥区块链在能源交易方面的价值。

（四）加大人才培养力度，重视培养创新创业精神

一是推进河北省内高校加大区块链技术人才培养力度。把区块链技术人才培养纳入高校教育的范畴，从技术、教学、研究三个方面进行布局，加大力度推进区块链技术的普及和发展。

二是鼓励科技企业着重培养区块链人才。企业是区块链技术落地应用的主要载体，企业定向培养的区块链人才，才能既懂技术，又熟悉业务应用。

三是鼓励成立区块链相关的培训机构。培训机构根据市场发展趋势，不断更新课程体系，鼓励年轻技术人员参加培训课程，改善知识结构，适应区块链技术发展的需要。

参考文献

河北省人民政府：《河北：抢占数字经济风口赋能传统产业升级》，河北省人民政府网，2019 年 12 月 13 日。

河北省人民政府：《2020 年河北省政府工作报告》，2020。

河北省人民政府：《河北省优化调整能源结构实施意见（2019～2025 年)》，2019。

河北省人民政府：《河北省数字经济发展规划（2020～2025 年)》，2020。

叶蓁蓁、罗华主编《中国区块链应用发展研究报告（2019)》，社会科学文献出版社，2019。

杨东伟、樊涛、朱辉、何清素主编《区块链在能源互联网中的应用探索》，科学出版社，2018。

《国网区块链应用十大应用场景是什么》，《能源评论》2020 年 1 月号。

中国信息通信研究院：《区块链白皮书（2019 年)》，2019。

人民创投区块链研究院：《中国区块链政策现状及趋势分析》，2019。

互链脉搏：《2019 中国区块链产业园发展报告》，2019。

河北省能源互联网产业发展现状、问题及建议

杨　洋　魏孟举　冯喜春*

摘　要： 能源互联网产业是在电力电网和物联网大数据碰撞的基础上，与化石能源、可再生能源等不同能源体系和园区、交通等不同产业体系充分融合、打破产业边界形成的跨界新业态和战略性新兴产业。发展能源互联网产业，是河北省开展高质量"新基建"、对冲疫情影响、促进产业结构升级的重要举措，是落实"四个革命，一个合作"能源安全观、实现能源结构转型的重要实践，是提升人民幸福生活获得感、建设以人民为中心的新型智慧城市的重要基础。河北省具有发展能源互联网产业的政策优势、产业基础、能源禀赋和区位特点，但也面临产业发展不充分、产业链条不完整、数据信息孤岛、能源价格体系和能源交易机制不完善等一系列问题。河北省应紧紧抓住"新基建"的政策关口，充分利用京津冀协同、冬奥会、雄安新区建设等历史机遇，加快核心技术攻关，发挥好产业政策的引导作用，发挥好货币和财政政策的支撑作用，完善电力交易和天然气供给机制，实现河北省能源互联网产业由跟随向引领的跨越，为"十四五"高质量发展打下坚实基础。

---

* 杨洋，国网河北省电力有限公司经济技术研究院工程师，工学博士，研究方向为电力系统分析、综合能源及大数据；魏孟举，国网河北省电力有限公司经济技术研究院高级政工师，工学学士，研究方向为能源经济政策；冯喜春，国网河北省电力有限公司经济技术研究院院长，工学硕士，研究方向为电网规划、设计及企业战略规划。

关键词： 河北省 能源互联网产业 技术攻关

一 能源互联网及能源互联网产业的定义及内涵

能源互联网概念第一次出现在美国著名未来学家杰里米·里夫金（Jeremy Rifkin）于2012年出版的《第三次工业革命》一书中，他提出了能源互联网的四个主要特征：①以可再生能源为主要一次能源；②超大规模接入分布式发电与储能系统，形成产销一体新形态；③基于互联网技术实现广域能源共享；④支持交通系统的电气化，即由燃油汽车向电动汽车转变。2016年3月，国家发改委、能源局、工信部印发了《关于推进"互联网＋"智慧能源发展的指导意见》，将"互联网＋"智慧能源（即"能源互联网"）定义为"一种互联网与能源生产、传输、存储、消费以及能源市场深度融合的能源产业发展新形态，具有设备智能、多能协同、信息对称、供需分散、系统扁平、交易开放等主要特征"。简单来说，能源互联网就是利用新兴的互联网技术，以电力系统为核心，对于传统能源行业格局进行改造，最终达到横向多能互补，纵向"源—网—荷—储"互相协调的新型能源体系。

尽管能源互联网与智能电网有很多相似之处，但是能源互联网与智能电网仍存在重要的区别：①能源互联网的物理实体由电力系统、交通系统和天然气网络共同构成，更为强调不同种类能源基础设施的互联。②能源互联网中的能量可在电能、化学能、热能等多种形式间相互转化，更强调能量的多源协同。③能源互联网中的互联网等开放式信息网络将发挥更大作用，大数据、人工智能以及云计算的处理能力以及相应的基础设施成为能源互联网的重要组成部分。典型的能源互联网能源协同利用形式和系统架构如图1和图2所示。

能源互联网产业是指在电力电网和物联网大数据碰撞的基础上形成的能源互联网的核心，与前端包括化石能源、可再生能源、环境产业等不同的能源体系进行结合，同时，在后端与包括园区体系、清洁的交通领域、家庭用能等更多的工业体系结合，打破终端边界，形成的多产业跨界的战略性新兴产业。能源互联网产业主要有以下三方面特征。

一是发展前景好，市场规模大。一方面，得益于人类对碳减排的日益重

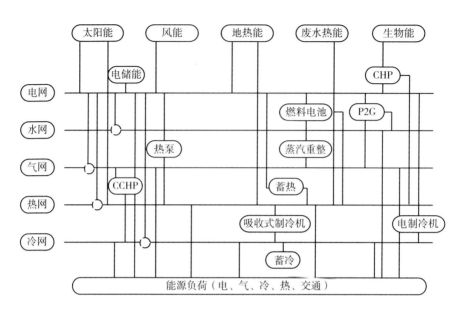

图1 能源互联网能源利用形式

图2 能源互联网系统架构

视、能源技术的突破以及电力市场的逐渐开放，能源互联网的发展成为必然趋势。另一方面，煤炭、石油价格低位运行，传统能源巨头纷纷转型到能源互联网市场。根据中投顾问公司预测，到2023年该市场将达到13080亿元，2020~2023年年均复合增长率约为8.55%。

二是产业链条长，引资能力强。能源互联网涉及设备与解决方案、能源产品的交易、能源资产的服务、能源的增值服务等方面，从最上游的材料及设备，到一次能源生产、二次能源生产，到最终的能源消费，每个产业链条都会沉淀大量的投资资金。根据全球战略咨询管理公司艾意凯（L. E. K）预测，到2035年电动汽车保有量将会有超过3000万辆，工商业增量配电网容量将达到5550亿瓦左右，分布式光伏装机容量将达到30000亿瓦，燃气分布式的装机容量将会以17.5%的年均增长率达到2500亿瓦，由此将带来大规模的产业投资。能源互联网十大产业机遇如图3所示。

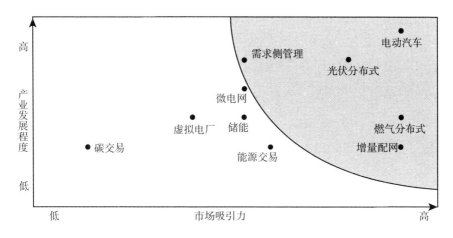

图3 能源互联网十大产业机遇

三是产业业务广，引领效果好。如前所述，能源互联网可结合化石能源、可再生能源、环境产业等不同行业，因此，无论工程类公司、传统能源公司还是设备类企业、家电企业和科技企业，都可通过参与能源互联网产业找到合理的市场定位，进而获得市场机会（见表1）。

表1 能源互联网典型商业场景及相关案例

商业场景	参与企业	典型案例
分布式能源	工程类公司	上海航天能源股份公司凭借多年在燃气行业积累的工程经验，积极在燃气高新技术应用领域中从事应用系统开发、系统集成服务，通过提供专业的互联网技术及基于云数据服务的软件平台为客户提升价值，大力推广燃气智能化技术，成为该领域内著名的应用系统解决方案提供商

续表

商业场景	参与企业	典型案例
综合能源服务	传统能源公司	河北新奥集团以为用户提供多能互补的泛能站解决方案为切入点,利用信息网络与气、电、热、水等物理网络,搭建泛能站之间互联互通的泛能网,形成以储能为支持,多能源智能调配、互联网能源共享的新生态
通过工业数字化提供能源服务	设备类企业	美国通用电气公司这家生产能源装备的全球公司已经开始建立三个层面的能源服务新模式。首先,提供物理层面的能源业务体系,销售包括油气生产与炼化设备、发电和输配电设备、电力消费产品;其次,建立了数据层面的能源增值服务,在用户能量节约、智能供需管理和提升生产效率等方面提供服务;最后,开始介入能源交易的环节,构建交易平台推动电力与碳交易和合同能源管理
提供智慧城市解决方案	家电企业	日本松下公司正在放弃纯家用电器领域,进入能源互联网领域。首先是智能家居,松下推动了Future Home系统应用,致力于建设现代生活空间,利用智能解决方案和技术打造未来起居室和厨房。其次是电动汽车,为生态城居民提供电动汽车,每个家庭设置充电桩,紧急情况下电动汽车可以反向为小区供电。最后是太阳能、风能发电,利用太阳能、风能发电设备为藤泽生态城居民的生活提供电力能源保障
构建能源生态网络系统	科技企业	江苏远景能源有限公司推出阿波罗光伏云平台和格林威治云平台,负责解决新能源、可再生能源的规划设计、厂址选择等全生命周期的资产管理

二　河北省发展能源互联网产业的意义

河北省发展能源互联网产业，具有以下三方面的意义。

一是河北省开展高质量"新基建"、对冲疫情影响、促进产业结构升级的重要举措。当前，"新基建"之所以迅速成为各省关注的重点，原因就在于：能不能抓住"新基建"的机遇，在一定程度上关乎本省能否抢占产业先机，从而步入创新发展的快车道，实现事关发展全局的结构性转型升级。与传统基础设施投资相比，"新基建"为5G技术、云计算、人工智能研发等提供配套基础设施建设，一方面能有效拉动相关投资，另一方面能为产业转型升级提供支撑。此外，用数字技术、智能技术改造传统基础设施，不但会带动投资规模的扩大，而且会更好地提高国民经济运行质量和效益。能源互联网产业将"新基建"与传统能源基础设施建设有机结合起来，通过延伸产业链、扩大新型基础设施应用的场景和范围，为"新基建"找到了"标靶"，减少了信息类新型基础设施因部分无序、无目的建设而造成的产能过剩，将有助于河北省克服疫情带来的短期冲击，增强经济韧性，释放长久发展动能。

二是河北省积极落实"四个革命，一个合作"能源安全观，实现能源结构转型的重要实践。"十三五"以来，河北省能源结构调整有了积极成效，环境质量有了明显提高，但河北省能源消费结构的调整依然存在较大空间：煤炭消费比重高于全国平均水平 23 个百分点，单位 GDP 能耗较全国平均水平高35%，梯级利用、分质利用、循环利用、集成利用等发展不足。能源互联网以可再生能源消纳和多种能源的高效利用为出发点和落脚点，通过应用互联网技术和数字技术，打造"源—网—荷—储"协调互动的能源体系，有利于提升天然气、可再生能源以及电能等清洁能源的消费比重，提高能源生产、转换和利用环节的效率，推动河北省能源结构的转型升级。

三是河北省提升人民幸福生活获得感、建设以人民为中心的新型智慧城市的重要基础。一方面，能源互联网通过为居民提供能量节约、智能供需管理、电动汽车充电策略、储能闲置资源利用等方面服务，可以降低居民的用能成本。另一方面，能源互联网信息智能交互的功能能够促进城市能源监管的精细化。例如，上海张江科学城智慧城市能源云平台通过对能源大数据的收集、分析、应用，为政府提供能源监控、能源优化管理支撑。

三　国内外能源互联网发展形势分析

（一）国外形势

世界各国结合自身需求，纷纷开展能源互联网相关工程建设，尽管研究和发展的侧重点有所不同，但目的都是提高可再生能源的比重，实现多元能源的高效利用。

美国侧重以智能电网相关技术推动能源互联网建设，主要在智能平台、监控和管理、智能计量、需求侧管理、集成可再生能源等方面开展应用。德国侧重互联网及供需互动技术在能源平衡及交易中的重要作用。英国强调电、热、冷、气等能源形式通过各类能源转化手段耦合在一起，通过多能互补提升城市能源网络的灵活性和经济效益。日本定位于解决能源供给多样化、减少污染、满足用户的个性化电力需求。韩国侧重于不同能源网络融合技术的应用，同时形成新的能源交易商业模式。新加坡由于能源资源的匮乏，其能源利用效率的提升是其重点关注的内容。国外能源互联网典型建设思路如图4所示。

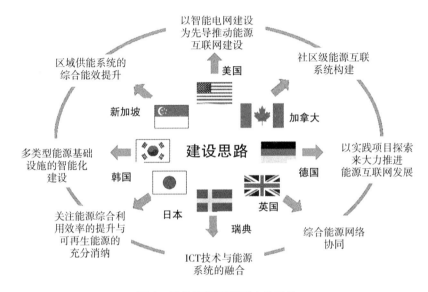

图4　国外能源互联网建设思路

（二）国内形势

我国能源互联网强调能源系统电气化、低碳化与智能化发展，能源互联网的建设目前尚处于示范和探索阶段，正在逐步摸索适合不同应用场景的技术手段和商业模式。

试点方面。北京延庆能源互联网绿色云计算中心按照能源高效利用可持续发展理念，建设更绿色、更高效的IT基础设施。天津市北辰商务中心能源示范工程建设了光伏发电、风力发电、风光储微网、地源热泵、电动汽车充电桩五个系统及一个综合能源智慧管控平台。嘉兴市以智能电网驱动智慧城市，打造城市能源互联网综合试点示范的"海宁模式"。

行业方面。随着能源互联网理念的逐步推广，许多企业把能源互联网纳入业务经营范围，能源互联网相关企业的数量迅速增加，从 2014 年底的 3667 家快速发展到 2018 年底的 24651 家。

政策方面。我国能源互联网的相关政策体系正在逐步形成中。2014～2018 年，涉及"能源互联网"的相关政策法规共计 294 项，涵盖宏观战略、法律法规、行业标准、部门规章及规范性文件。为了配合这些政策，我国还制定了 20 多部国务院行政法规、200 多部部门规章、1000 多部地方能源法规和规章、若干国家和地方能源标准及能源规范性文件。

四 河北省能源互联网产业发展态势分析

（一）优势分析

1. 政策优势

一是冬奥会在河北省的举办为能源互联网产业发展提供了契机。围绕打造低碳奥运，奥林匹克中心和其他奥运场馆的用电及热能供应将 100% 采用可再生能源，能源互联网可以为冬奥会提供能源保障，实现奥运专区绿色用能、低碳排放。二是雄安新区作为国家千年大计，其高标准和先进设计理念对打造具有河北特色的能源互联网示范具有窗口效应。同时，雄安新区将重点承接高校、科研院所等非首都功能，打造创新"高地"和人才"洼地"，会集一批科技机构与人才，将创新理念融入产业发展。

2. 产业基础

一是在能源装备制造业方面，河北省近年涌现出保定天威、保定英利、石家庄科林等一批能源装备制造优势企业，银隆、长城等汽车制造企业在电动汽车领域加快发展，形成了以保定电谷为代表的集电力机械、光伏、新能源等于一体的电力产业园区和以邢东产业园区为代表的专门生产电动汽车及相关设备的制造产业园区，装备制造能力强。二是在数字信息产业方面，京津冀大数据综合试验区建设成效显著，张家口、承德、廊坊等大数据示范区初步建成，物联网应用快速推进，车载智能终端、医疗健康服务、智能城市建设等垂直领域的物联网终端用户数居全国第 10 位，无论信息行业实力还是从业人数都具备一定的规模基础。三是在试点方面，以国网河北省电力有限公司为代表的央企和以新奥集团为代表的民营企业分别在各自领域先行先试。在示范工程方面，打造了塔元庄"全国首家村级综合能源服务站"、朱河"三站合一"智慧能源综合体①；在系统平台方面，打造了雄安"CIEMS 城市智慧能源管控系统"、"绿能云"平台②、智慧充电桩（车联网）、"泛能网用能云平台"，为河北省能源互联网的发展积累了先行经验。

3. 能源禀赋

一是河北省可再生能源资源丰富。风能资源技术可开发量 1 亿千瓦以上，目前已开发 14%，有较大的开发利用潜力。太阳能资源在全国处于较丰富地带，仅次于青藏及西北地区。地热田分布广泛，地热资源丰富且埋藏浅，全省各地市均有分布。同时，河北省是农业大省，具有丰富的生物质能资源。多种新能源资源的分布为能源互联网多能协同提供了前提条件。二是天然气保障逐渐充分。近年来随着中俄东线天然气管道、鄂安沧管线、蒙西煤制天然气外输管道和津冀晋天然气互联互通管道及区域内支线建设的逐步推进以及"一带一路"能源领域的深入合作，河北省天然气稳定供应的能力逐步提高，为天然气的分布式利用提供了基础。

4. 区位特点

河北省各地市区位特点鲜明，便于依据资源禀赋和产业特色打造不同内涵、个性鲜明的城市级能源互联网示范样板。①石家庄作为省会，属于河北省集中力量建设的特大型城市，适合建设以建筑智慧用能为目标的能源互联网。②重工业城市以邯郸、唐山为代表，具有大工业负荷集中的特点，适合建设以提升工业园区能效为目标的能源互联网。③多种能源富集型城市以张家口为代表，适合建立以大规模新能源消纳为目标的城市能源互联网。④新建城市以雄

---

① 智慧能源综合体实现充电站、变电站和数字中心的三站合一。综合体借助综合能源管理平台，可实时收集电网系统状态、风光发电状态、设备运行状态等信息，利用"源—网—荷—储"协调优化控制技术，提升多种能源综合利用和统筹管控水平，代表了新一代智能变电站的演进方向。

② "绿能云"是由国网河北电力有限公司在河北南部推出的智慧能源大数据应用平台，旨在对电力及全行业大数据综合应用，对接政府、社会和企业需求，打造电力数字经济，孵化经济新业态。

安新区为代表，适合建设以万物互联为特征的能源互联网，打造能源清洁高效利用、智慧共享的样板。

（二）现状及问题分析

河北省发展能源互联网产业，还存在以下问题。

一是产业规模相比发达省份不高，发展水平较低。以企查查（www. Qcc. com）全国企业信用查询系统为手段，搜索"能源互联网"关键词，可以查到河北省相关企业共 693 家，相比而言，广东有 13886 家，浙江有 2057 家，江苏有 1865 家，北京有 1323 家，上海有 867 家，天津有 593 家（见表 2）。

表 2   各省（直辖市）相关企业及经营范围占比

单位：%，家

地区	总数	科学研究和技术服务业占比	信息传输、软件和信息技术服务业占比	制造业占比
河北	693	17.20	14.90	10.40
广东	13886	14.80	12.70	5.50
浙江	2057	11.70	14.92	6.66
江苏	1865	26.54	12.28	7.67
北京	1323	29.63	5.67	4.16
上海	867	26.99	16.49	5.07
天津	593	31.20	7.25	6.58

从比较可知，河北省相关企业在总数上相比发达地区差距较为明显，不及广东的 5%、浙江的 33.7%。在经营范围上，河北省相关企业的制造业占比大于其他先进省（直辖市），说明制造业是河北省企业的传统强项，在国内市场竞争中具备一定先发优势。但在科学研究和技术服务业占比方面仅优于浙江（广东除外），与最高的天津相差 14 个百分点，说明河北省相关企业在"资产轻量化""经营数字化"方面的水平不高，产业整体发展处于较低层次。

二是关键技术存在缺项，产业链条不完整。2018 年，上海发展改革研究院联合上海科学研究所和相关企业，按照能源产品的"生产、输配和消费"三个维度，研究提出了上海能源互联网企业的重点发展技术：①在能源生产领域，主要涉及一次能源的高效转换、二次能源的高效应用以及"能源＋信息"的融合等技术；②在能源输配领域，主要涉及能源网络的科学规划、建设和安全高效运行，区外及本地清洁能源的有效消纳技术；③在能源消费领域，主要涉及能源消费与信息技术的融合、需求侧能源响应管理、能源微网智慧运行管理、能源互联网系统安全、多能源智慧交易平台建设等技术。按照上海发改委研究院提出的三个技术维度对近五年以来河北省科技进步奖相关获奖情况进行梳理，如图5所示。

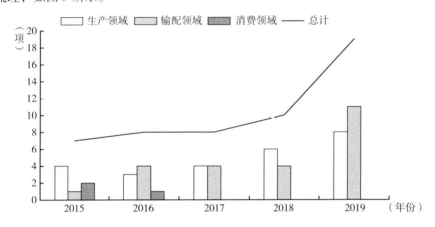

图5　2015～2019年河北省科技进步奖能源互联网相关技术获奖情况

从图5可知，随着河北省相关行业和企业向能源互联网领域的逐渐转型，河北省能源互联网相关技术的攻关取得了长足进步。2018年以来，获奖总数出现了快速发展势头，2019年获奖总数是2015年的将近3倍，尤其在能源的生产和输配领域，仅单项就超过了2015～2017年任意一年的总和，说明河北省相关行业和企业抓住了"互联网＋"的发展趋势，在相关核心技术领域掌握了一定的优势。但从图中也可以明显看到，河北省在能源消费领域的技术储备不足，自2017年以来已连续3年没有相关领域的研究成果，从侧面说明河北省能源互联网产业链条存在短板，能源消费市场建设存在欠缺，企业涉足相关领域的意愿不强。

三是数据共享机制不健全，存在行业壁垒。当前，能源行业之间数据共享依然不足，数据共享机制不健全，"数据孤岛"现象仍然存在。一些城市能源数据采集的基础设施不足，缺乏专业人才和机构运营数据等。最近，国家加快推动5G、人工智能等新一代信息技术产业发展，将为提升社会治理能力和公共服务水平打下坚实基础。在此过程中，河北省应推动实现城市公共数据和行业数据共享，加快建设能源互联网"前台—中台—后台"相融合的数据服务支撑体系。

四是能源价格体系和能源交易机制不完善。能源互联网的发展离不开市场化的价格体系、能源交易机制以及公平规范的市场交易平台。如前所述，目前河北省能源价格体系和交易体制机制尚不完善，具体表现在两个方面。一方面，缺乏反映市场供需关系的能源价格体系，导致项目投资预期不明确、投资风险加重、系统运行效率无法快速提升以及先进技术难以应用和迭代等问题。另一方面，缺乏适应能源互联网中多种能源类别、多种参与主体、多种结算方式、多种标准体系以及多种时间尺度的能源交易体系，包括能源交易平台、能源交易机制和模式等。

五　政策建议

能源互联网产业是集新一代信息技术、数字经济、传统能源产业要素于一身的战略性新兴产业。发展能源互联网产业是河北省立足当下与长远、推动经济与能源结构转型、夯实"十四五"发展基础的重要举措。河北省具备发展能源互联网产业的政策优势、产业基础、能源禀赋和区位特点，但也应认识到河北省相关产业发展层次较低、产业链条不健全，在相关体制机制方面还存在一定欠缺。针对存在的问题，就推动河北省能源互联网产业发展提出四方面建议。

一是搭建能源互联网技术创新平台。促进能源互联网领域内的跨行业技术交流，嫁接跨行业的服务需求，形成集产、学、研于一体的行业发展合力。发挥雄安新区的"窗口"和示范引领效应，在新区搭建能源互联网技术创新平台，利用新区政策优势引进先进产业链和技术攻关团队，通过定期举办展览会、产业博览会扩大行业发展空间，提高行业竞争力和品牌力，确立河北省在能源互联网领域的引领地位。

二是发挥好产业政策的引导作用。研究出台产业支持政策，鼓励相关地区和企业，结合地方特色和产业基础开展各层次、各领域、各环节的能源互联网项目实践。例如，鼓励社会企业参与居民区充电设施的建设和运营管理，明确工业绿色园区奖励标准，加强城市公共服务数据和行业数据共享，支持行业龙头企业利用自身基础优势搭建省级能源大数据服务中台，支撑能源互联网行业可持续发展。关注和鼓励企业参与相关国家和行业的技术标准制定，掌握产业发展方向的话语权。例如，鼓励企业参与新能源监控平台、车联网平台、充电设施监测服务平台等标准制定。

三是发挥好货币和财政政策的支撑作用。一方面，通过产业扶持资金、科技专项资金等方式精准支持能源互联网项目，降低企业融资成本，广泛调动社会投资积极性。另一方面，建立能源互联网产业引导基金，完善绿色银行机制和绿色金融服务平台，健全涉及财政、税收、投资、保险等环节的绿色金融体系，引导和支持能源互联网新技术和新业态的迭代发展。

四是完善电力交易和天然气供给机制。结合国家油气改革和电力体制改革，加快河北省分布式发电、需求侧响应等电力交易政策制定和实施，适当扩大工商业峰谷电价价差，增大用户侧负荷打捆交易规模，为能源消费侧应用场景提供政策和市场基础。探索基于用户端诉求的天然气供需交易机制、管输和非管输的市场激励与监管服务机制。鼓励能源互联网企业开展智慧能源服务和智能交易管理平台的建设。

参考文献

〔美〕杰里米·里夫金：《第三次工业革命》，中信出版社，2012。

国家发改委、国家能源局、工信部：《关于推进"互联网＋"智慧能源发展的指导意见》，2016。

刘斌、陈爽：《中国能源互联网产业机会与商业模式》，《企业管理》2018年第6期。

刘惠萍、杨天海、周小玲：《关于上海"互联网＋"智慧能源技术产业发展的思考》，《可再生能源》2018年第1期。

黄仁乐、蒲天骄、刘克文等：《城市能源互联网功能体系及应用方案设计》，《电力系统自动化》2015年第9期。

艾意凯（L. E. K）：《开启中国的"能源互联网"时代》，2017。

附录　河北省能源2019年十大热点

胡梦锦　李嘉恒　黄　凯[*]

一　河北省财政厅下达2019年中央大气污染防治资金（用于北方地区冬季清洁取暖试点城市补助）预算的通知

2019年6月30日根据财政部《关于下达2019年度大气污染防治资金预算的通知》（财资环〔2019〕6号），河北省下达石家庄、唐山、保定、廊坊、衡水、邯郸、邢台、沧州、张家口市、定州市、辛集市北方地区冬季清洁取暖试点城市补助的通知。

该通知要求，一是第一批、第二批试点城市根据实施方案，迅速将补助资金分解落实到具体项目。请你市会同生态环境、住建、发改等部门于2019年7月31日前将资金分解意见报省相关部门备案。二是定州市、辛集市尽快编制清洁取暖实施方案，于2019年7月15日前报送省生态环境厅、省财政厅、省住房和城乡建设厅、省发展改革委，省级四部门将按规定时间报送国家四部委审核备案，备案通过的实施方案将作为地方实施清洁取暖改造和绩效评价的重要依据。三是按照《财政部关于印发〈大气污染防治资金管理办法〉的通知》（财建〔2018〕578号）等有关要求，加强专项资金管理，加快预算执行，切实提高财政资金效益。已从中央基建投资等其他渠道获得中央财政资金支持的项目，不得纳入资金支持范围。

---

* 胡梦锦，国网河北省电力有限公司经济技术研究院工程师，工学硕士，研究方向为能源经济与能源供需；李嘉恒，国网河北省电力有限公司石家庄供电分公司工程师，工学硕士，研究方向为电力系统运行控制分析与综合能源数据分析；黄凯，国网河北省电力有限公司经济技术研究院工程师，工学硕士，研究方向为电网规划、电力系统运行与分析。

二 河北省能源互联网研究中心落户国网河北经研院

2019 年 11 月 18 日，国网河北、冀北公司与河北省能源局签署合作框架协议，共同开展能源电力规划及技术研究，为河北省能源互联网建设提供智力支撑，并在经研院设立河北省能源互联网研究中心。这标志着公司在支撑能源发展、为政府提供规划咨询服务方面迈上新的台阶。

根据协议内容，国网河北、冀北公司与省能源局将从深化规划研究、服务河北电网发展，强化技术研究、服务河北能源互联网建设，加强"煤改电"专题研究、促进清洁取暖改造顺利实施，开展雄安规划研究、服务雄安新区规划建设和开展可再生能源消纳研究、服务示范区建设五方面内容共同开展研究合作，促进河北能源健康发展。近年来，公司配合省政府开展农村电网改造升级规划、新一轮农村电网改造升级规划、河北省大气污染传输通道城市"煤改电"实施方案、雄安新区电力专项规划等专题研究 50 余项，在实施清洁取暖、服务雄安新区建设、布局外受电通道等重大决策中发挥了重要作用。

三 河北省人民政府印发《河北雄安新区电力专项规划》及其实施意见

以习近平新时代中国特色社会主义思想为指引，认真贯彻落实党中央、国务院和省委省政府决策部署，不断增强政治责任感和历史使命感，担当尽责，省发改委会同国网河北省电力有限公司深入贯彻落实《河北雄安新区总体规划》，加快推进雄安新区电力建设，打造绿色电力系统，认真落实安全、绿色、高效能源发展战略，全面贯彻新发展理念，坚持世界眼光、国际标准、中国特色、高点定位，全力推进新区电力建设，坚持绿色引领。以外来绿色电力为主、本地可再生能源发电为辅，实现新区绿色电力可靠供应。坚持节能优先，显著提高电能在终端能源消费中的占比，实现城市用能高度电气化。坚持安全第一。提高安全稳定标准，以高可靠性电网结构为基础，应用技术成熟先进高端装备，构建安全防御体系，提升电网抵御事故风险能力，打造安全可靠坚强电网。坚持智能共享。推进电力系统全领域、各环节智能化，应用国内外智能电网先进技术，促进电力数据和城市多元数据互联互通，打造国际一流智能电网。全力推进雄安新区电网规划建设，突出质量引领，坚持一流标准，打造"雄安质量"的电网示范，全力服务雄安新区发展。按照省委雄安新区规划建设工作领导小组会议要求，省发改委会同国网河北省电力有限公司组织编制了《河北雄安新区电力专项规划》及其实施意见，并以省政府办公厅名义印发。

下一步，将以习近平新时代中国特色社会主义思想为指引，认真贯彻落实党中央、国务院和省委省政府服务雄安新区发展各项决策部署，不断增强政治责任感和历史使命感，担当尽责，全力支持服务雄安新区电网规划建设。以雄安新区为"龙头"，突出行动引领，在重点工程加快推进、施工电源保障等各方面，全力做好雄安发展服务保障，突出质量引领，坚持一流标准，科学做好电网规划设计，统筹推进施工电源、既有电网、目标电网"三张网"建设改造，打造"雄安质量"的电网示范，突出智慧引领，在未来之城探索建设城市级泛在电力物联网，着力打造雄安发展高地。

四　河北省工信厅印发《河北省技术改造投资导向目录（2019~2020年）》

2019年4月，河北省工信厅印发《关于印发〈河北省技术改造投资导向目录（2019~2020年）〉的通知》（冀工信规〔2019〕105号），指出行业技术改造投资重点为装备制造、钢铁、石化等9个方面。

新能源装备。超特高压输变电成套设备、智能电网关键设备、超导限流器、超导变压器、超导电缆、储能设备及专用生产装备、±1100kV特高压直流输电控制保护设备、分布式电源和微网控制、保护及接入装置、海洋工程用电缆及生产设备、非晶硅合金新型节能变压器；高压电瓷、复合绝缘子；稀土高铁铝合金电力电缆；2兆瓦以上大型风电设备；风光互补及储能装备。

先进钢铁材料。重点发展先进装备用高性能轴承、齿轮等用钢，高效节能电机、高端发动机等先进装备用关键零部件用钢，高性能海工钢，高性能船舶和海洋工程用钢，第三代核电关键装备用钢，超超临界火电用钢，新型高强韧汽车用钢，高速、重载轨道、轻轨交通用钢，新一代功能复合化建筑用钢，超大输量油气管线用钢，轧制复合板，特种装备用超高强度不锈钢，家电用钢，超高强大规格不锈钢棒材，高端取向硅钢，高压精密液压铸件用铸铁，高纯铸造用生铁等产品；高性能、高附加值金属板材。

五 河北省发改委会同省财政厅、人社厅、应急 管理厅联合印发《河北省化解煤炭过剩 产能奖补办法（2019~2020年）》

2019年4月15日，为有效推进化解煤炭过剩产能工作，在充分发挥市场作用基础上，进一步发挥政府激励引导作用，由省发改委会同省财政厅、人社厅、应急管理厅联合印发《河北省化解煤炭过剩产能奖补办法（2019~2020年）》。

河北省发改委、省财政厅、省人社厅、省应急管理厅日前联合印发《河北省化解煤炭过剩产能奖补办法（2019~2020）》（以下简称《办法》）。根据《办法》，2019~2020年度化解煤炭过剩产能省级奖补资金，用于补助退出产能指标参与省统一组织市场公开交易且价格较低的关闭（退出产能）煤矿，省级奖补资金专项用于弥补职工安置、资产投资损失资金不足，退出产能企业产能指标自行交易的不在奖补范围。申请国家奖补资金关闭退出煤矿不纳入省奖补范围。

河北省级奖补资金补助标准结合市场化产能指标交易价格确定。补助标准按以下两种情形合并计算。一是按退出产能指标计算奖补资金。产能指标市场交易价格每万吨100万元（含）以下，每万吨公开交易指标补助30万元；产能指标市场交易价格每万吨150万元（含）以上，不予补助；产能指标市场交易价格在每万吨100万~150万元，采用插值法计算奖补资金；当年度内不能成功实现市场化交易转让的退出产能指标，比照交易价格100万元以下补助标准执行。二是按退出煤矿产能公开交易指标对应规模计算梯次奖励。年生产能力6万吨（含）以下煤矿奖励200万元；6万吨（不含）至9万吨（含）奖励250万元；9万吨（不含）以上奖励350万元。以上两种情形每万吨产能指标，省补助资金结合市场交易价格最多补贴到150万元。

根据《办法》，河北省发改委会同省应急管理厅、省财政厅、省人社厅等部门，按照河北省政府与各市签订的目标责任书和《河北省重点行业去产能工作方案（2018～2020年）》，制订年度煤矿退出计划，每年度进行一次（或多次）退出公示；年度计划外增加退出煤矿，其退出产能按此办法奖补标准执行，煤矿退出计划由相关设区市政府负责组织实施。

六 河北省政府办公厅印发《河北省优化调整能源结构实施意见（2019～2025年）》

《河北省优化调整能源结构实施意见（2019～2025年）》（以下简称《意见》）经九届省委第150次常委会会议审议并原则通过。2019年4月25日，以省政府办公厅名义印发实施。

为深入推进能源生产和消费革命，加快优化调整能源结构，增强能源安全保障能力，提升能源发展质量效率，减少能源开发利用对生态环境的影响，按照省委、省政府工作部署，制定本实施意见。

《意见》以习近平新时代中国特色社会主义思想为指导，全面贯彻党的十九大和省委九届八次全会精神，落实新发展理念和能源安全新战略，以实现能源高质量发展为目标，以供给侧结构性改革为主线，以"减煤、增气、扩电、纳新"为路径，推动实施能源消费提升、供给转型、设施强化、绿色发展、智能创新、惠民利民、清洁示范七项重大工程，加快能源绿色低碳发展，提高能源利用质量效率，深化能源改革创新，强化能源战略合作，加快构建清洁低碳、安全高效的现代能源体系，为经济社会高质量发展和人民美好生活提供坚强保障。

《意见》指出，全省能源消费得到有效控制，能源结构持续优化，清洁能源和可再生能源比重显著增加，能源安全保障水平显著提高。到2025年，初步建成清洁低碳、安全高效的现代能源体系，基本实现能源消费绿色化、传统能源清洁化、低碳能源规模化、能源利用高效化。

七 河北省发改委增量配电网配电价格管理：增量配电网配电价格实行最高限价管理

2019年河北省发改委印发《关于增量配电网配电价格管理有关事项的通

知》（以下简称《通知》）。《通知》指出，河北省内按照国家发展改革委、国家能源局《有序放开配电网业务管理办法》批准投资、建设、运营的增量配电网，对其配电价格实行最高限价管理。

最高配电价格为电力用户接入电压等级对应的省级电网输配电价与增量配电网接入电压等级对应的省级电网输配电价的价差。配电网企业可在最高配电价格内自主确定具体配电价格，并报省发改委备案。其中，以招标方式确定投资主体的配电网，其配电价格在不高于最高限价内通过招标形成。

根据《通知》，配电网配电价格的执行周期原则上为三年。招标确定配电价格的有效期限，以配电项目合同约定期限为准。在一个监管周期内，配电网由于成本下降而增加收入的，下一监管周期可由配电网和用户共同分享，以激励企业提高经营效率、降低配电成本。

配电网区域内参与市场交易的电力用户，其到户电价由交易价格、上级电网输配电价、配电价格和政府性基金及附加构成。政府性基金及附加由配电网企业代收，由省级电网企业代缴。配电网区域内未参与市场交易的电力用户，其到户电价按其受电电压等级的目录销售电价执行。配电网区域内的电力用户执行与省级电网电力用户相同的峰谷分时电价和功率因数调整电价政策。

配电网企业可探索结合负荷率等因素制定配电价格套餐，由电力用户选择执行，但其水平不得超过省级价格主管部门制定的该类用户所在电压等级的输配电价。配电网企业要负责对用户安装电能计量装置，承担购置安装费用；并承担保底供电、新能源消纳、可再生能源配额等义务。

八　国务院批复《河北雄安新区总体规划（2018~2035年）》

2019年1月，国务院批复《河北雄安新区总体规划（2018~2035年）》（以下简称《总体规划》）。批复称，要按照高质量发展的要求，推动雄安新区与北京城市副中心形成北京新的两翼，与以2022年北京冬奥会和冬残奥会为契机推进张北地区建设形成河北两翼，促进京津冀协同发展。优化能源结构，建设绿色电力供应系统和清洁环保的供热系统，推进本地可再生能源利用，严格控制碳排放。经中共中央、国务院同意，国务院日前批复了《河北雄安新区总体规划（2018～2035 年）》。

国务院批复指出，原则同意《河北雄安新区总体规划（2018～2035 年）》。《总体规划》以习近平新时代中国特色社会主义思想为指导，深入贯彻党的十九大和十九届二中、三中全会精神，坚决落实党中央、国务院决策部署，紧紧围绕统筹推进"五位一体"总体布局和协调推进"四个全面"战略布局，切实落实新发展理念，按照高质量发展要求，牢牢把握北京非首都功能疏解集中承载地这个初心，坚持世界眼光、国际标准、中国特色、高点定位，坚持生态优先、绿色发展，坚持以人民为中心，注重保障和改善民生，坚持保护弘扬中华优秀传统文化、延续历史文脉，对高起点规划高标准建设雄安新区、创造"雄安质量"、建设"廉洁雄安"、打造推动高质量发展的全国样板、建设现代化经济体系的新引擎具有重要意义。

国务院批复对紧扣雄安新区战略定位、有序承接北京非首都功能疏解、优化国土空间开发保护格局、打造优美生态环境、推进城乡融合发展、塑造新区风貌特色、打造宜居宜业环境、构建现代综合交通体系、建设绿色低碳之城、建设国际一流的创新之城、创建数字智能之城、确保城市安全运行等提出指导性意见。

国务院批复要求，加强规划组织实施。《总体规划》是雄安新区发展、建设、管理的基本依据，必须严格执行，任何部门和个人不得随意修改、违规更变。要切实增强政治意识、大局意识、核心意识、看齐意识，坚持大历史观，一茬接着一茬干，全力推进雄安新区规划建设，确保一张蓝图干到底。在京津冀协同发展领导小组统筹指导下，河北省委、省政府要切实履行主体责任，加强组织领导，全力推进雄安新区规划建设各项工作；建立全域覆盖、分层管理、分类指导、多规合一的规划体系，把每一寸土地都规划得清清楚楚后再开工建设；逐步建立涵盖规划、建设、发展各领域和全过程的雄安标准体系，创造"雄安质量"；《总体规划》实施中涉及的重大事项、重大政策和重大项目按规定程序报批。国家发展改革委、京津冀协同发展领导小组办公室要做好综合协调，加强对《总体规划》实施的指导、监督和检查，重大事项及时向党中央、国务院报告；各有关部门和单位以及北京市、天津市等各地区，要积极主动对接和支持雄安新区规划建设，形成推动雄安新区高质量发展的合力。

九 《北京2022年冬奥会和冬残奥会低碳管理工作方案》发布

2019年6月23日，北京冬奥组委发布《北京2022年冬奥会和冬残奥会低碳管理工作方案》（以下简称《方案》），旨在履行好主办城市合同和申办承诺，实现低碳管理目标，推进生态文明建设，在应对气候变化领域起到创新示范作用。《方案》明确，北京2022年冬奥会和冬残奥会（以下简称"北京冬奥会"）将实现100%绿色电力消费。

《方案》为北京冬奥会的筹办、举办和赛后利用全过程制定了低碳目标，包括"建设低碳能源示范项目，建立适用于北京冬奥会的跨区域绿电交易机制，综合实现100%可再生能源满足场馆常规电力消费需求"，并在低碳场馆建设及管理、低碳交通体系、林业固碳以及碳普惠等方面做出要求。100%可再生能源供电是北京冬奥会的亮点，而全部场馆实现可再生能源绿色电力全覆盖，在奥运史上尚属首次。

为此，《方案》制定的具体措施包括：推动建设张北柔性直流电网试验示范工程，为北京冬奥会电力需求提供可再生能源保障；通过光伏、风电等可再生能源消纳和适用于北京冬奥会的跨区域绿电交易机制，以及储能系统、电力电子设备多能互补等，保障场馆常规电力消费需求充分利用可再生能源；在具备条件的场馆推进光伏、光热系统建筑一体化应用，推进分布式可再生能源就地利用。

此外，《方案》的低碳措施还包括：北京、延庆、张家口三个赛区因地制宜，充分利用地热、余热等资源；北京冬奥组委办公区充分利用光热技术，采用太阳能热水器替代现有餐厅及办公楼燃气热水器等。

市场化交易助力100%绿电。在《方案》发布之前，相关部门及机构已经就北京冬奥会100%绿电及市场化交易开展了工作：2018年11月，国家能源局华北监管局发布了《京津冀绿色电力市场化交易规则（试行）》（华北监能市场〔2018〕497号）。准入的电力用户与并网可再生能源发电企业，可以通过市场化方式对保障性收购年利用小时数以外的电量进行中长期交易，北京冬奥会场馆设施被列入参与交易的电力用户类型之一；2019年1月30日，北京冬奥会场馆绿电供应签约仪式举行，北京市、河北省首批冬奥会场馆取得了市场化购买清洁电能的资格，国家电网北京、冀北电力公司与京津冀地区新能源发电企业就北京冬奥会场馆及附属设施绿电交易达成意向；6月20日，北京电力交易中心会同首都电力交易中心、冀北电力交易中心，首次组织开展了2019年7～12月北京冬奥会场馆绿色电力直接交易，北京和张家口地区第一批7家冬奥场馆，与华电集团、华能集团、京能集团、河北建投等6家新能源发电企业共达成交易电量0.5亿千瓦时。首批冬奥场馆和配套服务设施将于7月1日正式用上绿电，预计可减少标准煤燃烧1.6万吨，减排二氧化碳4万吨。

据北京电力交易中心、国家电网冬奥合作工作领导小组绿电交易工作组主要负责人表示，冬奥组委拟将场馆建设期、测试赛期和奥运会比赛期的涉奥用电，全部纳入绿电交易，时间跨度从2019年到2022年，预计交易电量总规模7亿千瓦时左右。

大型活动与绿电结缘。北京冬奥会将实现奥运史上首次100%绿电，但这不是绿电与大型活动初次结缘。2017年6月，第八届清洁能源部长级会议在北京国家会议中心举行。会后，会议主办方通过认购可再生能源绿色电力证书（绿证），兑现了大会期间所使用的电力全部来自可再生能源的承诺。此外，2017年华夏幸福北京马拉松、2017年海上风电领袖峰会（主论坛）等大型活动，均通过绿证认购实现了100%的绿色电力消费。

十　《河北省推进氢能产业发展实施意见》正式印发

为高起点谋划、高质量发展氢能产业，促进能源结构清洁转型，加快新旧动能转换，依据《能源技术革命创新行动计划（2016～2030）》、《中国制造2025》和《河北省战略性新兴产业发展三年行动计划》等，学习借鉴部分先进省市经验，河北省制定了推进氢能发展的实施意见，经省委财经委员会第二次会议审议并通过，并报请省政府同意，2019年8月12日由河北省发改委等部门联合印发《河北省推进氢能产业发展实施意见》。

2019年5月28日，邯郸氢能源产业园项目开工。当日，中船重工氢能装备制造项目、新兴能源储氢装备产业化项目正式签约，成为氢能产业园首批开工建设项目。据了解，位于邯郸经济技术开发区的邯郸氢能产业园项目，由香港贸世达有限公司和邯郸创业投资集团有限公司共同建设，总投资 20 亿元，占地 180 亩，分为氢能综合功能区和氢能产业园两大功能区，项目一期将以中船重工第七一八研究所、新兴际华集团新兴能源装备公司为核心，重点建设集制氢、储氢、运氢、加氢和氢燃料电池核心材料、动力总成系统等系列产品于一体的氢能源产业集群式园区，打造全国一流的氢能装备制造基地。

氢能产业是引领能源革命和产业变革的战略性新兴产业。邯郸氢能资源丰富、创新平台完善，拥有中船重工第七一八研究所河北省氢能技术工程创新中心、邯钢高纯特种气体河北省工程实验室、新兴能源装备氢能源储运装备河北省工程研究中心等多家省级创新平台，河钢邯钢氢气分离技术成熟，中船重工第七一八研究所碱性电解水制氢装备世界先进，质子交换膜纯水电解水制氢技术、加氢及车载氢系统装备国内领先，新兴际华集团下属的新兴能源装备公司的储运装备世界领先。

氢能产业园项目的开工，拉开了邯郸建设"中国氢谷"的大幕。邯郸市委常委、宣传部部长、经开区党工委书记、管委会主任丁伟在开工仪式上表示，加快发展氢能产业，对邯郸产业结构转型升级、提升大气污染治理成效、推动高质量发展具有重大意义，经开区将高标准建设、高效率推进，确保项目早竣工、早投产、早见效，打造氢能产业发展的示范标杆。

河北张家口氢能与可再生能源研究院揭牌成立。2019 年 2 月 27 日，张家口市政府、中国电动汽车百人会和北京清华工业开发研究院等单位发起成立的张家口氢能与可再生能源研究院举行第一届理事会，张家口氢能与可再生能源研究院同时揭牌成立，将就张家口市氢能与可再生能源的创新技术开发、成果转化和产业化开展相关工作。作为国家可再生能源示范区，近年来，张家口市不仅在风电和光电的开发利用方面取得了明显成效，在氢能的开发利用方面也走在了全国前列。张家口氢能与可再生能源研究院将致力于聚集更多的科技资源、人才资源和产业资源到张家口市，引领张家口市可再生能源创新发展，推动能源生产和消费革命，打造可复制、可推广的可再生能源发展的张家口模式。